# Recht im Straßenverkehr

Assessor M. Strehl

# Recht im Straßenverkehr

Juristischer Ratgeber für Fahrlehrer, Berufskraftfahrer und Verkehrserzieher

Auflage 38, Oktober 2019

VOGEL
VERLAG HEINRICH VOGEL

VOGEL
VERLAG HEINRICH VOGEL

Springer Fachmedien München GmbH
Aschauer Straße 30
81549 München
www.heinrich-vogel-shop.de
www.fahren-lernen.de

Recht im Straßenverkehr – Juristischer Ratgeber für Fahrlehrer, Berufskraftfahrer und Verkehrserzieher

Best.-Nr. 27311

Autor: Assessor Martin Strehl

Titelbild: Der SEAT Arona ist agil in der Stadt und komfortabel bei Fahrten über Land. Und die erhöhte Sitzposition bietet dir und deinen Schülern reichlich Überblick.

Platzierung mit freundlicher Unterstützung der SEAT Deutschland GmbH.

Produktmanagement/Fachredaktion: Christine Kreitmeier-Heger

Herstellung: Markus Tröger

Satz: Datagroup Int., Timisoara

Druck: Wilco B.V., Vanadiumweg 9, NL-3800 BL Amersfoort

Bilder: Autor und Verlag (soweit nicht anders angegeben)



38. Auflage, Oktober 2019



Aus Gründen der Lesbarkeit wird im Folgenden die männliche Form (z. B. Kraftfahrer) verwendet. Alle personenbezogenen Aussagen gelten jedoch stets für Männer und Frauen gleichermaßen.

ISBN 978-3-574-60201-6

# Vorwort

Seit fast 40 Jahren genießt das Fachbuch „Recht im Straßenverkehr“ bundesweit große Wertschätzung bei Fahrlehrern, Prüfern, Sachverständigen, Verkehrserziehern und interessierten Autofahrern. Für das Themengebiet „Rechtskunde“ bei der Fahrlehrerausbildung hat sich dieser Ratgeber mit großem Erfolg als Standardwerk etabliert.

Besonderen Wert lege ich als Jurist mit Befähigung zum Richteramt (Assessor) darauf, die juristischen Inhalte und Zusammenhänge den Lesern – die größtenteils keine juristischen Vorkenntnisse mitbringen – verständlich und anschaulich zu vermitteln.

„Recht im Straßenverkehr“ ist darüber hinaus ein ideales Nachschlagewerk im Alltag, weil man die oft komplizierten Hintergrundinformationen nicht immer alle parat haben kann.

Ergänzend zu den Themen dieses Buches sind wichtige Gerichtsurteile zur Auslegung der Straßenverkehrs-Ordnung und Neuerungen im Verkehrsrecht auf meiner Internetseite unter

**www.verkehrskommentar.de**

zusammengefasst. Damit sind Sie als Leser mit aktuellen Informationen bestens für Ihren Berufsalltag gerüstet.

Gristow in Vorpommern, Oktober 2019

**Martin Strehl**
Verkehrsjurist

# Inhaltsverzeichnis

# Abkürzungsverzeichnis

| | |
|---|---|
| aaBF | amtlich anerkannte Begutachtungsstelle für Fahreignung |
| ABA | Allgemeine Betriebserlaubnis |
| Abs. | Absatz |
| ADR | Europäisches Übereinkommen über die Beförderung gefährlicher Güter auf der Straße |
| AETR | Europäisches Übereinkommen über die Arbeit des im internationalen Straßenverkehr beschäftigten Fahrpersonals |
| AG | Aktiengesellschaft |
| AKB | Allgemeine Bedingungen für die Kraftfahrversicherung |
| AO | Reichsabgabeordnung |
| ArbZG | Arbeitszeitgesetz |
| Art. | Artikel |
| AuslPflVG | Gesetz über die Haftpflichtversicherung für ausländische Kraftfahrzeuge und Kraftfahrzeuganhänger |
| BAB | Bundesautobahn |
| BAG | Bundesamt für Güterverkehr |
| BAK | Blutalkoholkonzentration |
| BayObLG | Bayerisches Oberlandesgericht |
| bbH | bauartbestimmte Höchstgeschwindigkeit |
| BBiG | Berufsbildungsgesetz |
| BfJ | Bundesamt für Justiz |
| BGB | Bürgerliches Gesetzbuch |
| BGB-Ges. | Gesellschaft des bürgerlichen Rechts |
| BGBl. | Bundesgesetzblatt |
| BGH | Bundesgerichtshof |
| BKatVO | Bußgeldkatalog-Verordnung |
| BKrFQG | Berufskraftfahrer-Qualifikations-Gesetz |
| BKrFQV | Berufskraftfahrer-Qualifikations-Verordnung |
| BLFA | Bund-Länder-Fachausschuss |
| BMV | Bundesministerium für Verkehr |
| BOKraft | Verordnung über den Betrieb von Kraftfahrtunternehmen im Personenverkehr |
| BOStrab | Straßenbahn-, Bau- und Betriebsordnung |
| BVerwG | Bundesverwaltungsgericht |
| bzw. | beziehungsweise |
| $cm^3$ | Kubikzentimeter |
| d. h. | das heißt |
| DV-FahrlG | Durchführungsverordnung zum Fahrlehrergesetz |

| | |
|---|---|
| e. G. | eingetragene Genossenschaft |
| e. V. | eingetragener Verein |
| EEV | Enhanced Environmentally Friendly Vehicle |
| eKFV | Elektrokleinstfahrzeuge-Verordnung |
| EU | Europäische Union |
| EuGH | Europäischer Gerichtshof |
| evtl. | eventuell |
| EWG | Europäische Wirtschaftsgemeinschaft |
| f. | folgende (Seite) |
| FAER | Fahreignungsregister |
| FahrlG | Fahrlehrergesetz |
| Fahrpersonal-VO | Fahrpersonalverordnung |
| FahrschAusbO | Fahrschüler-Ausbildungsordnung |
| FeV | Fahrerlaubnis-Verordnung |
| ff. | folgende (Seiten) |
| FreistellungsVO | Freistellungs-Verordnung |
| FStrG | Bundesfernstraßengesetz |
| FzF | Fahrerlaubnis zur Fahrgastbeförderung |
| g | Gramm |
| GBZugV | Berufszugangsverordnung für den Güterkraftverkehr |
| GG | Grundgesetz |
| GGVSE | Verordnung über die Beförderung gefährlicher Güter auf der Straße |
| GmbH | Gesellschaft mit beschränkter Haftung |
| GPS | Global Positioning System |
| GüKG | Güterkraftverkehrsgesetz |
| HGB | Handelsgesetzbuch |
| i. g. O. | in geschlossener Ortschaft |
| i. V. m. | in Verbindung mit |
| IHK | Industrie- und Handelskammer |
| IRG | Gesetz über die internationale Rechtshilfe in Strafsachen |
| KBA | Kraftfahrt-Bundesamt |
| Kfz | Kraftfahrzeug |
| KfzPflVVO | Verordnung über den Versicherungsschutz in der Kfz-Haftpflichtversicherung |
| KG | Kommanditgesellschaft |
| kg | Kilogramm |
| km/h | Kilometer pro Stunde |
| KOM | Kraftomnibus |
| KraftStDV | Kraftfahrzeugsteuer-Durchführungsverordnung |
| KraftStG | Kraftfahrzeugsteuergesetz |

| | |
|---|---|
| kW | Kilowatt |
| Lkw | Lastkraftwagen |
| Ltd. | Limited |
| LZA | Lichtzeichenanlage |
| MPU | Medizinisch-Psychologische Untersuchung |
| Nr. | Nummer |
| OBU | on board unit |
| OHG | Offene Handelsgesellschaft |
| OLG | Oberlandesgericht |
| OVG | Oberverwaltungsgericht |
| Owi | Ordnungswidrigkeit |
| OWiG | Ordnungswidrigkeitengesetz |
| PBefG | Personenbeförderungsgesetz |
| PBZugV | Berufszugangsverordnung für Straßenpersonenverkehr |
| PflVG | Pflichtversicherungsgesetz |
| Pkw | Personenkraftwagen |
| StGB | Strafgesetzbuch |
| StPO | Strafprozessordnung |
| StVG | Straßenverkehrsgesetz |
| StVO | Straßenverkehrs-Ordnung |
| StVZO | Straßenverkehrs-Zulassungs-Ordnung |
| t | Tonnen |
| T.I.R. | Transport International de Marchandises par la Route (Internationaler Gütertransport auf der Straße) |
| u. a. | unter anderem |
| UGmbH | Unternehmensgesellschaft mit beschränkter Haftung |
| usw. | und so weiter |
| vgl. | vergleiche |
| VO | Verordnung |
| VVG | Versicherungsvertragsgesetz |
| VZR | Verkehrszentralregister |
| z. B. | zum Beispiel |
| Zevis | Zentrales Verkehrs-Informationssystem |
| zGM/zG | zulässige Gesamtmasse |
| ZPO | Zivilprozessordnung |

# Einführung

## 1.1 Einführung in das Recht

### Bedeutung des Rechts

Das Recht wird durch die Rechtsordnung gebildet. Die **Rechtsordnung** ist die Gesamtheit aller Rechtsvorschriften, die in einem Staat gelten. Das Recht soll ein geordnetes Zusammenleben in der Gemeinschaft sicherstellen. Ohne verbindliche Vorschriften könnte jeder tun und lassen, was er will.

### Rechtsgrundlagen

In Deutschland gilt grundsätzlich nur das **geschriebene Recht**. Dieses ist in Gesetzen, Verordnungen und Satzungen niedergelegt. Alle Vorschriften sind allgemein und abstrakt formuliert, das heißt, es werden keine praktischen Fälle und kaum Beispiele genannt. In anderen Staaten, vor allem in den USA und England, hat das mündlich überlieferte Recht große Bedeutung. Die Richter dort müssen sich oft an früheren Entscheidungen anderer Gerichte in ähnlichen Fällen orientieren, weil das geschriebene Recht sehr unvollständig ist. Bei uns ist praktisch jeder Fall in irgendwelchen Vorschriften geregelt. Das gilt auch im Straßenverkehrsrecht.

### Verschiedene Arten des Rechts

Nach den unterschiedlichen Aufgaben in der Konfliktlösung unterscheidet man das Privatrecht (Zivilrecht) und das öffentliche Recht.

#### Privatrecht

Im Privatrecht werden vor allem **Beziehungen von Bürgern untereinander** geregelt. Die Betroffenen stehen sich gleichgeordnet gegenüber.

▶ *Der Kraftstoffverbrauch bei einem Neuwagen liegt über 10% über den Angaben im Verkaufsprospekt. Der Käufer kann dann vom Kaufvertrag zurücktreten und erhält den Kaufpreis erstattet (OLG Hamm Urteil vom 07. Februar 2013 – I-28 U 94/12).*

Im Privatrecht regelt der Staat die im täglichen Leben regelmäßig vorkommenden Konflikte durch Gesetze (z. B. Bürgerliches Gesetzbuch BGB, Handelsgesetzbuch HGB). Die Bürger können aber viele Dinge anders regeln, als es im Gesetz vorgesehen ist. Dies geschieht durch **Verträge** (Vertrag = zwei übereinstimmende Willenserklärungen) und durch **Allgemeine Geschäftsbedingungen**.

▶ *Nach dem BGB kann der Käufer den defekten Pkw an die Firma X zurückgeben und den Kaufpreis zurückverlangen. In den Allgemeinen Geschäftsbedingungen ist aber häufig bestimmt, dass bei Mängeln nur Nachbesserung, d. h. Reparatur, verlangt werden kann.*

Ausnahmsweise kann aber auch der Staat im Privatrecht tätig werden, und zwar dann, wenn nicht einseitige Anordnungen erlassen werden, sondern wenn sich der Staat wie ein Bürger am Geschäftsleben beteiligt.

▶ *Die Polizei bestellt Dienstfahrzeuge.*

Man spricht dann vom **fiskalischen Handeln** des Staates. Es gelten die gleichen Gesetze wie auch zwischen Bürgern (z. B. BGB).

#### Öffentliches Recht

Das öffentliche Recht regelt Sachverhalte, die unmittelbar das **Interesse der Allgemeinheit** und damit des Staates berühren.

Der Staat handelt hier **einseitig** auf Grund von Gesetzen, die ihm das Recht dazu einräumen (z. B. Verwaltungsgesetze, Strafgesetzbuch).

Der Staat geht **hoheitlich** vor. Der Bürger ist hier deshalb untergeordnet und nicht gleichgeordnet wie im Privatleben. Das öffentliche Recht enthält grundsätzlich nur **zwingende Regelungen**, die angewendet werden müssen.

Man unterscheidet folgende Teile des öffentlichen Rechts:

### a) Staats- und Verfassungsrecht

Das Grundgesetz und die Verfassungen der 16 Bundesländer haben den höchsten Rang. Hier werden die Grundrechte der Bürger, der Aufbau und die Organisation des Staates, der Umfang und die Grenzen der drei Staatsgewalten geregelt.

Deutschland ist ein demokratischer und sozialer Bundesstaat. Die Staatsgewalt wird sowohl vom Bund als auch von den Ländern ausgeübt. Es herrscht folgende Gewaltentrennung:

1. Die **Legislative** (= der Bundestag und die Länderparlamente) beschließt über Gesetze. Deshalb heißt sie auch „gesetzgebende Gewalt".
2. Die **Exekutive** (= Regierung, Verwaltung, Polizei) führt die Gesetze aus. Die „ausführende Gewalt" darf nur im Rahmen der Gesetze tätig werden. Bestehen aber Gesetze, so **müssen** diese angewendet werden. Dieser Grundsatz wird allerdings in bestimmten Rechtsgebieten mißachtet.
3. Die **Judikative** (= Gerichte) kontrolliert, ob sich die Legislative an die Verfassung hält und ob sich die Exekutive an die gesetzliche Ordnung hält.

- ▶ *Verwaltungsgerichte heben Behördenbescheide auf.*

### b) Verwaltungsrecht

Immer wenn eine staatliche Stelle einseitig, das heißt hoheitlich, tätig werden will (also nicht privatwirtschaftlich = fiskalisch), so darf sie dies nur im Rahmen des Verwaltungsrechts. Hier gibt es eine Fülle von Vorschriften, z. B. das Baurecht, das Gewerberecht, das Versammlungs- und Demonstrationsrecht, das Polizeirecht. Auch der größte Teil des Straßenverkehrsrechts gehört zum Verwaltungsrecht und damit zum öffentlichen Recht.

- ▶ *Zulassungsbehörde ordnet Stilllegung eines Pkw an*
- ▶ *Verwaltungsbehörde entzieht die Fahrerlaubnis*
- ▶ *Polizei beschlagnahmt den Führerschein wegen Alkoholverdacht*
- ▶ *Bußgeldbescheid nach einer Ordnungswidrigkeit*

### c) Strafrecht

Im Interesse des Rechtsfriedens (das friedliche Zusammenleben der Bürger) ist es erforderlich, die wichtigsten Rechtsgüter der Gemeinschaft besonders wirksam zu schützen. So werden z. B. Leben, Gesundheit, Freiheit und Eigentum dadurch verteidigt, dass der Staat für Zuwiderhandlungen (Mord, Körperverletzung, Freiheitsberaubung, Diebstahl) empfindliche Freiheits- und Geldstrafen vorsieht. Dadurch wird erreicht, dass wichtige Vorschriften wenn schon nicht aus Einsicht, so doch wenigstens aus Angst vor Strafe eingehalten werden.

- ▶ *Der Dieb muss die gestohlene Sache zivilrechtlich dem Eigentümer zurück-*

*geben. Er wird außerdem strafrechtlich verurteilt. Anderenfalls würde er ja kein Risiko eingehen, und das Eigentumsrecht stünde nur noch auf dem Papier.*

### Straßenverkehrsrecht

Das Straßenverkehrsrecht ist die Gesamtheit aller Rechtsvorschriften, die für den öffentlichen Straßenverkehr gelten. Zum größten Teil kann man es dem Verwaltungsrecht zurechnen, andere Teile sind dem Strafrecht entnommen, wieder andere Vorschriften gehören zum Zivilrecht. So kommt es, dass die Bestimmungen des Straßenverkehrsrechts in verschiedenen Gesetzen und Verordnungen sowie anderen Vorschriften verstreut sind.

Das Allgemeine Straßenverkehrsrecht ist hauptsächlich in folgenden Vorschriften niedergelegt:

#### StVG = Straßenverkehrsgesetz

Das StVG enthält nur die **grundlegenden Vorschriften** über:

- Die Zulassung von Personen
- Die Zulassung von Fahrzeugen
- Die Haftung nach Verkehrsunfällen
- Die Bestrafung von Verkehrssündern
- Das Fahreignungsregister

#### FeV = Fahrerlaubnis-Verordnung

Diese regelt die meisten Details rund um **den Führerschein**.

#### StVO = Straßenverkehrs-Ordnung

Die StVO enthält die wichtigsten Vorschriften für die tägliche Praxis, denn sie regelt, **wie man sich verhalten muss**.

#### FZV = Fahrzeug-Zulassungsverordnung

Hier wird geregelt, **ob** ein Fahrzeug überhaupt am Straßenverkehr **teilnehmen darf**. In den Details geht es um das **Zulassungsverfahren** bei der Straßenverkehrsbehörde, wie Zuteilung des Kennzeichens, Nachweis der Betriebserlaubnis, Nachweis der Haftpflichtversicherung oder Außerbetriebsetzung des Fahrzeugs.

#### StVZO = Straßenverkehrs-Zulassungs-Ordnung

In der StVZO sind die umfangreichen **Bau- und Betriebsvorschriften** sowie die Fristen der Hauptuntersuchung (HU) und Sicherheitsprüfung (SP) enthalten.

**❯ Gesetzestexte auf www.bmvi.de unter Verkehr – Gesetze, Verordnungen, Richtlinien**

**❯ Gerichtsentscheidungen zu kniffligen Fragen des Verkehrsrechts auf www.verkehrskommentar.de**

## 1.2 Rechtsfähigkeit – Handlungsfähigkeit

**Rechtsfähigkeit** bedeutet, selbstständiger Träger von Rechten und Pflichten sein zu können. Dabei unterscheiden wir zwischen natürlichen Personen und juristischen Personen:

**Natürliche Person** ist jeder Mensch mit der Vollendung der Geburt.

▶ *Das neugeborene Baby und der entmündigte Ahnherr sind rechtsfähig.*

**Juristische Personen** sind bestimmte Gesellschaften und andere Organisationen. Die juristische Person ist ein Zusammenschluss mehrerer Personen, der rechtlich wie eine natürliche Person behandelt wird.

▶ *GmbH, AG, e. G., e. V., Körperschaften des Öffentlichen Rechts*

**Einzelheiten sind unter dem Thema Gesellschaftsformen (Kapitel 1.8) dargestellt.**

**Handlungsfähigkeit** bedeutet, durch eigenes verantwortliches Handeln Rechtswirkungen begründen zu können. Soweit es sich um Rechtsgeschäfte (z. B. Verträge) handelt, nennen wir dies **Geschäftsfähigkeit:**

Die volle Geschäftsfähigkeit erlangt ein Mensch mit der Vollendung des 18. Lebensjahres. Mit Vollendung des 7. Lebensjahres ist der Mensch beschränkt geschäftsfähig. Die Wirksamkeit seiner Erklärungen ist dann meist davon abhängig, dass die gesetzlichen Vertreter (Mutter und Vater) zustimmen.

▶ *Ein 17-Jähriger meldet sich in der Fahrschule zur Führerscheinausbildung an. Ausbildungsvertrag auch von Mutter und Vater unterschreiben lassen.*

Die juristischen Personen werden durch ihre Organe vertreten und sind dadurch handlungsfähig (z. B. Geschäftsführer, Vorstand).

Soweit es um Unfälle im Straßenverkehr oder um sonstige unerlaubte Handlungen geht, wodurch Schäden entstanden sind, bezeichnen wir die Verantwortlichkeit dafür als **Deliktsfähigkeit.**

Im Strafrecht und im Ordnungswidrigkeitenrecht gelten andere Altersgrenzen: Kinder unter 14 Jahren sind nicht verantwortlich. Das **Jugendstrafrecht** sieht für die 14- bis 18- (im Einzelfall auch bis 21-)Jährigen besondere Straffolgen vor:

- Erziehungsmaßregeln (z. B. Weisung zur Arbeit im Krankenhaus)
- Zuchtmittel (Verwarnung, Auflagen, Freizeitarrest)
- Jugendstrafen

**Einteilung des Rechts**

| | Privatrecht/Zivilrecht | Öffentliches Recht | | |
|---|---|---|---|---|
| | | **Verfassungsrecht Staatsrecht** | **Verwaltungsrecht** | **Strafrecht** |
| **Wessen Rechte werden geregelt?** | **Bürger – Bürger**<br>ausnahmsweise auch: Staat – Bürger, wenn fiskalisches Handeln | **Bürger – Staat**<br>auch: Staatliche Organe untereinander | | **Staat – Bürger** |
| **Was wird in diesem Gebiet geregelt?** | Die häufigsten Fälle des täglichen Lebens:<br>▶ *Verträge (Kaufvertrag, Werkvertrag, Dienstvertrag, Mietvertrag); Pflicht zum Schadenersatz nach einem Verkehrsunfall; Familienrecht; Erbrecht; Handelsrecht* | Grundrechte der Bürger<br>Grundlagen und Organisation des Staates<br>Aufgaben und Befugnisse der Staatsorgane<br>Parlament, Exekutive und Gerichte | Ansprüche der Bürger auf Erlass bestimmter Entscheidungen<br>▶ *Erteilung der Fahrlehrerlaubnis*<br>Befugnisse des Staates, gegen einen Bürger tätig zu werden<br>▶ *Entzug der Fahrerlaubnis; Bußgeldbescheid; Verwarnungsgeld* | Die Befugnis des Staates, in bestimmten Fällen ein Strafverfahren gegen einen Bürger einzuleiten und durchzuführen<br>Das Strafverfahren kann zu Freiheitsstrafe, Geldstrafe und Nebenstrafen führen<br>▶ *Trunkenheit im Verkehr; Verkehrsunfallflucht* |
| **Wie wird es geregelt?** | Es gibt Gesetze und Verordnungen – oft sind aber abweichende Vereinbarungen möglich | Zwingendes Recht | | Zwingendes Recht |
| **Wo wird es geregelt?** | Bürgerliches Gesetzbuch<br>Handelsgesetzbuch<br>§§ 7–20 StVG | Grundgesetz<br>Verfassung der Länder | Die meisten Vorschriften aus StVG, StVO, FeV, StVZO, FahrlG, OWiG | Strafgesetzbuch<br>§§ 21, 22, 22a StVG<br>§ 6 PflVG |

## Fragen und Antworten

1. *Welche beiden großen Rechtsbereiche unterscheidet man?*
   Öffentliches Recht und Zivilrecht
2. *Was gehört zum öffentlichen Recht?*
   - Staats- und Verfassungsrecht
   - Verwaltungsrecht
   - Strafrecht
3. *Wie geht der Staat im öffentlichen Recht gegen den Bürger vor?*
   Einseitig, hoheitlich, zwingend
4. *Welcher Grundsatz herrscht im Zivilrecht vor?*
   Der Grundsatz der Vertragsfreiheit: Die Bürger können die in den Gesetzen bestehenden Regelungen einvernehmlich abändern.
5. *Wie kommt ein Vertrag zustande?*
   Durch zwei übereinstimmende Willenserklärungen.
6. *Was versteht man unter dem fiskalischen Handeln?*
   Wenn der Staat im Zivilrecht tätig wird.
7. *Was ist eine juristische Person?*
   Ein Zusammenschluss mehrerer Personen, der rechtlich wie eine natürliche Person behandelt wird.
8. *Nennen Sie Beispiele für eine juristische Person.*
   Im Zivilrecht: GmbH, eingetragener Verein, eingetragene Genossenschaft, AG.
   Im öffentlichen Recht: Bundesrepublik Deutschland, Land, Gemeinde.
9. *Von welchem Alter an ist man geschäftsfähig?*
   Voll geschäftsfähig ab 18 Jahren, beschränkt geschäftsfähig ab 7 Jahren.
10. *Von welchem Alter an ist man deliktsfähig im strafrechtlichen Sinne?*
    Von 14 Jahren an.
11. *Wie heißt das wichtigste Gesetz des Zivilrechts?*
    Bürgerliches Gesetzbuch (BGB)

## 1.3 Gerichte

Die Rechtsprechung erfolgt in der Bundesrepublik Deutschland durch unabhängige Gerichte. Als Richter sind Berufsjuristen tätig, welche durch Ablegung der zweiten juristischen Staatsprüfung die „Befähigung zum Richteramt" erworben haben. In Strafsachen entscheiden sie oft zusammen mit ehrenamtlichen Laienrichtern (Schöffen), die aus der Bevölkerung durch das Los bestimmt werden. In Zivilsachen entscheiden nur **Berufsrichter**, während es bei den Verwaltungsgerichten vom Bundesland abhängt, ob auch **Laienrichter** tätig sind.

Auch Staatsanwälte, Rechtsanwälte und Juristen im höheren Verwaltungsdienst haben die gleiche umfassende Ausbildung in allen wichtigen Rechtsgebieten wie ein Berufsrichter durchlaufen. Die **Richter sind unabhängig** und nur dem Gesetz unterworfen. Weisungen gegenüber einem Richter sind unzulässig. Die Unabhängigkeit der Richter wird dadurch ermöglicht, dass sie praktisch unabsetzbar sind. Es kommt leider nicht selten vor, dass ein vergleichbarer Fall von verschiedenen Gerichten unterschiedlich beurteilt wird. Dies führt bisweilen zu Unverständnis und zu einer Rechtsunsicherheit bei der Bevölkerung. Gerade der Fahrlehrer wird in seinem Beruf häufig mit solchen Fällen konfrontiert. Voneinander abweichende Urteile sind in einem demokratischen Staat möglich, weil sich hier niemand das Recht anmaßen darf, allein die richtige Entscheidung zu treffen.

## Die verschiedenen Gerichte

Wir unterscheiden die **ordentlichen** (= allgemeinen) und die **außerordentlichen** (= besonderen) Gerichte (vgl. Übersichtstabelle „Aufbau der Gerichtsbarkeit" in Kapitel 1.3). Bei den Landgerichten und allen höheren Gerichten besteht Anwaltszwang. Bisweilen tauchen auch andere Bezeichnungen auf, die aber keine eigenen Gerichte in der Gerichtsorganisation sind, wie z. B.

- **Schöffengericht** = Amtsgericht. Der Amtsrichter entscheidet die bedeutenderen Fälle nicht allein, sondern zusammen mit zwei Laienrichtern (Schöffen).
- **Kammer** (Strafkammer, Zivilkammer) = Bei den Landgerichten entscheiden mehrere Richter über einen Fall gemeinsam. Deshalb werden Zivil- und Strafkammern gebildet.
- **Schwurgericht** = Besondere Bezeichnung der großen Strafkammer bei bestimmten schweren Straftaten, vor allem bei Tötungsdelikten.
- **Senat** (Strafsenat, Zivilsenat) = Bei den Oberlandesgerichten und beim BGH entscheiden immer mehrere Richter gemeinsam. Es gibt Zivil- und Strafsenate.
- **Familiengericht, Vormundschaftsgericht, Nachlassgericht** = Amtsgericht. Für diese Sondergebiete sind Richter zuständig, die hauptsächlich solche Fälle bearbeiten.

## Grundsatzurteile

Dies sind die Urteile des Bundesgerichtshofs und der Oberlandesgerichte zu oft besonders interessanten Problemen. Um wenigstens in der obersten Rechtsprechung eine einheitliche Linie und Orientierung für das Rechtsleben zu erreichen (Rechtssicherheit), besteht folgende Regelung: Liegt bereits ein Urteil des Bundesgerichtshofs oder eines Oberlandesgerichts zu einer bestimmten Frage vor, so darf in einem neuen Fall ein Oberlandesgericht nicht abweichend entscheiden. Will das OLG nicht bei der bisherigen Rechtsprechung bleiben, so muss es die Angelegenheit dem BGH zur Entscheidung vorlegen. Der BGH kann dann entweder das frühere Urteil bestätigen – dann ist das OLG daran gebunden – oder der BGH kann das frühere Grundsatzurteil durch ein neues ersetzen.

Andere Gerichte, wie die Landgerichte und die Amtsgerichte, sind an die Grundsatzurteile jedoch nicht gebunden. Sie orientieren sich freilich häufig daran, denn die Grundsatzurteile werden im juristischen Schrifttum veröffentlicht. Vor allem Amtsrichter entscheiden bisweilen aber bewusst anders als das Grundsatzurteil.

## Rechtsmittel

Gegen Gerichtsurteile in erster Instanz gibt es meist Rechtsmittel, von denen Berufung und Revision die häufigsten sind.

In der **Berufungsinstanz** (beim nächsthöheren Gericht) wird der gesamte Fall wieder neu aufgerollt, insbesondere erscheinen die gleichen oder neue Zeugen zur Ermittlung des wahren Sachverhaltes. Es wird dann auf Grund der neu festgestellten Tatsachen ein Urteil verkündet, über das mehrere Richter entscheiden.

In der **Revisionsinstanz** entscheidet ein höheres Gericht (OLG oder BGH). Die Überprüfung ist aber darauf beschränkt, ob Verfahrensfehler vorgekommen sind

(z. B. ein wichtiger Zeuge war nicht gehört worden), oder ob das Gesetz auf den in der ersten Instanz festgestellten Sachverhalt richtig angewendet wurde. Es geht also nur um reine Rechtsfragen.

- *Die Behauptung, man sei überhaupt nicht gefahren, kann in der Berufungsverhandlung noch aufgestellt werden, in der Revisionsinstanz dagegen nicht mehr.*

**Aufbau der Gerichtsbarkeit**

| | ordentliche Gerichte = allgemeine Gerichte | Verfassungsgerichtsbarkeit | außerordentliche Gerichte = besondere Gerichte | |
|---|---|---|---|---|
| **Bezeichnung des Gerichts** | 1. **Bundesgerichtshof** (Karlsruhe und Leipzig)<br>2. **Oberlandesgericht**<br>3. **Landgericht**<br>4. **Amtsgericht** | **Bundesverfassungsgericht** (Karlsruhe)<br>**Verfassungsgerichte der Länder** | 1. **Bundesverwaltungsgericht** (Leipzig)<br>2. **Oberverwaltungsgericht**<br>3. **Verwaltungsgericht** | 1. **Bundesarbeitsgericht** (Erfurt)<br>2. **Landesarbeitsgericht**<br>3. **Arbeitsgericht** |
| **zuständig für** | Zivilsachen (Privatrecht)<br><br>Strafsachen<br><br>Bußgeldsachen (wenn gegen den Bußgeldbescheid der Verwaltungsbehörde Einspruch eingelegt wurde) | Übereinstimmung von einfachen **Gesetzen, Rechtsverordnungen, Satzungen mit der Verfassung** (Grundgesetz)<br><br>Übereinstimmung von **Einzelmaßnahmen** der staatlichen Organe (Verwaltungsbescheid, Gerichtsurteil) mit der **Verfassung** | Übereinstimmung von **Einzelmaßnahmen** der Verwaltung (Bescheid, Verwaltungsakt) mit den **Verwaltungsgesetzen** und **Verordnungen** (z. B. StVG, StVO, StVZO, Fahrlehrergesetz, Personenbeförderungsgesetz)<br>Ausnahme:<br>Bußgeldsachen und Sonderbereiche<br><br>Übereinstimmung von **Verordnungen** mit einfachen Gesetzen (Normenkontrollverfahren) | 1. **Bundessozialgericht** (Kassel)<br>2. **Landessozialgericht**<br>3. **Sozialgericht**<br><br>1. **Bundesfinanzhof** (München)<br>2. **Finanzgericht**<br><br>**Bundespatentgericht** (München)<br><br>**Sonderbereiche** im Arbeits-, Sozial-, Finanz- und Patentrecht |

## Fragen und Antworten

1. *Welches sind die ordentlichen Gerichte?*
   - Bundesgerichtshof (Karlsruhe)
   - Oberlandesgericht
   - Landgericht
   - Amtsgericht
2. *Wofür sind die ordentlichen Gerichte im Bereich des Verkehrsrechts hauptsächlich zuständig?*
   Im Zivilrecht:
   - Schadenersatz nach Verkehrsunfall

   Im öffentlichen Recht:
   - Verfolgung von Verkehrsstraftaten
   - Verfolgung von Verkehrsordnungswidrigkeiten, wenn der Bürger gegen den Bußgeldbescheid der Behörde Einspruch eingelegt hat
3. *Welche besonderen Gerichte spielen im Verkehrsrecht eine wichtige Rolle:*
   Die Verwaltungsgerichtsbarkeit mit:
   - Bundesverwaltungsgericht (Leipzig)
   - Oberverwaltungsgericht
   - Verwaltungsgericht
4. *Wofür sind die Verwaltungsgerichte im Bereich des Verkehrsrechts hauptsächlich zuständig?*
   Für die Überprüfung behördlicher Entscheidungen (Verwaltungsakte), jedoch mit Ausnahme aller Bußgeldbescheide.
5. *Worin unterscheiden sich Berufung und Revision?*
   Von der Zuständigkeit der Gerichte her:
   - Berufung gibt es beim Landgericht
   - Revision gibt es nur beim Oberlandesgericht und beim Bundesgerichtshof

   Sachlicher Unterschied:
   - In der Berufungsinstanz wird der gesamte Prozess neu aufgerollt (mit allen Zeugen)
   - In der Revisionsinstanz ist die Überprüfung des erstinstanzlichen Urteils beschränkt auf reine Rechtsfragen und auf Verfahrensfehler
6. *Was ist ein Grundsatzurteil?*
   Ein Urteil des Bundesgerichtshofes oder eines Oberlandesgerichts zu besonders interessanten Problemen.
7. *Sind die anderen Gerichte an das Grundsatzurteil gebunden?*
   Nur die Oberlandesgerichte können von einem Grundsatzurteil nicht abrücken, sondern müssen – wenn sie eine andere Rechtsprechung wollen – den Vorgang dem Bundesgerichtshof vorlegen. Der BGH kann immer ein neues Grundsatzurteil erlassen. Landgerichte und Amtsgerichte sind an ein Grundsatzurteil nie gebunden.

## 1.4 Rechtskraft

Jede Entscheidung – sei es durch Behörden oder Gerichte – muss irgendwann einmal endgültig und damit für alle Beteiligten verbindlich werden. Dieser Zeitpunkt wird Rechtskraft genannt. Im Einzelnen gibt es folgende Möglichkeiten, wie die Entscheidung rechtskräftig wird:

a) Durch **Fristablauf**, wenn kein Rechtsmittel eingelegt wird.

Die Dauer der Rechtsmittelfristen ist in den einzelnen Verfahrensarten unterschiedlich, hauptsächlich betragen sie:

- In Strafsachen nach Urteil 1 Woche
- Bei Strafbefehl 2 Wochen (§ 410 StPO)
- Bei Bußgeldbescheid 2 Wochen
- Nach Urteil 1 Woche (§ 79 Abs. 3 OwiG in Verbindung mit § 341 StPO)
- In Zivilverfahren (Urteil) 1 Monat

- In allgemeinen Verwaltungsentscheidungen (Verwaltungsakt, Urteil Verwaltungsgericht) 1 Monat

Man kann sich grob merken:
Geht es ums Geld: kurze Frist (1–2 Wochen)
Geht es nicht ums Geld: Frist 1 Monat

b) Durch **Entscheidung der letzten Instanz**, gegen die kein Rechtsmittel mehr zulässig ist.
c) Durch **Rechtsmittelverzicht.**

▶ *Ein wegen Unfallflucht Angeklagter kommt mit dem Mofa zur Hauptverhandlung zum Gericht. Er wird zu einer Geldstrafe und 3 Monaten Fahrverbot verurteilt. Erklären der Staatsanwalt und er selbst sofort, dass sie das Urteil annehmen, so darf er mit dem Mofa nicht wieder zurückfahren.*

Nur in Ausnahmefällen ist es möglich, die bereits eingetretene Rechtskraft rückwirkend wieder zu beseitigen: War jemand ohne sein Verschulden daran gehindert, die Rechtsmittelfrist wahrzunehmen, so kann er einen Antrag auf Wiedereinsetzung in den vorigen Stand stellen. Dieses sollte dann möglichst unverzüglich geschehen. Die Gründe für das Fristversäumnis sind dabei glaubhaft zu machen.

▶ *Jemand kehrt von seiner 3-wöchigen Ferienreise zurück und findet im Briefkasten eine Postbenachrichtigung vor. Bei der Post holt er daraufhin einen Brief ab, der einen Bußgeldbescheid enthält. Dieser war bereits vor über 2 Wochen dort niedergelegt worden und gilt seitdem als zugestellt, so dass die Einspruchsfrist versäumt wäre.*

In jedem Falle müssen aber die Umstände glaubhaft gemacht werden, z. B. durch Vorlage der Reisebuchung oder Hotelrechnungen. Der Betroffene kann nun über die Wiedereinsetzung in den vorigen Stand das Rechtsmittel noch nachträglich einlegen.

## Fragen und Antworten

1. *Wie kann eine Entscheidung rechtskräftig werden?*
   - Durch Ablauf der Rechtsmittelfrist
   - Durch Entscheidung der letzten Instanz
   - Durch Rechtsmittelverzicht
2. *Was kann man unternehmen, wenn man unverschuldet eine Rechtsmittelfrist versäumt hat?*
   Einen Antrag auf Wiedereinsetzung in den vorigen Stand stellen.

## 1.5 Vorschriften

### Entstehung und Bedeutung von Gesetzen, Verordnungen, Verwaltungsvorschriften, Richtlinien, Dienstanweisungen

Die Vorschriften unterscheiden sich in ihrer Bedeutung wie folgt:

### Gesetze

Ein Gesetz ist daran erkennbar, dass es in seiner Bezeichnung meist das Wort oder die Silbe „Gesetz" führt, und in der Abkürzung ein „G":

▶ *Bürgerliches Gesetzbuch* — *BGB*
▶ *Straßenverkehrsgesetz* — *StVG*
▶ *Fahrlehrergesetz* — *FahrlG*
▶ *Pflichtversicherungsgesetz* — *PflVG*

- *Strafgesetzbuch* *StGB*
- *Ordnungswidrigkeitengesetz* *OwiG*
- *Personenbeförderungsgesetz* *PBefG*
- *Güterkraftverkehrsgesetz* *GüKG*

Ausnahme: Die Strafprozessordnung StPO ist ebenfalls ein Gesetz, obwohl das aus dem Namen nicht hervorgeht.

Gesetze sind für jedermann **verbindlich**. Gesetze werden **durch ein Parlament erlassen** (Bundestag, Bundesrat bzw. Landtage). Für den Straßenverkehr bestehen **Bundesgesetze**, die praktisch alle Fälle regeln. Die Länder sind deshalb nicht berechtigt, hier eigene Gesetze herauszubringen (Art. 74 Nr. 22 Grundgesetz).

### Das Gesetzgebungsverfahren

(1) Die Bundesregierung, der Bundesrat oder eine Bundestagsfraktion bringen die Gesetzesvorlage (= Gesetzentwurf) ein.

(2) Der Bundestag berät die Vorlage in drei Lesungen. Zwischen den Lesungen wird die Vorlage in den Ausschüssen (z. B. Verkehrsausschuss) behandelt.

(3) Die Abgeordneten des Bundestages stimmen am Schluss der dritten Lesung über den endgültigen Gesetzesvorschlag ab. Stimmt die Mehrheit der Abgeordneten zu, so ist das Gesetz vom Bundestag beschlossen.

(4) Das beschlossene Gesetz wird dem Bundesrat (= Vertretung der Länder) zugeleitet. Gesetze mit verkehrsrechtlichem Inhalt können meist nur in Kraft treten, wenn ihnen der Bundesrat zustimmt (Zustimmungsgesetz).

(5) Das Gesetz wird vom Bundespräsidenten ausgefertigt und vom Bundeskanzler bzw. vom zuständigen Fachminister gegengezeichnet.

(6) Das Gesetz wird im Bundesgesetzblatt (BGBl.) verkündet und auch im Verkehrsblatt veröffentlicht.

(7) Das Gesetz tritt zum festgelegten Termin in Kraft. Ist im Gesetz kein Zeitpunkt dafür genannt, so tritt es mit dem 14. Tag nach Herausgabe des Bundesgesetzblattes in Kraft.

Das Gesetzgebungsverfahren ist sehr kompliziert und langwierig. Manchmal dauert es Jahre, bis ein geplantes Gesetz endlich in Kraft tritt.

**www.bundestag.de**

### Verordnungen

Verordnungen sind daran erkennbar, dass meist die Silbe „Ordnung“ in der Bezeichnung vorkommt:

- *Straßenverkehrs-Ordnung* *StVO*
- *Fahrerlaubnis-Verordnung* *FeV*
- *Straßenverkehrs-Zulassungs-Ordnung* *StVZO*
- *Bußgeldkatalog-Verordnung* *BKatV*
- *Fahrschüler-Ausbildungsordnung* *FahrschAusbO*

Verordnungen sind wie Gesetze für jedermann verbindlich. Im Unterschied zum Gesetz wird eine Verordnung aber nicht durch das Parlament, sondern durch die Exekutive erlassen. Welche Stelle der ausführenden Gewalt dafür zuständig ist, steht im Gesetz. Meist ist dies der Bundesminister für Verkehr im Einvernehmen mit dem Bundesrat.

Verordnungen werden genau wie Gesetze durch Veröffentlichung im **Bundesgesetzblatt** bzw. im Bundesanzeiger förmlich verkündet. Soweit sie das Verkehrsrecht betreffen, erscheinen sie auch im **Verkehrsblatt** (= Amtsblatt des Bundesministers für Verkehr).

Das Parlament hat zwar das Recht, alle Angelegenheiten durch Gesetze selbst zu regeln. Wegen des umständlichen Gesetzgebungsverfahrens wäre dies aber unzweckmäßig. Die Abgeordneten können die Vielzahl von Einzelregelungen in Spezialbereichen ohnehin kaum überschauen und wären überfordert. Oft müssen kurzfristig Änderungen vorgenommen werden, was im langwierigen und umständlichen Gesetzgebungsverfahren nicht rechtzeitig geschehen kann. Deshalb legt das Parlament nur die wichtigsten Dinge durch Gesetz fest (z. B. die Straftaten, die Haftung nach Verkehrsunfällen) und erteilt der Exekutive im Gesetz eine Ermächtigung, bestimmte Einzelheiten durch eine Verordnung zu regeln.

Eine für den Bürger verbindliche Verordnung liegt nur dann vor, wenn

1. ein Gesetz ausdrücklich die Ermächtigung erteilt (z. B. § 6 StVG) und
2. die Verordnung auch angibt, auf welche Ermächtigung in welchem Gesetz sie sich stützt, meist vor § 1 der Verordnung.

Nur das Gesetz und die Verordnung enthalten für den Bürger verbindliches Recht. Allein hiernach entscheiden auch die Gerichte. In der Bundesrepublik ist die staatliche Gewalt nämlich an die **„gesetzliche Ordnung"** gebunden:

Die staatlichen Organe müssen nicht nur bestimmte Verbote beachten, sondern sie dürfen gegenüber einem Bürger überhaupt erst dann tätig werden, wenn ein Gesetz bzw. eine Verordnung dies ausdrücklich zulässt.

Dieses System gewährleistet einen außerordentlich großen Schutz für den Bürger. Es hat aber den Nachteil, dass sehr viele Vorschriften notwendig sind, die immer unüberschaubarer werden.

## Verwaltungsvorschriften

Viele Bürger stehen der Flut von Gesetzen und Verordnungen verständnislos gegenüber. Auch für die Verwaltung stellen sich große Probleme, denn die besten Gesetze und Verordnungen nützen nichts, wenn die ausführenden Beamten sie nicht sicher anwenden können. Die Verwaltung verfügt über sehr wenige ausgebildete Juristen, dennoch müssen die Gesetze und Verordnungen richtig angewendet werden. Das ist nur möglich, indem man dem Beamten Hilfsmittel zur Verfügung stellt, damit er die oft in mehreren Gesetzen verstreuten Regelungen richtig auffindet und anwendet. Es muss auch dafür gesorgt werden, dass die Gesetze und Verordnungen möglichst überall einheitlich ausgelegt und angewandt werden. Anderenfalls würde sich der Bürger nämlich zu Recht auf die Verletzung des Gleichheitsgrundsatzes (Art. 3 Grundgesetz) berufen.

Aus diesen Gründen geben übergeordnete Stellen, meist der Bundesminister, **„allgemeine Verwaltungsvorschriften"** heraus. Sie sind meist an der Bezeichnung „Verwaltungsvorschrift" erkennbar:

- ► *Verwaltungsvorschrift zu § 30 StVO VwV*

Da die Verwaltungsspitzen die politische Verantwortung dafür tragen müssen, dass die Gesetze und Verordnungen richtig angewendet werden, haben sie auch das Recht, ihren ausführenden Beamten Anweisungen zu geben. Eine besondere Ermächtigung durch ein Gesetz ist nicht erforderlich.

Verwaltungsvorschriften sind nur für die sie ausführenden Beamten und Angestellten verbindlich. Der Dienstherr kann dem Beamten keinen Vorwurf machen, wenn dieser sich an die Verwaltungsvorschriften gehalten hat, der Bescheid aber z. B. vom Verwaltungsgericht als rechtswidrig aufgehoben wird. Ein Bescheid wird in der schriftlichen Begründung im Allgemeinen nur die angewendeten Gesetze und Verordnungen nennen, nicht aber die Verwaltungsvorschrift.

Eine Verwaltungsvorschrift ist weder für den Bürger noch für ein Gericht verbindlich.

## Richtlinien

Richtlinien haben denselben Zweck und dieselbe rechtliche Bedeutung wie Verwaltungsvorschriften.

Der Unterschied besteht nur darin, dass dem Beamten lediglich eine **Anleitung** gegeben wird, die jedoch den Fall nicht zwingend regelt. Dem Beamten bleibt noch ein eigenes Ermessen:

- *Richtlinien zur Ausstattung und Überwachung von Fahrschulen*

## Dienstanweisungen

Während Gesetze, Verordnungen, Verwaltungsvorschriften und Richtlinien mehrere Fälle abstrakt regeln, ist die Dienstanweisung auf einen **Einzelfall** zugeschnitten.

Durch die Dienstanweisung gibt eine übergeordnete Stelle dem ausführenden Beamten eine verbindliche Anweisung, wie ein bestimmter Einzelfall behandelt werden soll. Zu bestimmten häufig wiederkehrenden Fragen liegen im Voraus schriftliche Dienstanweisungen bereit. Dienstanweisungen können aber auch mündlich erteilt werden, was die Überprüfbarkeit erschwert.

Eine Dienstanweisung dürfte aber nie so weit gehen, die Anwendung bestehender Gesetze oder Verordnungen auszusetzen. Dadurch würde eine Grundlage des Rechtsstaates verletzt, wonach nur das Parlament Gesetze ändern oder abschaffen darf.

Für andere, seltenere Fragen sind vorweg keine Dienstanweisungen erlassen. Es kann aber sein, dass der ausführende Beamte eine grundsätzliche und bedeutende Angelegenheit nicht selbst entscheiden möchte. Dann wird er diesen Fall einer vorgesetzten Stelle vorlegen, die ihm daraufhin eine Anweisung geben wird. Der Beamte wird dann gemäß der Dienstanweisung handeln.

## Satzungen

Satzungen berühren das Straßenverkehrsrecht nur am Rande. Sie haben eine ähnliche Bedeutung und Rechtsgrundlage wie Verordnungen, sind also für den Bürger und die Gerichte verbindlich.

Satzungen werden hauptsächlich von Gemeinden und Landkreisen zur **Regelung von örtlichen Angelegenheiten** herausgegeben:

- *Satzung über den Anschluss und die Benutzung der städtischen Wasserversorgung*
- *Gebührensatzung für die Sondernutzung an Gemeindestraßen*

Satzungen beruhen auf dem **Selbstverwaltungsrecht** der Gemeinden und Landkreise das in den Verfassungen näher geregelt ist.

## EU-Gesetzgebungsverfahren

Verordnungen werden je nach Thema der Verordnung aufgrund einer der in den EU-Verträgen vorgesehenen Verfahren erlassen. Es wird zwischen **Gesetzgebungsakten**, **Durchführungsverordnungen** der **Kommission** und delegierten **Verordnungen** unterschieden.

Verordnungen, die Gesetzgebungsakte sind, werden in der Regel auf Vorschlag der Europäischen Kommission vom Rat der **Europäischen Union** und dem **Europäischen Parlament** nach dem ordentlichen Gesetzgebungsverfahren gemeinsam erlassen. In bestimmten Fällen sind jedoch besondere **Gesetzgebungsverfahren** vorgesehen.

**EU-Richtlinien** treten nicht automatisch in Kraft, sondern die Staaten müssen diese Vorschriften in ihr nationales Recht umsetzen.

Dazu haben sich die EU-Mitgliedsländer jedenfalls verpflichtet.

Falls ein EU-Land das aber nicht tut, dauert es meist Jahre, bis es dazu durch politischen Druck und letztlich auch durch Klage der EU-Kommission gezwungen werden kann.

**EG-Verordnungen** dagegen sind unmittelbar geltendes Recht in den Mitgliedstaaten.

Das Europäische Parlament in Straßburg /Brüssel darf nur tätig werden, wenn der Ministerrat der EU-Länder eine Vorlage einbringt. Es kann also nur über diese befinden. Das EU-Parlament darf selbst keine eigenen Gesetzesinitiativen starten.

**Die 3 Gewalten im Staat und ihre Aufgaben**

| Allgemeine Bezeichnung | **Legislative**<br>= Gesetzgebende Gewalt | **Exekutive**<br>= Ausführende Gewalt | **Judikative**<br>= Rechtsprechende Gewalt |
|---|---|---|---|
| **Aufgabenträger im Einzelnen** | Bundestag<br>Bundesrat<br>16 Landtage | Bundesregierung<br>Ministerium<br>Verwaltungsbehörde<br>Polizei | Gerichte |
| **Aufgaben** | Erlass von **Gesetzen** | Erlass von<br>1. **Verordnungen,**<br>2. **Verwaltungsvorschriften, Richtlinien, Dienstanweisungen**<br>Erlass von<br>3. **Einzelanweisungen** | **Streitentscheidung im Einzelfall** durch Urteil, Beschluss<br>Ausnahmsweise auch allgemeinverbindliche Rechtsetzung durch das Bundesverfassungsgericht<br>Kontrolle über die anderen Staatsgewalten |
| **Beispiele** | Straßenverkehrsgesetz<br>Fahrlehrergesetz<br>Personenbeförderungsgesetz<br>Strafgesetzbuch | 1. **Verordnungen:** Straßenverkehrs-Ordnung<br>2. **Verwaltungsvorschriften**<br>3. **Einzelanweisungen (Verwaltungsakte)**<br>▶ *Bußgeldbescheid*<br>▶ *Erteilung der Fahrerlaubnis* | **Urteil** in Strafsachen<br>▶ *Freiheitsstrafe, Geldstrafe*<br>**Urteil** in Zivilsachen<br>▶ *A muss 500 Euro an B zahlen*<br>**Urteil** in Verwaltungsrechtssachen<br>▶ *Die Behörde wird verurteilt, dem A die beantragte Fahrerlaubnis zu erteilen* |

**Unterscheidung der verschiedenen Vorschriften**

| | Gesetze | Verordnungen | Allgemeine Verwaltungsvorschriften | Richtlinien | Dienstanweisungen | Verwaltungsakte |
|---|---|---|---|---|---|---|
| **Regelung** | Allgemeine Regelung für viele Fälle (abstrakt) | | Allgemeine Regelung vieler Fälle, für die ausführenden Beamten verbindlich | Allgemeine Regelung vieler Fälle, lässt den ausführenden Beamten noch eigenes Ermessen | Regelung eines speziellen Falls | Konkrete Regelung eines Einzelfalles des öffentlichen Rechts gegenüber einem Bürger |
| **Zustandekommen** | Förmliches Gesetzgebungsverfahren: 3 Lesungen im Bundestag, Behandlung im Bundesrat, Ausfertigung, Verkündung im Bundesgesetzblatt | Nach Ermächtigung im Gesetz Ausarbeitung durch Bundesregierung oder einen Bundesminister (z. B. **Bundesministerium für Verkehr)** Zustimmung **Bundesrat** (wenn in der Ermächtigung vorgeschrieben) Verkündung im Bundesgesetzblatt bzw. Bundesanzeiger | Keine Ermächtigung durch ein Gesetz oder eine Verordnung erforderlich<br>Nur verwaltungsinterne Regelungen, um sicherzustellen, dass die Gesetze und Verordnungen<br>a) richtig ausgelegt und tatsächlich angewendet werden<br>b) überall **gleichmäßig** gehandhabt werden | | | Die zuständige Behörde erlässt den Verwaltungsakt<br>Ein rechtmäßiger Verwaltungsakt setzt voraus, dass ein Gesetz bzw. eine Verordnung der Behörde ausdrücklich die Befugnis gibt |
| **Zuständig zur Herausgabe** | Legislative | Exekutive, meist BMVI mit Zustimmung des Bundesrates | Verschiedene Stellen der Exekutive,<br>meist herausgegeben durch höhere Stellen, damit sich die untergeordneten Dienststellen danach richten | | | Exekutive (z. B. untere Verwaltungsbehörde) |

| | Gesetze | Verordnungen | Allgemeine Verwaltungs-vorschriften | Richtlinien | Dienst-anweisungen | Verwaltungsakte |
|---|---|---|---|---|---|---|
| **Verbindlich für den Bürger** | Ja | Ja | Nein | Nein | Nein | Ja |
| **Beispiele** | StVG<br>StGB, StPO<br>FahrlG<br>OWiG<br>PflVG<br>BGB | StVO<br>FeV<br>StVZO<br>FZV<br>DVFahrlG<br>FahrschAusbO<br>FahrlAusbO<br>Bußgeldkatalog | **VwV zu § 1 StVO** | Richtlinien für die Ausstattung und Überwachung von Fahrschulen; Richtlinien für die Fahrprüfung | | ▶ *Entziehung der Fahrerlaubnis durch Verwaltungsbehörde*<br>▶ *Erteilung der Fahrlehrerlaubnis*<br>▶ *Anhalten eines Kraftfahrers zur Verkehrskontrolle* |

## 1.6 Behörden

### Behörden für den Straßenverkehr und deren Aufgaben

Der Verwaltung obliegt die Ausführung aller Gesetze und Verordnungen. Der Verwaltungsaufbau in der Bundesrepublik Deutschland ist sehr kompliziert. Dies ist hauptsächlich dadurch bedingt, dass es sich um einen Bundesstaat handelt, also Bundes- und Länderverwaltungen vorhanden sind.

Beim Straßenverkehrsrecht handelt es sich, bis auf ganz wenige Ausnahmen, um Bundesrecht. Es wäre auch wenig sinnvoll, wenn die 16 Bundesländer unterschiedliche Straßenverkehrs-Ordnung erlassen würden.

### Bundesbehörden

#### Bundesministerium für Verkehr und digitale Infrastruktur (BMVI)

Das BMVI ist die oberste Bundesbehörde für den Straßenverkehr und insbesondere zuständig für den Erlass von Rechtsverordnungen, Allgemeinen Verwaltungsvorschriften und Richtlinien.

**www.bmvi.de**

#### Kraftfahrt-Bundesamt (KBA) (§§ 28–30 StVG, §§ 49 ff. FeV)

Das KBA in Flensburg ist die Bundesbehörde für den Straßenverkehr, es untersteht dem BMVI. Die Zuständigkeiten des KBA kann man sich durch die Gedächtnishilfe „Zauber“ merken:

**Z = Zentralkartei:** Zentrales Fahrerlaubnis-Register und zentrales Fahrzeug-Register.

**A = Aufgebotsverfahren:** Verlorene Fahrzeugscheine und Fahrzeugbriefe können durch amtliche Bekanntmachung für ungültig erklärt (§ 25 Abs. 2 StVZO) werden.

**Auskünfte:** Das KBA muss vor allem mit der Polizei und den Zulassungsbehörden zusammenarbeiten und diesen die dienstlich erforderlichen Auskünfte erteilen (§ 30 StVG).

**U = Unfallstatistik:** Die Straßenverkehrsunfallstatistik hat besonders die Art, Schwere und Ursachen von Unfällen sowie Besonderheiten an der Unfallstelle zum Gegenstand (vgl. Gesetz zur Durchführung einer Straßenverkehrsunfallstatistik, Merkblatt zur Ausfüllung der Meldung).

**BE = Betriebserlaubnis:** Allgemeine Betriebserlaubnis für Fahrzeugtypen (§ 20 StVZO), allgemeine Bauartgenehmigungen für serienmäßig hergestellte Fahrzeugteile (§ 6 FahrzeugteileVO), entspricht EG-Typgenehmigung.

**R = Register:** Fahreignungsregister (Punkteregister).

**www.destatis.de unter Verkehr**
**www.kba.de**

Wenn Bundesbehörden zuständig sind, so werden sie in den Gesetzen und Verordnungen genau bezeichnet (z. B. §§ 28, 30 StVG, § 12 Abs. 4 FZV).

#### Zevis (Zentrales Verkehrs-Informationssystem)

Die Daten über Kraftfahrzeuge, Halter, Fahrerlaubnis-Entziehungen stehen u. a. den Behörden zum unmittelbaren Zugriff zur Verfügung. Polizei, Zulassungsbehörden und der Zoll können von ihren Bildschirmen aus in Sekundenschnelle eine Reihe von Informationen abrufen und brauchen nicht mehr umständliche Telefonate zu führen.

## Landesbehörden

Der Bund besitzt nicht genügend eigene Verwaltungsbehörden, um alle Bundesgesetze und Verordnungen selbst auszuführen. Deshalb muss der größte Teil der täglichen Verwaltungsarbeit von Landesbehörden geleistet werden, die insoweit Bundesrecht vollziehen. Diese Aufgabenverteilung ist sinnvoll, denn Landesbehörden sind in großer Anzahl verteilt über das ganze Bundesgebiet vorhanden. Sie sind für den Bürger im Allgemeinen auch gut zu erreichen.

Da die Bundesländer völkerrechtlich selbstständige Staaten sind, kann der Bund nicht darüber bestimmen, wie die Länder ihre Verwaltungen organisieren. Schon aus den Unterschieden zwischen einem Flächenstaat wie Niedersachsen und einem Stadtstaat wie Berlin ergibt sich ein anderer Aufbau der Landesverwaltung. So gibt es z. B. in den meisten Bundesländern einen dreistufigen Verwaltungsaufbau (= Minister – Regierungsbezirk – Landkreis), während Schleswig-Holstein, Rheinland-Pfalz und das Saarland nur einen zweistufigen Verwaltungsaufbau (= Minister – Landkreis) kennen. Die Stadtstaaten sind völlig anders organisiert.

Die Bundesgesetze und Verordnungen können deshalb nicht festlegen, welche Stelle der Landesverwaltung im Einzelfall genau zuständig ist. Die Vorschriften des Bundes enthalten daher allgemeinere Formulierungen wie „oberste Landesbehörde“, „höhere Verwaltungsbehörde“ oder „untere Verwaltungsbehörde“. Es tauchen auch Bezeichnungen wie „Zulassungsbehörde“ und „Straßenverkehrsbehörde“ auf.

Jedes Bundesland legt dann gesondert fest, welche Stellen in seiner Verwaltung den genannten Bezeichnungen entsprechen.

Für Niedersachsen, Nordrhein-Westfalen, Hessen, Rheinland-Pfalz, Baden-Württemberg und Bayern gilt:

### (1) oberste Landesbehörde = der zuständige Landesminister

Insbesondere zuständig für:

- Ausführung des Fahrlehrergesetzes (§ 32 FahrlG)
- Ausnahmegenehmigungen von allen Vorschriften der StVO und StVZO (§ 46 Abs. 2 StVO, § 70 Abs. 1 Ziff. 2 StVZO)

### (2) höhere Verwaltungsbehörde = Regierungsbezirk (Bezirksregierung)

Zuständig z. B. für:

- Erlaubnis einer übermäßigen Straßenbenutzung durch die Bundeswehr (§ 47 Abs. 3 StVO)
- Genehmigung zum Linienverkehr mit Kraftfahrzeugen (§ 11 PBefG)

### (3) untere Verwaltungsbehörde = Landkreis (Landratsamt) oder kreisfreie Stadt

Die kreisfreie Stadt erfüllt sowohl alle Verwaltungsaufgaben, die den Gemeinden obliegen, als auch alle Aufgaben, die sonst von den Landkreisen wahrgenommen werden. Bei den kreisfreien Städten handelt es sich ausschließlich um größere Gemeinden, die in etwa die Einwohnerzahl eines Landkreises erreichen und deshalb auch über eine entsprechende Verwaltungskraft verfügen.

Aufsichtsbehörde ist deshalb auch nicht der Landkreis, sondern der Regierungsbezirk.

Das **Straßenverkehrsamt** und die **Zulassungsbehörde** sind keine selbstständigen Behörden, sondern nur Abteilungen in der unteren Verwaltungsbehörde.

Die untere Verwaltungsbehörde ist insbesondere zuständig für:

- Grundsätzlich zur Ausführung der gesamten StVZO (§ 68 Abs. 1) und FeV
- Ausnahmegenehmigung vom Sonntagsfahrverbot (§ 46 Abs. 1 StVO)

### (4) kreisangehörige Gemeinden

Kreisangehörig ist jede Gemeinde, die nicht kreisfreie Stadt ist. Diese Gemeinden haben im Straßenverkehrsrecht kaum Aufgaben. Die Handhabung der vielfältigen Vorschriften würde auch die Verwaltungskraft dieser Gemeinden und die Sachkenntnis ihrer Beamten und Angestellten überfordern. Sie sind aber z. B. für den Bau und die Unterhaltung von Gemeindestraßen zuständig.

## Weisungsrechte

Innerhalb der Bundesverwaltung gibt es ein Weisungsrecht des BMVI gegenüber dem KBA in Flensburg. Ebenso gibt es innerhalb der Landesverwaltung ein Weisungsrecht der höheren Stelle gegenüber der untergeordneten. Viele Vorschriften in den Gesetzen und Verordnungen können nämlich unterschiedlich ausgelegt werden. Durch das Weisungsrecht wird eine gleichmäßige und verbindliche Auslegung herbeigeführt.

Es gibt aber kein Weisungsrecht von Bundesorganen gegenüber Behörden der Landesverwaltung. Das würde die Souveränität der Länder verletzen. Der Bund bleibt insoweit auf eine freiwillige Zusammenarbeit mit den Landesverwaltungen angewiesen. So kann es vorkommen, dass Bundesgesetze in einzelnen Ländern unterschiedlich gehandhabt werden.

Bund und Länder sind aber bemüht, ihr Verwaltungshandeln abzustimmen. Diesem Ziel dienen Beschlüsse des BLFA (Bund-Länder-Fachausschuss).

## Ordnungswidrigkeiten

Für die Verfolgung und Ahndung von Ordnungswidrigkeiten gelten besondere Zuständigkeiten (vgl. Tabelle auf Seite 24 und 25).

## Das Kraftfahrt-Bundesamt in Flensburg

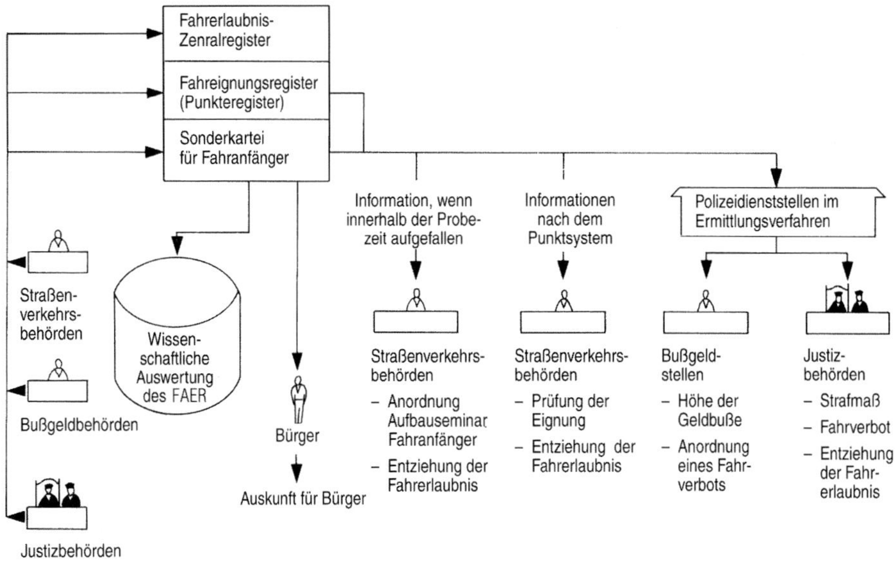

**Zuständigkeiten der Behörden**

| Bundesbehörden | Landesbehörden | | | |
|---|---|---|---|---|
| | der allgemeinen Verwaltung | | für Bußgeldsachen | der Sonderverwaltung |
| 1. **Bundesministerium für Verkehr und digitale Infrakstruktur** (oberste Bundesbehörde) diesem unterstellt ist das<br>2. **Kraftfahrt-Bundesamt** in Flensburg<br>3. **Bundesamt für Güterverkehr**<br>Wenn Bundesbehörden zuständig sind, so werden die Behörden in den Gesetzen auch direkt genannt, z. B. §§ 28, 30 StVG, 20, 25 Abs. 2 StVZO. | Wenn Landesbehörden zuständig sind, so werden sie in den Bundesgesetzen nicht direkt genannt, sondern nur allgemein angesprochen, nämlich: | Jedes Land legt für sich gesondert fest, welche Behörden die oberste, höhere Verwaltungsbehörde und die untere Verwaltungsbehörde ist.<br>Für die meisten Bundesländer gilt: | **StVO-Ordnungswidrigkeit**<br>§ 26 StVG:<br>Niedersachsen, NRW, Schleswig-Holstein, Rheinland-Pfalz, Saarland: Landkreise/kreisfreie Städte | u. a. Finanzämter, Eichämter |
| | 1. **Oberste Landesbehörde** | 1. **Landesminister**, Staatsministerium, z. B. Minister für Verkehr, Innenministerium | Baden-Württemberg:<br>Regierungspräsidenten wenn Owi auf BAB – sonst Landkreise/kreisfreie Städte | |
| | 2. **Höhere Verwaltungsbehörde** | 2. **Regierungsbezirk** | Hessen:<br>Regierungspräsidenten und zentrale Bußgeldbehörde Kassel | |
| | 3. **Untere Verwaltungsbehörde** | 3. **Landkreis** (Landratsamt) oder **kreisfreie Stadt**<br>Straßenverkehrsbehörde, Straßenverkehrsamt und Zulassungsbehörde sind nur Abteilungen | Bayern:<br>zentrale Bußgeldbehörde beim Bayerischen Polizeiverwaltungsamt Straubing<br>Berlin:<br>der Polizeipräsident | |
| | | 4. **Kreisangehörige Gemeinden** | Hamburg: Behörde für Inneres | |

| Bundesbehörden | Landesbehörden | | |
|---|---|---|---|
| | der allgemeinen Verwaltung | für Bußgeldsachen | der Sonderverwaltung |
| | | Bremen:<br>Ortspolizeibehörde Bremen und Bremerhaven<br><br>Thüringen:<br>Polizeiverwaltungsamt Zentrale Bußgeldstelle<br><br>**andere Ordnungswidrigkeiten** (insb. nach StVZO) § 38 1 Nr. 2a, II OwiG: die gesondert bestimmte Verwaltungsbehörde = meist die Behörde, welche die Materie bearbeitet | |

## Fragen und Antworten

1. *Welche Arten von Vorschriften kennen Sie?*
   - Gesetze
   - Verordnungen
   - allgemeine Verwaltungsvorschriften
   - Richtlinien
   - Dienstanweisungen
2. *Welches sind die wichtigsten Gesetze im Verkehrsrecht?*

| | |
|---|---|
| Bürgerliches Gesetzbuch | BGB |
| Straßenverkehrsgesetz | StVG |
| Strafgesetzbuch | StGB |
| Strafprozessordnung | StPO |
| Ordnungswidrigkeitengesetz | OwiG |
| Pflichtversicherungsgesetz | PflVG |
| Personenbeförderungsgesetz | PBefG |
| Güterkraftverkehrsgesetz | GüKG |

3. *Wer erlässt ein Gesetz?*
   Das Parlament (Bundestag und Bundesrat)
4. *Wer erlässt eine Verordnung?*
   Die Exekutive (Verwaltung), im Verkehrsrecht der Bundesminister für Verkehr – meist vorbehaltlich der Zustimmung des Bundesrates.
5. *Worin unterscheidet sich die Verordnung vom Gesetz?*
   In der Art des Zustandekommens: Die Verordnung erlässt die Exekutive, das Gesetz erlässt die Legislative.
6. *Warum überträgt man den Erlass von Verordnungen auf die Exekutive?*
   Aus praktischen Gründen: Das Gesetzgebungsverfahren ist für die Regelung der unzähligen Einzelheiten viel zu umständlich und langwierig.
7. *Welche Bedeutung haben die allgemeinen Verwaltungsvorschriften?*
   Sie bilden lediglich eine Hilfe für den Beamten, damit er die bestehenden Gesetze und Verordnungen richtig anwendet und damit innerhalb der Verwaltung eine einheitliche Auslegung und Anwendung gewährleistet ist.
8. *Sind die allgemeinen Verwaltungsvorschriften, Richtlinien und Dienstanweisungen für den Bürger oder für das Gericht bindend?*
   Nein, verbindliches Recht sind einzig und allein die Gesetze und Verordnungen.
9. *Welche Bundesbehörden können im Verkehrsrecht zuständig sein?*
   - Bundesministerium für Verkehr und digitale Infrastruktur (BMVI)
   - Kraftfahrt-Bundesamt in Flensburg (KBA)
10. *Welche wichtigen Aufgaben erfüllt das Kraftfahrt-Bundesamt?*
    Merkwort „Zauber" (siehe Kapitel 1.6)

## 1.7 Verkehrsraum Straße

Die meisten Verkehrsvorschriften finden nur auf öffentlichen Straßen Anwendung, insbesondere gilt dies für die Verkehrsregeln (StVO), die Zulassung von Personen und Fahrzeugen (StVZO), die Versicherungspflicht (PflVG), die Steuerpflicht und einige Verkehrsstraftaten. Ist die Straße nicht öffentlich, so interessiert es weder Behörden noch Gerichte, ob jemand dort z. B. ohne Fahrerlaubnis, mit einem nichtzugelassenen und nichtversicherten Kraftfahrzeug fährt und wie er fährt.

**Öffentlicher Verkehrsraum** (Straßen, Wege oder Plätze) liegt vor, wenn die Fläche

a) jedermann mit Zustimmung oder Duldung des Eigentümers zugänglich ist und
b) tatsächlich allgemein genutzt wird.

Die Eigentumsverhältnisse spielen keine Rolle (vergleiche VwV II zu § 1 StVO).

Die Unterscheidung, ob eine öffentliche Straße vorliegt, fällt aus der Beurteilung beim Befahren und richtet sich dabei nach dem mutmaßlichen Willen des Eigentümers bzw. des Verfügungsberechtigten.

**Privatstraßen** können je nach den Umständen in den folgenden Beispielen entweder öffentlicher Verkehrsraum sein (= ja) oder nicht (= nein).

- ***Hotelparkplatz: Ja***, *auch wenn der Eigentümer ein Schild „nur für Gäste" aufstellt, denn er kann seine Gäste nicht bestimmen und stets überwachen, wer Gast ist und wer nicht.*
- ***Allgemeines Parkhaus: Ja***, *die am Eingang befindliche Schranke dient nur der Ermittlung der Parkdauer.*
- ***Privater Einstellplatz (Dauerparkplatz): Nein***, *hier ist leicht erkennbar, wer ihn unbefugt benutzt und dass der Eigentümer dies nicht dulden will.*
- ***Tankstelle: Grundsätzlich ja***, *jedenfalls zu den Öffnungszeiten und solange sie nicht abgesperrt ist.*
- ***Werksgelände: Ja***, *wenn jeder beliebige Kunde es befahren kann;* ***nein***, *wenn am Eingang im Einzelfall ein Pförtner über den Zugang entscheidet.*
- ***Privater Feldweg: Ja***, *wenn der Eigentümer die Nutzung durch jedermann duldet und der Weg tatsächlich allgemein genutzt wird, z. B. als Abkürzung;* ***nein***, *wenn der Weg abgesperrt ist oder erkennbar nur zu einem Hof führt und deshalb für die Allgemeinheit ohne Bedeutung ist.*

Obige Beispiele zeigen, dass nicht immer Schranken oder andere Absperrvorrichtungen vorhanden sein müssen, um nicht öffentlichen Verkehrsraum anzunehmen.

Der **Eigentümer einer Privatstraße** kann auf Grund seines umfassenden Eigentumsrechts (Art. 14 GG) grundsätzlich eine Nutzung durch die Allgemeinheit verhindern oder unterbinden, darf dabei allerdings nicht ohne Genehmigung amtliche Verkehrszeichen verwenden. Andernfalls kann er wegen Amtsanmaßung (§ 132 StGB) herangezogen werden. Er kann aber grundsätzlich Absperrungen errichten und Schilder mit Text (z. B. Privatweg – Benutzung verboten) aufstellen. Gegen unbefugte Benutzung kann er sich gegen die Betreffenden durch zivilrechtliche Maßnahmen, z. B. einstweilige Verfügungen und Klagen, wehren.

Findet allerdings schon 30 Jahre lang öffentlicher Verkehr statt, so entsteht ein **Gewohnheitsrecht**, das nicht mehr einseitig entzogen werden kann.

Man unterscheidet folgende Arten von Straßen:

- **Bundesfernstraßen** = Bundesautobahnen und Bundesstraßen
- **Landesstraßen** (in Bayern, Sachsen und Thüringen Staatsstraßen)
- **Kreisstraßen**
- **Gemeindestraßen**

Daneben gibt es auch vereinzelt **Privatstraßen.**

Die **Rechtsverhältnisse** an diesen Straßen sind in Gesetzen geregelt:

- Für die Bundesfernstraßen: Bundesfernstraßengesetz (FStrG)
- Für andere Straßen: Straßengesetze der Länder (z. B. Niedersächsisches Straßengesetz)

Die Bezeichnung als **Europastraße** hat nur deklaratorischen Charakter und ist ohne praktische Auswirkung. Meist handelt es sich um Bundesfernstraßen, die für den internationalen Fernverkehr Bedeutung haben und auf Grund internationaler Vereinbarungen Europastraßen genannt werden.

Die Bezeichnung **Kraftfahrstraße** (Zeichen 331) orientiert sich an der baulichen Ausgestaltung der Straße, die zum Teil einen autobahnähnlichen Schnellverkehr ermöglicht.

Die Gesetze enthalten u. a. Vorschriften darüber, was rechtlich zu einer Straße gehört:

- Fahrbahnen, Gehwege, Radwege, Parkplätze
- Der Straßenkörper = Straßenunterbau, Straßendecke, Brücken, Gräben, Böschungen, Stützmauern, Lärmschutzanlagen, Rand- und Seitenstreifen
- Der Luftraum über dem Straßenkörper
- Das Zubehör = Verkehrszeichen, Verkehrseinrichtungen und Anlagen, Bepflanzungen
- Die Nebenanlagen = Straßenmeistereien, Gerätehöfe
- Die Nebenbetriebe der Bundesautobahn = Tankstellen, Raststätten

## Träger der Straßenbaulast

Der Träger der Straßenbaulast hat die Aufgabe, eine Straße auf seine Kosten zu planen, zu bauen und zu unterhalten. Träger der Straßenbaulast ist:

- Für Bundesfernstraßen grundsätzlich die Bundesrepublik
- Für Landesstraßen grundsätzlich das Bundesland
- Für Kreisstraßen der Landkreis
- Für Gemeindestraßen die Gemeinde

Davon gibt es aber einige Ausnahmen:

Die Gemeinden mit mehr als 80.000 Einwohnern sind auch Träger der Straßenbaulast für die Ortsdurchfahrten der Bundesstraßen. Ortsdurchfahrt ist der Teil der Bundesstraße, der innerhalb der geschlossenen Ortslage liegt (§ 5 FStrG), ist also nicht gleichlaufend mit der politischen Gemeindegrenze.

Alle Gemeinden sind in den Ortsdurchfahrten der Bundesstraßen Träger der Straßenbaulast für die Gehwege und Parkplätze.

## Verkehrssicherungspflicht

Der Träger der Straßenbaulast muss für Vorkehrungen sorgen, um Verkehrsteilnehmer bei der Benutzung der Straße vor Schäden zu schützen (Verkehrssicherungspflicht). Dazu gehört die Räum- und Streupflicht bei Schnee und Eisglätte, das Ausbessern von Straßenschäden, das richtige Aufstellen von Verkehrszeichen.

Verletzt der Träger der Straßenbaulast diese Verkehrssicherungspflicht und erleidet dadurch jemand einen Schaden, so kann der Geschädigte **Amtshaftungsansprüche** geltend machen.

## Planfeststellungsverfahren

Der Bau einer Straße berührt viele Personen in ihren Rechten und Interessen (z. B. die Eigentümer der benötigten Grundstücke). Die Planung einer Straße muss förmlich bekanntgemacht werden, und die Betroffenen haben dann innerhalb bestimmter Fristen Gelegenheit, ihre Einwendungen zu erheben.

## Widmung

Durch die Widmung übergibt der Träger der Straßenbaulast die Straße an die Bevölkerung zur allgemeinen Nutzung. Bisweilen wird dieser Vorgang feierlich begangen, indem eine bekannte Persönlichkeit mit einer Schere symbolisch ein Band durchschneidet.

Durch die Widmung übergibt der Träger der Straßenbaulast die Straße aber nicht zu beliebigen Zwecken an die Allgemeinheit, sondern nur zu Zwecken, die allgemein verkehrsüblich sind. Dies nennt man den **Gemeingebrauch**. Jedermann darf den Gemeingebrauch ohne besondere Genehmigung ausüben.

Die Widmung ist ein **Verwaltungsakt**, der in amtlichen Mitteilungsblättern (Verkehrsblatt auf Bundesebene, Gesetz- und Verordnungsblatt auf Landesebene) verkündet wird. Bei Privatstraßen kann deshalb keine Widmung stattfinden, wohl aber eine tatsächliche Freigabe. Es kann auch sein, dass eine gewidmete Straße in Zukunft nicht mehr öffentlich sein soll; dies wird rechtlich **Einziehung** genannt.

- ▶ *Die Gemeinde opfert eine Straße, um auf diesem Gelände den Rathausneubau zu errichten.*

Es ist auch möglich, dass eine **Umstufung** vorgenommen wird, weil sich die Bedeutung der Straße ändert, z. B.

- ▶ *Die Bundesstraße führt durch den Ortskern. Nachdem die Umgehungsstraße fertig ist, wird diese jetzt Bundesstraße und die frühere Ortsdurchfahrt wird zur Gemeindestraße umgestuft.*

**Sondernutzung** ist jede Nutzung, die über den Gemeingebrauch hinausgeht.

- ▶ *Wochenmarkt auf dem Marktplatz*
- ▶ *Straßencafé mit Tischen und Stühlen auf dem Gehweg*
- ▶ *Kraftfahrzeuge im geschlossenen Verband*
- ▶ *Verkehr mit Kraftfahrzeugen oder Zügen, deren Abmessungen, Achslasten oder Gesamtgewichte die allgemein zugelassenen Grenzen tatsächlich überschreiten*
- ▶ *Werbeschild, das in den Luftraum über der Straße ragt*

Die Sondernutzung ist nur zulässig, wenn dafür eine besondere Genehmigung vorliegt. Diese erfolgt nur auf Antrag und ist meist gebührenpflichtig.

## Fragen und Antworten

1. *Wann ist eine Straße öffentlicher Verkehrsraum?*
   Wenn der Eigentümer sie für den öffentlichen Verkehr bestimmt hat bzw. dies duldet und tatsächlich öffentlicher Verkehr dort stattfindet.
2. *Welche Bedeutung hat es, ob öffentlicher Verkehrsraum vorliegt oder nicht?*
   Die meisten Vorschriften des Straßenverkehrsrechts gelten nur auf öffentlichen Straßen, z. B. die StVO, FeV, StVZO, die Pflichtversicherung, die Kfz-Steuer.
3. *Welche Arten von Straßen kennen Sie?*
   - Bundesfernstraßen, das sind Bundesautobahnen und Bundesstraßen
   - Landesstraßen
   - Kreisstraßen
   - Gemeindestraßen
   - Privatstraßen

4. *Welche Aufgaben obliegen dem Träger der Straßenbaulast?*
   Planung, Bau, Unterhaltung der Straße sowie die Verkehrssicherungspflicht.
5. *Was ist die Verkehrssicherungspflicht? Nennen Sie Beispiele.*
   Die Verpflichtung, dafür zu sorgen, dass die Verkehrsteilnehmer bei der Benutzung der Straße keine Schäden erleiden, z. B. Baustellen absichern, Gefahrzeichen errichten, bei Glatteis streuen.
6. *Was versteht man unter dem Begriff Widmung?*
   Durch die Widmung (Verwaltungsakt) übergibt der Träger der Straßenbaulast die Straße an die Bevölkerung zur allgemeinen Nutzung (Gemeingebrauch).
7. *Was besagt der Begriff Gemeingebrauch?*
   Gemeingebrauch ist die im Rahmen der StVO und StVZO allgemein verkehrsübliche Nutzung, die ohne besondere Genehmigung zulässig ist.
8. *Was ist Sondernutzung?*
   Sondernutzung ist jede Nutzung, die über den Gemeingebrauch hinausgeht, z. B. Fahrzeuge mit Überlänge, Überbreite, über die allgemeinen Gewichte und Achslasten, Verkaufswagen, Straßencafé.

## 1.8 Gesellschaftsformen

Eine **Gesellschaft** setzt begrifflich voraus, dass sich **mehrere Personen** zu einem **gemeinsamen Zweck** zusammenschließen, wobei gegenseitige Rechte und Pflichten gewollt sind.

### Personengesellschaften

Bei den Personengesellschaften (OHG, KG, BGB-Gesellschaft) kommt es den Mitgliedern wesentlich darauf an, mit wem sie zusammenarbeiten, d. h. wer ihre Mitgesellschafter sind. Dabei treten sie als OHG oder KG im Wirtschaftsleben unter einer einheitlichen **Firma** auf. Mindestens ein Gesellschafter haftet aber für die Firmenverbindlichkeiten auch mit seinem Privatvermögen; bei der OHG haften alle voll, bei der KG gibt es Teilhafter (Kommanditisten) und Vollhafter (Komplementäre).

Allen Personengesellschaften ist gemeinsam, dass mindestens ein Gesellschafter voll mit seinem ganzen Privatvermögen haftet. Deshalb sind die Personengesellschaften rechtlich nicht voll verselbstständigt, bilden also **keine juristische Person.**

### Kapitalgesellschaften

Bei einer Kapitalgesellschaft sind Gesellschaftsvermögen und Privatvermögen immer klar getrennt, wir sprechen deshalb von einer **juristischen Person**. Die juristische Person ist ein Zusammenschluss mehrerer Personen, der rechtlich wie eine natürliche Person behandelt wird.

### GmbH

Wir kennen hier hauptsächlich die **GmbH**, bei der 25.000 Euro Stammkapital aufgebracht werden müssen, mit denen die Gesellschaft – vertreten durch den Geschäftsführer – dann wirtschaftet. Je Gesellschafter müssen mindestens 100 Euro eingezahlt werden.

Schlimmstenfalls kann diese Einlage verloren gehen. Auch der Geschäftsführer der GmbH kommt für deren Verbindlichkeiten bis auf wenige Ausnahmen nicht privat auf. Diesem geringen Geschäftsrisiko steht bei den Kapitalgesellschaften der Nachteil gegenüber, dass der Gewinn der Körperschaftssteuer unterliegt.

Auch eine **Fahrschule** kann als GmbH betrieben werden, wenn ein verantwortlicher Leiter vorhanden ist, der die persönlichen Voraussetzungen einer Fahrschulerlaubnis erfüllt. In diesen Fällen erhält die GmbH-Fahrschule die Fahrschulerlaubnis nach § 11 Abs. 2 FahrlG.

## Mini-GmbH

Offizielle Bezeichnungen:

- Unternehmensgesellschaft mit beschränkter Haftung = **UGmbH**
- Unternehmergesellschaft (haftungsbeschränkt) = **UG** (haftungsbeschränkt)

Diese Gesellschaftsform ist in Deutschland seit Ende 2008 zugelassen. Es handelt sich um eine modifizierte GmbH, bei der anfangs nur ein Euro als Stammkapital vorhanden sein muss. Die notariellen Gründungsformalitäten sind stark vereinfacht (Musterformulare). Damit die Gesellschaft nach und nach auf das normale GmbH-Stammkapital kommt, müssen für jedes Geschäftsjahr mindestens 25 % des Gewinns dem Stammkapital zugeführt werden, bis die 25.000 Euro erreicht sind. Erst dann darf sich das Unternehmen als GmbH bezeichnen.

Der Geschäftsführer haftet normalerweise nicht mit seinem Privatvermögen. Diese Grundregel gilt aber nicht, wenn er bei Zahlungsunfähigkeit oder Überschuldung nicht rechtzeitig den Insolvenzantrag stellt. Die gleichen Verpflichtungen haben auch die Gesellschafter der UGmbH.

Da bei der UGmbH nur minimales Vermögen vorhanden ist, wird diese Gesellschaft bei Banken kaum kreditwürdig sein.

❯ **www.firma.de**
**www.unternehmenswelt.de/mini-gmbh.html**

## Englische Limited

Es handelt sich um eine Gesellschaft nach englischem Recht mit geringstem Stammkapital und relativ einfachen Gründungsformalitäten. Durch Urteile des Europäischen Gerichtshofes EuGH dürfen auch in Deutschland ansässige Unternehmen die Rechtsform der Limited (Ltd.) wählen.

Der Director (Geschäftsführer) haftet grundsätzlich nicht persönlich, außer bei Missbrauch oder persönlichem Fehlverhalten. Die Haftung mit dem gesamten Privatvermögen ist etwas weiter als bei der deutschen GmbH. Das Gründungskapital der Limited beträgt mindestens ein englisches Pfund, das Nominalkapital soll in der Folgezeit mindestens 100 englische Pfund erreichen. Die Gründungskosten (Gericht und Notar) betragen ca. 700 Euro.

❯ **www.go-ahead.de**
**www.foerderland.de**

## GmbH & Co. KG

Die **GmbH & Co. KG** ist **keine juristische Person**. Es handelt sich um eine KG, bei der die GmbH den Vollhafter bildet. Ebenso möglich ist die Mischform **Limited & Co. KG.**

## AG

Die **Aktiengesellschaft (AG)** kommt nur bei großen Unternehmen in Betracht, wobei das Grundkapital in Aktien zerlegt ist, die an der Börse gehandelt werden. Die meisten Haftpflichtversicherer sind Aktiengesellschaften.

**Gesellschaftsformen**

| | Personengesellschaften | | | |
|---|---|---|---|---|
| **Abkürzung** | **OHG** | **KG** | **BGB-Ges.** | **Stille Ges.** |
| **Bezeichnung** | **Offene Handelsgesellschaft** | **Kommanditgesellschaft** | **Gesellschaft des bürgerlichen Rechts (GbR)** | **Stille Gesellschaft** |
| **Gesetzliche Grundlage** | § 105 HGB | § 161 HGB | § 705 BGB | § 335 HGB |
| **Merkmale** | Mindestens **2 Einzelkaufleute** schließen sich zusammen, um ein **Handelsgewerbe** unter gemeinsamer Firma zu betreiben | Wie OHG, jedoch: mindestens **1 Komplementär** (Vollhafter) und mindestens **1 Kommanditist** (Teilhafter nur mit Einlage) | Mindestens 2 Personen schließen sich für einen **gemeinsam verfolgten Zweck** zusammen. – Keine gemeinsame Firma | Vereinbarung zwischen einem Kaufmann und einem Kapitalgeber, der auf das Geschäft Einfluss nimmt; Beteiligung **nach außen nicht erkennbar** (keine Firma) |
| **Rechtsfähigkeit (Juristische Person)** | Nein | Nein | Nein | Nein |
| **Haftung** der Gesellschafter mit Privatvermögen | Ja<br>Jeder in vollem Umfang | Komplementär: Ja<br>Kommanditist: Nein | Ja<br>Jeder in vollem Umfang | Geschäftsinhaber haftet voll; Stiller Gesellschafter haftet Dritten nicht |
| **Besonderheiten** | | **GmbH & Co. KG, Ltd. & Co. KG** (Komplementär der KG ist eine GmbH oder Ltd.) | Im Fahrlehrerrecht als **Gemeinschaftsfahrschule** | |

| Kapitalgesellschaften | | | | Sonstige Gesellschaftsformen |
|---|---|---|---|---|
| **GmbH** | **Mini-GmbH UGmbH** | **Ltd.** | **AG** | **e. V.** |
| **Gesellschaft mit beschränkter Haftung** | **Unternehmensgesellschaft mit beschränkter Haftung** | **Limited** | **Aktiengesellschaft** | **Eingetragener Verein** |
| GmbH-Gesetz | GmbH-Gesetz | Englisches Recht | Aktiengesetz | § 21 BGB |
| Gesellschafter leisten mind. **25.000 € Einlage** für das **Gesellschaftsvermögen**<br>– Sonderform einer Handelsgesellschaft<br>– Geschäftsführer<br>– Gesellschafterversammlung | Wie GmbH, jedoch nur **1 € Einlage** nötig; vom jährlichen Gewinn müssen mindestens 25 % dem Gesellschaftsvermögen zugeführt werden, bis 25.000 € erreicht sind | Nur **1 englisches Pfund Einlage** nötig, späteres Gesellschaftsvermögen mindestens 100 englische Pfund | Von **Aktionären** gemeinsam verfolgter wirtschaftlicher Zweck; **Grundkapital in Aktien** zerlegt<br>– Sonderform einer Handelsgesellschaft<br>– Vorstand<br>– Aufsichtsrat<br>– Hauptversammlung | Von Mitgliedern gemeinsam verfolgter nicht wirtschaftlicher Zweck **(Idealverein)**<br>– Vorstand<br>– Mitgliederversammlung |
| Ja<br>(ab Eintragung im Handelsregister) | Ja<br>(ab Eintragung im Handelsregister) | Ja<br>(ab Eintragung in England) | Ja<br>(ab Eintragung ins Handelsregister) | Ja<br>(ab Eintragung ins Vereinsregister) |
| Nein<br>(nur Einlage kann verloren gehen) | Nein<br>(nur Einlage kann verloren gehen) | Nein<br>(nur Einlage kann verloren gehen) | Nein<br>(nur Gesellschaftsvermögen) | Nein<br>(nur Vereinsvermögen) |
| Körperschaftssteuer | Körperschaftssteuer | Körperschaftssteuer | Auch als **KGaA** (Kommanditgesellschaft auf Aktien) möglich; Körperschaftssteuer | Nicht eingetragener Verein, wie BGB-Gesellschaft behandelt |

# Verwaltungsrechtschutz

In der Bundesrepublik Deutschland dürfen die staatlichen Organe immer nur auf Grund spezieller Ermächtigungen tätig werden. Die Verwaltungsbehörde darf eine Einzelanweisung, die den Bürger irgendwie in seinen Rechten verletzt, nur erlassen, wenn ihr ein Gesetz bzw. eine Verordnung ausdrücklich die Befugnis für die Maßnahme erteilt. Dieses System nennt das Grundgesetz die „gesetzliche Ordnung."

Dadurch ist gewährleistet, dass die Kompetenzen der Verwaltung klar abgesteckt sind. Nur so werden die Handlungen der Verwaltung für den Bürger nachvollziehbar und überprüfbar. Andererseits ist nicht zu vermeiden, dass dadurch sehr viele Gesetze und Verordnungen geschaffen werden müssen, die immer unüberschaubarer werden. Der einzelne Bürger hat keine Übersicht mehr, er muss sich von Fachleuten (z. B. Rechtsanwälten) beraten lassen. Oft resigniert er deshalb und steht dem ganzen System verständnislos gegenüber.

Andere Staaten kennen im Verwaltungsrecht keine so umfassende und komplizierte Regelung, sondern geben ihren Behörden nur sehr weit gefasste Generalklauseln (Gummi-Paragrafen). Zwar wird das geschriebene Recht für den Bürger dann vielleicht überschaubarer, der Bürger kann aber die Einzelmaßnahme der Verwaltung noch viel weniger vorhersehen. Erst recht kann der Behörde dann seltener ein Verstoß gegen Gesetze nachgewiesen werden.

## 2.1 Wesen des Verwaltungsrechtschutzes

Der demokratische Staat maßt sich nicht an, dass seine Behörden nur richtige Entscheidungen treffen. In der Bundesrepublik Deutschland besteht deshalb ein sehr umfangreicher Schutz des Bürgers gegenüber Maßnahmen der Exekutive, insbesondere gegen Verwaltungsakte.

Dem Bürger stehen **förmliche Rechtsmittel** zur Verfügung; er hat also nicht nur die Möglichkeit, sich zu beschweren und Gegenvorstellungen einzureichen. Die Verwaltungsbehörden werden dadurch gezwungen, sich mit der Angelegenheit noch einmal eingehend zu beschäftigen, denn sie müssen dem Bürger die Rechtsgrundlage für ihre Maßnahme genau bezeichnen und ihre Entscheidung ausführlich begründen.

Die Überprüfung staatlicher Maßnahmen erfolgt letztlich durch Gerichte, und zwar sind hier meist die Verwaltungsgerichte zuständig. Der Grundsatz der Gewaltenteilung ist gerade im Verwaltungsrecht, wo es um die Rechtmäßigkeit staatlicher Maßnahmen geht, von größter Bedeutung. Ein Richter am Verwaltungsgericht hat die Macht, einen Verwaltungsakt aufzuheben, z. B. die Baugenehmigung für ein Atomkraftwerk.

## 2.2 Verwaltungsakt

Verwaltungsakt ist jede Einzelanweisung, die von staatlichen Behörden gegenüber einem Bürger ergeht. Er ist eine Maßnahme zur Regelung eines Einzelfalles im öffentlichen Recht.

Verwaltungsakte können in folgenden Formen auftreten:

- Schriftlich

▶ *Erteilung der Fahrerlaubnis*

- ▶ *Ablehnung eines Antrags auf Fahrschulerlaubnis*
- ▶ *Anordnung der Stilllegung eines Kraftfahrzeugs wegen Verkehrsunsicherheit*
- Mündlich
- ▶ *Aufforderung, den Führerschein vorzuzeigen*
- Durch Zeichen
- ▶ *Polizeibeamter regelt den Verkehr auf der Kreuzung*
- ▶ *Auch Verkehrszeichen können Verwaltungsakte sein (z. B. die Vorschriftzeichen)*

Auch der **Bußgeldbescheid** ist begrifflich ein Verwaltungsakt. Für seine Anfechtung gibt es aber ein besonderes Verfahren (vgl. Ordnungswidrigkeiten). Das nachfolgend dargestellte System des allgemeinen Verwaltungsrechtschutzes gilt dafür nicht.

## 2.3 Rechtsmittel gegen Verwaltungsakte

Die Anfechtung von Verwaltungsakten erfolgt im Verwaltungsstreitverfahren. Dieses umfasst nacheinander zwei Stufen:

### 1. Widerspruchsverfahren = Vorverfahren

Zuerst überprüft die Verwaltung noch einmal selbst den Verwaltungsakt.

Im Einzelnen gilt dazu folgendes Schema:

a) **Verwaltungsakt wird dem Bürger zugestellt.**

b) **Der Bürger erhebt Widerspruch bei der Verwaltungsbehörde.**

Der Widerspruch muss innerhalb eines Monats – gerechnet ab Zustellung – bei der Behörde eingegangen sein.

c) **Entscheidung über den Widerspruch.**

- Dem Widerspruch wird stattgegeben: Aufhebung des Verwaltungsaktes
- Dem Widerspruch wird nicht stattgegeben: Es ergeht ein förmlicher Widerspruchsbescheid, und zwar meist durch die nächsthöhere Behörde (Aufsichtsbehörde)

Ist der Bürger auch mit dem Widerspruchsbescheid nicht einverstanden, so kann er innerhalb eines Monats ab Zustellung des Widerspruchsbescheides Klage einreichen.

### 2. Klage zum Verwaltungsgericht

Das Verwaltungsgericht entscheidet durch Urteil oder Beschluss.

- ▶ *Der Landkreis Hannover wird verurteilt, dem Kläger die beantragte Fahrerlaubnis Klasse B zu erteilen.*
  *Oder: Die Klage wird abgewiesen.*

Gegen das Urteil des Verwaltungsgerichts kann man nur in beschränktem Umfang Rechtsmittel einlegen (Rechtsanwalt vorgeschrieben!), und zwar:

#### a) Antrag auf Zulassung zur Berufung

Über den Antrag entscheidet das Oberverwaltungsgericht (OVG) durch Beschluss (ohne mündliche Gerichtsverhandlung). Wird dem Antrag stattgegeben, findet anschließend das Berufungsverfahren statt. Lehnt das OVG den Antrag ab, wird das Urteil des Verwaltungsgerichts damit rechtskräftig. Das OVG braucht seine Entscheidung nicht zu begründen, wenn der Antrag einstimmig abgelehnt wurde.

Die Berufung ist nur zuzulassen,

- wenn ernstliche Zweifel an der Richtigkeit des Urteils bestehen,

- wenn die Rechtssache besondere Schwierigkeiten aufweist,
- wenn die Rechtssache grundsätzliche Bedeutung hat,
- wenn das Urteil von einer Entscheidung des Oberverwaltungsgerichts, des Bundesverwaltungsgerichts, des gemeinsamen Senats der obersten Gerichtshöfe des Bundes abweicht oder
- wenn ein der Beurteilung des Berufungsgerichts unterliegender Verfahrensmangel geltend gemacht wird und vorliegt, auf dem die Entscheidung beruhen kann.

Bei Kostenentscheidungen bis 200 Euro ist keine Berufung zulässig.

#### b) Berufungsverfahren vor dem OVG

Findet ein Berufungsverfahren vor dem OVG statt und endet dieses mit einem Urteil, so ist in bestimmten Fällen das Rechtsmittel der Revision zulässig.

#### c) Revisionsverfahren vor dem Bundesverwaltungsgericht (BVerwG)

Nur in bestimmten Fällen ist die Revision vor dem BVerwG in Leipzig zulässig.

## 2.4 Die Anordnung der sofortigen Vollziehung

Das Verwaltungsverfahren kann sich über mehrere Jahre hinziehen. Erst in letzter Instanz wird dann endgültig entschieden, ob der Verwaltungsakt rechtmäßig war oder nicht. Wenn der Verwaltungsakt inzwischen vollzogen ist, kann der Bürger das Interesse an der Angelegenheit verloren haben. Deshalb muss rechtlich Klarheit darüber geschaffen werden, ob

- der Bürger den ausgesprochenen, aber noch nicht rechtskräftigen Verwaltungsakt befolgen muss bzw.
- die Behörde den ausgesprochenen, aber noch nicht rechtskräftigen Verwaltungsakt vollziehen (ausführen) darf.

Bei Verwaltungsakten, die vom Bürger ein bestimmtes Verhalten verlangen (ihm eine Pflicht auferlegen), muss für die Zeit bis zur endgültigen Entscheidung (Rechtskraft) geklärt werden, ob

- der Bürger den Verwaltungsakt zunächst befolgen muss, also unabhängig davon ob er Widerspruch und Klage erhebt, oder
- Widerspruch und Klage **„aufschiebende Wirkung"** haben. Dann braucht der Bürger den Verwaltungsakt vorläufig nicht zu befolgen.

Zu dieser Frage gilt folgendes System:

### 1. Folgende Verwaltungsakte müssen zunächst befolgt werden

- Unaufschiebbare Anordnungen und Maßnahmen von Polizeivollzugsbeamten
  - ▶ *Verkehrskontrollen*
  - ▶ *Maßnahmen im Rahmen der öffentlichen Sicherheit und Ordnung soweit unaufschiebbar*
- Anforderungen von öffentlichen Abgaben und Kosten
  - ▶ *Bescheid über Gebühr für Fahrschulüberprüfung*
  - ▶ *Entziehung der Fahrerlaubnis wegen Erreichen von 8 Punkten im Fahreignungsregister (§ 4 Abs. 9 StVG)*

### 2. Alle anderen Verwaltungsakte

Bei allen anderen Verwaltungsakten haben Widerspruch und Klage grundsätzlich **aufschiebende Wirkung**. Die aufschiebende Wirkung von Widerspruch, Anfechtungsklage endet

- mit Unanfechtbarkeit oder
- wenn Anfechtungsklage vom Verwaltungsgericht abgewiesen wurde: Drei Monate nach Ablauf der Rechtsmittelfrist (hier: Begründungsfrist) gegen das abweisende Urteil.

Ausnahmen: Behörde setzt Vollziehung bis zur Unanfechtbarkeit aus oder das Verwaltungsgericht ordnet auf Antrag an, dass die aufschiebende Wirkung wiederhergestellt wird.

Die Verwaltungsbehörde kann die aufschiebende Wirkung verhindern, wenn sie dem Verwaltungsakt ausdrücklich eine **Anordnung der sofortigen Vollziehung** beifügt. Die Behörde darf von der Möglichkeit einer „Anordnung der sofortigen Vollziehung" nur Gebrauch machen, wenn dies durch besondere Interessen gerechtfertigt ist.

▶ *Stilllegungsverfügung für ein Kraftfahrzeug, das verkehrsunsicher ist oder das nicht haftpflichtversichert ist*

Die Rechtmäßigkeit der „Anordnung der sofortigen Vollziehung" kann auf Antrag sofort (also ohne Widerspruchsverfahren bei der Behörde) vom Verwaltungsgericht überprüft werden. Diese Entscheidungen ergehen meist innerhalb weniger Tage. Läuft ein solcher Antrag, so soll die Verwaltungsbehörde die Maßnahme nicht vollziehen. Wenn das Verwaltungsgericht die „Anordnung der sofortigen Vollziehung" aufhebt, so ist damit noch nicht über die Rechtmäßigkeit des Verwaltungsakts entschieden. Es tritt dann aber die normale Situation ein, dass der Verwaltungsakt vorerst nicht befolgt werden muss und nicht vollzogen werden darf.

▶ *Aufhebung der Anordnung der sofortigen Vollziehung, die einer Baugenehmigung zum Straßenbau beigefügt war. Das läuft praktisch auf einen Baustopp hinaus.*

In diesen Fällen laufen also **zwei Rechtsbehelfe** und **zwei Verfahren** nebeneinander:

- Das Widerspruchsverfahren bzw. die Klage gegen den Verwaltungsakt (z. B. gegen die Baugenehmigung), in dem über dessen Rechtmäßigkeit entschieden wird
- Der Antrag auf Aufhebung der „Anordnung der sofortigen Vollziehung", in dem nur hierüber entschieden wird

Das System der aufschiebenden Wirkung soll sicherstellen, dass nicht vorzeitig vollendete Tatsachen geschaffen werden, die dann praktisch nur schwer oder überhaupt nicht rückgängig zu machen sind. Beantragt der Bürger etwas von der Behörde, so sind gegen den ablehnenden Bescheid ebenfalls Widerspruch und Klage möglich. Eine „Anordnung der sofortigen Vollziehung" erfolgt aber nicht.

## 2.5 Abweichendes Landesrecht

Die Bundesländer können den Verwaltungsrechtsweg anders regeln. Der Bürger muss jedoch immer die Möglichkeit haben, gegen einen Verwaltungsakt zu klagen. Das Widerspruchsverfahren (= Vorverfahren) kann aber in bestimmten Situationen entfallen. Soweit durch Bundesgesetz ein Widerspruchsverfahren vorgeschrieben ist, entscheidet je nach Landesrecht oft dieselbe Behörde, die den Verwaltungsakt erlassen hat, und nicht deren Aufsichtsbehörde.

Einige Bundesländer haben inzwischen die Regierungsbezirke abgeschafft, sodass sich zwangsläufig ein anderes Verfahren ergibt.

## 2.6 Sonstige Rechtsbehelfe

### Einstweilige Anordnungen

Diese ergehen durch ein Verwaltungsgericht, um zu verhindern, dass vollendete Tatsachen geschaffen werden.

### Untätigkeitsklage

Bearbeitet die Behörde einen Antrag des Bürgers nicht innerhalb einer angemessenen Zeit oder entscheidet sie nicht über einen Widerspruch, ohne dass dafür besondere Gründe vorliegen und mitgeteilt wurden, so kann der Bürger das Verwaltungsgericht anrufen, jedoch nicht vor drei Monaten.

### Formlose Rechtsbehelfe

Der Bürger hat stets das Recht, sich mit Bitten oder Beschwerden an die zuständigen Stellen zu wenden. Die Verwaltung ist nicht nur zur Entgegennahme, sondern auch zur sachlichen Prüfung und Beantwortung verpflichtet. Es geht dabei meist um:

- **Gegenvorstellungen:** Der Bürger ist mit dem Verhalten der Behörde nicht einverstanden und regt bei derselben Behörde eine Überprüfung an. Wenn es um einen Verwaltungsakt geht, wird sich die Behörde aber meist auf dessen Rechtskraft berufen.
- **Aufsichtsbeschwerden:** Ähnlich wie bei der Gegenvorstellung, jedoch wendet sich der Bürger an die Aufsichtsbehörde.
- **Dienstaufsichtsbeschwerden:** Der Bürger beschwert sich über die Art der Dienstausübung, z. B. der Beamte sei unfreundlich gewesen. Es entscheidet der Dienstvorgesetzte.

## Fragen und Antworten

1. *Was versteht man unter einem Verwaltungsakt?*
   Der Verwaltungsakt ist eine Einzelanweisung: Der Staat trifft gegenüber einem Bürger eine Maßnahme zur Regelung eines Einzelfalles im öffentlichen Recht.
2. *In welcher Form können Verwaltungsakte ergehen?*
   - Schriftlich
   - Mündlich
   - Durch Zeichen und Weisungen
3. *Gegen welche Verwaltungsakte ist der Verwaltungsrechtschutz gegeben?*
   Grundsätzlich gegen alle Verwaltungsakte; nur für die Anfechtung eines Bußgeldbescheides gibt es ein anderes Verfahren.
4. *Welche Möglichkeiten hat der Bürger, sich durch förmliches Rechtsmittel*

*gegen einen Verwaltungsakt zu wehren?*
Der Bürger kann innerhalb eines Monats Widerspruch einlegen, über den meist die nächsthöhere Behörde entscheidet.

5. *Welche Möglichkeit hat der Bürger, wenn die Widerspruchsbehörde seinen Widerspruch ablehnt?*
Klage vor dem Verwaltungsgericht innerhalb eines Monats nach Zugang des Widerspruchbescheids.

6. *Muss der Verwaltungsakt zunächst befolgt werden, obwohl man rechtzeitig Widerspruch eingelegt hat?*
Nur in den folgenden Fällen muss ein noch nicht rechtskräftiger Verwaltungsakt auf jeden Fall zunächst befolgt werden:
   - Unaufschiebbare Anordnungen und Maßnahmen von Polizeivollzugsbeamten
   - Anforderung von öffentlichen Abgaben und Kosten
   - Wenn dem Verwaltungsakt ausdrücklich eine Anordnung der sofortigen Vollziehung beigefügt war

7. *Welche formlosen Rechtsbehelfe gibt es, um sich gegen das Verhalten von Behörden zu wehren?*
Bitten, Beschwerden, Gegenvorstellungen, Aufsichtsbeschwerden, Dienstaufsichtsbeschwerden, Eingaben an den Petitionsausschuss des Parlaments

# Zuwiderhandlungen

## 3.1 Folgen von Zuwiderhandlungen gegen Verkehrsvorschriften

Der Kraftfahrer soll die Vorschriften des Straßenverkehrs möglichst umfassend kennen. Der Fahrlehrer muss ihm also zuerst dieses Wissen vermitteln. Es liegt aber in der menschlichen Natur, dass man aus Vergesslichkeit, Eigennutz oder sogar Rücksichtslosigkeit zuweilen Verkehrsregeln missachtet.

Deshalb kann es nie schaden, sich möglichst frühzeitig damit vertraut zu machen, wie die häufigsten Zuwiderhandlungen geahndet werden. Schließlich handelt es sich dabei immer um Verstöße gegen Gesetze und Verordnungen.

Wir unterscheiden öffentlich-rechtliche und privatrechtliche Folgen von Zuwiderhandlungen.

### Öffentlich-rechtliche Folgen

Die öffentlich-rechtlichen Folgen werden von staatlichen Organen (Verwaltungsbehörden, Gerichte) verhängt, weil Verkehrsverstöße aus Gründen der allgemeinen Sicherheit und Ordnung nicht geduldet werden können. Im Interesse der Ordnung, Sicherheit und Leichtigkeit des Straßenverkehrs müssen Zuwiderhandlungen verfolgt werden.

#### a) Straftaten

Eine Zuwiderhandlung ist dann eine Straftat, wenn ein Gesetz als Ahndung **Strafe** (Geldstrafe, Freiheitsstrafe) vorsieht.

▶ *„... wer ... wird mit Freiheitsstrafe bis zu 3 Jahren oder mit Geldstrafe bestraft."*

#### b) Ordnungswidrigkeiten

Eine Zuwiderhandlung ist dann eine Ordnungswidrigkeit, wenn ein Gesetz oder eine Verordnung als Ahndung **Buße** vorsieht.

▶ *„... wer ... handelt ordnungswidrig."*

▶ *„... wird ... mit Geldbuße geahndet."*

Diese Unterscheidung hat große Bedeutung. Denn wer wegen einer Straftat verurteilt ist, gilt als vorbestraft, jedenfalls bei einer Höhe von über 90 Tagessätzen Geldstrafe.

#### c) Gebührenrechtliche Halterhaftung bei Halt- und Parkverstößen

Der Halter eines Kraftfahrzeuges muss nach Halt- und Parkverstößen die Verfahrenskosten tragen, wenn der Fahrer nicht ermittelt werden kann (§ 25a StVG).

Voraussetzung ist, dass die Behörde vorher versucht hat, den Fahrer zu ermitteln. Dieser Versuch kann z. B. mit einem Anhörungsbogen erfolgt sein. Schickt der Halter den Anhörungsbogen nicht zurück, oder verweigert er die Angabe des Fahrers z. B. mit dem Hinweis, dass er sich nicht mehr genau erinnern könne, oder dass es ein Angehöriger sei, den er nicht zu benennen braucht, so wird die Verwaltungsbehörde dem Halter die Verfahrenskosten auferlegen. Diese betragen bei Verwaltungsentscheidungen zwölf Euro zzgl. Nebenkosten. Ist die Angelegenheit zur Gerichtsentscheidung gekommen 20 Euro zzgl. Nebenkosten.

§ 25a StVG enthält allerdings auch eine Unbilligkeitsklausel, wonach die Verwaltungsbehörde darauf verzichten kann, den Halter zu belasten.

▶ *Das Fahrzeug wurde gestohlen und der Dieb parkt falsch.*

Die Regelung, dem Halter die Verfahrenskosten aufzuerlegen, ist ausschließlich auf Halt- und Parkverstöße beschränkt, gilt also nicht bei anderen Ordnungswidrigkeiten wie z. B. Geschwindigkeitsüberschreitungen, Rotlichtsünden, falsches Überholen und Ähnliches. Grund für diese Sonderregelung ist, dass die Verfolgung des Parkverstoßes als Ordnungswidrigkeit sehr häufig daran scheitert, dass die Behörden bzw. das Gericht nicht beweisen können, wer wirklich falsch geparkt hat.

**d) Andere verwaltungsbehördliche Maßnahmen**

Bei Wiederholungstätern können Zuwiderhandlungen noch andere Folgen haben.

- *Die Fahrerlaubnis wird von der Führerscheinbehörde entzogen.*

## Führen eines Fahrtenbuchs (§ 31a StVZO)

Zuwiderhandlungen gegen Verkehrsvorschriften können mit Verwarnungsgeld, Geldbuße und Strafe nur dann geahndet werden, wenn sich die Schuld des Fahrzeugführers beweisen lässt. Dies ist möglich, wenn er persönlich bei der Begehung der Tat angetroffen wird, wenn er von Zeugen erkannt wurde oder wenn sonstige Beweismittel vorhanden sind (z. B. Fotos). Anderenfalls wird häufig eine Halteranzeige erfolgen. Behauptet der Halter dann, dass er nicht gefahren sei, und kann ihm dies nicht widerlegt werden, so ist wegen der Ordnungswidrigkeit weder ein Verwarnungsgeld noch eine Geldbuße möglich. Das folgt aus dem Grundsatz „Im Zweifel für den Beschuldigten".

Um solche Vorfälle aber in Zukunft zu vermeiden, besteht die Möglichkeit, dem Halter für ein oder mehrere Fahrzeuge die Führung eines Fahrtenbuchs aufzuerlegen.

**Voraussetzung einer Fahrtenbuchauflage:**

a) Der Fahrzeugführer darf **nicht feststellbar** sein.

Erklärt der Halter z. B., dass ein Angehöriger gefahren sei, so kann die Behörde kaum Näheres ermitteln. Nur bei Verstößen im ruhenden Verkehr kann die Behörde den Halter zu den Kosten des Verfahrens heranziehen (siehe unter Punkt c).

b) Es muss entweder ein **erheblicher Verstoß** oder **vielfältige kleinere Verstöße** vorliegen.

- *Rotlichtverstoß*
- *Geschwindigkeitsüberschreitung um mehr als 25 km/h*
- *Überholen trotz Überholverbot (Zeichen 276)*

Bei kleineren Verstößen müssen nach dem Prinzip der Verhältnismäßigkeit mehrere Fälle vorliegen, wobei auch der Zeitraum eine Rolle spielt.

- *Fünf Parkdelikte in sechs Monaten*

Das Fahrtenbuch muss nicht unbedingt bei jeder Fahrt mitgeführt werden. Es besteht nur die Pflicht, unverzüglich nach jeder Fahrt den Fahrzeugführer einzutragen. Bei einer Spazierfahrt kann das also auch hinterher zu Hause erfolgen.

Die Anordnung erfolgt durch die untere Verwaltungsbehörde, und zwar für eine bestimmte Zeit (z. B. neun Monate). Einmalige unwesentliche Verstöße rechtfertigen kein Fahrtenbuch; das folgt aus dem Grundsatz der Verhältnismäßigkeit, der von der Verwaltungsbehörde beachtet werden muss.

Das Fahrtenbuch ist zuständigen Personen auf Verlangen jederzeit zur Prüfung auszuhändigen. Meist werden dies Polizeibeamte sein. Die Vorlage eines Fahrtenbuchs wird vor allem dann verlangt werden, wenn sich nach einer neuen Zuwiderhandlung wiederum nicht feststellen lässt, wer das Fahrzeug geführt hat. Im Fahrtenbuch muss nämlich der Fahrzeugführer von jeder einzelnen Fahrt eingetragen sein. Für die Eintragung ist der Fahrzeughalter verantwortlich. Er kann der Behörde aber auch einen Beauftragten benennen.

Ergibt sich der Fahrzeugführer aus dem Fahrtenbuch, so wird die Bußgeldstelle gegen diesen vorgehen. War das Fahrtenbuch für die betreffende Fahrt aber nicht ausgefüllt oder unvollständig bzw. falsch geführt oder wird es auf Verlangen nicht vorgelegt, so stellt dies eine Ordnungswidrigkeit dar, die mit Geldbuße geahndet wird (§ 69a Abs. 5 Nr. 4 StVZO).

### Verkehrsunterricht (§ 48 StVO)

Durch das im StVG neu eingeführte System von Aufbauseminaren hat der Verkehrsunterricht nach § 48 StVO kaum noch Bedeutung, er wird nur noch selten praktiziert. Die rechtliche Möglichkeit bleibt bestehen, insbesondere bei

- jugendlichen Verkehrssündern ab 14 Jahren außerhalb der Fahrerlaubnis auf Probe (z. B. Radfahrer, Mofa, Klasse AM),
- besonders hartnäckigen und uneinsichtigen anderen Verkehrssündern.

Der Verkehrsunterricht nach § 48 StVO kann in einer Gruppe oder aber als Einzelunterricht angeordnet werden. Die Vorladung erfolgt durch schriftlichen Bescheid. Gegen diesen Verwaltungsakt ist der Verwaltungsrechtschutz gegeben. Unentschuldigtes Fehlen kann mit einer Geldbuße geahndet werden (§ 49 Abs. 4 Nr. 6 StVO).

### Zivilrechtliche Folgen

Entsteht durch einen Verkehrsunfall ein Schaden, so muss der Geschädigte zivilrechtlich seine Ansprüche geltend machen. Es geht hier meist um Haftung und Versicherung.

## 3.2 Führerschein auf Probe

Regelungen siehe Kapitel 18 Aufbauseminare

## 3.3 Mehrfach-Verkehrssünder

Regelungen siehe Punktsystem ab Seite 108

**Folgen von Zuwiderhandlungen gegen Verkehrsvorschriften**

| öffentlich-rechtliche Folgen | | | zivilrechtliche Folgen |
|---|---|---|---|
| **Straftat** | **Ordnungswidrigkeit** | | |
| **Ahndung** durch das Gericht<br>**Urteil oder Strafbefehl:**<br>Freiheitsstrafe:<br>ohne Bewährung<br>mit Bewährung<br>Geldstrafe:<br>5–360 Tagessätze<br>zu je 1–5.000 Euro<br>Nebenstrafen:<br>Fahrverbot<br>1–3 Monate Einziehung<br>(Fahrzeug, Führerschein)<br>Maßregeln der Sicherung und Besserung<br>Entziehung der Fahrerlaubnis mit Sperrfrist<br>6 Monate bis 5 Jahre<br>oder für immer | **Eine Owi allein:**<br>Je nach Schwere der Ordnungswidrigkeit Ahndung durch die Polizei (Nr. 1, 2a) und Owi-Behörde (Nr. 2b, 3, 4)<br>1. Unbedeutende Owi **Verwarnung ohne Verwarnungsgeld**<br>2. Geringfügige Owi<br>a) Verwarnung mit Verwarnungsgeld (§§ 56–58 OwiG) bei Einverständnis<br>b) Bußgeldbescheid wenn kein Einverständnis<br>3. Nicht mehr geringfügige Owi **Bußgeldbescheid** | **Mehrere Ordnungswidrigkeiten, Straftaten:**<br>Ahndung durch Führerscheinbehörde<br>Fahreignungsregister<br>4–5 Punkte: Ermahnung<br>6–7 Punkte: Verwarnung<br>8 Punkte: Entziehung der Fahrerlaubnis | **bei Vorliegen eines Schadens:**<br>1. Haftung gegenüber dem Geschädigten<br>a) Aus Gefährdungshaftung §§ 7, 12 StVG<br>5 Mio. € Personenschaden oder Rente jährlich 36.000 €,<br>1 Mio. € Sachschaden<br>b) Aus Verschuldenshaftung § 823 BGB der Höhe nach unbegrenzt<br>2. Nachteile gegenüber der **Versicherung**<br>a) Herabstufung beim **Schadenfreiheitsrabatt**<br>b) **Haftpflichtversicherung:** Regress der Versicherung bei Verletzung bestimmter Obliegenheiten<br>c) **Vollkasko-Versicherung:** Zahlt nicht bei grober Fahrlässigkeit |
| Eintragung im Strafregister<br>Eintragung im Fahreignungsregister | 4. Verkehrsowi, die unter grober oder beharrlicher Verletzung der Pflichten eines Kfz-Führers begangen werden (§ 25 StVG)<br>**Bußgeldbescheid**<br>**Fahrverbot** 1–3 Monate **zusätzlich** | | |
| Vorläufige Maßnahmen:<br>Blutprobe § 81a StPO<br>Beschlagnahme § 94 StPO<br>Sicherstellung § 94 StPO<br>vorläufige Entziehung der Fahrerlaubnis § 111a StPO<br>vorläufige Festnahme § 127 StPO | – Eintragung ins Fahreignungsregister wenn Bußgeld **ab 60 Euro**<br>– Führen eines Fahrtenbuches § 31a StVZO<br>– Gebührenrechtliche Halterhaftung nach Halt- und Parkverstößen<br>– Aufbauseminar wegen Probezeit<br>– Freiwilliges Fahreignungsseminar | | |

# Ordnungswidrigkeiten

## 4.1 Allgemeines

Das Straßenverkehrsrecht enthält eine Fülle von Verboten, Geboten und Verhaltensvorschriften. Die Beachtung dieser Vorschriften durch die Verkehrsteilnehmer kann aber effektiv nur dadurch erreicht werden, dass eine Zuwiderhandlung unangenehme Folgen nach sich zieht.

Während die Gemeinschaft die wichtigsten Rechtsgüter (Leib, Leben, Eigentum) durch das Strafrecht schützt, kann man nicht jeden kleinen Verstoß mit so schweren Folgen ahnden – sonst gäbe es bald nur noch Vorbestrafte. Andererseits kann man es auch nicht dem Belieben oder der Verantwortung des Einzelnen überlassen, ob er den größten Teil der Regeln des Straßenverkehrsrechts einhält oder nicht.

### Begriff

Fast jeder Verstoß gegen Vorschriften der StVO und StVZO stellt zugleich eine **Ordnungswidrigkeit** dar.

Im Unterschied zu einer Straftat zieht eine Ordnungswidrigkeit eine **verwaltungsrechtliche Sanktion** nach sich.

Nach § 1 des Gesetzes über Ordnungswidrigkeiten (OWiG) ist eine Handlung dann ordnungswidrig, wenn sie

a) den **Tatbestand** eines Gesetzes verwirklicht, das die Ahndung mit Geldbuße zulässt und
b) **rechtswidrig** ist und
c) **vorwerfbar** (= schuldhaft-vorsätzlich oder fahrlässig) begangen wird.

Deshalb ist immer ein spezieller Paragraf notwendig, um eine Zuwiderhandlung zu einer Ordnungswidrigkeit zu machen. Meist werden die Ordnungswidrigkeiten am Schluss des Gesetzes oder der Verordnung aufgezählt (z. B. § 49 StVO, § 69a StVZO i. V. m. § 24 StVG, § 36 FahrlG).

### Gesetzliche Grundlagen

Das Ordnungswidrigkeitenrecht ist nicht in einem einzigen Gesetz vollständig geregelt. Das wäre auch kaum möglich, weil es sich auf das gesamte Verwaltungsrecht erstreckt, also nicht auf das Straßenverkehrsrecht beschränkt ist. Ordnungswidrigkeiten gibt es z. B. auch beim Umweltschutz, im Baurecht, Gaststättenrecht und bei Zollvergehen.

Das **Gesetz über Ordnungswidrigkeiten (OWiG)** enthält deshalb fast nur den „allgemeinen Teil“, d. h. solche Vorschriften, die für alle Ordnungswidrigkeiten gemeinsam gelten. Die Ordnungswidrigkeiten selbst, also der „besondere Teil“, sind in den **Spezialgesetzen** mit enthalten (z. B. StVO, StVZO). Beide Teile des Ordnungswidrigkeitenrechts ergänzen sich.

### Wichtige Bestimmungen aus dem OWiG

#### Mindestalter (§ 12)

Wer noch nicht 14 Jahre alt ist, handelt nicht vorwerfbar, ihm kann also kein Bußgeld (oder Verwarnungsgeld) auferlegt werden.

#### Ort der Tat (§ 5)

Die Ordnungswidrigkeit wird von unseren Bußgeldbehörden nur verfolgt, wenn sie in der Bundesrepublik Deutschland begangen ist. Im Strafrecht gibt es eine solche Beschränkung nicht.

#### Notstand (§ 16)

Es kann Situationen geben, in denen man formell immer gegen irgendwelche Vorschriften verstößt – wie man sich auch verhalten mag:

- *Beispiel 1:*
  *Herr Fix fährt zügig auf dem Beschleunigungsstreifen und will auf den rechten Fahrstreifen der Autobahn wechseln. Die erkannte Fahrzeuglücke wird von einem Überholer, der wieder nach rechts fährt, geschlossen. Fix muss auf dem Seitenstreifen weiterfahren, um eine Vollbremsung (mit Gefahr eines Auffahrunfalls am Ende des Beschleunigungsstreifens) zu vermeiden.*
- *Beispiel 2:*
  *Jürgen sägt Brennholz mit der Kreissäge und verletzt dabei erheblich seinen Finger, der angenäht werden muss. Seine Frau Iris bringt Jürgen sofort per Pkw ins Krankenhaus. Dabei fährt sie i.g.O. schneller als 50 und missachtet eine rote Ampel (ohne Gefährdung anderer).*

In diesen Fällen besteht eine scheinbar unlösbare Konfliktsituation: Soll man alle Vorschriften der StVO einhalten und dadurch Leib oder Leben aufs Spiel setzen? Das kann der Gesetzgeber nicht wollen. Bei erheblichen Gefahren für höherwertige Rechtsgüter, insbesondere Leben, Leib, Freiheit, Ehre, Eigentum, kann es sogar geboten sein, sich über andere, weniger wichtige Rechtsgüter hinwegzusetzen. § 16 OwiG und § 34 StGB erkennen dies als rechtfertigenden Notstand an und regeln, dass dann der Verstoß nicht geahndet werden kann.

### Höhe der Geldbuße (§ 17)

Nur bei wenigen, und zwar bei schwereren Ordnungswidrigkeiten ist die Höhe des Bußgeldes im Einzelfall gesetzlich bestimmt, z. B. bei

- § 24a StVG (Promille-Grenze) – bis 1.500 Euro,
- § 23 StVG (Feilbieten nicht genehmigter Fahrzeugteile) – bis 5.000 Euro.

Die meisten Vorschriften, die Ordnungswidrigkeiten behandeln, sagen nichts über die Höhe der Geldbuße. Dann gilt § 17 OWiG, wonach die Geldbuße 5 bis 1.000 Euro beträgt. Für Fahrlässigkeit kann die Geldbuße bis 500 Euro betragen (§ 17 Abs. 2 OWiG).

Bei **nachgewiesenem Vorsatz** verdoppeln sich die im Bußgeldkatalog angegebenen Preise (außer in solchen Fällen, die normalerweise vorsätzlich begangen werden, z. B. Telefonieren am Steuer oder Umfahren einer geschlossenen Halbschranke).

Damit ist den Behörden ein sehr weiter Rahmen gesetzt. Sie können davon aber nicht nach Belieben Gebrauch machen, sondern sind gerade im Straßenverkehrsrecht, wo immer wieder die gleichen typischen Verstöße vorkommen, an die Verfassungsgrundsätze der Gleichbehandlung (Art. 3 Grundgesetz) und der Verhältnismäßigkeit gebunden. Um eine möglichst gleichmäßige Handhabung bei den Behörden zu erreichen, ist ein zentraler Bußgeldkatalog als Rechtsverordnung geschaffen worden. Dieser enthält auch die Verwarnungsgelder.

### Tateinheit – Tatmehrheit (§§ 19, 20)

Oft wird nicht nur eine Vorschrift verletzt, sondern gleich mehrere. Dann stellt sich das manchmal schwierige Problem, ob für jeden Verstoß ein besonderes Bußgeld festgesetzt wird (Tatmehrheit), oder ob nur eine – und zwar die schwerste Ordnungswidrigkeit – verfolgt wird (Tateinheit). Die Lösung hängt davon ab, ob die Tat einem Außenstehenden als ein und dieselbe Handlung erscheint (Tateinheit), oder ob ein neuer Handlungsabschnitt erkennbar geworden ist (Tatmehrheit).

**Tateinheit:**

- *Überschreiten der zulässigen Geschwindigkeit und dabei Überholen im Überholverbot*
- *Rotlichtverstoß und dabei Sicherheitsgurt nicht angelegt*
- *Missachtung des Vorranges eines Fußgängers am Fußgängerüberweg mit Verletzung des Fußgängers*

**Tatmehrheit:**

- *Mehrere Geschwindigkeitsüberschreitungen, die mindestens 30 Minuten auseinander liegen (Fahrtschreiberschaublatt)*
- *Verkehrsdelikte auf der Autobahn einerseits und auf anderen Straßen andererseits*

Das gleiche Problem kann auch auftreten, wenn eine Ordnungswidrigkeit zusammen mit einer Straftat begangen wird:

**Tateinheit:**

- *Der Fahrzeugführer hat 1,1 Promille und missachtet die Vorfahrt.*

**Tatmehrheit:**

- *Der Fahrzeugführer hat 0,5 Promille, ist an einem Verkehrsunfall beteiligt und begeht anschließend Unfallflucht.*

Bei einem Verkehrsunfall beginnt in diesem Zeitpunkt immer ein neuer Handlungsabschnitt, sodass dann Tatmehrheit angenommen wird.

Liegt zwischen Straftat und Ordnungswidrigkeit Tateinheit vor, so wird nur die Straftat als das schwerere Delikt verfolgt (§ 21 OWiG).

Bei Tatmehrheit zwischen Straftat und Ordnungswidrigkeit übernimmt ausnahmsweise die Staatsanwaltschaft auch die Verfolgung der Ordnungswidrigkeit anstelle der Verwaltungsbehörde (§ 40 OWiG).

## Zuständigkeit (§§ 35 ff.)

Die Verfolgung und Ahndung von Ordnungswidrigkeiten ist Angelegenheit der Verwaltung (§ 35 OWiG). Welche Behörde zuständig ist, regeln die Länder (siehe Tabelle Zuständigkeiten, Kapitel 1.6).

## Verjährung der Verkehrsordnungswidrigkeiten (§ 31 OWiG, § 26 Abs. 3 StVG)

Nach Eintritt der Verjährung können Ordnungswidrigkeiten nicht mehr verfolgt werden. Für die Berechnung der Verjährung gelten bestimmte Fristen. Diese beginnen, sobald die Handlung, also die Ordnungswidrigkeit, beendet ist.

Alle Ordnungswidrigkeiten, die in der StVO und StVZO genannt sind, verjähren in drei Monaten (§ 26 Abs. 3 StVG). Bei anderen Ordnungswidrigkeiten gelten oft längere Verjährungsfristen.

- Verstoß gegen § 24a StVG (Promille-Gesetz): 1 Jahr
- Verstoß gegen § 23 StVG (Feilbieten nicht genehmigter Fahrzeugteile): 2 Jahre

Es ist darauf zu achten, ob die **Verjährung unterbrochen** wurde. Dann beginnt nämlich die Verjährungsfrist wieder von vorn, z. B. bei

- Bekanntgabe gegenüber dem Betroffenen, dass gegen ihn ein Ermittlungsverfahren eingeleitet wurde,
- Anordnung der Anhörung des Betroffenen,
- der ersten Vernehmung des Betroffenen,
- Absendung des Anhörungsbogens durch die Bußgeldstelle an den Betroffenen,
- richterlicher Anordnung zur Zeugenvernehmung des Halters, wer die auf dem Radarfoto abgebildete Person sei (BayObLG, 16. November 1995 – 2 ObOWi 555/95; a A. BGH, Urteil vom 29. Oktober 1996 – 4 StR 394/96),
- Erlass des Bußgeldbescheides (Ausstellungsdatum!), sofern er binnen zwei Wochen zugestellt wird – ansonsten mit der Zustellung.

Ist der Bußgeldbescheid erlassen worden, so beträgt die weitere Verjährungszeit sechs Monate.

## 4.2 Bußgeld

Die Bußgeldbehörde erhält durch eine Anzeige (Polizeibeamter, Politesse, Privatperson) davon Kenntnis, dass eine Ordnungswidrigkeit begangen wurde. Damit kommt das Bußgeldverfahren in Gang.

Wenn der Verkehrssünder nicht an Ort und Stelle angetroffen wird, erfolgt eine Halteranzeige, d. h. das Bußgeldverfahren wird zunächst einmal gegen den Halter eingeleitet. Die Person, gegen die sich das Verfahren richtet, wird als der **Beschuldigte** bezeichnet.

Bevor die Bußgeldbehörde einen Bußgeldbescheid erlässt, muss der Beschuldigte Gelegenheit gehabt haben, sich zu dem Vorwurf, eine Ordnungswidrigkeit begangen zu haben, zu äußern (§ 55 OWiG). Das erfolgt entweder mündlich, z. B. durch den Polizeibeamten, der den Beschuldigten fragt, was er vorzubringen habe, oder schriftlich durch den Anhörungsbogen, der dem Beschuldigten zugeschickt wird. Ob sich der Beschuldigte dann äußert oder nicht, ist seine Angelegenheit. Ihm muss nur Gelegenheit dazu gegeben werden.

Die Bußgeldbehörde handelt dann nach pflichtgemäßem Ermessen, sie kann

- das Verfahren einstellen,
- den Bußgeldbescheid erlassen oder
- ein Verwarnungsgeld vorschlagen.

Diesen relativ großen Entscheidungsspielraum der Behörde bezeichnet man auch als das **Opportunitätsprinzip.**

### Inhalt des Bußgeldbescheides (§ 66 OWiG)

Der Bußgeldbescheid muss unter anderem die Angaben zur Person, die Bezeichnung der Tat, die genaue gesetzliche Grundlage, die Beweismittel und die Höhe der Geldbuße enthalten. Er wird durch Postzustellungsurkunde förmlich zugestellt.

### Rechtsmittel gegen den Bußgeldbescheid (§§ 67 bis 70 OWiG)

Wenn der Bußgeldbescheid keine Formfehler enthält, wird er zwei Wochen nach der Zustellung rechtskräftig, d. h. unanfechtbar. Gegen den Bußgeldbescheid kann man innerhalb von zwei Wochen **Einspruch** einlegen (§ 67 OWIG). Der Einspruch muss innerhalb der genannten Frist schriftlich der Bußgeldbehörde vorliegen, es ist also nicht das Absendedatum (Poststempel) entscheidend. Ein Einspruch per E-Mail ist ungültig.

- *Zustellung Mittwoch:*
  *Frist läuft übernächste Woche Mittwoch um 24.00 Uhr ab*
- *Zustellung Sonnabend:*
  *Frist läuft nicht am Sonnabend der übernächsten Woche, sondern erst am darauffolgenden Montag um 24.00 Uhr ab*

An Sonnabenden, Sonn- und Feiertagen laufen keine Fristen ab. Der Einspruch ist grundsätzlich schriftlich oder zur Niederschrift bei der Geschäftsstelle einzulegen.

Wünscht der Betroffene **Akteneinsicht**, so muss die Behörde dem entsprechen (§ 147 Abs. 1 StPO).

Die Verwaltungsbehörde prüft, ob der Einspruch in der vorgeschriebenen Form und rechtzeitig eingelegt wurde. Ist dies nicht der Fall, so verwirft sie ihn als unzulässig. Allerdings kann man gegen diese Entscheidung auch wieder Antrag auf gerichtliche Entscheidung nach § 62 OWiG stellen.

Ist der Einspruch zulässig, so prüft die Verwaltungsbehörde, ob sie den Bußgeldbescheid aufrecht erhält oder zurücknimmt. Zu diesem Zweck kann sie insbesondere weitere Ermittlungen anordnen oder selbst vornehmen. Die Verwaltungsbehörde kann den Bußgeldbescheid selbst zurücknehmen.

Nimmt die Verwaltungsbehörde den Bußgeldbescheid nicht selbst zurück, so legt sie den Vorgang über die Staatsanwaltschaft dem zuständigen Amtsgericht in ihrem Bezirk vor. Damit übernimmt die Staatsanwaltschaft die Aufgaben der Verfolgungsbehörde. Ist allerdings der Sachverhalt offensichtlich ungenügend aufgeklärt, so kann der Staatsanwalt die Sache wieder an die Verwaltungsbehörde zurückgeben. Der Staatsanwalt ist auch berechtigt, das Verfahren unter bestimmten Voraussetzungen einzustellen.

In der Regel wird der Staatsanwalt die gerichtliche Entscheidung über die Angelegenheit herbeiführen. Für das gerichtliche Verfahren gibt es dann zwei Möglichkeiten, und zwar entweder:

a) Nach einer **Hauptverhandlung**, in der die Angelegenheit mündlich erörtert wird. Der Betroffene muss dabei anwesend sein, er kann sich aber auf Antrag von der Verpflichtung der persönlichen Anwesenheit entbinden lassen.
b) Durch Beschluss **im schriftlichen Verfahren** (§ 72 OWiG), wenn der Betroffene auf diese Möglichkeit hingewiesen wurde und nicht widersprochen hat (§ 66 Abs. 2 Nr. 1b OWiG). Der Betroffene hat es also in der Hand, eine mündliche Verhandlung zu verlangen.

Die Entscheidung des Amtsgerichts kann auf Geldbuße, Nebenfolgen (z. B. Fahrverbot), Freispruch oder Einstellung des Verfahrens lauten.

Obwohl derselbe Richter zuständig ist, der auch Strafsachen entscheidet, so bleibt eine Verurteilung in diesem Verfahren eine Geldbuße wegen einer Ordnungswidrigkeit. Der Betroffene ist also nicht vorbestraft.

Wenn die Entscheidung durch Beschluss im schriftlichen Verfahren ergeht, so darf das Gericht nicht zum Nachteil des Betroffenen vom Bußgeldbescheid abweichen (§ 72 Abs. 2 OWiG). Wenn das Gericht aber nach einer Hauptverhandlung entscheidet, kann es durchaus zum Nachteil des Betroffenen vom Bußgeldbescheid abweichen.

Bei der Gerichtsverhandlung muss der Betroffene grundsätzlich persönlich anwesend sein. In einem Bußgeldverfahren kann er jedoch den Antrag stellen, in der Hauptverhandlung vor Gericht nicht erscheinen zu müssen, wenn er anwaltlich vertreten ist. Das gilt, wenn der Betroffene die Angaben zu seiner Person gemacht hat und zum Sachverhalt Stellung genommen hatte (OLG Köln, Aktenzeichen III-1-RBs 265/12).

### Rechtsmittel gegen die Entscheidung des Amtsgerichts (§§ 79, 80 OWiG)

Die Entscheidung des Amtsgerichts beendet das Bußgeldverfahren meist endgültig. Ausnahmsweise gibt es aber vor allem in folgenden Fällen die Möglichkeit, innerhalb einer Woche nach Verkündung der Entscheidung (bei Entscheidung im schriftlichen Verfahren ab Zustellung) **Rechtsbeschwerde** zum Oberlandesgericht einzulegen:

a) Wenn die Geldbuße mehr als 250 Euro beträgt (§ 79 Abs. 1 Nr. 1 OWiG)
b) Wenn eine Nebenfolge (z. B. Fahrverbot) angeordnet worden ist (§ 79 Abs. 1 Nr. 2 OWiG)
c) Wenn die Rechtsbeschwerde ausdrücklich zugelassen wurde (§ 80 OWiG Präzedenzfall)

Das Oberlandesgericht lässt eine solche Rechtsbeschwerde auf Antrag zu, wenn die Nachprüfung des Urteils zur Fortbildung des Rechts oder zur Sicherung einer einheitlichen Rechtsprechung geboten erscheint (Präzedenzfälle).

**Muster eines Bußgeldbescheides siehe Anhang**

## 4.3 Verwarnungsgeld

Die Ahndung einer Ordnungswidrigkeit im Bußgeldverfahren ist für die Bußgeldbehörden sehr umständlich und Zeit raubend. Meist geht es auch nur um geringe Summen, so dass der Verwaltungsaufwand größer ist als die Einnahme. Deshalb besteht die Möglichkeit, bestimmte Ordnungswidrigkeiten statt mit einem Bußgeld mit Verwarnungsgeld zu ahnden, jedoch nur unter den folgenden Voraussetzungen:

1. Es muss sich um eine **geringfügige Ordnungswidrigkeit** handeln.
2. Der Betroffene muss darüber **belehrt** worden sein, dass er die Zahlung des Verwarnungsgeldes **ablehnen kann.**
3. Der Betroffene muss mit der Verwarnung **einverstanden** sein.
4. Der Betroffene muss das Verwarnungsgeld **sofort zahlen** oder innerhalb einer Woche überweisen.

Liegt auch nur eine dieser Voraussetzungen nicht vor, so wird die Ordnungswidrigkeit nach dem Bußgeldverfahren behandelt. Bei geringfügigen Ordnungswidrigkeiten kann das Bußgeld z. B. 10 oder 15 Euro betragen. Die Vorstellung, dass alle Zahlungen bis 55 Euro Verwarnungsgeld und nur die ab 60 Euro Bußgeld sind, ist falsch. Das Verwarnungsgeld wird in Beträgen von 5 bis 55 Euro erhoben (§ 2 Bußgeldkatalog-VO).

Das Verwarnungsgeld kann nie im Fahreignungsregister eingetragen werden.

Ist eine Ordnungswidrigkeit durch Verwarnungsgeld geahndet worden, so kann sie nicht mehr in einem Bußgeldverfahren verfolgt werden (§ 56 Abs. 4 OWiG). Dies gilt aber nur für die Ordnungswidrigkeiten und die Gesichtspunkte, die dem Polizeibeamten bei Erteilung der Verwarnung bekannt waren. Hat er etwas übersehen, so kann dieses später doch noch mit Bußgeld geahndet werden (§ 56 Abs. 3 OWiG).

Da das Verwarnungsgeld bereits das Einverständnis des Betroffenen voraussetzt, gibt es gegen eine wirksame Verwarnung kein Rechtsmittel. Bei unbedeutenden Ordnungswidrigkeiten besteht die Möglichkeit, eine Verwarnung ohne Verwarnungsgeld auszusprechen.

▶ *Überschreiten der Parkzeit an der Parkuhr um wenige Minuten*

**Muster eines Verwarnungsgeldes siehe Anhang**

## Die Zahlkarte an der Windschutzscheibe

Jeder kennt den unerfreulichen Anblick bei Rückkehr zu seinem Fahrzeug, das im Haltverbot steht: An der Windschutzscheibe findet sich fein säuberlich gefaltet – bei Regenwetter oft in einer Plastiktüte – ein „Strafmandat", in manchen Regionen auch als „Knöllchen" bezeichnet.

Diese Zahlkarte ist rechtlich nichts anderes als ein schriftliches Angebot, durch Zahlung eines Verwarnungsgeldes die Ordnungswidrigkeit aus der Welt zu schaffen. Sie ist deshalb nur unter den Voraussetzungen eines **Verwarnungsgeldes** (s. o.) zulässig, setzt also insbesondere eine Belehrung voraus, dass man nicht zur Zahlung verpflichtet ist. Diese ist auf dem Vordruck allerdings meist mit der Drohung verbunden, dass es anderenfalls zur Anzeige kommen werde – gemeint ist die Einleitung eines Bußgeldverfahrens.

Die Zahlkarte ist häufig schon mit einem **Anhörungsbogen** verbunden, auf dem man weitere Angaben machen kann, insbesondere über denjenigen, der die Ordnungswidrigkeit tatsächlich begangen hat. Natürlich ist man dazu nicht verpflichtet.

Erfolgt keine Zahlung, so wird die Behörde häufig noch einmal die gleiche Aufforderung an den Halter per Post versenden und um Zahlung des Verwarnungsgeldes bitten, weil es ja sein kann, dass Unbefugte die Zahlkarte von der Windschutzscheibe entfernt haben oder dass sie unleserlich wurde. Bleibt auch dieses erfolglos, so muss die Behörde entscheiden, ob sie nun das Bußgeldverfahren einleitet oder die Angelegenheit einstellt.

## Fahrverbot und Ordnungswidrigkeit

Bei einer Ordnungswidrigkeit, die der Betroffene unter grober oder beharrlicher Verletzung der Pflichten eines Kraftfahrzeugführers begangen hat, kann die Bußgeldstelle neben dem Bußgeld auch ein Fahrverbot verhängen. Das Fahrverbot wird für die Dauer von 1–3 Monaten ausgesprochen. Bei Verstößen gegen § 24a StVG (0,5-Promille-Gesetz) muss in der Regel ein Fahrverbot verhängt werden (§ 25 Abs. 1 StVG).

## Eintragung in das Fahreignungsregister

In das beim Kraftfahrtbundesamt geführte Fahreignungsregister (früher Verkehrszentralregister) werden Ordnungswidrigkeiten normalerweise dann eingetragen, wenn eine **Geldbuße ab (einschließlich) 60 Euro** rechtskräftig festgesetzt ist.

Im Register sind ca. zehn Millionen Verkehrssünder eingetragen. Die Eintragungen betreffen zu etwa 1/3 Personen, die schon eine Eintragung hatten, und 2/3 Verkehrsteilnehmer, die zuvor eine „weiße Weste" hatten. Fast 80 % der Eintragungen werden auf Grund von Bußgeldentscheidungen vorgenommen, 11 % der Eintragungen erfolgten aufgrund gerichtlicher Entscheidungen zu Straftaten und rund 8 % auf Grund Fahrerlaubnisentscheidungen von Gerichten und Verwaltungsbehörden.

Die Behörden und Gerichte orientieren sich normalerweise an den Regelsätzen des Bußgeldkataloges. Abweichungen sind aber durchaus zulässig und in der Praxis nicht selten.

Wird von den Regelsätzen des Bußgeldkataloges abgewichen, so entscheidet nur das rechtskräftig gewordene Bußgeld über die Eintragungsgrenze in Flensburg.

**www.kba.de unter Statistiken, Personen**

### Mehrere Ordnungswidrigkeiten (Mehrfachtäter)

Wiederholte Ordnungswidrigkeiten können bis zur Entziehung der Fahrerlaubnis führen.

## 4.4 Verkehrsverstöße im Ausland

Jährlich fahren Millionen Deutsche mit ihrem Fahrzeug ins Ausland. Umgekehrt ist Deutschland das meist genutzte Transitland Europas. Die Länder der Europäischen Union haben ein Rahmenabkommen getroffen, wonach **Verkehrssünden ab 70 €** überall vollstreckt werden. Bei der Wertgrenze von 70 € werden allerdings Verwaltungskosten mit einbezogen, sodass es sein kann, dass ein im Ausland verhängtes Bußgeld von 50 € zuzüglich 25 € Verwaltungsgebühren doch vollstreckt wird.

Zwischen einzelnen EU-Ländern kann es Sonderabkommen/Regelungen geben. Im Einzelnen ergeben sich folgende Regelungen:

Wer auf ausländischen Straßen unterwegs ist, unterliegt dem dortigen Verkehrsrecht. Das gilt für die Verhaltensvorschriften wie für die Folgen von Verkehrsverstößen. Somit sind dann die im Ausland meist erheblich höheren Bußgelder fällig und es gibt eine Reihe von Besonderheiten:

Fast alle EU-Länder haben die **Halterhaftung.** Wenn das Fahrzeug nach dem Verkehrsverstoß nicht angehalten wird, erfolgt eine Ermittlung des Halters, der dann im Anhörungsbogen den Fahrer benennen kann.

**Benennt der Halter den Fahrer nicht, muss er die Geldbuße bezahlen.** Diese Regelung haben fast alle europäischen Länder.

In vielen Ländern hängt die Höhe des zu zahlenden Bußgeldes auch vom Zeitpunkt der Zahlung ab, das heißt, wer sofort oder in den ersten Wochen zahlt, kommt deutlich billiger davon. Die **Verjährung** (in Deutschland drei Monate ab Verkehrsverstoß) richtet sich nach den betreffenden ausländischen Gesetzen, sie beträgt manchmal vier oder fünf Jahre (Spanien/Italien). Auch die Beweisregeln sind oft andere, so *darf* z. B. in Österreich die Polizei Geschwindigkeiten auch schätzen. Da dieser gesamte Komplex sich nur nach dem im Ausland geltenden Recht richtet, sind diese Fragen in Deutschland nicht durch unsere Gerichte angreifbar.

Nach einem Verkehrsverstoß im Ausland erhält der in Deutschland wohnende Halter oder Fahrer einen Anhörungsbogen und den Bußgeldbescheid von dort zugeschickt. Das EU-Abkommen schreibt zwingend vor, dass diese in der Sprache des Landes mit **Übersetzung** zugestellt werden müssen, in dem der beschuldigte Verkehrssünder seinen Wohnsitz hat. Auch eine Rechtsmittelbelehrung in deutscher Sprache muss beigefügt sein.

Sollte keine Übersetzung vorgelegen haben, kann ein solcher aus dem Ausland stammender Bußgeldbescheid später in Deutschland nicht vollstreckt werden.

## Internationaler Halterdatenaustausch

Gemäß der EU-Richtlinie 2011/82/EU tauschen die EU-Länder Daten über Kennzeichen, Fahrzeug-Identifizierungsnummern und die persönlichen Daten des Verkehrssünders und Halters aus.

## Rechtsmittel gegen den ausländischen Bußgeldbescheid

Hier gelten die nationalen Vorschriften des Auslands. Eine eventuelle Gerichtsverhandlung findet also im Ausland statt.

Wenn der Beschuldigte den Rechtsstreit verliert oder ohne Widerspruch das Bußgeld ins Ausland überweist, ist die Angelegenheit erledigt. **Punkte** in der deutschen Verkehrssünderkartei gibt es nicht. Zahlt der Verkehrssünder nicht, so schaltet die ausländische Behörde eine deutsche Behörde ein:

## Bundesamt für Justiz

Das in Bonn eingerichtete Bundesamt für Justiz – BfJ – übernimmt zentral für ganz Deutschland die Verfolgung und Vollstreckung der im Ausland nicht bezahlten Bußgelder ab 70 Euro. Das Verfahren beim BfJ beginnt mit dem Vollstreckungshilfeersuchen aus dem ausländischen EU-Staat. Das BfJ prüft zunächst, ob ein Zulässigkeitshindernis besteht. Es leitet ein Anhörungsverfahren ein, bei dem sich der Betroffene vorab innerhalb von zwei Wochen äußern kann. Die **Zulässigkeitshindernisse** sind abschließend geregelt, und zwar:

- Bußgeld inklusive Verwaltungsgebühr unter 70 Euro
- Bußgeldbescheid oder Rechtsmittelbelehrung nicht in deutscher Sprache erfolgt
- **Sonderregelung Halterhaftung:** Wenn jemand als Halter im Ausland gegen den dortigen Bußgeldbescheid erfolglos Einspruch eingelegt hatte und dies dem BfJ nachweisen kann.

Besteht kein Zulässigkeitshindernis, erlässt das BfJ Vollstreckungsbescheid.

Gegen den **Vollstreckungsbescheid** aus Bonn ist das Rechtsmittel des Einspruchs innerhalb von zwei Wochen zulässig. Dann entscheidet das für den Wohnort des Beschuldigten zuständige Amtsgericht. Das Amtsgericht darf aber genauso wie das BfJ nur überprüfen, ob eines der Zulässigkeitshindernisse besteht

Ist der Vollstreckungsbescheid rechtskräftig, so muss der Beschuldigte zahlen. Notfalls veranlasst das BfJ die Zwangseintreibung wie bei deutschen Bußgeldbescheiden.

Die gezahlten Bußgelder kommen der deutschen Staatskasse zugute, es finden also keine Abrechnungen und Erstattungen zwischen den EU-Ländern mehr statt.

**Punkte** im Fahreignungsregister Flensburg werden nicht eingetragen.

## Wiedereinreise ins Ausland

Ist der ausländische Bußgeldbescheid – egal, aus welchen Gründen – nicht vollstreckt worden, so kann der EU-Staat bei einer Wiedereinreise kassieren und notfalls nach seinen Vorschriften vorgehen, z. B. das Fahrzeug beschlagnahmen oder stilllegen.

## Verkehrsverstöße mit im Ausland zugelassenen Fahrzeugen in Deutschland

Das EU Geld- und Sanktionsabkommen findet natürlich auch umgekehrt Anwendung, und zwar ebenfalls bei Delikten ab 70 Euro.

Die Ausländer profitieren dann von der deutschen Besonderheit, dass hier nur gegen den tatsächlichen Fahrer vorgegangen werden kann. Diese Ermittlung dürfte in sehr vielen Fällen nicht gelingen.

Die deutschen Bußgeldbehörden müssen den Anhörungsbogen/Bußgeldbescheid in die Landessprache des Beschuldigten übersetzen.

## EU-Verkehrssanktionen im Ausland begangene Verkehrsverstöße

**EU-Rahmenbeschluss** über gegenseitige Anerkennung von Geldstrafen und Geldbußen
Gesetz über die internationale Rechtshilfe in Strafsachen (IRG)

Verkehrsverstöße von Deutschen im EU-Ausland werden wie folgt geahndet:

Verkehrsverstoß im Ausland

↓

Ausländische Behörde stellt den Fahrer am Ort der Tat:
Bezahlung vor Ort,
Hinterlegung von Geld in der Höhe des Verstoßes

Ausländische Behörde kann den Fahrer am Ort der Tat nicht stellen:

↓

Ermittlung des Halters durch ausländischen Staat

Kooperation mit der Halterdatei beim KBA

↓

**Bußgeldbescheid** durch ausländischen Staat nach dem Rechtssystem und Preis im Ausland

Übersetzung und Rechtsmittelbelehrung in deutscher Sprache durch ausländischen Staat

↓

Zustellung des ausländischen Bußgeldbescheids mit Übersetzung (Postweg)

↓

Verkehrssünder zahlt durch Geldüberweisung ins Ausland

Verkehrssünder/Halter legt **Rechtsmittel** gegen Bußgeldbescheid ein

Verkehrssünder **zahlt nicht**

Verkehrssünder zahlt durch Geldüberweisung ins Ausland

Verkehrssünder/Halter legt **Rechtsmittel** gegen Bußgeldbescheid ein

↓

Gerichtsverhandlung/ Verwaltungsentscheidung im Ausland

↓

**Gerichtsurteil** Ausland

↓

- Freispruch/
- Zahlung durch Geldüberweisung
- Wenn keine Zahlung: Einschaltung BfJ

Verkehrssünder **zahlt nicht**

↓

Ausländischer Staat schaltet das **BfJ** ein

**Bundesamt für Justiz Bonn**

↓

BfJ erlässt normalerweise **Vollstreckungsbescheid**

Zulässigkeitshindernisse, z. B.:
- Bußgeldbescheid war nicht auf Deutsch übersetzt
- Rechtsmittelbelehrung war nicht auf Deutsch übersetzt
- Beträge incl. Verwaltungskosten unter 70 Euro
- Sonderfall: Halterhaftung

↓

Rechtsmittel gegen Vollstreckungsbescheid (Einspruch 2 Wochen)
Dann mündliche Verhandlung vor dem **Amtsgericht,** das für Wohnsitz des Verkehrssünders/Halters zuständig ist

↓

Prüfkompetenz des Amtsgerichts:
Nur die Zulässigkeitshindernisse wie beim BfJ

↓

**Urteil Amtsgericht Deutschland**

↓

**Zahlung an BfJ/Zwangsvollstreckung**
- **Vereinnahmte Geldbußen bleiben in Deutschland**
- **Keine Abrechnung mit dem ausländischen Statt wie früher**
- **Keine Punkte im Fahreignungsregister Flensburg**

## Fragen und Antworten

1. *Was ist eine Ordnungswidrigkeit?*
   Eine Zuwiderhandlung, die mit Geldbuße bedroht ist.
2. *Welche Merkmale müssen vorliegen, damit eine Ordnungswidrigkeit geahndet werden kann?*
   1. Der Tatbestand muss erfüllt sein
   2. Rechtswidrigkeit
   3. Schuld
3. *Wo in den Vorschriften findet man die Ordnungswidrigkeiten?*
   Meist gegen Ende der Gesetze und Verordnungen.
4. *Wo sind die allgemeinen Grundsätze geregelt, die bei jedem Ordnungswidrigkeitenverfahren beachtet werden müssen?*
   Im Ordnungswidrigkeitengesetz (OWiG)
5. *Wie kann man wegen einer Ordnungswidrigkeit bestraft werden?*
   Man kann wegen Ordnungswidrigkeiten überhaupt nicht bestraft werden. Die Ordnungswidrigkeit kann mit einer Geldbuße geahndet werden. Unter bestimmten Voraussetzungen kann auch ein Verwarnungsgeld an die Stelle der Geldbuße treten.
6. *Wie hoch kann die Geldbuße ausfallen?*
   Wenn im Gesetz oder in der Verordnung kein spezieller Betrag genannt ist bis zu 1.000 Euro.
7. *Bei welchen Ordnungswidrigkeiten muss man mit einem Fahrverbot rechnen?*
   Bei schwerwiegenden Verkehrsverstößen, z. B. über 30 km/h zu schnell (i. g. O.), oder Rotlichtverstoß, wenn über eine Sekunde rot war.
8. *Was verstehen Sie unter den Begriffen „Tateinheit" und „Tatmehrheit"?*
   Oft werden nicht nur eine einzige Vorschrift, sondern mehrere verletzt. Dann spricht man von
   - Tateinheit, wenn dies durch dieselbe Handlung geschieht, und
   - Tatmehrheit, wenn dies durch mehrere Handlungen geschieht.
9. *Welche praktischen Auswirkungen hat es, ob „Tateinheit" oder „Tatmehrheit" vorliegt?*
   - Bei Tateinheit erfolgt die Ahndung nur nach dem schwersten Verstoß.
   - Bei Tatmehrheit erfolgt die Ahndung wegen aller Verstöße gesondert. Es wird dann eine Gesamt-Geldbuße festgesetzt, aber die Punkte werden für jedes Delikt einzeln berechnet.
10. *Wann verjähren die Ordnungswidrigkeiten?*
    Die in der StVO und StVZO enthaltenen Ordnungswidrigkeiten verjähren drei Monate nach der Tat. Die Verjährung kann aber unterbrochen werden, z. B. durch den Anhörungsbogen.
11. *Was versteht man unter einer „Halteranzeige"?*
    Lässt sich bei einer Ordnungswidrigkeit nicht ohne weiteres feststellen, wer sie begangen hat, so wird zunächst der Halter des Fahrzeugs angezeigt.
12. *Bedeutet dies, dass der Halter des Fahrzeugs für alle Ordnungswidrigkeiten einstehen muss, die mit seinem Fahrzeug begangen wurden?*
    Nein, in Deutschland muss dem Halter immer dessen persönliche Schuld an der Zuwiderhandlung nachgewiesen werden. Der Halter kann nach Halt-

und Parkverstößen aber als Kostenschuldner des Verfahrens herangezogen werden, auch wenn ihm eine persönliche Schuld nicht nachweisbar ist.

13. *Muss sich der Halter zu einer Ordnungswidrigkeit, die mit seinem Fahrzeug begangen wurde, äußern?*
Er muss nur Angaben zu seiner Person machen. Zur Sache braucht er sich nicht äußern, wenn er sich dadurch selbst belasten würde oder wenn er dadurch einen Angehörigen belasten würde.

14. *Muss die Behörde jede Ordnungswidrigkeit verfolgen und ahnden?*
Nein, die Behörde hat ein pflichtgemäßes Ermessen, ob sie das Verfahren einstellt oder weiter verfolgt (Opportunitätsprinzip).

15. *Welchen Inhalt hat der Bußgeldbescheid?*
Der Bußgeldbescheid enthält Angaben:
    - Zur Person des Betroffenen
    - Zur Tat, d. h.
        - was ihm vorgeworfen wird
        - wo es passiert sein soll
        - wann es passiert sein soll
        - die anzuwendenden Paragrafen
    - Zu den Beweismitteln
    - Zu der Höhe der Geldbuße und über die Nebenfolgen
    - Zu den Rechtsmitteln gegen den Bescheid

16. *Welches Rechtsmittel ist gegen den Bußgeldbescheid gegeben?*
Der Einspruch

17. *Innerhalb welcher Frist muss der Einspruch eingelegt werden?*
Der Einspruch muss innerhalb von zwei Wochen ab Zustellung des Bußgeldbescheides bei der Behörde eingegangen sein.

18. *Wer entscheidet über den Einspruch?*
Das Amtsgericht, in dessen Bezirk die Bußgeldbehörde ihren Sitz hat.

19. *Kann das Amtsgericht eine höhere Geldbuße als der Bußgeldbescheid festsetzen?*
Bei einer Entscheidung durch Beschluss (= ohne Verhandlung) nicht, bei einer Entscheidung durch Urteil ja.

20. *Welche Strafe kann das Amtsgericht im Bußgeldverfahren aussprechen?*
Eine Strafe überhaupt nicht. Der Amtsrichter kann wie die Bußgeldbehörde auf Geldbuße und evtl. auf Nebenfolgen erkennen.

21. *Ist die Entscheidung des Amtsrichters endgültig?*
Meistens ja. Nur wenn
    - die Geldbuße mehr als 250 Euro beträgt,
    - eine Nebenfolge (z. B. Fahrverbot) verhängt wurde oder
    - ein weiteres Rechtsmittel ausdrücklich zugelassen wird, weil es sich um einen Präzedenzfall handelt,

besteht die Möglichkeit der Rechtsbeschwerde.

22. *Wer entscheidet über die Rechtsbeschwerde?*
Das Oberlandesgericht

23. *Unter welchen Voraussetzungen wird eine Ordnungswidrigkeit mit Verwarnungsgeld statt mit Geldbuße geahndet?*
    - Es muss sich um eine geringfügige Ordnungswidrigkeit handeln, und
    - Der Betroffene muss belehrt werden, dass er die Zahlung auch ablehnen kann, und
    - Der Betroffene muss einverstanden sein, und

- Er muss sofort zahlen oder den Betrag innerhalb einer Woche überweisen.

24. *Was passiert, wenn der Betroffene die Zahlung des Verwarnungsgeldes ablehnt?*
Die Ordnungswidrigkeit kann im Bußgeldverfahren verfolgt werden.

25. *Kann die Geldbuße z. B. auch zehn Euro betragen?*
Ja, entscheidend ist, ob ein förmlicher Bußgeldbescheid ergeht.

26. *In welcher Höhe kann das Verwarnungsgeld angesetzt werden?*
Bei verkehrsrechtlichen Ordnungswidrigkeiten von 5 bis 55 Euro.

# Strafvorschriften

## 5.1 Straftaten – Strafverfahren

Straftat ist eine Handlung, die

1. den Tatbestand eines Gesetzes verwirklicht, das die Ahndung mit Strafe (Freiheitsstrafe, Geldstrafe, Nebenstrafe) zulässt und
2. **rechtswidrig** ist und
3. **vorwerfbar** (vorsätzlich oder fahrlässig) begangen wird.

Der Gesetzgeber hat nur die schweren Verstöße gegen ein Rechtsgut als Straftat eingestuft.

Die meisten Tatbestände des Verkehrsstrafrechts sind im Strafgesetzbuch enthalten. Daneben sind einzelne spezielle Straftaten auch noch im StVG und im Pflichtversicherungsgesetz zu finden.

### Übersicht der wichtigsten Verkehrsstraftaten

- Unerlaubtes Entfernen vom Unfallort (§ 142 StGB)
- Beleidigung (§ 185 StGB)
- Fahrlässige Tötung (§ 222 StGB)
- Fahrlässige Körperverletzung (§ 229 StGB)
- Nötigung (§ 240 StGB)
- Unbefugter Gebrauch eines Kraftfahrzeuges oder Fahrrades (§ 248b StGB)
- Betrug (§ 263 StGB)
- Fälschung technischer Aufzeichnungen (§ 268 StGB)
- Jagdwilderei (§ 292 StGB)
- Sachbeschädigung (§ 303 StGB)
- Gefährliche Eingriffe in den Straßenverkehr (§ 315b StGB)
- Gefährdung des Straßenverkehrs (§ 315c StGB)
- Trunkenheit im Verkehr (§ 316 StGB)
- Autostraßenraub (§ 316a StGB)
- Vollrausch (§ 323a StGB)
- Unterlassene Hilfeleistung (§ 323c StGB)
- Fahren ohne Fahrerlaubnis (§ 21 StVG)
- Kennzeichenmissbrauch (§ 22 StVG)
- Missbräuchliches Herstellen von Kennzeichen (§ 22a StVG)
- Wegstreckenzähler-Veränderung (§ 22b StVG)
- Gebrauch eines nicht versicherten Fahrzeugs (§ 6 PflVG)

### Schuld – die Voraussetzung jeder Bestrafung

Eine Strafe (aber auch schon eine Geldbuße) kann nur dann verhängt werden, wenn die Zuwiderhandlung vorwerfbar (schuldhaft) begangen wurde.

Es gibt zwei Schuldformen:

- **Vorsatz** = Handlung mit Wissen und Wollen
- **Fahrlässigkeit** = Handlung unter Verletzung der gebotenen und zumutbaren Sorgfalt

Oft gebraucht das Gesetz die Worte: „Wer vorsätzlich oder fahrlässig ... wird bestraft mit ...“. Dann ist klar, dass die Tat sowohl bei Vorsatz als auch bei Fahrlässigkeit geahndet wird.

Manchmal sagt das Gesetz aber gar nichts über die Schuldform (z. B. § 248b StGB). Dann kann nur die vorsätzliche Tat bestraft werden.

Wird im Gesetz nur die Fahrlässigkeit erwähnt, so kann aus diesem Paragraf auch nur bei Fahrlässigkeit bestraft werden (z. B. §§ 222, 230 StGB). Für das vorsätzliche Delikt gibt es dann aber andere Paragrafen, die natürlich mit einem schwereren Strafmaß aufwarten.

## Das Strafverfahren

Das Strafverfahren ist das Verfahren zur Verfolgung und Ahndung von Straftaten. Es muss einerseits gewährleistet werden, dass die begangenen Straftaten möglichst vollständig aufgeklärt und dem Täter nachgewiesen werden können, andererseits darf aber der Bürger möglichst wenig in seinen Freiheitsrechten beeinträchtigt werden, denn bis zur rechtskräftigen Verurteilung gilt jeder als unschuldig. In der Demokratie steht der Staat immer wieder vor Schwierigkeiten, die viel Fingerspitzengefühl erfordern. Die Befugnisse der staatlichen Organe sind hier deshalb besonders ausführlich in einem Gesetz abgegrenzt, und zwar in der **Strafprozessordnung (StPO)**.

Das Strafverfahren gliedert sich in drei Abschnitte:

(1) Ermittlungsverfahren
(2) Anklage der Staatsanwaltschaft zum Gericht
(3) Gerichtsverfahren

## Das Ermittlungsverfahren

Die Ermittlung von Straftaten und die Ingangsetzung weiterer Maßnahmen obliegt speziellen Behörden, dies sind die **Staatsanwaltschaften**. Sie befinden sich in der Regel dort, wo auch ein Landgericht ist. Die Staatsanwaltschaften sind behördenmäßig aufgebaut, haben also einen Leiter, eine Anzahl Staatsanwälte sowie Amtsanwälte.

Die Aufklärung von Straftaten kann naturgemäß nicht durch diese wenigen Beamten erfolgen, denn sie versehen überwiegend einen Bürodienst und sind nicht anwesend, wenn Straftaten aufgedeckt werden. Um überhaupt erst Kenntnis von der Begehung einer Straftat zu erhalten, müssen **Hilfsbeamte** die Staatsanwaltschaften unterstützen: Dies sind hauptsächlich **Polizeibeamte**, aber auch Zollbeamte und Steuerfahndungsbeamte.

Die Ermittlungen werden in der Regel von der Polizei geführt. Sie beginnen, sobald der Verdacht einer strafbaren Handlung vorliegt.

- *Verdacht der Trunkenheit im Verkehr, wenn der Fahrzeugführer eine „Alkoholfahne" hat*
- *Verdacht des Fahrens ohne Fahrerlaubnis, wenn der Kraftfahrzeugführer keinen Führerschein vorweisen kann*

Derjenige, gegen den die Ermittlungen geführt werden, wird als der **Beschuldigte** bezeichnet.

## Die häufigsten Ermittlungsmaßnahmen

Bei Verdacht auf eine Straftat in Verbindung mit Alkohol muss genau festgestellt werden, wie viel Promille Alkohol der Beschuldigte zur Zeit der Tat im Blut hatte. Davon hängt es nämlich ab, ob eine Straftat, eine Ordnungswidrigkeit oder überhaupt keine Zuwiderhandlung vorliegt.

### a) Atemluftanalyse

Es gibt Testgeräte, die die Atemluft auswerten und den Promillewert anzeigen. Der

Verdächtige kann allerdings nicht gezwungen werden, in dieses Testgerät zu pusten. Der gemessene Promillewert ist vor Gericht verwertbar.

#### b) Anordnung einer Blutprobe (§ 81a StPO)

Der Beschuldigte kann notfalls gezwungen werden, sich eine Blutprobe entnehmen zu lassen. Diese Anordnung muss grundsätzlich ein Richter treffen, nur in Ausnahmefällen auch Hilfsbeamte der Staatsanwaltschaft (Polizei).

**Beweisführung bei Alkoholverdacht siehe auch unter 5.2 – Zuwiderhandlungen in Verbindung mit Alkohol und Drogen**

Die Blutentnahme muss durch einen Arzt erfolgen. Es darf dabei kein Nachteil für die Gesundheit des Betroffenen zu befürchten sein.

Nach den Regeln der ärztlichen Kunst kann auch bei „Blutern" eine Blutprobe entnommen werden.

Weigert sich der Betroffene, eine Blutprobe entnehmen zu lassen, so kann körperliche Gewalt angewendet werden.

Die entnommene Blutprobe wird anschließend zur Untersuchung gegeben, meist erfolgt diese in einem Institut für Gerichtsmedizin oder chemischen Untersuchungsamt.

Das Blasen in ein Teströhrchen und Methoden zur **Feststellung von Ausfallerscheinungen** (Reaktionstests wie Kehrtwendung, Geradeausgehen; Nachsprechen von bestimmten Worten) sind freiwillig und können vom Beschuldigten verweigert werden. Diese Maßnahmen sollen dazu dienen, bei einer „Alkoholfahne" festzustellen, ob tatsächlich Verdacht auf eine Zuwiderhandlung besteht und ob somit Anlass zur Anordnung einer Blutprobe und anderer Maßnahmen besteht. Verweigert der Betroffene z. B. die Atemluftprobe, so wird ihn der Polizeibeamte eher als „Beschuldigten" einstufen und eine Blutprobe anstreben.

#### c) Sicherstellung von Gegenständen (§§ 94, 98 StPO)

Gegenstände, die als Beweismittel für die Untersuchung von Bedeutung sein können, sind in Verwahrung zu nehmen oder in anderer Weise sicherzustellen.

Der **Führerschein** wird sichergestellt, wenn anzunehmen ist, dass dem Beschuldigten später die Fahrerlaubnis entzogen werden wird. In diesem Fall wird nämlich der Führerschein später ohnehin eingezogen werden (§ 69 Abs. 3 StGB). Die Sicherstellung des Führerscheins erfolgt deshalb vor allem, wenn dringender Verdacht auf eine Alkoholstraftat (§§ 316, 315c, 323a StGB) oder auf einen besonders schweren Fall von Verkehrsunfallflucht (§ 142 StGB) besteht. In diesen Fällen ist der Beschuldigte voraussichtlich zum Führen von Kraftfahrzeugen nicht geeignet. Würde er seinen Führerschein bis zur Entscheidung des Gerichts behalten, so bestünde die Gefahr, dass ertrotz fehlender Eignung weiterhin Kraftfahrzeuge führt.

Der Führerschein kann aber unter Umständen auch sichergestellt werden, wenn keine dringenden Gründe dafür vorhanden sind, dass die Fahrerlaubnis entzogen werden wird. Die Sicherstellung erfolgt dann zur **Verhinderung einer Trunkenheitsfahrt**, z. B. wenn ein Betrunkener aus der Gaststätte kommt. Zu diesem Zweck kann auch der Zündschlüssel oder sogar das Kraftfahrzeug in Gewahrsam genommen werden.

Diese Maßnahmen müssen aber wieder aufgehoben werden, sobald die Gefahr beseitigt ist – z. B. wenn der Betroffene wieder nüchtern ist. Die Polizei stützt sich hierbei auf die Polizeigesetze der Länder, die Befugnisse zur allgemeinen Gefahrenabwehr enthalten. Man hört bisweilen davon, dass die Polizei den Führerschein nach wenigen Tagen wieder zurückgibt. Dabei handelt es sich um solche Sicherstellungen, die nicht erwarten lassen, dass später die Fahrerlaubnis entzogen wird.

Das **Kraftfahrzeug** kann ebenfalls sichergestellt werden, soweit es bei bestimmten Straftaten später der Einziehung (Nebenstrafe) unterliegt:

- *Fahrt auf öffentlichen Straßen mit einem nicht versicherten Kraftfahrzeug (§ 6 PflVG)*
- *Im Kraftfahrzeug ist in einem Versteck Rauschgift gefunden worden.*

Die Anordnung der Sicherstellung erfolgt meist durch die Polizei als Hilfsorgan der Staatsanwaltschaft, denn häufig wird **„Gefahr im Verzug"** sein, so dass die Anordnung durch den Richter oder Staatsanwalt nicht abgewartet werden kann. Anderenfalls wären die Gegenstände später meist nicht mehr zu beschaffen und die Beweismittel wären beseitigt.

### d) Beschlagnahme

Ein Gegenstand – also auch z. B. der Führerschein – kann dem Beschuldigten auch gegen seinen Willen weggenommen werden. Dann spricht man rechtlich von einer Beschlagnahme.

Hat der Beschuldigte ausdrücklich der Beschlagnahme widersprochen, so muss der Richter über deren Rechtmäßigkeit entscheiden. Der Polizeibeamte soll dann innerhalb von drei Tagen die richterliche Bestätigung beantragen.

Vorgeschriebene Rechtsmittelfristen gibt es nicht, denn die Beschlagnahme ist nur eine vorläufige Maßnahme, die jederzeit aufgehoben werden kann. Deshalb kann der Beschuldigte auch jederzeit die richterliche Entscheidung beantragen, für die der örtliche Amtsrichter zuständig ist.

### e) Vorläufige Entziehung der Fahrerlaubnis (§ 111a StPO)

Handelt es sich um die Beschlagnahme des Führerscheins, so erfolgt vom Richter eine Entscheidung über die vorläufige Entziehung der Fahrerlaubnis nach § 111a StPO. Diese tritt an die Stelle einer eigenen Entscheidung über die Beschlagnahme des Führerscheins. Die Fahrerlaubnis wird durch Beschluss des Amtsrichters vorläufig entzogen, wenn dringende Gründe für die Annahme sprechen, dass später die Fahrerlaubnis entzogen werden wird.

Bei den Zuwiderhandlungen im Zusammenhang mit Alkohol wird der Richter zunächst das Ergebnis der Blutproben-Untersuchung abwarten, weil vorher eine Beurteilung nur schwer möglich ist. Erst der ermittelte und auf die Zeit der Tat zurückgerechnete Promillewert liefert einen brauchbaren Anhaltspunkt, ob eine Straftat bzw. Ordnungswidrigkeit mutmaßlich vorliegt oder nicht.

Hält der Richter die Entziehung der Fahrerlaubnis für sehr wahrscheinlich, so beschließt er die „vorläufige Entziehung der Fahrerlaubnis", die durch einen schriftlichen Beschluss erfolgt, der dem Beschuldigten förmlich zugestellt wird. Damit ist zugleich die Beschlagnahme des Führerscheins bestätigt (§ 111a Abs. 3 StPO).

Verdichtet sich der anfängliche Verdacht aber nicht derart, dass dringende Gründe die spätere Entziehung der Fahrerlaubnis erwarten lassen, so muss der Richter die Anordnung der vorläufigen Entziehung der Fahrerlaubnis ablehnen. War sie bereits angeordnet, so muss sie wieder aufgehoben werden.

Die vorläufige Entziehung der Fahrerlaubnis kann auch **aufgehoben** werden, weil sie schon unverhältnismäßig lange besteht und die Hauptverhandlung auf sich warten lässt. Die vorläufigen Maßnahmen sollen sich im Ergebnis nämlich nicht schwerer auswirken als die eigentliche Strafe, die zu erwarten ist. In all diesen Fällen muss der Führerschein dem Beschuldigten zurückgegeben werden (§ 111a Abs. 5 StPO). Damit ist dann auch die Beschlagnahme aufgehoben. So tritt manchmal besonders in der Berufungs- und Revisionsinstanz die merkwürdige Situation ein, dass vor der Hauptverhandlung der Führerschein zurückgegeben wird, später aber doch die Fahrerlaubnis entzogen und der Führerschein dann eingezogen wird.

Gegen die Entscheidung über die vorläufige Entziehung der Fahrerlaubnis kann man unbefristet **Beschwerde** einlegen, über die dann das Landgericht entscheidet. Die Beschwerde hat aber keine aufschiebende Wirkung.

Die vorläufige Entziehung der Fahrerlaubnis wird in das **Fahreignungsregister** eingetragen (§ 28 Abs. 3 Nr. 2 StVG). Diese Eintragung wird getilgt, wenn der Beschluss aufgehoben wird oder wenn die vorläufige Entziehung in eine endgültige übergeht.

Wer ein Kraftfahrzeug führt, obwohl der Führerschein sichergestellt ist oder obwohl die Fahrerlaubnis vorläufig entzogen ist, macht sich strafbar (§ 21 StVG). Ebenso wird der Halter bestraft, wenn er dies anordnet oder zulässt (vgl. Kapitel 5, Sonstige Straftaten).

#### f) Vorläufige Festnahme (§ 127 StPO)

Wird jemand auf frischer Tat (nur Straftat) betroffen oder verfolgt, so ist, wenn er der Flucht verdächtig ist oder seine Identität nicht sofort festgestellt werden kann, **jedermann** befugt, ihn vorläufig festzunehmen.

- ▶ *Ein unbekannter Kraftfahrer ist an einem Verkehrsunfall beteiligt und will sich von der Unfallstelle entfernen, ohne sich ausweisen zu können. Entfernt er sich, so läge Verkehrsunfallflucht (§ 142 StGB) vor. Jedermann ist berechtigt, ihn daran zu hindern, z. B. durch Wegnahme des Zündschlüssels oder körperliches Festhalten. Er muss dann unverzüglich der Polizei übergeben werden.*

Die **Polizei** kann darüber hinaus auch aus anderen Gründen eine vorläufige Festnahme vornehmen, wenn Gefahr im Verzug ist.

- ▶ *Der Betroffene würde flüchten oder die Feststellungen wären nachträglich kaum noch möglich.*
- ▶ *Ein Unfallbeteiligter beseitigt Unfallspuren bevor die Ermittlungen abgeschlossen sind oder versucht, Zeugen zu beeinflussen.*

Oft besteht hier der Haftgrund **„Verdunkelungsgefahr“**.

Die Polizei darf den Betroffenen immer nur vorläufig festnehmen und muss ihn unverzüglich freilassen, sobald die Gründe der Festnahme weggefallen sind (z. B. der Betroffene zeigt einen Ausweis vor). Wird der Festgenommene von der Polizei oder Staatsanwaltschaft nicht wieder freigelassen, so ist er spätestens am Tage nach der Festnahme dem Amtsrichter vorzuführen (§ 128 StPO). Eine Festnahme zur Feststellung der Identität darf die Polizei nicht länger als zwölf Stunden ausdehnen.

Hält der Amtsrichter die Festnahme für nicht gerechtfertigt oder ihre Gründe inzwischen für beseitigt, so ordnet er die Freilassung an. Andernfalls erlässt er einen **Haftbefehl**, wodurch dann die **Untersuchungshaft** beginnt.

#### g) Vernehmungen (§§ 136, 136a StPO)

Bei einem Verkehrsunfall wird die Polizei zunächst verschiedene Befragungen durchführen, bevor sich herauskristallisiert, ob der Verdacht auf eine Straftat vorliegt.

Tauchen dabei erhebliche Verdachtsgründe gegen eine bestimmte Person auf, so spricht man von einem **„Beschuldigten"**. In diesem Zeitpunkt sind besondere Vorschriften zu beachten:

- Dem Beschuldigten muss eröffnet werden, welche Straftat ihm zur Last gelegt wird.
- Er muss darüber belehrt werden, dass er nicht zur Sache auszusagen braucht.
- Er muss belehrt werden, dass er jederzeit einen Verteidiger befragen kann.
- Er muss darauf hingewiesen werden, dass er einzelne Beweiserhebungen zu seiner Entlastung beantragen kann.

Sind diese Hinweise unterblieben und kann nicht ausgeschlossen werden, dass der Beschuldigte Angaben gemacht hatte, weil er sein Aussageverweigerungsrecht nicht gekannt hatte, so darf diese Aussage später vom Gericht nicht berücksichtigt werden.

§ 136a StPO zählt sogar einzelne **verbotene Vernehmungsmethoden** auf. Dazu zählen Ermüdung, Verabreichung von Mitteln („Wahrheitsserum") und Hypnose. Der Beschuldigte darf insbesondere auch nicht getäuscht werden, z. B. durch den unzutreffenden Vorhalt, ein Mittäter habe bereits ein Geständnis abgelegt oder ein Zeuge habe ihn erkannt. Derartige Methoden sind zwar in diversen Kriminalfilmen an der Tagesordnung und sollen wahrscheinlich besonderen Scharfsinn des Kommissars ausdrücken, die so gewonnenen Aussagen können aber vom Gericht nicht verwertet werden (§ 136a Abs. 3 StPO). Im Übrigen liegt in diesen Fällen ein **Dienstvergehen** vor, das disziplinarisch geahndet werden kann.

#### h) Sonstige Ermittlungsmaßnahmen

Die Behörden und Beamten des Polizeidienstes haben Straftaten zu erforschen und alle keinen Aufschub gestattenden Anordnungen zu treffen, um die Verdunkelung der Sache zu verhüten (§ 163 Abs. 1 StPO). Bei der Verfolgung von Verkehrsstraftaten kommen deshalb hauptsächlich noch folgende Maßnahmen in Betracht:

Anfertigung von Skizzen, Fotografien, Abmessungen von Bremsspuren, Markierungen und Vermessungen am Unfallort, Einholung von Auskünften aus dem Fahreignungsregister und Strafregister.

### Ende der Ermittlungen

Die Polizei fertigt nach Abschluss ihrer Ermittlungen einen Schlussbericht und übersendet den Vorgang unverzüglich an die Staatsanwaltschaft. Der Staatsanwalt überprüft die Angelegenheit sachlich und rechtlich. Er muss darüber entscheiden, wie nun weiter verfahren wird; dabei hat er folgende Möglichkeiten:

### a) Einstellung des Verfahrens

Der Staatsanwalt stellt das Verfahren ein, wenn

- die vorliegenden und erreichbaren Beweismittel wahrscheinlich nicht für eine Verurteilung ausreichen,
- keine Straftat vorliegt oder diese nicht mehr verfolgt werden kann (z. B. Verjährung).

Die meisten Ermittlungsverfahren werden von der Staatsanwaltschaft eingestellt. Dem Beschuldigten wird dies nur dann mitgeteilt, wenn er als solcher vernommen worden war.

### b) Das Verfahren wird nicht eingestellt

Wird das Verfahren nicht eingestellt, erfolgt eine **Anklage zum Gericht** oder es wird ein **Strafbefehl** beantragt.

Nur die Staatsanwaltschaft kann eine Straftat beim Gericht anklagen (abgesehen von einigen Privatklagedelikten, die der Bürger selbst verfolgen kann). Andererseits ist die Staatsanwaltschaft verpflichtet, alle Bürger gleich zu behandeln und muss deshalb Anklage erheben, wenn zur Verurteilung hinreichender Tatverdacht vorliegt und keine gesetzlich niedergelegte Ausnahme vorhanden ist (Legalitätsprinzip). Sie darf Straftaten nicht „unter den Teppich kehren“, indem sie z. B. eine Trunkenheitsfahrt eines Prominenten nicht anklagt.

In der Anklageschrift werden die Straftaten bezeichnet, die dem Beschuldigten zur Last gelegt werden. Ferner müssen die vorliegenden Tatsachen und Beweismittel (Zeugen, Verkehrsunfallskizzen, Führerschein, Blutalkoholgutachten) genannt werden.

In **Verkehrsstrafsachen** wird die Anklage fast immer beim Amtsgericht erhoben.

**Muster einer Anklageschrift siehe Anhang**

### c) Absehen von der Verfolgung trotz hinreichenden Tatverdachts

Die Staatsanwaltschaft kann nur in genau bezeichneten Fällen von der Verfolgung absehen obwohl hinreichender Tatverdacht vorliegt:

- Wenn die **Schuld des Täters gering** ist und **kein öffentliches Interesse** an der Verfolgung besteht. Bei Verkehrsstraftaten besteht aber in der Regel ein öffentliches Interesse – anders als bei Nachbarstreitigkeiten wie Beleidigung, Hausfriedensbruch usw. (§ 153 StPO).
- Die Staatsanwaltschaft hat auch die Möglichkeit, bei geringer Schuld des Täters diesem z. B. die **Zahlung eines Geldbetrages** zu Gunsten einer gemeinnützigen Einrichtung oder der Staatskasse aufzuerlegen. Voraussetzung ist aber, dass sich der Beschuldigte dazu freiwillig bereit erklärt und dass das Gericht zustimmt. In diesem Falle wird dann von einer Klage vorläufig abgesehen, weil man davon ausgeht, dass nun kein öffentliches Interesse an der Strafverfolgung durch das Gericht mehr besteht (§ 153a StPO).

Als Auflage für die Einstellung des Verfahrens kann das Gericht nun auch die Teilnahme an einem Aufbauseminar nach § 2a oder 4 StVG anordnen (§ 153a Abs. 1 Nr. 5 StPO).

## Gerichtsverfahren

Jeder Fahrlehrer und interessierte Kraftfahrer sollte einmal als Zuhörer an einem Gerichtstermin in Verkehrsstrafsachen teilnehmen und so sein erworbenes theoretisches Wissen abrunden. Die Verhandlungen sind öffentlich, jeder kann ohne Anmeldung daran teilnehmen.

Erscheint der Angeschuldigte auch dem Gericht auf Grund der Anklageschrift hinreichend verdächtig, so wird das Hauptverfahren eröffnet und ein Termin zur Hauptverhandlung festgelegt.

## Mündliche Verhandlung

Die Hauptverhandlung beginnt mit dem „Aufruf zur Sache". Der Angeklagte muss persönlich erscheinen. Beim Amtsgericht kann er einen Verteidiger haben, muss aber nicht. Nach der Feststellung seiner Person verliest der Staatsanwalt die Anklageschrift. Sodann wird zur Sache verhandelt. Der Angeklagte kann sich dazu äußern oder auch nicht. Er kann auch nicht dafür bestraft werden, dass er etwas Falsches sagt („Schutzbehauptung" = Lüge). In der Verhandlung treten dann alle Zeugen auf, die Urkunden werden in Augenschein genommen, oft erscheinen auch Sachverständige und geben ein mündliches Gutachten ab. Das Gericht darf nämlich in Strafsachen das Urteil nur auf die Tatsachen stützen, die in der Hauptverhandlung erörtert wurden. Es kann nicht einfach auf den Inhalt der Akten verweisen. Sodann wird die Beweisaufnahme geschlossen, und der Staatsanwalt hält sein Plädoyer. Anschließend plädiert der Verteidiger und der Angeklagte hat das letzte Wort. Nach Beratung verkündet das Gericht im Namen des Volkes das Urteil.

Es lautet auf:

- **Freispruch:** Wenn die Tat nicht nachgewiesen werden kann.
- **Geldstrafe:** Bei Verkehrsstraftaten ist dies die häufigste Ahndung. Die Strafe wird in Form von Tagessätzen verhängt (1 Tagessatz – Nettoeinkommen pro Tag). Mit diesem System soll erreicht werden, dass die Geldstrafe jeden Täter gleich schwer belastet.
- **Freiheitsstrafe**
  - **Mit Bewährung:** Diese Strafe braucht nicht abgesessen werden, wenn der Täter sich in der Bewährungszeit nichts zu Schulden kommen lässt.
  - **Ohne Bewährung:** Der Verurteilte muss die Strafe antreten. Wenn er sich gut führt, wird er meist nach zwei Dritteln der Strafzeit auf Bewährung entlassen.
- **Nebenstrafe:** Bei der Verurteilung zu einer Freiheits- oder Geldstrafe wird oft zusätzlich ein Fahrverbot verhängt. Bei einigen Straftaten kann auch die Einziehung (z. B. des Führerscheins oder des Kraftfahrzeugs) angeordnet werden.
- **Maßregel der Sicherung und Besserung:** Häufigster Fall ist die Entziehung der Fahrerlaubnis durch das Gericht. Meist wurde zugleich eine Geldstrafe oder Freiheitsstrafe ausgesprochen. Ausnahmsweise kann die Maßregel der Sicherung und Besserung aber auch ohne Strafe ausgesprochen werden, denn im Unterschied

zu einer Strafe setzt sie keine Schuld voraus (z. B. ein Geisteskranker unternimmt eine Trunkenheitsfahrt).

Freiheitsstrafe und Geldstrafe sind nebeneinander grundsätzlich nicht möglich. Die Freiheitsstrafe auf Bewährung kann aber mit Auflagen verbunden werden (§ 56b StGB), was im Verkehrsstrafrecht regelmäßig geschieht.

Gegen das Urteil sind Rechtsmittel (Berufung, Revision) möglich. Es gilt die kurze Rechtsmittelfrist von nur einer Woche.

Erscheint der Angeklagte nicht, so kann der Richter einen Strafbefehl erlassen oder z. B. den Angeklagten zu einem neuen Termin durch die Polizei vorführen lassen. Die Polizei erscheint dann meist in den frühen Morgenstunden des Tages der neuen Hauptverhandlung an der Wohnungstür und geleitet ihn zum Gericht.

Entzieht sich der Angeklagte auch der Vorführung, so wird gegen ihn ein Haftbefehl erlassen. Er kommt dann – nachdem man ihn irgendwann gefunden hat – in Gewahrsam und bleibt dort so lange, bis der Richter in seinem Terminplan einen neuen Termin frei hat.

### Zeugenaussagen

Die Zeugenaussage ist eines der wichtigsten Beweismittel im Gerichtsverfahren, aber auch schon im Ermittlungsverfahren. Falsche oder unvollständige Zeugenaussagen führen fast zwangsläufig zu unrichtigen Entscheidungen. Im Einzelnen hat der Gesetzgeber deshalb in den Verfahrensgesetzen (StPO, OWiG, ZPO) bestimmt:

Eine **Aussagepflicht** besteht für Zeugen nur bei Gericht. Es ist zwar oft sinnvoll, wenn der Zeuge bereits gegenüber der Staatsanwaltschaft Angaben zur Sache macht oder bei der Polizei aussagt, dies kann jedoch nicht erzwungen werden.

Vor Gericht dagegen muss der Zeuge grundsätzlich erscheinen und aussagen. Erscheint er nämlich unentschuldigt vor Gericht nicht, so kann ein Ordnungsgeld gegen ihn verhängt werden, zusätzlich können ihm die durch die Terminverlegung zusätzlich entstehenden Kosten (Gerichtskosten, Rechtsanwaltsgebühren, Entschädigungen für andere Zeugen, die nun wiederkommen müssen) auferlegt werden. Notfalls kann der Zeuge auch durch die Polizei vorgeführt oder in Beugehaft genommen werden. Der Zeuge muss bei Gericht grundsätzlich aussagen, auch wenn ihm das unangenehm ist oder er schon bei der Polizei alles gesagt hat. Nur in bestimmten Fällen steht ihm ein **Aussageverweigerungsrecht** zu, hauptsächlich wenn

- er sich durch die Beantwortung der Fragen die Gefahr zuziehen würde, selbst (desgleichen ein Angehöriger) wegen einer Straftat oder Ordnungswidrigkeit verfolgt zu werden,
- es sich bei dem Beschuldigten um einen Angehörigen handelt, also Verlobte, Ehegatte (auch wenn Ehe nicht mehr besteht), alle Verwandte und Verschwägerte gerader Linie (Vater, Mutter; Sohn, Tochter; Großeltern, Enkelkinder; Stiefeltern, Stiefkinder) sowie in der Schwägerschaft bestimmte Verwandte und Verschwägerte in der Seitenlinie (Geschwister, die Geschwister des Ehegatten, die Ehegatten der Geschwister).

- Kein Aussageverweigerungsrecht haben unverheiratete Partner, Lebensabschnittsgefährten usw.

Vorsätzliche oder fahrlässige **Falschaussagen** werden empfindlich bestraft, und zwar

- wegen falscher uneidlicher Aussage mit Freiheitsstrafe zwischen drei Monaten und fünf Jahren (§ 153 StGB) oder
- wegen Meineid mit Freiheitsstrafe nicht unter einem Jahr, in minder schweren Fällen mit Freiheitsstrafe von sechs Monaten bis fünf Jahren.



## Schriftlicher Strafbefehl (Verurteilung ohne Verhandlung)

Das Erscheinen vor einem Gericht in der Hauptverhandlung ist den meisten Beschuldigten unangenehm, vor allem wenn noch Zuhörer zu erwarten sind. Für das Gericht und die Staatsanwaltschaft ist auch ein erheblicher Arbeits- und Zeitaufwand damit verbunden. Deshalb gibt es für bestimmte Fälle die Möglichkeit einer strafrechtlichen Verurteilung ohne dass eine Hauptverhandlung stattfindet. Es ergeht dann ein schriftlicher Strafbefehl, und zwar unter folgenden Voraussetzungen:

Der Staatsanwalt ist der Auffassung, dass der Beschuldigte voraussichtlich mit der Verurteilung einverstanden ist; der Sachverhalt ist nicht bestritten worden und liegt relativ einfach. Statt eine Anklageschrift zum Gericht anzufertigen, beantragt der Staatsanwalt dann beim Gericht den Erlass eines Strafbefehls. Gerade bei Trunkenheit im Verkehr (§ 316 StGB) bietet sich diese Möglichkeit an. Wenn der Richter keine Bedenken hat und insbesondere dem beantragten Strafmaß zustimmt, so erlässt er den Strafbefehl, der dem Beschuldigten förmlich zugestellt wird.

### Rechtsfolgen

Durch Strafbefehl kann Geldstrafe, Fahrverbot und Entziehung der Fahrerlaubnis mit einer Sperrzeit von höchstens zwei Jahren ausgesprochen werden. Wenn der Beschuldigte einen Verteidiger hat, kann auch eine Freiheitsstrafe bis zu einem Jahr festgesetzt werden (§ 407 Abs. 2 StPO).

### Inhalt

Der Strafbefehl bezeichnet u. a. den Beschuldigten, die ihm zur Last gelegte Tat, Ort und Zeit der Begehung, die angewendeten Gesetze und Paragrafen, die Beweismittel und die Rechtsfolgen.

### Rechtsmittel gegen den Strafbefehl

Gegen den Strafbefehl kann binnen zwei Wochen nach Zustellung Einspruch eingelegt werden. Dann wird beim Amtsgericht eine normale Hauptverhandlung angesetzt – genau wie nach einer Anklageschrift der Staatsanwaltschaft. Der Strafbefehl gilt in diesem Falle als nicht erlassen. Das Urteil des Amtsgerichts kann also sowohl günstiger als auch schlechter ausfallen.

Wenn kein Einspruch eingelegt wird, so hat der Strafbefehl die gleichen Wirkungen wie ein rechtskräftiges Urteil. Der Betroffene ist also vorbestraft.

Legt der Betroffene Einspruch ein, erscheint dann aber unentschuldigt nicht zur Hauptverhandlung, so kann sein Einspruch zurückgewiesen oder nach Aktenlage entschieden werden.

**❯ Muster eines Strafbefehls siehe Anhang**

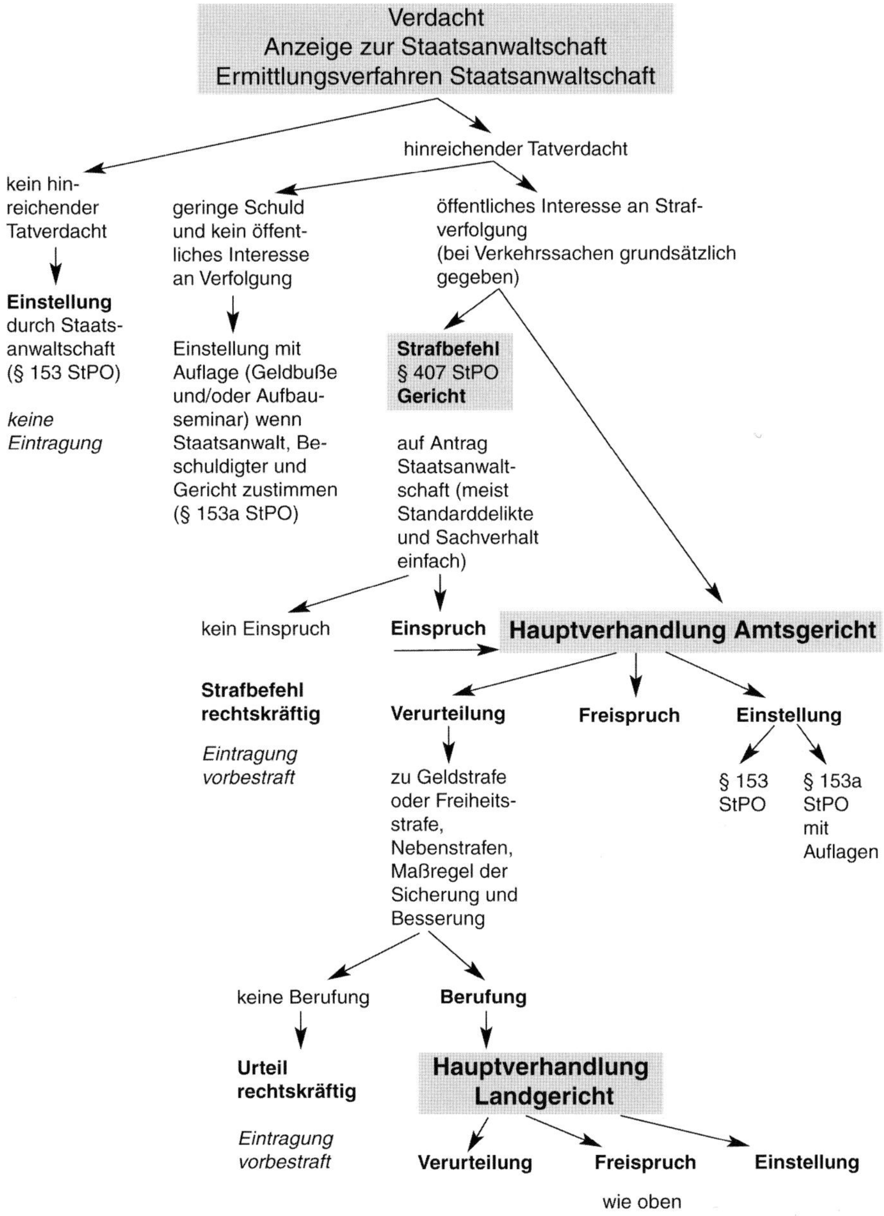
Verdacht
Anzeige zur Staatsanwaltschaft
Ermittlungsverfahren Staatsanwaltschaft
hinreichender Tatverdacht
kein hinreichender Tatverdacht
Einstellung durch Staatsanwaltschaft (§ 153 StPO)
keine Eintragung
geringe Schuld und kein öffentliches Interesse an Verfolgung
Einstellung mit Auflage (Geldbuße und/oder Aufbauseminar) wenn Staatsanwalt, Beschuldigter und Gericht zustimmen (§ 153a StPO)
öffentliches Interesse an Strafverfolgung (bei Verkehrssachen grundsätzlich gegeben)
Strafbefehl
§ 407 StPO
Gericht
auf Antrag Staatsanwaltschaft (meist Standarddelikte und Sachverhalt einfach)
kein Einspruch
Strafbefehl rechtskräftig
Eintragung vorbestraft
Einspruch
Hauptverhandlung Amtsgericht
Verurteilung
zu Geldstrafe oder Freiheitsstrafe, Nebenstrafen, Maßregel der Sicherung und Besserung
Freispruch
Einstellung
§ 153 StPO
§ 153a StPO mit Auflagen
keine Berufung
Urteil rechtskräftig
Eintragung vorbestraft
Berufung
Hauptverhandlung Landgericht
Verurteilung
Freispruch
Einstellung
wie oben

## Fragen und Antworten

1. *Was ist eine Straftat?*
   Eine Zuwiderhandlung gegen ein Gesetz, die mit Strafe bedroht ist.
2. *Welche Merkmale müssen vorliegen, damit eine Straftat geahndet werden kann?*
   1. Tatbestand
   2. Rechtswidrigkeit
   3. Schuld
3. *Worin unterscheiden sich die Straftaten hauptsächlich von den Ordnungswidrigkeiten?*
   - Straftaten sind schwere Zuwiderhandlungen gegen besonders wichtige Rechtsgüter der Gemeinschaft. Sie werden von Staatsanwaltschaft und Gericht verfolgt.
   - Ordnungswidrigkeiten werden von einer Behörde verfolgt. Das Gericht wird nur nach Einspruch des Betroffenen damit befasst.
   - Vorbestraft ist derjenige, der wegen einer Straftat verurteilt wurde. Im Führungszeugnis werden Geldstrafen jedoch erst ab 90 Tagessätzen aufgeführt. Dann erfolgt auch eine Eintragung ins Strafregister (Bundeszentralregister Bonn).
   - Bei Straftaten gelten wesentlich längere Verjährungsfristen.
4. *In welchem Gesetz ist das Strafverfahren – von den Ermittlungen bis zur Verurteilung – geregelt?*
   In der Strafprozessordnung (StPO)
5. *Welche Behörde vertritt den Staat im Strafverfahren?*
   Die Staatsanwaltschaft
6. *Welche Ermittlungsmaßnahmen nach der StPO kommen im Verkehrsrecht häufig vor?*
   - Anordnung einer Blutprobe (§ 81a StPO)
   - Sicherstellung von Gegenständen (§ 94, 98 StPO)
   - Vorläufige Festnahme (§ 127 StPO)
   - Vernehmungen (§ 136 StPO)
7. *Wer ist neben dem Richter und Staatsanwalt befugt, bestimmte Ermittlungsmaßnahmen nach der StPO anzuordnen und durchzuführen?*
   Die Hilfsbeamten der Staatsanwaltschaft; dies sind Beamte von Polizei, Zoll, Steuerfahndung u. a.
8. *Kann die Staatsanwaltschaft nach eigenem freien Ermessen Straftaten verfolgen oder von der Verfolgung absehen?*
   Nein, Straftaten müssen grundsätzlich verfolgt werden.
9. *Wann darf eine Entnahme einer Blutprobe angeordnet werden?*
   Bei begründetem Verdacht auf eine Straftat in Verbindung mit Alkohol.
10. *Kann das Blasen in ein Atemalkohol-Testgerät und die Blutprobe auch gegen den Willen des Beschuldigten durchgeführt werden?*
    - Das Blasen in ein Atemalkohol-Testgerät ist immer freiwillig.
    - Die Blutprobe kann auch gegen den Willen des Beschuldigten angeordnet werden. Sie wird notfalls durch körperlichen Zwang durchgeführt.
11. *Kann man sich gegen die Beschlagnahme des Führerscheins durch die Polizei wehren?*
    Ja. Wird der Führerschein gegen den Willen des Beschuldigten beschlagnahmt, so muss der zuständige Amtsrichter entscheiden, was weiter geschehen soll.

12. *In welcher Form wird der Amtsrichter über das Schicksal des Führerscheins entscheiden?*
    Durch einen schriftlichen Beschluss:
    - Bestätigt sich der Verdacht gegen den Beschuldigten, so wird die Fahrerlaubnis vorläufig entzogen (§ 111a StPO). Damit ist zugleich entschieden, dass die Beschlagnahme des Führerscheins aufrechterhalten wird.
    - Bestätigt sich der Verdacht gegen den Beschuldigten nicht, so wird der Führerschein zurückgegeben. Damit ist die Beschlagnahme aufgehoben.
13. *Auf welche Art kann man wegen einer Straftat verurteilt werden?*
    - Durch einen Strafbefehl
    - Durch ein Urteil (nach mündlicher Verhandlung)
14. *Was ist ein Strafbefehl?*
    Die Verurteilung wegen einer Straftat im schriftlichen Verfahren (Formular).
15. *Wie kommt ein Strafbefehl zustande?*
    Der Staatsanwalt beantragt den Strafbefehl beim Gericht.
    Wenn der Richter keine Bedenken hat, unterschreibt er den Strafbefehl und stellt ihn dem Beschuldigten zu.
16. *Hat der Beschuldigte ein Rechtsmittel gegen den Strafbefehl?*
    Der Beschuldigte kann innerhalb von zwei Wochen Einspruch gegen den Strafbefehl einlegen.
17. *In welcher Form werden bei den Gerichten die Geldstrafen verhängt?*
    Nach Tagessätzen; dabei entspricht die Höhe des einzelnen Tagessatzes etwa dem Nettoeinkommen pro Tag.
18. *Was verstehen Sie unter Nebenstrafen?*
    Zusätzliche Strafen, die neben der Geld- oder Freiheitsstrafe mit verhängt werden. Im Verkehrsrecht besonders:
    - Fahrverbot 1–3 Monate
    - Einziehung des Führerscheins, evtl. auch des Fahrzeugs
19. *Was verstehen Sie unter „Maßregeln der Sicherung und Besserung“?*
    Bestimmte Maßnahmen, die vor allem die Allgemeinheit schützen sollen; im Verkehrsrecht häufig Entziehung der Fahrerlaubnis.

## 5.2 Straftaten im Straßenverkehr

### Unerlaubtes Entfernen vom Unfallort (§ 142 StGB)

In der Bundesrepublik ereignen sich über drei Millionen Verkehrsunfälle pro Jahr. Der größte Teil geht mit Sachschäden noch glimpflich aus, immerhin waren 2018 jedoch ca 3.300 Verkehrstote und ca. 390.000 Verletzte zu beklagen. Im Durchschnitt lässt jeder Halter etwa alle acht Jahre einen Schadenfall regulieren. Bevor hier auf die Voraussetzungen einer Bestrafung nach § 142 StGB wegen Unfallflucht eingegangen wird, soll das **richtige Verhalten an der Unfallstelle** zusammengefasst werden:

- Ruhe und Übersicht bewahren
- Unverzüglich anhalten und die Unfallstelle sichern
- Sich über die Unfallfolgen vergewissern, Verletzten helfen (Arzt, Notruf)
- Bei geringfügigem Schaden den Verkehr möglichst nicht behindern, deshalb Unfallstelle mit Kreide, Lippenstift o. a. markieren, fotografieren und beiseite fahren

- Personalien und Versicherungsdaten mit den anderen Unfallbeteiligten und den Geschädigten austauschen (Führerschein und Fahrzeugschein)
- Namen und Anschrift der Zeugen notieren
- Kurzes Unfallprotokoll erstellen, das die Beteiligten und den Unfallhergang enthält und möglichst von allen Unfallbeteiligten unterschreiben lassen. Wird die Polizei hinzugezogen, deren Protokoll genau durchlesen
- Kein Schuldanerkenntnis unterschreiben
- Ungebetenen Unfallhelfern keine Unterschrift geben
- Keine Unfallspuren beseitigen
- Bei im Ausland zugelassenen Fahrzeugen die grüne Versicherungskarte verlangen – bei EU-Ländern muss diese allerdings nicht mitgeführt werden

## Wann muss die Polizei gerufen werden?

Bei größeren Sachschäden (etwa ab 2.000 Euro pro Fahrzeug) und generell bei Personenschäden sollte man im eigenen Interesse die Polizei verständigen. Man erspart sich damit viel Ärger aus Beweisnot bei der späteren Schadenregulierung über die Versicherungen. Die Hinzuziehung der Polizei ist aber nicht zwingend vorgeschrieben.

Verlangt jedoch einer der Unfallbeteiligten die Hinzuziehung der Polizei, so muss man als Unfallbeteiligter deren Eintreffen abwarten, auch wenn der Schaden noch so gering ist und die Personalien schon bekannt sind. Die Benachrichtigung der Polizei ist auch dann vorgeschrieben, wenn der Geschädigte bzw. andere Unfallbeteiligte nicht erreichbar sind und die Wartezeit abgelaufen ist. Hierbei ist die Polizei sogar unverzüglich zu verständigen.

Es kommt leider recht häufig vor, dass sich Unfallbeteiligte vorschriftswidrig vom Unfallort entfernen. Dieses Verhalten wird empfindlich bestraft, denn die ordnungsgemäße Schadenregulierung wird dadurch unmöglich gemacht oder wesentlich erschwert. Dem Geschädigten nützen die besten Schadenersatzansprüche nichts, wenn er nicht weiß, gegen wen er sie hat und deshalb auch die gegnerische Haftpflichtversicherung nicht kennt. Nur dies ist der Schutzzweck des § 142 StGB. Es geht nicht darum, der Polizei bei der Aufklärung von Straftaten oder Ordnungswidrigkeiten zu helfen.

Gegen § 142 StGB wird häufig verstoßen, um sich der Verfolgung wegen anderer Zuwiderhandlungen (z. B. Trunkenheit im Verkehr, Gefährdung des Straßenverkehrs) zu entziehen. Auch die Befürchtung, den Schadenfreiheitsrabatt bei der eigenen Versicherung zu verlieren, spielt eine Rolle.

## Tatbestandsvoraussetzungen

### a) Es muss sich um einen Unfall handeln

Unfall ist ein plötzliches Ereignis im Straßenverkehr, das mit dessen Gefahren zusammenhängt und unmittelbar zu einem nicht völlig belanglosen Personen- oder Sachschaden führt.

Nach der obersten Rechtsprechung ist diese Grenze für einen Sachschaden ab 25 Euro zu ziehen. Verschiedene Amtsgerichte tendieren dahin, diese Grenze höher anzusetzen.

Der Unfall muss sich auf öffentlichen Straßen ereignet haben.

### b) Der Betreffende muss Unfallbeteiligter sein

Unfallbeteiligter ist jeder, dessen Verhalten nach den Umständen zur Verursachung des Unfalls beigetragen haben kann (§ 142 Abs. 4 StGB).

Es kommt also nicht darauf an, ob dieser den Unfall tatsächlich verschuldet hat, vielmehr genügt die Möglichkeit, dass er mit dazu beigetragen hat. § 142 StGB soll ja erst die Feststellungen ermöglichen, die Voraussetzung der späteren Beurteilung der Haftung sind.

▶ *Ein Fußgänger erweckt den Anschein, als wolle er plötzlich die Fahrbahn überqueren. In Wirklichkeit wollte er nur ein Geldstück aufheben, das am Bordstein lag. Der Kraftfahrer konnte dies aber nicht erkennen und machte eine Vollbremsung, wodurch es zu einem Auffahrunfall kommt. Der Fußgänger ist Unfallbeteiligter, obwohl ihm nichts passiert ist.*

### c) Der Unfallbeteiligte muss folgende Feststellungen ermöglichen:

- Über seine Person = Name, Anschrift, Fahrerlaubnis
- Über sein Fahrzeug = Marke, Typ, amtliches Kennzeichen, Zustand, Versicherung, Verkehrssicherheit
- Über die Art seiner Beteiligung = Fahrer oder Beifahrer, Alkoholeinfluss

Diese Feststellungen müssen zu Gunsten der Berechtigten ermöglicht werden. Berechtigte sind wegen der Haftungsansprüche die anderen Unfallbeteiligten und die Geschädigten. Der Berechtigte kann grundsätzlich verlangen, dass der Unfallbeteiligte bis zum Eintreffen der Polizei am Unfallort verbleibt, so dass die notwendigen Angaben dann erleichtert werden. Vor allem hinsichtlich der Art der Beteiligung (Alkoholeinfluss) ist dies bedeutsam. Entfernt sich in einem solchen Fall der Unfallbeteiligte, nachdem er nur die Angaben zur Person und zum Fahrzeug ermöglicht hat, besteht aber der Berechtigte auf einer polizeilichen Unfallaufnahme, so begeht er Verkehrsunfallflucht.

### d) Wartezeit

Der Unfallbeteiligte ist dafür verantwortlich, dass die Feststellungen über Person, Fahrzeug und Art der Beteiligung getroffen werden können. Ist aber kein Berechtigter anwesend, so muss der Unfallbeteiligte zunächst am Unfallort eine angemessene Zeit warten. Diese Wartezeit richtet sich nach verschiedenen Umständen: Art und Schwere des Unfalls sowie die Höhe des Schadens sind die wichtigsten Anhaltspunkte. Weiterhin spielt eine Rolle, ob damit zu rechnen ist, dass der Berechtigte bald auftaucht – also sind Ort, Zeit, Verkehrsdichte und Witterung wichtig. Schon bei einem geringen Sachschaden sollte man deshalb mindestens 10–30 Minuten warten. Nur in Ausnahmefällen, wenn wichtigere Pflichten vorgehen, darf man sich vor Ablauf der Wartefrist vom Unfallort entfernen.

- **Berechtigtes Entfernen:**

▶ *Ein Unfallbeteiligter muss dringend ins Krankenhaus gebracht werden.*

▶ *Ein Arzt befindet sich auf dem Weg zu einem schwer kranken Patienten.*

▶ *Ein Feuerwehrwagen ist im Einsatz.*

- **Entschuldigtes Entfernen** (persönlicher Entschuldigungsgrund):

▶ *Der Unfallbeteiligte wird von anderen „zur Rede gestellt" und bedroht.*

- *Der Bräutigam würde den Termin beim Standesamt versäumen, wenn er wegen eines kleinen Blechschadens warten würde.*

### e) Nachholpflicht – Nachträgliche Feststellungen

Ist die Wartezeit abgelaufen, oder hat sich der Unfallbeteiligte ausnahmsweise berechtigt oder entschuldigt vom Unfallort entfernen dürfen, so muss er die Feststellungen unverzüglich nachträglich ermöglichen (§ 142 Abs. 2 StGB).

Er muss den Berechtigten oder einer nahe gelegenen Polizeidienststelle unverzüglich anzeigen, dass er am Unfall beteiligt war. Dabei muss er Name, Anschrift und Aufenthalt angeben, das Kennzeichen sowie den Standort seines Fahrzeugs nennen und dieses zu unverzüglichen Feststellungen bereithalten.

Diese Angaben müssen unverzüglich, d. h. ohne schuldhaftes Zögern erfolgen. Meist wird der Unfallbeteiligte die Berechtigten nicht kennen, so dass er seine Angaben gegenüber der Polizei machen muss. Das kann telefonisch oder auf der Wache erfolgen.

### Tätige Reue

Bei kleinen Sachschäden (bis ca. 1.000 Euro) außerhalb des fließenden Verkehrs (z. B. Leitpfosten umgefahren, parkendes Fahrzeug beschädigt) kann die Staatsanwaltschaft und das Gericht auf eine Bestrafung wegen Unfallflucht verzichten oder die Strafe abmildern, wenn der Unfallbeteiligte den Schaden innerhalb von 24 Stunden nachträglich bei der Polizei oder dem Geschädigten meldet.

Anders als es oft in den Massenmedien dargestellt wird, hat ein Unfallbeteiligter bei diesen Bagatell-Sachschäden aber keineswegs die Gewissheit, dass er bei einer solchen verspäteten Meldung (innerhalb 24 Stunden) nicht bestraft werden kann.

Auf jeden Fall ist unter „Tätiger Reue“ nur eine freiwillige eigene Unfallmeldung zu verstehen, ein bloßes Abwarten, ob man innerhalb der 24 Stunden gefunden wird, genügt keinesfalls. Die vermutliche Einlassung des ermittelten Unfallflüchtigen, dass er sich später noch habe melden wollen („die 24 Stunden waren noch nicht ganz um“), bleibt also ein großes Risiko.

### Strafmaß – Ahndung

- Geldstrafe oder Freiheitsstrafe bis zu drei Jahren
- Konnte der Täter wissen, dass bei dem Unfall ein Mensch getötet oder nicht unerheblich verletzt wurde, oder dass ein bedeutender Sachschaden (ca. 1.300 Euro) entstand, so wird in der Regel außerdem die Fahrerlaubnis entzogen (§ 69 Abs. 2 Nr. 3 StGB)

Ansonsten gibt es meist ein Fahrverbot (§ 44 StGB) und Punkte im Fahreignungsregister.

### Versicherungsrechtliche Folgen

Die Verkehrsunfallflucht stellt zugleich auch eine Verletzung der Aufklärungspflicht gegenüber der Kraftfahrtversicherung dar. Die Versicherung erhebt dann oft Regressansprüche bis 5.000 Euro. Falls Alkohol oder Drogen eine Rolle spielen, sogar bis 10.000 Euro.

### Visitenkarte an der Windschutzscheibe

Manchmal hinterlässt der Unfallbeteiligte nur einen Zettel mit seinem Namen und der Anschrift am beschädigten Fahrzeug und macht sich dann davon. Grundsätzlich begeht er auch dann Verkehrsunfallflucht, denn der Zettel ermöglicht keine Feststellung über die „Art der Beteiligung".

Ist die Wartezeit abgelaufen, so reicht der Zettel allein nicht aus, um der Nachholpflicht für die erforderlichen Angaben zu genügen.

Die Visitenkarte soll jedoch ein zusätzlicher Hinweis an den Geschädigten sein. Deshalb ist nach § 34 StVO sogar vorgeschrieben, nach erfolglosem Ablauf der Wartezeit am Unfallort Name und Anschrift zu hinterlassen.

## Fragen und Antworten

1. *Warum ist das unerlaubte Entfernen vom Unfallort zur Straftat erhoben worden?*
   Um im Interesse der Geschädigten und anderer Unfallbeteiligten die spätere Schadenregulierung sicher einzuleiten.
2. *Aus welchen Motiven wird hauptsächlich Unfallflucht begangen?*
   - Um andere Zuwiderhandlungen zu verdecken
   - Um den Schadenfreiheitsrabatt bei der Haftpflichtversicherung zu retten
3. *Was ist ein Unfall im Sinne des § 142 StGB?*
   Ein plötzliches Ereignis im Straßenverkehr, das mit dessen Gefahren zusammenhängt und unmittelbar zu einem nicht völlig belanglosen Personen- oder Sachschaden führt.
4. *Von welcher Grenze ab ist der Sachschaden nicht mehr „völlig belanglos"?*
   Nach den Grundsatzurteilen etwa ab 25 Euro.
5. *Wer ist Unfallbeteiligter?*
   Jeder, dessen Verhalten zur Verursachung des Unfalls beigetragen haben kann.
6. *Worüber muss man als Unfallbeteiligter Angaben machen?*
   - Zur Person (Name, Anschrift)
   - Zum Fahrzeug (Kennzeichen möglichst Versicherung mit Nummer)
   - Zur Art der Beteiligung
7. *Von welchen Umständen hängt die Dauer der Wartezeit ab, wenn der Geschädigte und andere Unfallbeteiligte nicht da sind?*
   - Von Art und Höhe des Schadens
   - Von den Umständen (Wahrscheinlichkeit ob der Geschädigte demnächst kommt, Witterung)
8. *Was ist zu tun, wenn der unbekannte Berechtigte auch nach Ablauf der Wartezeit nicht gekommen ist?*
   Es muss unverzüglich eine nahe gelegene Polizeidienststelle informiert werden.
9. *Schützt die Visitenkarte an der Windschutzscheibe des Geschädigten vor der Verfolgung wegen Unfallflucht, wenn man sonst nichts unternommen hat?*
   Nein; die Visiten karte kann immer nur ein zusätzlicher Hinweis sein. Sie ersetzt nicht die unverzügliche persönliche Benachrichtigung des Berechtigten oder der Polizei.

### Zuwiderhandlungen in Verbindung mit Alkohol und Drogen

**Straftaten:** §§ 316, 315c, 323a StGB
**Ordnungswidrigkeiten:** §§ 24a, 24c StVG

Alkohol im Straßenverkehr stellt eine erhebliche Gefahr für andere dar, denn es kommt durch die verminderte Reaktionsfähigkeit immer wieder zu folgenschweren Unfällen. Etwa jeder achte Verkehrstote stirbt wegen Alkohol. Bei über der Hälfte aller Verkehrsstraftaten handelt es sich um Verurteilungen wegen Alkohol im Straßenverkehr. Man geht jedoch von einer hohen Dunkelziffer aus – nur eine von 800 Trunkenheitsfahrten wird entdeckt. Diese wiederum führt dazu, dass in weiten Bevölkerungskreisen Trunkenheitsfahrten als Kavaliersdelikte verstanden werden und sich die verhältnismäßig wenigen Verkehrsteilnehmer, die tatsächlich erwischt wurden, dann oft noch als Pechvögel darstellen.

Während andere Staaten den Alkohol für Fahrzeugführer völlig verbieten, ist die Rechtslage in Deutschland auch hier sehr kompliziert.

Für Fahranfänger sowie für Omnibusfahrer, Taxifahrer und Mietwagenfahrer (§ 8 Abs. 3 Nr. 1 BOKraft) gilt gesetzlich die 0,0-Promille-Grenze.

Andere Fahrzeugführer sollten ebenfalls jeglichen Alkoholgenuss meiden. Es ist allerdings nicht gesetzlich verboten, gegebenenfalls kleinere Mengen zu trinken und dennoch ein Fahrzeug zu führen. Im Einzelnen besteht folgende Regelung: Wer fahruntüchtig ist, jedoch trotzdem ein Fahrzeug führt, begeht immer eine Straftat. Fahruntüchtig ist derjenige, der nicht in der Lage ist, das Fahrzeug über eine längere Strecke sicher zu führen.

Wir unterscheiden die **absolute** und die **relative Fahruntüchtigkeit**. Das Gesetz (§§ 316, 315c StGB) nennt diese Unterscheidung nicht, sondern spricht nur allgemein die Fahruntüchtigkeit an („... nicht in der Lage ist, das Fahrzeug sicher zu führen ...").

Der Alkohol wird in Promille ausgedrückt. 1 Promille (‰) entspricht 1 Gramm reinen Alkohols auf 1.000 Gramm Körperflüssigkeit.

### Absolute Fahruntüchtigkeit

Die absolute Fahruntüchtigkeit schließt ein sicheres Führen von Kraftfahrzeugen in jedem Falle aus, ohne dass noch genauere Feststellungen über die Fahrweise, das Verhalten oder die Reaktionsfähigkeit notwendig sind. Die medizinische Wissenschaft sieht die kritische Grenze bei 1,0 Promille. Die Rechtsprechung hat darauf noch einen geringen Sicherheitszuschlag berücksichtigt. Daraus ergibt sich der Beweisgrenzwert von 1,1 Promille. Wer zur Zeit der Tat als Kraftfahrzeugführer 1,1 Promille oder mehr Alkohol im Blut hatte, ist **immer fahruntüchtig**. Ein Gegenbeweis ist nicht möglich, es kommt nicht darauf an, ob der Betreffende viel oder wenig verträgt.

Dieser Grenzwert gilt grundsätzlich für Kraftfahrzeugführer, und zwar auch bei einem führerscheinfreien Fahrrad mit Hilfsmotor (Mofa 25).

Bei Radfahrern liegt die absolute Fahruntüchtigkeit bei 1,6 Promille.

Bei über zwei Promille kann die Steuerungsfähigkeit erheblich herabgesetzt sein. Dem Betroffenen ist aber durchaus klar, dass er in diesem Zustand nicht fahren darf. Er handelt deshalb **vorsätzlich** (Urteil des Bundesgerichtshofs vom 9. April 2015, Aktenzeichen 4 StR 401/14).

### Relative Fahruntüchtigkeit

Viele Fahrzeugführer sind schon fahruntüchtig, wenn sie weniger als 1,1 Promille Alkohol im Blut haben. Im Unterschied zur absoluten Fahruntüchtigkeit muss dem Beschuldigten hier aber im Einzelfall nachgewiesen werden, dass er nicht mehr in der Lage war, das Fahrzeug sicher zu führen. Dieser Nachweis kann auf verschiedene Weise erfolgen, wobei meist Polizeibeamte als Zeugen in Frage kommen.

- Aus dem Fahrverhalten
  - ▶ *Schlangenlinien gefahren*
  - ▶ *Auf breiter und verkehrsarmer Straße besonders langsam und „vorsichtig" gefahren*
  - ▶ *Unfall bei einfacher Verkehrssituation*
- Andere Ausfallerscheinungen
  - ▶ *Reaktionsverhalten bei Tests*
    - *Plötzliche Kehrtwendung*
    - *Mehrmaliges Drehen, dann Nachzucken der Augen*
    - *Sprache undeutlich, lallend*
    - *Finger-Nasen-Probe, Finger-Finger-Probe*
    - *Auffällige Gemütsverfassung (Lachen, Schreien)*
    - *Abstützen am Fahrzeug*

Das Gericht muss dann beurteilen, ob die Ausfallerscheinungen ausreichen, um dem Täter Fahruntüchtigkeit nachzuweisen. Eine feste untere Grenze gibt es nicht, weil jeder Mensch auf Alkohol anders reagiert – wobei es oft auch noch von der Situation abhängt, welche Folgen der Alkoholgenuss hat. Dabei spielen Körpergewicht, Körpergröße, der Zeitpunkt der letzten festen Mahlzeit, die Gemütsverfassung, die Gewöhnung des Körpers an Alkohol und andere Umstände eine Rolle. Während ein Dauertrinker bei 1,0 Promille durchaus noch fahrtüchtig sein kann, ist ein anderer schon bei 0,3 Promille fahruntüchtig.

Sobald Fahruntüchtigkeit vorliegt – egal ob absolute oder relative – ist immer eine Straftat gegeben.

### Alkoholverbot für Fahranfänger

**Fahranfänger**, die noch nicht 21 Jahre alt sind oder sich in der **Probezeit** befinden, dürfen nach der Gesetzesänderung unter Alkoholeinwirkung überhaupt nicht mehr Kraftfahrzeuge fahren.

Im Falle eines Gesetzesverstoßes (bis 0,49 Promille) drohen 250 Euro Bußgeld, ein Punkt in Flensburg sowie das Aufbauseminar für Fahranfänger (ASF).

### Die 0,5-‰-Grenze – Ordnungswidrigkeit (§ 24a Abs. 1 StVG)

Ordnungswidrig handelt, wer noch fahrtüchtig ist und dabei

- im Straßenverkehr
- ein Kraftfahrzeug führt
- obwohl er 0,5 Promille oder mehr Alkohol im Blut oder eine Alkoholmenge im Körper hat, die zu einer solchen Blutalkoholkonzentration führt.

Auch Fahrlässigkeit wird geahndet.

Die Ordnungswidrigkeit wird mit einer Geldbuße geahndet, und zwar

- Regelsatz 500 Euro
- max. 1.500 Euro
- zusätzlich ein Fahrverbot von 1 bis 3 Monaten (§ 25 StVG) und
- zwei Punkte im Fahreignungsregister

### Beweisführung

Ist der Betroffene fahruntüchtig und hat er über 0,5 Promille, so liegt eigentlich eine Ordnungswidrigkeit **und** eine Straftat vor. In diesem Fall tritt die Ordnungswidrigkeit zurück und es wird nur das Strafgesetz angewendet (§ 21 OWiG).

Während früher immer eine **Blutprobe** gemacht werden musste, ist heute auch die Auswertung der Atemluft durch Testgeräte anerkannt, und zwar entspricht der Wert von 0,25 mg/l dem Wert von 0,5 ‰ und 0,40 mg/l Alkohol in der Atemluft dem Wert von 0,8 ‰. Bei der **Atemalkoholmessung** müssen zwischen Trinkende und Test mindestens 20 Minuten vergangen sein, weil sonst viel zu hohe Werte angezeigt werden.

Die Anordnung einer **Blutprobe** muss nach der neuen, jedoch nicht einheitlichen Rechtsprechung grundsätzlich durch einen **Richter** erfolgen. Da die meisten Trunkenheitsfahrten nachts vorkommen, stellt das im Verfahren ein organisatorisches Erschwernis für die Polizei dar. So entgeht manch ein erwischter Trunkenheitsfahrer letztlich der gerechten Bestrafung, weil die Justizverwaltung diesen richterlichen Notdienst nicht überall leisten (und bezahlen) kann. Der Richter wiederum ist auf die Information durch die Polizei angewiesen.

## Drogentatbestand (§ 24a Abs. 2 StVG)

Nach dem neuen § 24a Abs. 2 StVG handelt ordnungswidrig, wer unter der Wirkung eines in der Anlage genannten **berauschenden Mittels** im Straßenverkehr ein Kraftfahrzeug führt. Welche Mittel dies sind, ergibt sich aus der Anlage **§ 24a StVG:**

**Liste der berauschenden Mittel und Substanzen**

| Berauschende Mittel | Substanzen |
|---|---|
| Cannabis | Tetrahydrocannabinol (THC) |
| Heroin | Morphin |
| Morphin | Morphin |
| Cocain | Cocain |
| Cocain | Benzoylecgonin |
| Amfetamin | Amfetamin |
| Designer-Amfetamin | Methylendioxyamfetamin (MDA) |
| Designer-Amfetamin | Methylendioxyethylamfetamin (MDE) |
| Designer-Amfetamin | Methylendioxymethamfetamin (MDMA) |
| Metamfetamin | Metamfetamin |

Schätzungen zufolge gibt es in Deutschland etwa 100.000 Drogenabhängige, jährlich nehmen ca. zwei Millionen Menschen gelegentlich Drogen oder haben es einmal probiert.

Wird eine solche Substanz im Blut nachgewiesen, so kann eine Geldbuße bis zu 1.500 Euro verhängt werden, ohne dass der Staat (Polizei, Gericht) nachweisen muss, dass sich das berauschende Mittel negativ auf das Fahrverhalten ausgewirkt hat. Eine Ausnahme besteht dann, wenn die Substanz aus der bestimmungsgemäßen Einnahme eines für einen konkreten Krankheitsfall verschriebenen Arzneimittels herrührt.

**www.bads.de**

## Grenzwerte bei Drogenkonsum

Anders als bei Alkohol gibt es bisher bei illegalen Drogen keine gesetzlichen oder von der Rechtsprechung entwickelten Grenzwerte, ab denen von einer absoluten Fahruntüchtigkeit ausgegangen werden kann.

Eine Einnahme von berauschenden Mitteln kann sogar zur Fahruntüchtigkeit führen. Wird dies durch konkrete Ausfallerscheinungen festgestellt, so wird § 316 bzw. § 315c StGB wie bei einer Alkohol-Trunkenheitsfahrt angewendet.

Die Vorschrift in § 24a StVG ermöglicht die bloße Fahrt nach Drogeneinfluss zu ahnden, ohne dass eine Auswirkung auf das Fahrverhalten nachgewiesen werden muss (BGH-Beschluss vom 3.11.1998, 4 StR 395/98).

### Trunkenheit im Verkehr (§ 316 StGB)

Wer im **Verkehr** (Straßenverkehr, Bahn-, Schiffs-, Luftverkehr) ein **Fahrzeug führt**, obwohl er in Folge des Genusses **alkoholischer Getränke** oder anderer **berauschender Mittel fahruntüchtig** ist (absolut oder relativ), wird mit Freiheitsstrafe bis zu einem Jahr oder mit Geldstrafe bestraft. Hinzu kommt in der Regel die Entziehung der Fahrerlaubnis (§ 69 StGB).

Die fahrlässige Zuwiderhandlung ist ebenso strafbar.

Das **Führen eines Fahrzeugs** beginnt erst in dem Moment, in dem es tatsächlich in Bewegung gesetzt wird (BGH, Urteil vom 27. Oktober 1988 – 4 StR 239/88). Früher sah man z. B. schon im Anlassen des Motors ein Führen.

**„Andere berauschende Mittel"** können z. B. Tabletten sein. Besondere Vorsicht ist bei Alkohol in Verbindung mit Tabletten geboten. Es kann also sein, dass jemand nach § 316 bestraft wird, obwohl er keinen Alkohol getrunken hat.

Der typische Anwendungsfall für § 316 StGB ist, dass jemand bei einer Routinekontrolle überprüft wird. Zu einer unfallträchtigen Situation ist es nicht gekommen. Man bezeichnet den § 316 StGB deshalb als die theoretische, also abstrakte Gefährdung.

### Gefährdung des Straßenverkehrs (§ 315c StGB)

Diese Vorschrift enthält drei verschiedene Haupttatbestände, die alle als „Gefährdung des Straßenverkehrs" bezeichnet werden. Nur einer davon hat etwas mit Alkohol zu tun.

#### Voraussetzung

§ 315c StGB ist nur anwendbar, wenn eine **konkrete Gefährdung** tatsächlich eingetreten ist. Mit jedem Alkoholgenuss ist eine Verminderung der Reaktionsfähigkeit und damit eine allgemeine und abstrakte Gefahr verbunden. Eine konkrete Gefährdung liegt jedoch erst dann vor, wenn

- Leib oder Leben eines anderen oder
- fremde Sachen von bedeutendem Wert (die Rechtsprechung dazu ist uneinheitlich: Während viele OLG den Wert bei 1.300 Euro ansetzen, bleibt der BGH bei 750 Euro (BGH, Urteil vom 4. Dezember 2002 – 4 StR 103/02)

entweder geschädigt werden (es ist zum Unfall gekommen) oder die Wahrscheinlichkeit des Schadens sehr groß ist.

Konkrete Gefährdung nennt man eine Situation, bei der die **Wahrscheinlichkeit einer Schädigung** größer ist als die Wahrscheinlichkeit der Nichtschädigung.

- ▶ *Fahrzeugführer mit 1,1 Promille missachtet die Vorfahrt, so dass der Vorfahrtberechtigte eine Vollbremsung machen muss*
- ▶ *Fahrzeugführer fährt mit hoher Geschwindigkeit auf einen Fußgängerüberweg zu, so dass die Passanten im letzten Moment zur Seite springen*

In diesen Fällen ist eine tatsächliche, konkrete Gefährdung eingetreten. Entweder kam es zum Schaden oder die Schädigung stand unmittelbar bevor und konnte im letzten Moment abgewendet werden.

Eine konkrete Gefährdung liegt nicht vor, wenn

- *der Fahrzeugführer 2,8 Promille hat, ohne dass andere Verkehrsteilnehmer Anlass hatten, auf seine Fahrweise zu reagieren,*
- *der Fahrzeugführer mit 1,9 Promille allein gegen eine stabile Steinmauer fährt, wobei ein Sachschaden nur an seinem eigenen Fahrzeug entsteht.*

Befanden sich dabei aber **Mitfahrer** im Fahrzeug, so ist „Leib oder Leben eines anderen" gefährdet worden, dann liegt eine konkrete Gefährdung vor.

Die drei Haupttatbestände sind aus dem Wortlaut des § 315c schwer herauszulesen.

Wir unterscheiden den

- Alkohol-Tatbestand (§ 315c Abs. 1 Nr. 1a StGB)
- Mängel-Tatbestand (§ 315c Abs. 1 Nr. 1b StGB)
- 7-Todsünden-Tatbestand (§ 315c Abs. 1 Nr. 2 StGB)

### (1) Alkohol-Tatbestand

- Wer im Straßenverkehr
- ein Fahrzeug führt,
- obwohl er in Folge des **Genusses alkoholischer Getränke oder anderer berauschender Mittel**
- fahruntüchtig ist (absolut oder relativ)
- und dabei eine **konkrete Gefährdung** verursacht,

wird bestraft.

Wer gegen diese Vorschrift verstößt, hat auch immer gegen § 316 StGB verstoßen. § 316 StGB ist die abstrakte, § 315c StGB die konkrete Gefährdung. Weil in der konkreten Gefährdung natürlich immer eine abstrakte enthalten ist, wird nur § 315c StGB als das speziellere Delikt angewendet. Der Wortlaut des § 316 StGB bestätigt das, denn es heißt: „[...] wenn die Tat nicht in § 315a oder 315c mit Strafe bedroht ist."

### (2) Mängel-Tatbestand

- Wer im Straßenverkehr
- ein Fahrzeug führt,
- obwohl er in Folge **geistiger oder körperlicher Mängel**
- fahruntüchtig ist
- und dabei eine konkrete Gefährdung verursacht,

wird bestraft.

Geistige oder körperliche Mängel liegen z. B. in folgenden Fällen vor:

- *Fahrzeugführer hat beim Skifahren das rechte Bein gebrochen, er bedient Bremse und Gas mit dem Gipsbein und verursacht deshalb einen Verkehrsunfall*
- *Fahrzeugführer benötigt starke Augengläser – da er sie vergessen hat, fährt er ohne Brille und verursacht durch seine Kurzsichtigkeit einen Verkehrsunfall*

### (3) 7-Todsünden-Tatbestand

- Wer im Straßenverkehr
- ein Fahrzeug führt,
- und dabei **grob verkehrswidrig und rücksichtslos**
  a) die Vorfahrt nicht beachtet,
  b) falsch überholt oder sonst bei Überholvorgängen falsch fährt,
  c) an Fußgängerüberwegen falsch fährt,
  d) an unübersichtlichen Stellen, an Straßenkreuzungen, Straßeneinmündungen oder Bahnübergängen zu schnell fährt,

e) an unübersichtlichen Stellen nicht die rechte Seite der Fahrbahn einhält,
f) auf Autobahnen oder Kraftfahrtstraßen wendet, rückwärts oder entgegen der Fahrtrichtung fährt oder dies versucht,
g) haltende oder liegen gebliebene Fahrzeuge nicht auf ausreichende Entfernung kenntlich macht, obwohl das zur Sicherung des Verkehrs erforderlich ist

- und dabei eine **konkrete Gefährdung** verursacht,

wird bestraft.

Alle unter a) bis g) genannten Zuwiderhandlungen würden für sich bereits Ordnungswidrigkeiten ergeben. Erfolgt der Verstoß jedoch in grob verkehrswidriger und rücksichtsloser Weise, und kommt auch noch eine konkrete Gefährdung dazu, so wird aus der Ordnungswidrigkeit eine Straftat.

**Grob verkehrswidrig** ist ein besonders schwerer Verstoß gegen eine Verkehrsvorschrift.

**Rücksichtslos** handelt, wer sich aus eigensüchtigen Gründen (z. B. Zeitgewinn) über seine Pflichten gegenüber anderen Verkehrsteilnehmern hinwegsetzt oder sich aus Gleichgültigkeit von vornherein keine Gedanken macht.

## Strafmaß – Ahndung

Vorsätzliche Verstöße gegen alle drei Haupttatbestände werden mit Freiheitsstrafe bis zu fünf Jahren oder mit Geldstrafe sowie in der Regel mit Entziehung der Fahrerlaubnis geahndet (§ 69 StGB).

Fahrlässige Verstöße gegen den Alkohol-Tatbestand und gegen den Mängel-Tatbestand werden mit Freiheitsstrafe bis zu zwei Jahren oder mit Geldstrafe sowie in der Regel mit der Entziehung der Fahrerlaubnis geahndet (§ 69 StGB).

## Vollrausch (§ 323a StGB)

Jede Strafe setzt persönliche Schuld des Täters voraus, also Vorsatz oder Fahrlässigkeit zur Zeit der Tat.

Befand sich der Täter in einem Rausch (meist durch Alkohol) oder kann ihm dies nicht widerlegt werden, so darf er grundsätzlich nicht nach der Strafvorschrift bestraft werden, deren Tatbestand er in diesem Zustand verwirklicht hat (weil er infolge des Rausches schuldunfähig war oder weil dies nicht auszuschließen ist).

- *Ein Kraftfahrzeugführer, der nicht an Alkohol gewöhnt ist, fährt mit 2,5 Promille (Tatbestand § 316 verwirklicht, Bestrafung nach § 323a StGB).*
- *Ein volltrunkener Fußgänger verursacht einen Verkehrsunfall, bei dem ein Mensch verletzt wird (Tatbestand § 230 verwirklicht, Bestrafung nach § 323a StGB).*
- *Ein volltrunkener Radfahrer verursacht einen Verkehrsunfall, bei dem ein Sachschaden von 2.000 Euro entsteht (Tatbestand § 315c verwirklicht, Bestrafung nach § 323a StGB).*

Das Vergehen Vollrausch wird in zwei Stufen begangen:

1. Der Täter muss sich vorsätzlich oder fahrlässig in den Rauschzustand versetzt haben und
2. in diesem Zustand muss er dann die Rauschtat, d. h. den Tatbestand einer Straftat erfüllt haben, wegen der er aber deshalb nicht bestraft werden kann, weil er nunmehr schuldunfähig war (unzurechnungsfähig).

Die Schuld des Täters ist beim Vollrausch vorverlagert auf den Zeitpunkt, zu dem er sich vorsätzlich oder fahrlässig betrinkt. Der Schuldvorwurf liegt darin, dass sich der Täter so sehr betrunken hat, dass er seine Handlungen und seinen Willen nicht mehr unter Kontrolle hat.

Der Vollrausch wird aber nur bestraft, wenn der Täter im Rauschzustand eine strafbare Handlung verübt hat. Es handelt sich hier um eine „**Bedingung der Strafbarkeit**", die nichts mit dem Vorsatz oder der Fahrlässigkeit zu tun hat.

## Strafmaß – Ahndung

Der Vollrausch darf nicht schwerer geahndet werden als nach dem Gesetz, das für die im Rausch verwirklichte Straftat gilt – höchstens jedoch mit fünf Jahren Freiheitsstrafe. Dass er milder bestraft werden muss, ist nicht vorgeschrieben. Meist werden Geldstrafen verhängt.

Hat der Täter im Rausch den Tatbestand der §§ 315c, 316 oder einen schweren Fall des § 142 StGB verwirklicht, so wird ihm in der Regel auch die Fahrerlaubnis entzogen. Zumindest ist mit einem Fahrverbot zu rechnen.

Eine feste **Promillegrenze**, wann der Vollrausch beginnt, gibt es nicht. Ein Gewohnheitstrinker kann bei 2,7 Promille noch zurechnungsfähig sein, während ein Abstinenzler schon bei 1,0 Promille und weniger volltrunken sein kann. Hier spielt das **Gesamtverhalten** eine große Rolle:

- *Täter zeigt keine Reaktion, wenn er angesprochen wird*
- *Täter spricht in nicht zusammenhängenden Worten*
- *Stark schwankender Gang*

Bei einem trinkgewohnten Mann von normaler Körpergröße beginnt der Vollrausch meist bei etwa 2,5 ‰. Jedenfalls sind die Gerichte angehalten, ab diesem Wert nachzuforschen, ob vielleicht Vollrausch vorlag.

## Actio libera in causa – freier Handlungswille

Beim „echten" Vollrausch weiß der Täter, während er sich betrinkt, nicht, welche Straftat er später im Rauschzustand begehen wird und will diese auch nicht. Anders sieht es jedoch bei demjenigen aus, der, während er sich betrinkt, schon weiß, dass er später im Rausch eine bestimmte Straftat begehen wird. Er entscheidet sich für eine Straftat, während er noch freien Handlungswillen hat:

- *Jemand fährt mit seinem Pkw in der Absicht zur Gaststätte, auf jeden Fall wieder mit dem Wagen nach Hause zu fahren – auch wenn er etwas über den Durst getrunken hat.*

Die Gerichte stehen hier immer wieder vor Beweisschwierigkeiten, denn der Täter kann während seiner Zeche zu dem Entschluss gekommen sein, doch lieber ein Taxi zu nehmen – durch den Rausch diesen Willen aber nicht mehr verwirklichen können.

Bei der **„actio libera in causa"** trifft den Täter der volle Schuldvorwurf hinsichtlich der späteren Tat, denn er hat ja gewusst, dass er sie begehen wird. Deshalb wird er auch nicht nach § 323a StGB wegen Vollrausch, sondern nach den im Rausch verwirklichten Straftaten bestraft, also meist nach § 316 StGB.

## Vollrausch bei Ordnungswidrigkeiten (§ 122 OWiG)

Im Zustand des Vollrausches kann nicht nur gegen Strafbestände verstoßen werden, sondern auch gegen Vorschriften des Ordnungswidrigkeitenrechts. Soweit nur Ordnungswidrigkeiten begangen wurden, gilt dann § 122 OWiG, der einen ähnlichen Inhalt hat wie § 323a StGB – natürlich mit dem Unterschied, dass die Ahndung nicht Strafe, sondern Geldbuße ist.

Wenn Straftaten und Ordnungswidrigkeiten im Vollrausch begangen wurden, wird nur wegen der Straftat nach § 323a StGB verfolgt. Bei den Gerichten kämpfen die Angeklagten bzw. deren Verteidiger häufig darum, dass die Tat als Vollrausch beurteilt werden möge. Hat der Täter in seinem Zustand nur eine einzige Straftat oder Ordnungswidrigkeit begangen, so wird er nach § 323a StGB oder § 122 OWiG kaum günstiger wegkommen. Hat er aber in seinem Rauschzustand mehrere Straftaten oder Ordnungswidrigkeiten begangen, die in Tatmehrheit stehen würden, so liegt doch nur ein einziger Vollrausch vor, denn er hat sich nur einmal in den Rausch versetzt.

**Alkoholspiegel siehe Anhang**

**ALKOHOL-ZUWIDERHANDLUNGEN**

| | **Straftaten** | | | **Ordnungswidrigkeit** |
|---|---|---|---|---|
| **Voraussetzungen** | 1. **Fahruntüchtigkeit:** – **absolute** (ab 1,1 ‰ immer) – **relative** (0,3–1,09 ‰, wenn **Ausfallerscheinungen** bewiesen werden)<br>2. **Fahrzeug geführt**<br>3. **Im öffentlichen (Straßen-)Verkehr**<br>4. **Abstrakte Gefährdung** | 4. **Konkrete Gefährdung** | **4. Vollrausch** (ab ca. 2,5 ‰) | 1. 0,5–1,09 ‰, wenn **eine Fahruntüchtigkeit nicht nachgewiesen** werden kann (= keine Ausfallerscheinungen)<br>2. Kraftfahrzeug geführt<br>3. Im öffentlichen Straßenverkehr |
| **Vorschrift** | § 316 StGB<br>**Trunkenheit im Verkehr** | § 315c StGB<br>**Gefährdung des Straßenverkehrs** | § 323a StGB<br>**Vollrausch** | § 24a StVG<br>**Ordnungswidrigkeit** |
| **Ahndung mit** | Geldstrafe oder Freiheitsstrafe bis 1 Jahr **und** Entziehung der Fahrerlaubnis (§ 69 StGB), Sperre ca. 1 Jahr | Geldstrafe oder Freiheitsstrafe bis 5 Jahre **und** Entziehung der Fahrerlaubnis (§ 69 StGB), Sperre ca. 15 Monate | Geldstrafe oder Freiheitsstrafe bis 5 Jahre **und** Entziehung der Fahrerlaubnis (§ 69 StGB), Sperre ca. 9 Monate | 0,5–1,09 ‰<br>Bußgeld 500–1.500 Euro **und** Fahrverbot 1–3 Monate (§ 25 StVG), 2 Punkte |
| **Punkte im FAER** | meist 3 (wenn die Fahrerlaubnis entzogen wurde), sonst 2<br>(bei Neuerteilung der Fahrerlaubnis aber wieder Punktestand Null)<br>Eintragung bleibt 10 Jahre im FAER Flensburg | | | **Sonderregelung Fahranfänger**<br>unter 21 oder in der Probezeit bis 0,49 ‰ :<br>Bußgeld 250 Euro, 1 Punkt, ASF-Kurs |

## Fragen und Antworten

1. *In welchen gesetzlichen Vorschriften sind die Alkohol-Zuwiderhandlungen im Verkehr geregelt?*
   - § 316 StGB: Trunkenheit im Verkehr
   - § 315c StGB: Gefährdung des Straßenverkehrs
   - § 323a StGB: Vollrausch
   - § 24a StVG: Ordnungswidrigkeit 0,5‰
2. *Welche Promillegrenzen sind gesetzlich festgelegt?*
   - Die 0,0-‰-Grenze für Fahrer unter 21 oder in der Probezeit
   - Die 0,5-‰-Grenze im § 24a StVG
3. *Was bedeutet überhaupt 0,5 ‰?*
   Der Betreffende hat 0,5 Gramm reinen Alkohol pro 1.000 Gramm Körperflüssigkeit.
4. *Wann liegt immer eine Straftat in Verbindung mit Alkohol vor?*
   Wenn der Betreffende in Folge des Alkoholgenusses fahruntüchtig ist.
5. *Wann ist jemand fahruntüchtig?*
   Wenn er nicht mehr in der Lage ist, das Fahrzeug auf längerer Strecke sicher zu führen.
6. *Welche beiden Arten der Fahruntüchtigkeit unterscheidet man?*
   - Die absolute Fahruntüchtigkeit = ab 1,1 ‰
   - Die relative Fahruntüchtigkeit = unter 1,1 ‰
7. *Wo ist die 1,1-‰-Grenze festgelegt?*
   Im Gesetz nirgends. Sie ergibt sich aus Grundsatzurteilen zu den §§ 316 und 315c StGB.
8. *Wieso ist es in der Praxis so wichtig, ob absolute oder relative Fahruntüchtigkeit vorliegt?*
   - Bei der absoluten Fahruntüchtigkeit gilt der Kraftfahrzeugführer immer als fahruntüchtig, also auch dann, wenn er eine gute „Kondition“ hat.
   - Bei der relativen Fahruntüchtigkeit muss dem Fahrzeugführer noch besonders nachgewiesen werden, dass er nicht mehr sicher fahren konnte (Ausfallerscheinungen).
9. *Worin bestehen die Ausfallerscheinungen meist, die den Täter der relativen Fahruntüchtigkeit überführen?*
   - Im auffälligen Fahrverhalten: Schlangenlinien, Unfall bei einfacher Verkehrslage
   - In den Reaktionen des Täters
   - Auffällige Gemütsverfassung: Lachen, Schreien, Lallen
   - Durch Tests: Finger-Finger-Probe, Finger-Nasen-Probe, unsichere Kehrtwendung
10. *Was hat die relative Fahruntüchtigkeit mit der 0,5-‰-Grenze zu tun?*
    Überhaupt nichts, sie kann ebenso bei 0,5 wie bei 0,4 ‰ vorliegen.
11. *Wie viel darf der Kraftfahrer trinken, um nicht mit den Alkohol-Vorschriften in Konflikt zu geraten?*
    Nur so viel, dass er noch fahrtüchtig ist, auf keinen Fall aber mehr als 0,5 ‰.
12. *Beziehen sich die Alkoholvorschriften nur auf Kraftfahrer oder auf Fahrzeugführer allgemein?*
   - Die Strafvorschriften (§§ 316, 315c, 323a StGB) gelten für alle Fahrzeugführer
   - Die Ordnungswidrigkeit (§ 24a StVG) gilt nur für Kraftfahrzeugführer
13. *Wann wird jemand nach § 316 StGB wegen Trunkenheit im Verkehr bestraft?*

Wenn man
- im Verkehr
- ein Fahrzeug führt,
- obwohl man in Folge des Genusses alkoholischer Getränke oder anderer berauschender Mittel
- fahruntüchtig ist.

14. *Mit welcher Strafe muss ein nicht vorbestrafter Täter etwa rechnen, wenn er nach § 316 StGB wegen Trunkenheit im Verkehr bestraft wird?*
    1. Geldstrafe (etwa 30–50 Tagessätze) und
    2. Entziehung der Fahrerlaubnis (§ 69 StGB) und
    3. Einziehung des Führerscheins und
    4. Sperrfrist für eine neue Fahrerlaubnis von zwölf Monaten und
    5. Gerichts- und Rechtsanwaltskosten.
15. *Wann wird ein wegen Alkohol fahruntüchtiger Fahrzeugführer nicht nach § 316 StGB bestraft?*
    Wenn neben den Voraussetzungen des § 316 StGB zusätzlich eine konkrete Gefährdung eingetreten ist, oder wenn die Voraussetzungen eines Vollrausches vorliegen.
16. *Wann liegt eine „konkrete Gefährdung" im Sinne des § 315c StGB vor?*
    Wenn in einer Situation die Wahrscheinlichkeit der Schädigung größer ist als die Wahrscheinlichkeit, dass nichts passiert. Es müssen Leib oder Leben eines anderen oder fremde Sachen von bedeutendem Wert gefährdet werden. Es muss also entweder durch die Fahruntüchtigkeit zu einem Verkehrsunfall gekommen sein – zumindest muss aber ein Beinahe-Unfall vorliegen.
17. *Nennen Sie Beispiele für einen Fall des § 315c StGB in Verbindung mit Alkohol.*
    Der fahruntüchtige Fahrzeugführer stößt mit einem anderen Fahrzeug zusammen, in dem sich Personen befinden.
    Er fährt mit hoher Geschwindigkeit auf einen Fußgängerüberweg zu, wobei sich die Fußgänger nur durch einen Sprung zur Seite retten können.
18. *Wann spricht man von einer „abstrakten Gefährdung"?*
    Die Bezeichnung „abstrakte Gefährdung" soll deutlich machen, dass es zu einer „konkreten Gefährdung" nach § 315c StGB nicht gekommen ist.
    „Abstrakte Gefährdung" umschreibt deshalb den Anwendungsfall des § 316 StGB.
19. *Nennen Sie ein Beispiel für eine „abstrakte Gefährdung".*
    Der wegen Alkohol fahruntüchtige Fahrzeugführer gerät in eine Routinekontrolle, hat aber niemanden unmittelbar gefährdet.
20. *Der Kraftfahrer hat 0,5 ‰ und fährt Schlangenlinien. Nach welcher Vorschrift wird er belangt?*
    Nach § 316 StGB;
    § 24a StVG kann nicht angewendet werden, obwohl die Tatbestandsmerkmale vorliegen. Eine Straftat verdrängt nämlich immer die Ordnungswidrigkeit (§ 21 OWiG).
21. *Unter welchen Voraussetzungen findet § 24a StVG (0,5-‰-Gesetz) Anwendung?*
    Ordnungswidrig handelt, wer
    - im Straßenverkehr
    - ein Kraftfahrzeug führt,
    - obwohl er 0,5 ‰ hat oder mehr,

– wobei er noch fahrtüchtig ist, oder ihm das Gegenteil nicht zu beweisen ist.

22. *Wie wird ein Verstoß gegen das 0,5-‰-Gesetz geahndet?*
Durch Bußgeldbescheid der Behörde: beim ersten Mal 500 Euro Geldbuße und ein Monat Fahrverbot.
23. *Wann wird man wegen „Vollrausch" nach § 323a StGB bestraft?*
Wenn man sich vorsätzlich oder fahrlässig in einen Zustand versetzt hat, der die Zurechnungsfähigkeit ausschließt, wobei man in diesem Zustand den Tatbestand einer anderen „Straftat" erfüllen muss.
24. *Gibt es für den Vollrausch eine feste Promillegrenze?*
Nein; entscheidend ist immer, ob sich der Täter in einem Rausch befindet. Dieser Wert ist individuell sehr verschieden. Bei einem trinkfesten Durchschnittsbürger orientiert man sich etwa an einer Grenze von 2,5 ‰.
25. *Was verstehen Sie unter dem Begriff „actio libera in causa", und welche Rolle spielt dies bei der Bestrafung?*
Der Täter versetzt sich in einen Rausch, wusste aber schon vorher, dass er in diesem Zustand dann eine bestimmte Straftat begeht und wollte dies auch. Er fährt z. B. mit dem Auto zur Gaststätte in der Absicht, damit wieder heimzufahren. Im Falle des Vollrausches wird er dann nicht wegen Vollrausch bestraft, sondern wegen Trunkenheit im Verkehr (§ 316 StGB).

## 5.3 Sonstige Straftaten

### Beleidigung (§ 185 StGB)

Die Beleidigung wird mit Freiheitsstrafe bis zu einem Jahr oder mit Geldstrafe und, wenn die Beleidigung mittels einer Tätlichkeit begangen wird, mit Freiheitsstrafe bis zu zwei Jahren oder mit Geldstrafe bestraft.

Die Strafvorschrift schützt das Rechtsgut der Ehre und wird im Straßenverkehr leider recht häufig verletzt, weshalb manche bereits vom „deutschen Autofahrergruß" sprechen:

- *Das Tippen an die Stirn (Vogel-Zeigen)*
- *Bezeichnungen aus der Tierwelt, z. B. Esel, Affe, Bulle, Kuh, Pavian*

Das tatsächliche oder vermeintliche Fehlverhalten eines anderen rechtfertigt keinesfalls beleidigende Äußerungen.

### Fahrlässige Tötung (§ 222 StGB)

Jährlich kommen in der Bundesrepublik Deutschland durch Unfälle im Straßenverkehr viele Menschen ums Leben, 2018 ca. 3.300 Personen. Fast jeder dieser Todesfälle wäre vermeidbar gewesen, wenn sich alle Beteiligten verantwortungsvoll verhalten hätten.

Ein vorsätzliches Tötungsdelikt (Mord oder Totschlag) wird hier nur selten vorliegen, wohl aber wird meist Fahrlässigkeit gegeben sein.

Wer durch Fahrlässigkeit den Tod eines Menschen verursacht, wird mit Freiheitsstrafe bis zu fünf Jahren oder mit Geldstrafe bestraft.

## Fahrlässige Körperverletzung (§ 229 StGB)

Noch häufiger als Todesfälle sind Verkehrsunfälle, bei denen Personen schwer oder leicht verletzt werden (ca. 390.000 jährlich, also etwas mehr als 1.000 jeden Tag).

Wer durch Fahrlässigkeit die Körperverletzung eines anderen verursacht, wird mit Freiheitsstrafe oder mit Geldstrafe bestraft.

Körperverletzung ist jede nicht völlig unerhebliche Beeinträchtigung des körperlichen Wohlbefindens oder der körperlichen Unversehrtheit, z. B.

- *Knochenbrüche, offene Wunden, stärkere Prellungen, innere Verletzungen*

Der Staatsanwalt bejaht bei Körperverletzungen, die im öffentlichen Straßenverkehr zugefügt werden, grundsätzlich ein „besonderes öffentliches Interesse an der Strafverfolgung" (§ 230 StGB). Dies hat zur Folge, dass die Straftat unabhängig davon verfolgt wird, ob der Verletzte auf eine Bestrafung des Täters Wert legt oder nicht.

Nach den Richtlinien der Staatsanwaltschaft wird lediglich bei Verletzungen naher Angehöriger nicht von einem „besonderen öffentlichen Interesse an der Strafverfolgung" ausgegangen, d. h. hier muss der Verletzte einen Strafantrag stellen, wenn die Straftat verfolgt werden soll.

## Nötigung (§ 240 StGB)

Wer einen anderen rechtswidrig mit Gewalt oder durch Drohung mit einem empfindlichen Übel zu einer Handlung, Duldung oder Unterlassung nötigt, wird wegen Nötigung mit Freiheitsstrafe bis zu drei Jahren oder mit Geldstrafe bestraft. In besonders schweren Fällen droht Freiheitsstrafe von sechs Monaten bis fünf Jahren.

Rechtswidrig ist die Tat, wenn die Anwendung der Gewalt oder die Androhung des Übels zu dem angestrebten Zweck als verwerflich anzusehen ist. Der Versuch ist strafbar.

Die Nötigung kann nur bei Vorsatz bestraft werden. Der Tatbestand ist schwer in den Griff zu bekommen, weil es immer auf die „besondere Verwerflichkeit" ankommt, also ein sittlicher Maßstab herangezogen wird. Man kann daher nur ganz offenkundige und intensive Verstöße strafrechtlich als Nötigung einstufen. Im Straßenverkehr kommen dabei hauptsächlich folgende Situationen vor:

- *Dichtes Auffahren bei 90 km/h und fünf Meter Abstand auf 500 m, dabei Lichthupe mehrfach betätigt*
- *Grundloses Nichtfreimachen des Überholfahrstreifens über mehrere Kilometer*
- *Ein Fußgänger stellt sich in eine Parklücke, um sie für seinen Bekannten freizuhalten. Ein anderer Kraftfahrer fährt im Kampf um die Lücke so auf den Fußgänger zu, dass dieser gefährdet wird.*
- *Sitzblockade auf der Straße eines angemeldeten Demonstrationszuges, um diesen aufzuhalten. Ein ehemaliger Bundesjustizminister bezeichnete diese Straftaten durch Nötigung zwar als rechtswidrig, jedoch auch „**irgendwie cool**".*

Das „Freihalten" des Parkplatzes durch den Fußgänger ist zwar ebenfalls rechtswidrig, wird nach der Rechtsprechung jedoch normalerweise nicht als Nötigung, sondern nur als Ordnungswidrigkeit nach § 1 Abs. 2 StVO betrachtet.

### Unbefugter Gebrauch eines Kraftfahrzeugs oder Fahrrades (§ 248b StGB)

Wer einen Gegenstand – und dazu gehören auch Fahrzeuge – in der Absicht wegnimmt, sich diesen zuzueignen (auf Dauer), begeht einen Diebstahl.

Es kommt aber leider auch vor, dass der Täter keine dauernde Zueignungsabsicht hatte, sondern die Sache nur gegen den Willen des Berechtigten „ausleihen" wollte, um sie hinterher zurückzugeben. Nur bei Kraftfahrzeugen und Fahrrädern ist auch dies strafbar: Wer ein Kraftfahrzeug oder ein Fahrrad gegen den Willen des Berechtigten in Gebrauch nimmt, wird mit Freiheitsstrafe bis zu drei Jahren oder mit Geldstrafe bestraft, wenn die Tat nicht nach anderen Vorschriften mit schwerer Strafe bedroht ist.

- ▶ *Jemand „besorgt" sich einen Mercedes, um damit eine Fahrt ins Blaue zu unternehmen – wobei die Freundin beeindruckt werden soll. Er will den Wagen am Sonntagabend wieder an seinen Platz stellen.*

Diese Straftat kann ausnahmsweise nur verfolgt und angeklagt werden, wenn der Berechtigte Wert darauf legt, also einen Strafantrag stellt. Die Tat wird nämlich am häufigsten unter Bekannten und Verwandten begangen, so dass in den meisten Fällen kein öffentliches Interesse an der Strafverfolgung besteht.

### Betrug (§ 263 StGB)

Wer in der Absicht, sich oder einem Dritten einen rechtswidrigen Vermögensvorteil zu verschaffen, das Vermögen eines anderen dadurch beschädigt, dass er durch Vorspiegelung falscher oder durch Entstellung oder Unterdrückung wahrer Tatsachen einen Irrtum erregt oder unterhält, wird mit Freiheitsstrafe bis zu fünf Jahren oder mit Geldstrafe bestraft. Der Versuch ist strafbar.

Da das Kraftfahrzeug ein heute sehr bedeutendes Wirtschaftsobjekt ist, dient es zu den verschiedensten Betrügereien, z. B.:

- ▶ *Der Verkäufer verschweigt beim Autokauf wissentlich einen größeren Unfall.*
- ▶ *Der Wegstreckenzähler wird erheblich zurückgestellt oder abgeklemmt, z. B. um unter der Hemmschwelle 100.000 km zu bleiben.*
- ▶ *Nach einem Verkehrsunfall werden auch nicht unfallbedingte Reparaturen der Versicherung zur Regulierung eingereicht (Gefälligkeitsabsprachen zwischen Kunde und Reparaturwerkstatt).*

### Urkundenfälschung (§ 267 StGB)

Wer zur Täuschung im Rechtsverkehr eine unechte Urkunde herstellt, eine echte Urkunde verfälscht oder eine unechte oder verfälschte Urkunde gebraucht, wird wegen Urkundenfälschung bestraft (Freiheitsstrafe bis zu fünf Jahren, Geldstrafe, Einziehung der Urkunde). Führerschein, Kraftfahrzeugschein, Kraftfahrzeugbrief und amtliches Kennzeichen sind Urkunden.

- ▶ *Das amtliche Kennzeichen eines Kraftfahrzeugs wird mit einem reflektierenden Mittel (z. B. Haarspray) versehen, so dass die Erkennbarkeit der Buchstaben und Ziffern bei Blitzlichtaufnahmen beeinträchtigt ist.*

## Fälschung technischer Aufzeichnungen (§ 268 StGB)

Diese Strafvorschrift hat im Straßenverkehrsrecht vor allem Bedeutung, wenn an dem vorgeschriebenen Fahrtenschreiber eines Lkw oder Omnibusses manipuliert wird.

Es wird hauptsächlich derjenige mit Freiheitsstrafe oder mit Geldstrafe bestraft, der mit Täuschungsabsicht eine unechte technische Aufzeichnung herstellt oder eine echte verfälscht oder diese gebraucht. Der Herstellung einer unechten technischen Aufzeichnung steht es gleich, wenn der Täter durch störende Einwirkung auf den Aufzeichnungsvorgang das Ergebnis der Aufzeichnung beeinflusst.

Die Fälschung technischer Aufzeichnungen ist praktisch ein besonderer Fall der Urkundenfälschung. Die Vorschrift wurde notwendig, weil der Wortlaut des § 267 StGB, der die Urkundenfälschung behandelt, für automatische Aufzeichnungsvorgänge nicht passt.

## Jagdwilderei (§ 292 StGB)

Wer unter Verletzung fremden Jagdrechts dem Wilde nachstellt, es fängt oder sich zueignet oder eine Sache, die dem Jagdrecht unterliegt, sich zueignet, beschädigt oder zerstört, wird mit Freiheitsstrafe bis zu fünf Jahren oder mit Geldstrafe bestraft.

Die Vorschrift verbietet es nicht nur, mittels eines Kraftfahrzeugs dem Wilde nachzustellen, sondern stellt auch die **Zueignung** als solche unter Strafe:

- *Jemand findet am Straßenrand einen überfahrenen Hasen und nimmt ihn als willkommenen Sonntagsbraten mit.*
- *Auf einem Waldweg stellt jemand bei Dunkelheit dem Wilde nach, indem er es mit dem Scheinwerfer seines Motorrades blendet.*

## Sachbeschädigung (§ 303 StGB)

Wer rechtswidrig eine fremde Sache beschädigt oder zerstört, wird mit Freiheitsstrafe bis zu zwei Jahren oder mit Geldstrafe bestraft. Der Versuch ist strafbar. Sachbeschädigung wird jedoch nur auf Antrag des Geschädigten verfolgt.

Dieser Straftatbestand umfasst nur die **vorsätzliche Sachbeschädigung** und kommt deshalb bei den meisten Verkehrsunfällen nicht zur Anwendung. Hin und wieder gibt es aber auch im Straßenverkehr Fälle von Sachbeschädigung:

- *Jemand provoziert einen Auffahrunfall, um einen bereits vorhandenen Schaden als Unfallfolge geltend zu machen.*
- *Jugendliche brechen nachts Autoantennen ab, zerstechen Reifen, zerkratzen den Lack.*
- *„Demonstranten" stürzen Autos um und zünden Polizeifahrzeuge an.*

## Gefährliche Eingriffe in den Straßenverkehr (§ 315b StGB)

Während § 315c StGB die Gefährdung des Straßenverkehrs durch typische Verkehrsvorgänge innerhalb des Straßenverkehrs unter Strafe stellt, zielt § 315b StGB darauf ab, gefährliche verkehrsfremde Einwirkungen, die meist von außen vorgenommen werden, zu bestrafen.

Wie bei § 315c StGB ist auch hier Voraussetzung, dass es zu einer **konkreten Gefährdung** tatsächlich gekommen ist (vgl. Kapitel 2, Gefährdung des Straßenverkehrs).

Wer die Sicherheit des Straßenverkehrs dadurch beeinträchtigt, dass er

- Anlagen oder Fahrzeuge zerstört, beschädigt oder beseitigt (Anlagen sind insbesondere Verkehrszeichen und Verkehrseinrichtungen, die Straße selbst, Brücken usw.),
  - ▶ *Jemand entfernt an einer Kreuzung das Zeichen 206 (Halt! Vorfahrt gewähren!).*
  - ▶ *Jemand entfernt des Nachts aus einer Kopfsteinpflaster-Straße mehrere Steine.*
  - ▶ *Eine Gruppe von „Demonstranten" unterhöhlt ein Straßenstück, um Schwertransporte (Atommüll) zu verhindern.*
- Hindernisse bereitet oder
  - ▶ *Jemand spannt nachts ein Drahtseil über eine Straße, weil er gerne einen Motorradfahrer über den Lenker gehen sehen möchte.*
  - ▶ *Ein Lkw verliert größere Stücke von der Ladung, die auf der Fahrbahn liegen bleiben.*
- einen ähnlichen, ebenso gefährlichen Eingriff vornimmt
  - ▶ *Der „coole" Beifahrer greift dem Fahrer bei hoher Geschwindigkeit ins Steuer, um seine Reaktionsfähigkeit zu testen.*
  - ▶ *Jugendliche werfen von einer Autobahnbrücke Steine auf vorbeifahrende Kraftfahrzeuge.*

und dadurch eine konkrete Gefährdung verursacht, wird bestraft.

Sowohl die vorsätzliche als auch die fahrlässige Tat wird verfolgt. Sogar der Versuch (= Beginn der Ausführung) ist schon strafbar (§ 315b Abs. 2 StGB).

### Strafmaß – Ahndung

Für die **vorsätzliche Tat** droht Freiheitsstrafe bis zu fünf Jahren oder Geldstrafe. Handelt der Täter in der Absicht, einen Unglücksfall herbeizuführen oder eine andere Straftat zu verdecken oder zu ermöglichen, so kann sogar Freiheitsstrafe von einem bis zehn Jahren ausgesprochen werden, mindestens aber Freiheitsstrafe von sechs Monaten (§ 315b Abs. 3 StGB).

Die **fahrlässige Tat** ist mit Freiheitsstrafe bis zu drei Jahren oder mit Geldstrafe bedroht.

### Autostraßenraub/Räuberischer Angriff auf Kraftfahrer (§ 316a StGB)

Wer zur Begehung eines Raubes, eines räuberischen Diebstahls oder einer räuberischen Erpressung einen Angriff auf Leib, Leben oder Entschlussfreiheit des Führers eines Kraftfahrzeugs oder eines Mitfahrers unter Ausnutzung der besonderen Verhältnisse des Straßenverkehrs unternimmt, wird mit Freiheitsstrafe nicht unter fünf Jahren bestraft. In besonders schweren Fällen ist die Strafe lebenslange Freiheitsstrafe, in minder schweren Fällen Freiheitsstrafe von einem Jahr bis zu zehn Jahren.

Diese Vorschrift soll den Kraftverkehr vor Straßenüberfällen schützen. Obwohl Raub, räuberischer Diebstahl und räuberische Erpressung bereits eigene, im StGB an anderer Stelle geregelte Straftatbestände sind, hat § 316a StGB seine besondere Berechtigung: Hier wird bereits das „Unternehmen" bestraft, also der Versuch, zu einem Verbrechen, mit dem sich daraus ergebenden höheren Strafmaß.

§ 316a StGB findet Anwendung, wenn der Täter die besonderen Verhältnisse des Straßenverkehrs ausnutzt, sich also die für den fließenden Kraftfahrzeugverkehr typischen Gefahren und Möglichkeiten zunutze macht:

- *Jemand lässt sich im Taxi mitnehmen, um unterwegs den Taxifahrer mit Gewalt zur Herausgabe des Geldes zu zwingen.*
- *Auf einsamer Landstraße wird nachts ein Verkehrsunfall vorgetäuscht, indem sich jemand neben sein Fahrrad an den Fahrbahnrand legt. Ein Kraftfahrer hält an, um nach dem „Verletzten" zu sehen und begibt sich zu ihm. Der „Verletzte" springt auf, versetzt dem Kraftfahrer einen Schlag ins Gesicht, nimmt ihm den Autoschlüssel ab und fährt mit dem Kraftfahrzeug davon.*

## Unterlassene Hilfeleistung (§ 323c StGB)

Es kommt leider nicht selten vor, dass nach Verkehrsunfällen Menschen an ihren Unfallverletzungen sterben oder schwere Dauerschäden davontragen, weil die Hilfeleistung nicht schnell genug erfolgte. Nicht nur aus moralischen Gründen ist jeder Bürger (also nicht nur ein Fahrzeugführer) verpflichtet, bei Unglücksfällen zu helfen. Der Staat hat eine Verletzung dieser Pflicht sogar mit Strafe bedroht:

Wer bei Unglücksfällen oder bei gemeiner Gefahr oder Not nicht Hilfe leistet, obwohl dies erforderlich und ihm den Umständen nach **zuzumuten ist**, insbesondere ohne erhebliche eigene Gefahr oder Verletzung anderer wichtiger Pflichten, wird mit Freiheitsstrafe bis zu einem Jahr oder mit einer Geldstrafe bestraft.

**Unglücksfall** ist ein plötzliches eintretendes Ereignis, das erhebliche Gefahr für Menschen oder Sachen mit sich bringt.

- *Ein Verkehrsteilnehmer ist durch Unfall verletzt worden.*
- *Ein Betrunkener ist auf der verkehrsbelebten Straße zusammengebrochen.*

**Gemeine Gefahr** ist eine konkrete Gefahr für eine unbestimmte Zahl von Menschen oder für hohe Sachwerte. Während bei einem eingetretenen Unglücksfall die gefährdeten Personen schon feststehen, ist bei der gemeinen Gefahr noch nicht überschaubar, wer im Einzelnen in Gefahr ist. Meist liegt allerdings zugleich ein Unglücksfall vor:

- *Ein Tanklastzug ist im Ortszentrum verunglückt und droht zu explodieren.*
- *Ein größerer Gegenstand liegt auf der Fahrbahn der Autobahn.*

**Not** ist eine die Allgemeinheit betreffende Notlage:

- *Plötzlicher Ausfall der Wasserversorgung einer Gemeinde.*

**Täter** kann jedermann sein, also nicht nur ein Unfallbeteiligter. Die Vorschrift wendet sich auch gegen Personen, die nur zufällig am Unfallort vorbeikommen oder aus einem Haus in der Nähe zuschauen.

Die **Hilfeleistung** hat nichts damit zu tun, ob der Verletzte den Unglücksfall selbst verschuldet hat oder nicht. Die Hilfeleistung muss objektiv erforderlich und persönlich möglich und zumutbar sein.

Es ist von Fall zu Fall verschieden, welche Art der Hilfeleistung objektiv erforderlich ist:

- *Ein Verletzter muss von der Fahrbahn geholt werden.*
- *Ein Unfallschock muss bekämpft werden.*
- *Ein Verband muss angelegt werden.*
- *Der Verletzte muss sofort in Krankenhaus gebracht werden.*

Die Hilfeleistungspflicht entfällt aber in folgenden Fällen:

- *Hilfe ist nicht mehr erforderlich, weil sich schon genug Helfer um den Verletzten bemühen*
- *Hilfeleistung ist aussichtslos, weil der Tod schon eingetreten ist.*

Der Hilfsbereite kann in eine Konfliktsituation kommen, wenn Hilfeleistung zwar erforderlich wäre, er sich jedoch selbst in erhebliche eigene Gefahr begeben müsste. Es ist ihm dann persönlich nicht zumutbar zu helfen:

- *Im Führerhaus des umgestürzten Tanklastzuges sitzen Fahrer und Beifahrer, der Wagen kann jeden Moment explodieren.*

Auch andere wichtige Pflichten können der Hilfeleistungspflicht vorgehen:

- *Der Arzt, der gerade dringend zu einem schwer kranken Patienten gerufen wurde, braucht an der Unfallstelle nicht anzuhalten.*

Es müssen aber wichtige Pflichten sein. Nicht ausreichend sind:

- *Bevorstehender Geschäftsschluss auf einer Einkaufsfahrt.*
- *Der Kraftfahrzeugführer hat keine Fahrerlaubnis und befürchtet, dass dies offenbar wird, wenn er am Unfallort bleibt und Hilfe leistet.*

Bestraft werden kann nur derjenige, der vorsätzlich nicht Hilfe leistet, obwohl er erkannt hat, dass Menschen oder Sachen eine erhebliche Gefahr droht. **Bedingter Vorsatz** („es wird schon nicht so schlimm sein, wie es aussieht", „es werden sich wohl geeignetere Helfer finden als ich") ist aber auch strafbar.

Es empfiehlt sich deshalb immer, zunächst erst einmal anzuhalten und nachzusehen, ob Hilfe erforderlich ist. Aus dem fahrenden Auto kann man das kaum beurteilen.

Bei Unfallbeteiligten, die sich nach einem Verkehrsunfall mit Unglücksfall unerlaubt vom Unfallort entfernen, steht § 323c StGB in Tateinheit mit § 142 StGB. Es wird dann eine Gesamtstrafe für beide Gesetzesverstöße gebildet.

### Fahren ohne Fahrerlaubnis/ Fahren trotz Fahrverbots/Fahren trotz Sicherstellung des Führerscheins (§ 21 StVG)

Einige Verkehrsstraftaten sind nicht im StGB aufgeführt, sondern in Spezialgesetzen wie dem StVG. Es handelt sich um speziell verkehrsrechtliche Straftaten.

§ 21 StVG enthält drei verschiedene Tatbestände, die sich sowohl auf den Kraftfahrzeugführer als auch auf den Halter beziehen:

#### 1. Tatbestand

- Wer ein Kraftfahrzeug führt,
- obwohl er die dazu **erforderliche Fahrerlaubnis nicht hat.**

Entweder er hat überhaupt keine Fahrerlaubnis oder eine nicht ausreichende, z. B. nur Klasse B für einen Zug, der BE erfordert.

#### 2. Tatbestand

- Wer ein Kraftfahrzeug führt,
- obwohl ein **Fahrverbot** nach § 44 StGB (nach einer Straftat) oder nach

§ 25 StVG (nach einer Ordnungswidrigkeit) wirksam ist.

### 3. Tatbestand

- Wer ein Kraftfahrzeug führt,
- obwohl der **Führerschein sichergestellt wurde** (beschlagnahmt oder in Verwahrung genommen) nach § 94 StPO.



Es ist also ein großer Unterschied, ob man den Führerschein nur vergessen oder verloren hat (zehn Euro Verwarnungsgeld), oder ob der Führerschein deshalb nicht vorgezeigt werden kann, weil er sichergestellt wurde (Straftat).

Dieser Tatbestand ist notwendig, denn bis einige Tage nach Beschlagnahme des Führerscheins ist die Fahrerlaubnis noch nicht entzogen (auch nicht vorläufig nach § 111a StPO), und es ist auch kein Fahrverbot verhängt. Gegen die Tatbestände 1 und 2 kann **vorsätzlich** oder **fahrlässig** verstoßen werden. Vorsatz wird mit Freiheitsstrafe bis zu einem Jahr oder mit Geldstrafe bestraft. Außerdem kann das Kraftfahrzeug eingezogen werden (Nebenstrafe).

Beim Tatbestand 3 ist nur Vorsatz strafbar. Allerdings befreit der Irrtum, eine Fahrt nach Sicherstellung des Führerscheins sei nur eine Ordnungswidrigkeit, den Täter nicht (vermeidbarer Verbotsirrtum). Diese Tat wird mit Freiheitsstrafe bis zu sechs Monaten oder mit Geldstrafe bis zu 180 Tagessätzen bestraft. Die gleiche Strafe erwartet denjenigen, der gegen die Tatbestände 1 oder 2 fahrlässig verstoßen hat.

In gleicher Weise wie der Kraftfahrzeugführer kann auch der Halter nach allen drei Tatbeständen bestraft werden, wenn er angeordnet oder zugelassen hat, dass jemand das Kraftfahrzeug führt,

- der keine Fahrerlaubnis hatte,
- gegen den ein Fahrverbot wirksam verhängt war oder
- dessen Führerschein sichergestellt war.

Voraussetzung ist allerdings, dass der Halter diese Umstände gekannt hat (dann Vorsatz) oder hätte kennen müssen (dann Fahrlässigkeit).

## Kennzeichenmissbrauch (§ 22 StVG)

Der Kennzeichenmissbrauch ist deshalb zu einer Straftat erhoben worden, weil die Feststellung des Fahrzeughalters dadurch unmöglich gemacht oder sehr erschwert wird. Oft werden auch andere Straftaten unterstützt.

§ 22 StVG bezieht sich nur auf die amtlichen Kennzeichen

- die von der Verwaltungsbehörde zugeteilt werden (schwarze, grüne oder rote Schrift auf weißem Grund),
- die heimatlichen Kennzeichen und Nationalitätenzeichen von außerdeutschen Kraftfahrzeugen.

§ 22 StVO gilt nicht für Versicherungskennzeichen gemäß § 29e StVZO.

## Missbräuchliches Herstellen, Vertreiben oder Ausgeben von Kennzeichen (§ 22a StVG)

Diese Strafvorschrift soll den Missbrauch von Kennzeichen erschweren.

Nunmehr wird unter anderem derjenige mit Freiheitsstrafe bis zu einem Jahr oder mit Geldstrafe bestraft, der

- Kennzeichen herstellt, vertreibt oder ausgibt, ohne dies vorher der zuständigen Behörde angezeigt zu haben,
- Kennzeichen in der Absicht nachmacht, dass damit ein bestimmter Missbrauch getrieben wird,
- nachgemachte oder verfälschte Kennzeichen feilhält oder in den Verkehr bringt.

### Gebrauch eines nicht versicherten Fahrzeugs (§ 6 PflVG)

Diese Straftat ist beim Thema Haftpflichtversicherung dargestellt.

### Radarwarner (§ 23 Abs. 1c StVO)

Manch ein vermeintlich pfiffiger Kraftfahrer glaubt, den für ihn unangenehmen Geschwindigkeitskontrollen der Polizei durch ein Radarwarngerät entgehen zu können. Radarwarngeräte im Fahrzeug sind verboten.

Allein der Umstand des Einbaus zieht 75 Euro Geldbuße und die entschädigungslose Einziehung des Gerätes nach sich. Die Polizei oder das Gericht brauchen also nicht nachweisen, ob das Gerät auch benutzt wurde.

Warnung vor Radarfallen **durch Navigationsgeräte und Handys:** Die StVO verbietet, „ein technisches Gerät zu betreiben oder betriebsbereit mitzuführen, das dafür bestimmt ist, Verkehrsüberwachungsmaßnahmen anzuzeigen […]“. Unter dieses Verbot fällt auch eine Navigationssoftware mit der Funktion „Radarwarner“ – selbst, wenn diese deaktiviert ist. Soweit die Gesetzeslage heute. Die Vorschrift wird allerdings durch Handys und Navis mit entsprechenden Apps millionenfach unterlaufen, und zwar unter dem Tarnbegriff „Gefahrenstellen“. Politik, Polizei und Bußgeldbehörden haben die Entwicklung in wohlwollendem Interesse der Handy- und Navi-Industrie toleriert, anders als in anderen Ländern. Die aktuelle Diskussion geht dahin, das geltende Recht zeitgemäß zu ändern, also solche Systeme zur Unterstützung der Raser und Verkehrssünder demnächst zu legalisieren. Ende noch offen.

### Wegstreckenzähler-Veränderung (§ 22b StVG)

Wer den Wegstreckenzähler zurückstellt, wird mit Freiheitsstrafe bis zu einem Jahr oder mit Geldstrafe bestraft.

Die Straftat des Zurückstellens des Tachostandes wird allerdings erleichtert, weil die Autohersteller die entsprechende Sicherheitstechnik dagegen nicht eingebaut bzw. nicht aktiviert haben.

### Manipulation am Geschwindigkeitsbegrenzer (§ 22b StVG)

Dieselbe Strafe wie Wegstreckenzähler-Veränderung.

## Fragen und Antworten

1. *Nennen Sie die wichtigsten Verkehrsstraftaten.*
   - Unerlaubtes Entfernen vom Unfallort (§ 142 StGB)
   - Fahrlässige Tötung (§ 222 StGB)
   - Fahrlässige Körperverletzung (§ 230 StGB)
   - Gefährdung des Straßenverkehrs (§ 315c StGB)
   - Trunkenheit im Verkehr (§ 316 StGB)
   - Vollrausch (§ 323a StGB)

- Unterlassene Hilfeleistung (§ 323c StGB)
- Fahren ohne Fahrerlaubnis (§ 21 StVG)
- Gebrauch eines nicht versicherten Fahrzeugs (§ 6 PflVG)

2. *§ 315c StGB – Gefährdung des Straßenverkehrs – behandelt drei Hauptgruppen. Welche sind dies?*
   1. Alkohol oder andere berauschende Mittel
   2. Geistige oder körperliche Mängel
   3. 7 Todsünden
3. *Wie lauten die 7 Todsünden im Straßenverkehr?*
   - Wer im Straßenverkehr
   - ein Fahrzeug führt
   - und dabei grob verkehrswidrig und rücksichtslos
     a) die Vorfahrt nicht beachtet,
     b) falsch überholt oder sonst bei Überholvorgängen falsch fährt,
     c) an Fußgängerüberwegen falsch fährt,
     d) an unübersichtlichen Stellen, an Straßenkreuzungen, Straßeneinmündungen oder Bahnübergängen zu schnell fährt,
     e) an unübersichtlichen Stellen nicht die rechte Seite der Fahrbahn einhält,
     f) auf Autobahnen oder Kraftfahrstraßen wendet, rückwärts fährt oder dies versucht,
     g) haltende oder liegen gebliebene Fahrzeuge nicht auf ausreichende Entfernung kenntlich macht, obwohl das zur Sicherung des Verkehrs erforderlich ist.
4. *Was setzt § 315c StGB aber in jedem Falle voraus?*
   Eine konkrete Gefährdung von Leib oder Leben eines anderen oder von fremden Sachen von bedeutendem Wert.
5. *In welchem Zusammenhang kommt es im Straßenverkehr häufig zur Fälschung technischer Aufzeichnungen?*
   Bei Manipulationen am Fahrtschreiber und Kontrollgerät (§ 268 StGB).
6. *Herr Protz entwendet einen fremden Pkw und fährt damit davon. Welche Strafvorschriften kommen dafür in Betracht?*
   - Wenn er den Wagen behalten wollte: Diebstahl (§ 242 StGB)
   - Wenn er den Wagen nicht behalten wollte: Unbefugter Gebrauch (§ 248b StGB)
7. *Nennen Sie Beispiele für gefährliche Eingriffe in den Straßenverkehr, die nach § 315b StGB strafbar sind.*
   Soweit die Sicherheit des Straßenverkehrs beeinträchtigt wird und es zu einer konkreten Gefährdung kommt:
   - Bereiten von Hindernissen
   - Entfernen von Verkehrszeichen
   - Beschädigung von Verkehrsanlagen
8. *Kann wegen unterlassener Hilfeleistung nur der Unfallbeteiligte bestraft werden oder jeder, der zufällige Hilfe leisten könnte?*
   Die Vorschrift richtet sich an jedermann. Voraussetzung ist nur, dass die Hilfeleistung erforderlich und zumutbar ist.

# Führerscheinentzug

Dieses Thema setzt voraus, dass Klarheit über die Begriffe herrscht:

**Fahrerlaubnis** = die amtliche Zulassung zum Führen bestimmter Kraftfahrzeuge

**Führerschein** = die amtliche Bescheinigung zum Nachweis der erteilten Fahrerlaubnis

**Fahrverbot** = die amtliche Anordnung, dass für einen bis drei Monate Kraftfahrzeuge jeder oder einer bestimmten Art nicht geführt werden dürfen.

Die **Fahrerlaubnis** wird von der unteren Verwaltungsbehörde durch Verwaltungsakt erteilt. Dadurch wird die Berechtigung verliehen, bestimmte Kraftfahrzeuge zu führen. Wenn die Fahrerlaubnis entzogen wurde, benötigt der Betroffene immer eine neue, andere Fahrerlaubnis, falls er wieder ein entsprechendes Kraftfahrzeug führen will. Die einmal erteilte Fahrerlaubnis wird also nicht „auf Zeit", sondern immer **völlig entzogen.** Nach der Umstellung auf EU-Führerscheinrecht erhält der Betroffene eine **EU-Fahrerlaubnis** nach neuem Recht, also **keinen Besitzstandsschutz.** Dies ist völlig unabhängig davon, ob er eine neue Prüfung machen muss.

Bei den hauptsächlich von den Gerichten festgesetzten **Sperrfristen** geht es nur darum, dass vor Ablauf dieser Frist keine neue Fahrerlaubnis erteilt werden darf. Damit ist aber noch nicht gesagt, dass der Betroffene mit Ablauf der Sperrfrist eine neue Fahrerlaubnis erhält. Er muss die neue Fahrerlaubnis wiederum bei der Führerscheinbehörde beantragen, und diese prüft dann erst noch, ob die Voraussetzungen für eine Erteilung vorliegen.

Hat der Betroffene dagegen nur seinen **Führerschein** verloren, so bekommt er ohne weiteres einen Ersatzführerschein, weil die Fahrerlaubnis in diesem Fall nach wie vor besteht. Entscheidend ist also immer das Schicksal der Fahrerlaubnis, der Führerschein spielt eine völlig untergeordnete Rolle.

Das **Fahrverbot** lässt die Fahrerlaubnis bestehen, jedoch darf der Betroffene während der Dauer des Fahrverbots von der Fahrerlaubnis keinen Gebrauch machen. Die Fahrerlaubnis ruht nur. Sobald aber die Frist abgelaufen ist, erhält der Betroffene seinen Führerschein zurück und darf sofort wieder fahren, weil die Fahrerlaubnis nach wie vor gilt.

## 6.1 Entziehung der Fahrerlaubnis

Die Fahrerlaubnis wird immer dann entzogen, wenn der Betroffene **zum Führen von Kraftfahrzeugen ungeeignet** ist. Die Maßnahme dient dem Schutze der Allgemeinheit vor ungeeigneten Kraftfahrzeugführern und zur Besserung des Betroffenen.

In der Bundesrepublik werden pro Jahr etwa 90.000 Fahrerlaubnisse entzogen, davon ca. 38.000 wegen Alkohol. Etwa 450.000 Fahrverbote von einem bis drei Monaten werden verhängt.

In zahlreichen Fällen entziehen Verwaltungsbehörden jährlich die Fahrerlaubnis, aber die Entziehungen durch Gerichte sind weitaus häufiger (Einzelheiten siehe Anhang).

Das Kraftfahrt-Bundesamt führt das zentrale Fahreignungsregister (FAER), in welchem personenbezogen Verkehrsdelikte gespeichert sind (Verkehrssünderkartei). 2018 waren dort ca. 10 Millionen Verkehrssünder eingetragen.

Die meisten Autofahrer überschätzen die Möglichkeiten der **Führerscheinbehörde** und die Bedeutung des **Fahreignungsregisters.** An der Gesamtzahl der jährlichen Entziehungen von Fahrerlaubnissen würde sich wenig ändern, wenn es den Punktekatalog überhaupt nicht gäbe. Dies sind nämlich nur ca. 5.200 Fälle pro Jahr. Allerdings trägt die weit verbreitete falsche Vorstellung indirekt wohl erheblich zur Verkehrssicherheit bei, indem sich viele Kraftfahrer deswegen defensiver verhalten.

Einem Radfahrer, der zufällig im Besitz einer Fahrerlaubnis ist, kann wegen einer Trunkenheitsfahrt auf dem Fahrrad die Fahrerlaubnis nicht direkt nach § 69 StGB entzogen werden, jedoch kann die Fahrerlaubnisbehörde die Trunkenheitsfahrt zum Anlass nehmen, um die charakterliche Eignung z. B. durch **MPU-Gutachten** zu überprüfen, was bei negativem Gutachten dann doch zu einer Entziehung der Fahrerlaubnis führt (BVerwG, Urteil vom 27. September 1995 – 11 C 34/94).

### Entziehung der Fahrerlaubnis durch die Verwaltungsbehörde (§ 3 StVG, § 46 FeV)

Das Ungeeignet-Sein zum Führen von Kraftfahrzeugen kann sich aus verschiedenen Umständen ergeben:

- **Körperliche Mängel**
  - ▶ *Jemand hat durch einen Arbeitsunfall die Sehkraft zu 80 Prozent verloren.*
- **Geistige Mängel**
  - ▶ *Jemand hat durch einen Verkehrsunfall einen dauernden Gehirnschaden erlitten.*
- **Charakterliche Mängel**
  - ▶ *Wiederholte Verstöße gegen Verkehrsvorschriften, die 8 Punkte im Fahreignungsregister ergeben.*

Die Fahrerlaubnisbehörde verfügt selbst nicht immer über die notwendigen Kenntnisse, um die Frage des Ungeeignet-Seins sicher beurteilen zu können. Sie kann deshalb zur Vorbereitung ihrer Entscheidung verlangen:

- Beibringung eines amts- oder fachärztlichen Zeugnisses
- Beibringung eines MPU-Gutachtens
- Beibringung eines Gutachtens eines amtlich anerkannten Sachverständigen oder Prüfers für den Kraftfahrzeugverkehr

In den meisten Fällen wird die Fahrerlaubnis wegen **charakterlicher Mängel** entzogen. Die Verwaltungsbehörden können den weiten Begriff „charakterlicher Mangel" allein schwer auslegen und handhaben. Im Interesse einer sicheren und gleichmäßigen Anwendung ist deshalb die **Anlage 13 zur FeV** herausgegeben worden.

Die Fahrerlaubnisbehörde begründet ihre Entscheidung der Entziehung der Fahrerlaubnis dann damit, dass der Betroffene erheblich gegen verkehrsrechtliche Vorschriften verstoßen habe und geht in der Regel vom Punktsystem aus.

Wenn die Fahrerlaubnisbehörde die Entziehung der Fahrerlaubnis anordnet, so kann sie zugleich Fristen und Bedingungen für die Erteilung einer neuen Fahrerlaubnis festsetzen (§ 4 Abs. 4 StVG). Sie braucht dies aber nicht zu tun.

Die Fahrerlaubnis wird durch einen **förmlichen Bescheid** (Verwaltungsakt) entzogen. Damit die Maßnahme sofort befolgt werden muss und der gegen den Verwaltungsakt selbstverständlich mögliche Widerspruch des Bürgers keine „aufschiebende Wirkung" hat, wird die Fahrerlaubnisbehörde in der

Regel die **sofortige Vollziehung** anordnen (vgl. Kapitel 2 – Verwaltungsrechtsschutz).

### Punktsystem (§ 39 FeV mit Anlage 13)

Das Fahreignungs-Bewertungssystem wurde zum Mai 2014 reformiert. Mit Ausnahme der nun einststelligen Punkteschwellen ist es noch komplizierter geworden. Es gibt einen zusätzlichen Katalog, welche Zuwiderhandlungen im Straßenverkehr überhaupt Eintragungen nach sich ziehen. Diese nennt man **verkehrsbeeinträchtigende Ordnungswidrigkeiten bzw. Straftaten mit Bezug auf die Verkehrssicherheit.** Nur soweit der betreffende Verkehrsverstoß in der Anlage 13 FeV aufgelistet ist, werden je nach Schwere 1, 2 oder 3 Punkte im Fahreignungsregister (früheres Verkehrszentralregister) eingetragen.

Bei Ordnungswidrigkeiten ist eine weitere Voraussetzung, dass eine Geldbuße von **mindestens 60 Euro** rechtskräftig geworden ist.

**1 Punkt für verkehrssicherheitsbeeinträchtigende Ordnungswidrigkeiten, z. B.**

- *Geschwindigkeitsüberschreitung bis 30 km/h zu schnell*
- *Überholen im Überholverbot ohne Gefährdung*
- *Mobiltelefon verbotswidrig (ohne Freisprecheinrichtung) benutzt*
- *Tablet, Navi, E-Book Reader, iPod etc. vom Fahrer in die Hand genommen*
- *Vorfahrt missachtet, ohne Verletzte*

**2 Punkte für besonders verkehrsbeeinträchtigende Ordnungswidrigkeiten, z. B.**

- *Geschwindigkeitsüberschreitung innerorts über 30 km/h zu schnell*
- *Geschwindigkeitsüberschreitung außerorts über 40 km/h zu schnell*
- *Überholen im Überholverbot mit Gefährdung oder Unfall*
- *Rotlichtverstoß, wenn Ampel schon über eine Sekunde rot war*
- *Ab 0,5 Promille Alkohol (wenn noch fahrtüchtig)*

**Straftaten**

Bei verkehrsrelevanten Straftaten entscheidet die Zuordnung in bestimmte Gruppen, ob diese im Fahreignungsregister eingetragen werden:

**Gruppe A: Straftaten, die immer eingetragen werden:**

- Unfallflucht (§ 142 StGB)
- Gefährliche Eingriffe in den Straßenverkehr (§ 315b StGB)
- Gefährdung des Straßenverkehrs (§ 315c StGB)
- Trunkenheit im Verkehr (316 StGB)
- Fahren ohne Fahrerlaubnis oder Anordnung oder Zulassen dazu (§ 21 StVG)

**Gruppe B: Straftaten, die nur eingetragen werden**, wenn zusätzlich zur Geldstrafe oder Freiheitsstrafe **die Fahrerlaubnis entzogen** wurde (ebenso isolierte Sperre) oder ein **Fahrverbot** auferlegt wurde:
Fahrlässige Tötung (§ 222 StGB)

- Fahrlässige Körperverletzung (§ 229 StGB)
- Nötigung (§ 240 StGB)
- Vollrausch (§ 323a StGB)
- Unterlassene Hilfeleistung (§ 323c StGB)
- Kennzeichenmissbrauch (§ 22 StVG)

Sonstige abgeurteilte Verkehrsstraftaten werden nie mehr eingetragen, z. B. Beleidigung, Fahren mit einem nicht versicherten Fahrzeug.

### Punkte bei Straftaten

Nachdem geklärt ist, ob die Verkehrsstraftat überhaupt eingetragen werden kann, erfolgt die Bewertung mit drei, zwei oder einem Punkt.

**3 Punkte:** Straftaten der Gruppen A oder B wenn eine **Entziehung der Fahrerlaubnis** oder eine isolierte Sperre (siehe Seite 111) angeordnet wurde

**2 Punkte:** Straftaten der Gruppe A, wenn keine Entziehung der Fahrerlaubnis erfolgte, Straftaten der Gruppe B, wenn ein **Fahrverbot** von einem bis drei Monaten verhängt wurde

### Beispiele:

- *Trunkenheitsfahrt mit 1,2 Promille: 3 Punkte wenn FE entzogen wurde, sonst 2 Punkte*
- *Nötigung im Straßenverkehr: 3 Punkte wenn FE entzogen wurde, 2 Punkte wenn ein Fahrverbot auferlegt wurde, keine Eintragung wenn nur Geldstrafe erfolgte*
- *Unfall mit einem Verletzten durch Missachtung der Vorfahrt = Fahrlässige Körperverletzung: 3 Punkte wenn FE entzogen wurde, 2 Punkte nach Fahrverbot*
  - *Wenn nur Freiheits- oder Geldstrafe: keine Eintragung*
  - *Derselbe Unfall durch Missachtung der Vorfahrt, jedoch nur mit Sachschaden ohne Verletzte: Ordnungswidrigkeit 2 Punkte*

## Tilgungen § 29 StVG

Die Eintragungen im Fahreignungsregister werden nach Ablauf bestimmter Fristen wieder getilgt, und zwar:

- Eintragungen mit einem Punkt nach zwei Jahren und sechs Monaten
- Eintragungen mit zwei Punkten nach fünf Jahren
- Eintragungen mit drei Punkten nach zehn Jahren Besonderheit: In der Probezeit für Fahranfänger werden keine Eintragungen getilgt.

### Berechnung der Eintragungsfristen:

Die oben beschriebenen Fristen berechnen sich ab dem Tag der Rechtskraft. Für die Bewertung mit Punkten gilt aber nur der Tag des Verkehrsverstoßes (Tattagsprinzip). So soll verhindert werden, dass aus taktischen Gründen das System der Maßnahmen unterlaufen wird. Es bringt also nichts, durch Einspruch gegen den neuen Bußgeldbescheid dessen Rechtskraft über die Tilgung der alten Ordnungswidrigkeit hinauszuschieben. Deswegen wird jede Eintragung im Flensburger Register trotz Tilgungsreife erst nach einem Jahr **Überliegefrist** tatsächlich gelöscht (§ 29 Abs. 6 StVG). Die Überliegefrist ist erforderlich, weil die Meldung des neuen Verkehrsverstoßes an das Fahreignungsregister ja erst später erfolgen kann, und zwar nach dem Eintritt der Rechtskraft des neuen Verkehrsverstoßes.

## Maßnahmen der Fahrerlaubnisbehörde § 4 Abs. 4 und 5 StVG

- Bei 1–3 Punkten erfolgt eine **Vormerkung** in Flensburg, jedoch keine besondere Information an den Verkehrssünder.
- Bei 4–5 Punkten erfolgt eine schriftliche **Ermahnung** durch die Fahrerlaubnisbehörde.
- Bei 6–7 Punkten erfolgt eine schriftliche **Verwarnung** durch die Fahrerlaubnisbehörde.

- Bei 8 Punkten erfolgt die **Entziehung der Fahrerlaubnis** durch die Fahrerlaubnisbehörde.

Gegen die Entziehung der Fahrerlaubnis sind zwar Widerspruch und Klage zum Verwaltungsgericht möglich (siehe Kapitel 2), diese haben aber keine aufschiebende Wirkung (§ 4 Abs. 9 StVG). Die Maßnahme gilt also sofort mit der Zustellung des Bescheides durch die Post.



### Punkte bei neuer Fahrerlaubnis

Wenn nach der Entziehung eine neue Fahrerlaubnis erworben wird (egal ob mit oder ohne Prüfung), beginnt der Punktestand wieder mit Null (§ 4 Abs. 3 StVG).

## Freiwilliges Fahreignungsseminar § 4 Abs. 7 StVG

Wer an einem freiwilligen Fahreignungsseminar teilnimmt erhält **einen Punkt Gutschrift**, wenn er **nicht mehr als fünf** hatte und die Teilnahmebescheinigung innerhalb von zwei Wochen nach Ende des Seminars der Fahrerlaubnisbehörde vorlegt. Über diese Möglichkeit wird er bei der Ermahnung informiert. Eine Wiederholung des Seminars zum Punktabbau ist frühestens nach fünf Jahren möglich.

Das Fahreignungsseminar besteht aus einem

- **Verkehrspädagogischen Teil** in einer Fahrschule (2 × 90 Minuten, in Kleingruppen mit 1–6 Probanden) und anschließend einem
- **Verkehrspsychologischen Teil** bei einem Verkehrspsychologen (2 × 75 Minuten, Einzelsitzung).

Die Kosten hat der Verkehrssünder zu tragen.

**Tabelle der Teilnahmen an Fahreignungsseminaren, siehe Anhang.**

## Besonderheiten bei schneller Punktesammlung § 4 Abs. 6 StVG

Folgen mehrere Verkehrsverstöße schnell hintereinander, wäre der Verlust der Fahrerlaubnis für die Verkehrssünderin oder den Verkehrssünder bei acht Punkten manchmal zu hart. Kommt sie oder er auf acht oder sechs Punkte, ohne die schriftliche Ermahnung erhalten zu haben, wird der Punktestand nur mit fünf bewertet. Kommt sie oder er auf acht Punkte ohne vorher die Verwarnung erhalten zu haben, werden nur sieben Punkte gewertet.

### Punktestand kontrollieren

Man kann seinen eigenen Punktestand beim Kraftfahrtbundesamt kostenlos abfragen unter **www.kba.de**

Mit dem neuen Personalausweis (seit dem 1. November 2010) gibt es auch eine vereinfachte Auskunft (freigeschaltete Online-Ausweisfunktion, Kartenlesegerät und Ausweis-App).

## Entziehung der Fahrerlaubnis durch das Gericht (§§ 69, 69a StGB)

Bei Straftaten, die jemand bei oder im Zusammenhang mit dem Führen eines Kraftfahrzeuges oder unter Verletzung der Pflichten eines Kraftfahrzeugführers begangen hat, entzieht das Gericht die Fahrerlaubnis, wenn der Betroffene zum Führen von Kraftfahrzeugen ungeeignet ist.

Einige Straftaten haben bereits kraft Gesetz in der Regel die Entziehung der Fahrerlaubnis zur Folge:

- Gefährdung des Straßenverkehrs (§ 315c StGB)
- Trunkenheit im Verkehr (§ 316 StGB)

- Vollrausch mit Trunkenheitsfahrt (§ 323a StGB)
- Verkehrsunfallflucht, wenn ein Mensch getötet oder nicht unerheblich verletzt wurde oder wenn ein bedeutender Sachschaden (ab ca. 2.500 Euro, LG Nürnberg-Fürth, Beschluss vom 04. Juni 2018 – 5 Qs 23/18) entstanden ist (§ 142 StGB)

Bei anderen Straftaten (z. B. fahrlässige Tötung § 222, fahrlässige Körperverletzung § 230, unterlassene Hilfeleistung § 323c) prüft das Gericht von Fall zu Fall, ob eine Entziehung der Fahrerlaubnis geboten ist.

Das Urteil des Amtsgerichts wird bei **Trunkenheit im Verkehr** (§ 316 StGB) etwa lauten:

1. *Der Angeklagte wird zu einer Geldstrafe von 30 Tagessätzen zu je 50 Euro verurteilt – ersatzweise ein Tag Haft je Tagessatz.*
2. *Die Fahrerlaubnis wird entzogen.*
3. *Der Verwaltungsbehörde wird aufgegeben, vor Ablauf von noch zehn Monaten keine neue Fahrerlaubnis zu erteilen.*
4. *Der Führerschein wird eingezogen.*
5. *Der Angeklagte trägt die Kosten des Verfahrens.*

Bei Wiederholungstätern wird das Strafmaß entsprechend höher ausfallen.

### Sperre für die Erteilung einer neuen Fahrerlaubnis (§ 69a StGB)

Entzieht das Gericht die Fahrerlaubnis, so bestimmt es zugleich, für welche Zeit die Verwaltungsbehörde keine neue Fahrerlaubnis erteilen darf. Diese Sperrzeit beträgt sechs Monate bis fünf Jahre. In besonders schweren Fällen kann sogar eine Sperre für immer verhängt werden.

Besaß der Betroffene keine Fahrerlaubnis, so kann die Sperre auch allein angeordnet werden **(isolierte Sperre).**

Durfte der Betroffene auf Grund vorläufiger Maßnahmen nach der StPO (z. B. Beschlagnahme des Führerscheins oder vorläufige Entziehung der Fahrerlaubnis) schon vor der Gerichtsverhandlung kein Kraftfahrzeug führen, so wird diese Zeit auf die Sperrzeit angerechnet (§ 69a Abs. 4, § 6 StGB). Das Mindestmaß der Sperre kann aber auch dann drei Monate nicht unterschreiten. Wird die Fahrerlaubnis entzogen, so wird der Führerschein eingezogen und unbrauchbar gemacht.

Die Entziehung der Fahrerlaubnis durch das Gericht in Strafsachen bleibt zehn Jahre im Fahreignungsregister Flensburg eingetragen (§ 29 Abs. 1 StVG).

**Tabelle Entziehungen der Fahrerlaubnis siehe Anhang**

### Neuerteilung einer Fahrerlaubnis (§ 20 FeV)

Ist die Fahrerlaubnis rechtskräftig entzogen worden, so gelten unbeschadet der übrigen Voraussetzungen folgende Fristen für die Neuerteilung:

- **Entziehung der Fahrerlaubnis wegen Erreichen von acht Punkten im Fahreignungsregister:**
  Sechs Monate Sperre (berechnet ab Ablieferung des Führerscheins), zusätzlich in der Regel Anordnung eines MPU-Gutachtens einer aaBF
- **Entziehung der Fahrerlaubnis durch Gericht nach § 69a StGB:**

Sperre durch Gerichtsentscheid festgelegt (meist sechs Monate bis fünf Jahre)
- **In der Probezeit drei Verstöße und deshalb Fahrerlaubnis durch Fahrerlaubnisbehörde entzogen:** Drei Monate Sperre

## Abkürzung der Sperrzeit (§ 69a Abs. 7 StGB)

War die Fahrerlaubnis durch das Gericht entzogen worden (§ 69 StGB), so ist eine vorzeitige Aufhebung der Sperre möglich (§ 69a StGB), wenn sie bereits drei Monate bestanden hat.

Als Grund für die vorzeitige Aufhebung kann das Gericht insbesondere die Teilnahme an einem Aufbauseminar oder einer verkehrspsychologischen Beratung positiv bewerten.

Grundsätzlich gelten bei Neuerteilung einer Fahrerlaubnis dieselben Vorschriften wie bei der Ersterteilung. Die Verwaltungsbehörde kann aber auf die Durchführung der **Fahrerlaubnisprüfung verzichten**. Der Verzicht auf die Prüfung liegt im Ermessen der Straßenverkehrsbehörde.

In jedem Falle muss der Betroffene die neue Fahrerlaubnis selbst beantragen. Die Verwaltungsbehörde erteilt auch nach Ablauf der gerichtlichen Sperrzeit nicht automatisch eine neue Fahrerlaubnis, sondern prüft in jedem Einzelfall, ob die Voraussetzungen (noch oder wieder) vorliegen. Die Verwaltungsbehörde darf bei ihrer Überprüfung einen Sachverhalt, der bereits im Gerichtsurteil berücksichtigt ist, hinsichtlich der Beurteilung der Eignung zum Führen von Kraftfahrzeugen nicht anders als der Richter beurteilen (§ 4 Abs. 3 StVG).

Die Verwaltungsbehörde kann sich aber durchaus auf andere Umstände berufen, die beim Gerichtsverfahren keine Rolle gespielt haben und die Erteilung einer neuen Fahrerlaubnis mit solchen Gründen ablehnen. Gegen die Ablehnung der Fahrerlaubnis ist dann der Verwaltungsrechtsschutz gegeben.

Ob der Betroffene vor der Prüfung auch eine **Ausbildung** in einer Fahrschule **besuchen muss**, richtet sich nach § 7 FahrschAusbO. Danach brauchen u. a. Inhaber einer ausländischen Fahrerlaubnis und Betroffene nach vorhergegangener Entziehung rechtlich keine Ausbildung nachzuweisen. In der Prüfungsfahrt müssen sie jedoch von einem Fahrlehrer begleitet werden.

Der Fahrlehrer darf diese Begleitung nur übernehmen, wenn er sich davon überzeugt hat, dass der Bewerber die zum Führen eines Kraftfahrzeuges erforderlichen Kenntnisse und Fähigkeiten besitzt. Ansonsten haftet der Fahrlehrer im Falle eines Unfalles aus allgemeinem Vertragsrecht (BGB).

War die Fahrerlaubnis bereits **mehr als einmal entzogen** worden, so ist für eine Neuerteilung ebenfalls in der Regel ein MPU-Gutachten beizubringen. In der Praxis ordnen die Fahrerlaubnisbehörden ein **MPU-Gutachten** auch an, wenn eine einmalige Trunkenheitsfahrt mit 1,6 ‰ oder mehr vorangegangen war (Verdacht, dass der Betroffene Gewohnheitstrinker ist).

## Ausländische Fahrerlaubnis

Ist einem Fahrzeugführer die deutsche Fahrerlaubnis entzogen worden, so ist er generell nicht berechtigt, in Deutschland ein Fahrzeug zu führen. Eine zusätzlich vorhandene ausländische Fahrerlaubnis ist dann oft ungültig.

| Maßnahmen | Durch wen | Gilt ab | Voraussetzungen | Gilt bis | Welche Kraftfahrzeuge darf man trotzdem führen? |
|---|---|---|---|---|---|
| **Beschlagnahme des Führerscheins** §§ 94, 98 StPO (ebenso Sicherstellung) | Meist Polizei; Hilfsbeamte der Staatsanwaltschaft | Sofort | Dringender Verdacht auf Straftat, die zur Entziehung der Fahrerlaubnis führen wird | Rückgabe des Führerscheins oder vorläufige Entziehung der Fahrerlaubnis | |
| **Vorläufige Entziehung der Fahrerlaubnis** § 111a StPO | Gericht, meist schriftlicher Beschluss | Sofort | Dringender Verdacht auf Straftat, die zur Entziehung der Fahrerlaubnis führen wird | Aufhebung (Rückgabe des Führerscheins) oder rechtskräftige Entziehung der Fahrerlaubnis | Alle fahrerlaubnisfreien Kraftfahrzeuge, z. B. Mofa 25 |
| **Entziehung der Fahrerlaubnis** § 69 StGB | Gericht, Strafbefehl oder Urteil | Rechtskraft | Straftat, wegen der jemand ungeeignet ist zum Führen von Kraftfahrzeugen | Für immer, eventuell Neuerteilung richtet sich nach § 20 FeV | |
| **Einziehung des Führerscheins** § 69 Abs. 3 StGB | Gericht, Strafbefehl oder Urteil | Rechtskraft | Entziehung der Fahrerlaubnis | Für immer, der Führerschein wird vernichtet | |
| **Fahrverbot** § 44 StGB (Straftat) § 25 StVG (Ordnungswidrigkeit) | Gericht bzw. Bußgeldbehörde | Rechtskraft | Straftat, schwere Ordnungswidrigkeit | Fristablauf, Führerschein wird dann zurückgegeben | Keine |

## 6.2 Fahrverbot

Das Fahrverbot dient dazu, dem Betroffenen für eine erhebliche Zuwiderhandlung gegen Verkehrsvorschriften einen Denkzettel zu geben. Es stellt eine Nebenstrafe bzw. Nebenfolge dar.

Das Fahrverbot kann für 1–3 Monate verhängt werden. Die Maßnahme kann sich auf Kraftfahrzeuge jeder oder einer bestimmten Art erstrecken, also auch auf fahrerlaubnisfreie Mofas – nicht aber auf Fahrräder.

Jährlich werden etwa 450.000 Fahrverbote verhängt.

**Tabelle und Statistik zu den Fahrverboten siehe Anhang**

### Fahrverbot durch die Verwaltungsbehörde (§ 25 StVG)

Die Bußgeldbehörde kann schwere Ordnungswidrigkeiten (die unter grober oder beharrlicher Verletzung der Pflichten eines Kraftfahrzeugführers begangen sind) mit der Anordnung eines Fahrverbots ahnden. Die Maßnahme wird meist in einem Bußgeldbescheid, der auch eine Geldbuße ausspricht, festgesetzt.

Bei einem Verstoß gegen § 24a StVG (ab 0,5 Promille) wird sogar in der Regel neben dem Bußgeld ein Fahrverbot verhängt (§ 25 Abs. 1 Satz 2 StVG). Ebenso bei Geschwindigkeitsverstößen um mehr als 30 km/h zu schnell innerhalb geschlossener Ortschaften und bei Rotlichtverstößen, wenn die Lichtzeichenanlage über eine Sekunde „rot" zeigte.

### Fahrverbote nach Ordnungswidrigkeiten (§ 25 StVG)

**Situation A**

Fahrverbot noch nicht rechtskräftig: Fahrverbot gilt erst ab Rechtskraft!

**Situation B**

Fahrverbot rechtskräftig!

### Gruppe der Nichtvorbelasteten

**Personenkreis:**

Wenn in den letzten zwei Jahren vor der Ordnungswidrigkeit kein Fahrverbot verhängt wurde und auch bis zu diesem Bußgeldbescheid nicht verhängt wurde, so bestimmt die Verwaltungsbehörde oder das Gericht, dass das Fahrverbot nicht ab Rechtskraft wirksam wird, sondern erst mit Abgabe des Führerscheins. Wird der Führerschein nicht abgegeben, so beginnt das Fahrverbot automatisch nach Ablauf von vier Monaten ab Rechtskraft des Bußgeldbescheides.

### Gruppe der Vorbelasteten

**Personenkreis:**

In den letzten zwei Jahren vor der Ordnungswidrigkeit bereits ein früheres Fahrverbot gehabt (oder bis zum Erlass dieses Bußgeldbescheides).

**Folge:**

Fahrverbot wird mit Rechtskraft des Bußgeldbescheides wirksam. Führerschein muss für die Dauer des Fahrverbots abgegeben werden. Bei Nichtabgabe trotz rechtskräftigem Fahrverbot begeht der Betroffene – wenn er fährt – eine Straftat (§ 21 StVG). Außerdem verlängert sich zu seinem Nachteil die Verbotszeit, da die Frist erst mit Abgabe des Führerscheins angerechnet wird.

### Mehrere Fahrverbote

Werden mehrere Fahrverbote, die sich zeitlich überschneiden, rechtskräftig, so sind die Fahrverbotsfristen nacheinander in der Reihenfolge der Rechtskraft der Bußgeldentscheidungen zu berechnen.

### Anrechnung vorläufiger Maßnahmen

Durfte der Betroffene aufgrund vorläufiger Maßnahmen nach der StPO (Sicherstellung des Führerscheins, vorläufige Entziehung der Fahrerlaubnis) schon vor der Wirksamkeit des Fahrverbots kein Kraftfahrzeug führen, so wird diese Zeit in der Regel auf die Verbotszeit des Fahrverbots angerechnet (§ 25 Abs. 6 StVG). Wenn sich die vorläufigen Maßnahmen schon drei Monate oder länger ausgewirkt haben, so ist in der Regel das Fahrverbot als vollstreckt anzusehen.

Es kann jedoch angeordnet werden, dass ausnahmsweise die Anrechnung ganz oder zum Teil unterbleibt, wenn sie im Hinblick auf das Verhalten des Betroffenen nach Begehung der Ordnungswidrigkeit nicht gerechtfertigt ist. Das wäre dann der Fall, wenn der Betroffene inzwischen trotz der Beschlagnahme des Führerscheins ein Kraftfahrzeug geführt hätte.

### Fahrverbot durch das Gericht (§ 44 StGB)

Bei **Straftaten**, die jemand bei oder im Zusammenhang mit dem Führen eines Kraftfahrzeuges oder unter Verletzung der Pflichten eines Kraftfahrzeugführers begangen hat, kann das Gericht als **Nebenstrafe** ein Fahrverbot aussprechen.

Falls bei den Straftaten nach §§ 316, 315c StGB die Entziehung der Fahrerlaubnis ausnahmsweise unterbleibt, so wird in der Regel ein Fahrverbot angeordnet (§ 44 Abs. 1 Satz 2 StGB).

Auch in anderen Fällen (z. B. Verkehrsunfallflucht, bei der nur leichter Sachschaden entstanden war) kann ein Fahrverbot vom Gericht verhängt werden.

Hinsichtlich der Wirksamkeit, der Berechnung der Zeit des Fahrverbots und der Anrechnung vorläufiger Maßnahmen nach der StPO gilt das Gleiche wie bei dem Fahrverbot durch die Verwaltungsbehörde.

**❯ Tabelle Fahrverbote siehe Anhang**

<table>
<tr><th></th><th colspan="2">FAHRVERBOT</th><th colspan="2">ENTZIEHUNG DER FAHRERLAUBNIS</th></tr>
<tr><th>Unterschiede</th><th>Bußgeldbehörde</th><th>Gericht</th><th>Fahrerlaubnisbehörde</th><th>Gericht</th></tr>
<tr><td>Wo geregelt</td><td>§ 25 StVG</td><td>§ 44 StGB</td><td>§§ 4 StVG, 46 FeV</td><td>§§ 69, 69a StGB</td></tr>
<tr><td>Voraussetzungen</td><td>Verkehrsordnungswidrigkeit, die unter grober oder beharrlicher Verletzung der Pflichten eines Kfz-Führers begangen wurde (Bußgeldkatalog)</td><td>Straftat bei oder im Zusammenhang mit dem Führen eines Kfz oder bei Verletzung der Pflichten eines Kfz-Führers (leichte Fälle von Verkehrsunfallflucht)</td><td>Mangelnde Eignung zum Führen von Kfz (körperlich, geistig oder charakterlich)</td><td>Straftat bei oder in Zusammenhang mit dem Führen eines Kfz oder bei Verletzung der Pflichten eines Kfz-Führers, wenn sich daraus ergibt, dass der Betroffene ungeeignet zum Führen von Kraftfahrzeugen ist</td></tr>
<tr><td>Art der Entscheidung</td><td>Bußgeldbescheid</td><td>Strafbefehl oder Urteil</td><td>Bescheid</td><td>Strafbefehl oder Urteil</td></tr>
<tr><td>Dauer der Maßnahme</td><td>1–3 Monate</td><td>1–3 Monate</td><td>Unbefristet</td><td>Unbefristet<br>Sperrfrist für Erteilung einer neuen Fahrerlaubnis von 6 Monaten bis 5 Jahren oder für immer</td></tr>
<tr><td rowspan="2">Zweck der Maßnahme</td><td colspan="2">Erzieherischer Zweck („Denkzettel“)</td><td colspan="2" rowspan="2">Schutz der Allgemeinheit<br>(Maßnahme zur Sicherung und Besserung)</td></tr>
<tr><td>Nebenfolge</td><td>Nebenstrafe</td></tr>
<tr><td>Wann wieder Fahren?</td><td colspan="2">Nach Ablauf des Fahrverbots automatisch<br><br>Führerschein wird zurückgegeben</td><td colspan="2">Neue Fahrerlaubnis erforderlich § 20 FeV<br>Wenn Fahrerlaubnis 2 Jahre entzogen war, immer vollständig neue Prüfung erforderlich, ansonsten entscheidet Fahrerlaubnisbehörde, ob Prüfung<br>Neuer Führerschein wird ausgestellt</td></tr>
</table>

## Fragen und Antworten

1. *Was ist die Fahrerlaubnis?*
   Die amtliche Zulassung zum Führen bestimmter Kraftfahrzeuge.
2. *Was ist der Führerschein?*
   Die amtliche Bescheinigung zum Nachweis der erteilten Fahrerlaubnis.
3. *Was ist das Fahrverbot?*
   Die amtliche Anordnung, dass für 1–3 Monate Kraftfahrzeuge jeder oder einer bestimmten Art nicht geführt werden dürfen.
4. *Was setzt die Entziehung der Fahrerlaubnis immer voraus?*
   Die Fahrerlaubnis wird immer dann entzogen, wenn der Betroffene zum Führen von Kraftfahrzeugen ungeeignet ist.
5. *Was geschieht mit dem Führerschein, wenn die Fahrerlaubnis entzogen wird?*
   Der Führerschein wird eingezogen. Er wird vernichtet und nie wieder herausgegeben.
6. *Durch wen kann die Fahrerlaubnis entzogen werden?*
   - Durch die Fahrerlaubnisbehörde
   - Durch das Gericht
7. *Wann entzieht die Fahrerlaubnisbehörde die Fahrerlaubnis?*
   Wenn der Betroffene zum Führen von Kraftfahrzeugen ungeeignet ist auf Grund von
   - körperlichen,
   - geistigen oder
   - charakterlichen Mängeln.
8. *Kann die Fahrerlaubnisbehörde ohne weiteres die Fahrerlaubnis entziehen? Was muss sie beachten?*
   Die Behörde muss den Grundsatz der Verhältnismäßigkeit beachten. Sie muss also zunächst prüfen, ob Einschränkungen oder Auflagen ausreichen.
9. *Wie kann die Fahrerlaubnisbehörde darüber Erkenntnisse gewinnen, ob der Betroffene zum Führen von Kraftfahrzeugen ungeeignet ist oder nicht?*
   - Durch ein amts- oder fachärztliches Zeugnis
   - Durch ein MPU-Gutachten
   - Durch Gutachten eines Kraftfahrzeugsachverständigen oder Prüfers
10. *Müssen immer Zuwiderhandlungen vorausgegangen sein, bevor die Fahrerlaubnisbehörde die Fahrerlaubnis entzieht?*
    Nein; Voraussetzung ist immer nur, dass der Betroffene ungeeignet ist zum Führen von Kraftfahrzeugen. Dies kann z. B. auch bei erheblicher Verschlechterung der Sehkraft der Fall sein.
    In der Praxis werden allerdings die meisten Fälle auf „charakterliche Mängel" gestützt, bei denen eine Anzahl von Zuwiderhandlungen vorausgegangen ist.
11. *In welchen Fällen entzieht das Gericht die Fahrerlaubnis?*
    Auf Grund von Straftaten, wenn der Betroffene dadurch gezeigt hat, dass er zum Führen von Kraftfahrzeugen ungeeignet ist.
12. *Bei welchen Verkehrsstraftaten wird das Gericht fast immer die Fahrerlaubnis entziehen, auch wenn der Täter noch nicht vorbestraft ist?*
    - Gefährdung des Straßenverkehrs (§ 315c StGB)
    - Trunkenheit im Verkehr (§ 316 StGB)

- Vollrausch (im Zusammenhang mit den o. a. Handlungen) (§ 323a StGB)
- Unfallflucht im schweren Falle (§ 142 StGB)

13. *Auf wie viele Monate wird die betreffende Fahrerlaubnis entzogen?*
    Die betreffende Fahrerlaubnis wird immer völlig und endgültig entzogen. Eine Entziehung auf Zeit gibt es nicht.
14. *Was meint man meist, wenn man fälschlich von einer „Entziehung auf zehn Monate" spricht?*
    Die Sperrfrist, auf die das Gericht erkennt. Damit ist aber nur gesagt, dass man vorher keine neue Fahrerlaubnis erhalten kann. Ob der Betroffene überhaupt eine neue Fahrerlaubnis erhält und wann dies geschieht, entscheidet später die Fahrerlaubnisbehörde.
15. *Wie lange kann die vom Gericht angeordnete Sperrfrist sein?*
    Insgesamt sechs Monate bis fünf Jahre oder für immer.
16. *Welche vorläufigen Maßnahmen gibt es nach der StPO, die bei der Berechnung der Sperrfristen eine Rolle spielen können?*
    - Beschlagnahme des Führerscheins (§§ 94, 98 StPO)
    - Vorläufige Entziehung der Fahrerlaubnis (§ 111a StPO)
17. *Werden diese vorläufigen Maßnahmen auf die Dauer der Sperrfristen angerechnet?*
    Grundsätzlich ja; die Mindestsperrfrist ab Rechtskraft des Urteils oder Strafbefehls beträgt aber in jedem Falle noch drei Monate.
18. *Durch wen erfolgt die „vorläufige Entziehung der Fahrerlaubnis" und in welchen Fällen?*
    Durch das Gericht, wenn dringende Gründe dafür sprechen, dass dem Betroffenen demnächst die Fahrerlaubnis entzogen werden wird.
19. *Was ist die Beschlagnahme des Führerscheins?*
    Die Sicherstellung – meist durch die Polizei – wenn der Führerschein bei dringendem Verdacht auf eine Straftat, die zum Entzug der Fahrerlaubnis führt, nicht freiwillig herausgegeben wird.
20. *Welcher Zweck soll durch das Fahrverbot erreicht werden?*
    Das Fahrverbot soll als Denkzettel dienen.
21. *Wer kann ein Fahrverbot aussprechen?*
    - Die Bußgeldbehörde (§ 25 StVG)
    - Das Gericht (§ 44 StGB)
22. *Auf welche Dauer wird das Fahrverbot festgesetzt?*
    Für einen bis drei Monate
23. *In welchen Fällen kann die Bußgeldbehörde ein Fahrverbot aussprechen und in welcher Weise erfolgt dies?*
    Nach einer schweren Verkehrsordnungwidrigkeit. Das Fahrverbot wird dann neben der festgesetzten Geldbuße im Bußgeldbescheid auferlegt.
24. *In welchen Fällen kann das Gericht ein Fahrverbot aussprechen?*
    - Bei Straftaten im Zusammenhang mit dem Führen von Kraftfahrzeugen oder unter Verletzung der Pflichten eines Kraftfahrzeugführers (§ 44 StGB)
    - Bei schweren Ordnungswidrigkeiten, wenn der Betroffene gegen den Bußgeldbescheid Einspruch eingelegt hatte (§ 25 StVG)

25. *Ab wann gilt das Fahrverbot, wenn der Betroffene in den letzten zwei Jahren kein Fahrverbot hatte?*
Dieser Betroffene darf auch nach Rechtskraft der Fahrverbotsentscheidung noch fahren. Sein Fahrverbot gilt erst mit Abgabe des Führerscheins, beginnt spätestens aber vier Monate nach Rechtskraft (dann auch ohne Abgabe des Führerscheins).
26. *Was geschieht, wenn die Frist des Fahrverbots abgelaufen ist?*
Der Betroffene bekommt seinen Führerschein zurück. Er darf auf Grund der bisherigen Fahrerlaubnis wieder fahren.
27. *Wie wird man bei „Fahren ohne Führerschein" bestraft?*
Dafür wird man überhaupt nicht bestraft. Das Nichtmitführen des Führerscheins ist eine Ordnungswidrigkeit, die zehn Euro Verwarnungsgeld nach sich zieht.
28. *Welche Folge hat dagegen das „Fahren ohne Fahrerlaubnis?"*
Fahren ohne Fahrerlaubnis ist eine Straftat, für die Freiheitsstrafe bis zu einem Jahr oder Geldstrafe drohen (§ 21 Abs. 1 StVG). Im Falle eines Verkehrsunfalls kann außerdem die Haftpflichtversicherung Regress nehmen.
29. *Wie wird derjenige belangt, der ein Kraftfahrzeug fährt, nachdem sein Führerschein von der Polizei beschlagnahmt wurde, aber bevor ihm die Fahrerlaubnis (vorläufig) entzogen wurde?*
Ähnlich wie beim Fahren ohne Fahrerlaubnis: Dies ist eine Straftat, für die Freiheitsstrafe bis zu sechs Monaten oder Geldstrafe angedroht ist (§ 21 Abs. 2 Ziffer 2 StVG).

# Haftung

## 7.1 Allgemeines

Durch die **Haftung** wird geregelt, wer für einen entstandenen Schaden aufkommen muss.

**Schaden** in diesem Sinne ist jeder Nachteil, den jemand in seinen Rechtsgütern erleidet. Bei der Haftung geht es nur darum, ob und in welcher Höhe der Geschädigte seinen Schaden vom Schädiger (bzw. dann von dessen Haftpflichtversicherung) zivilrechtlich ersetzt bekommt. Ob der **Schädiger** daneben wegen einer Straftat oder Ordnungswidrigkeit öffentlich-rechtlich belangt wird, hat mit der Haftung nichts zu tun.

Durch den **Schadenersatz** soll der Geschädigte möglichst so gestellt werden, als sei der Schadenfall nicht eingetreten. Das erfolgt durch wirtschaftlichen Ersatz, also durch Geld. Umgekehrt darf sich der Geschädigte an dem Schadenfall nicht bereichern, d. h. er darf nicht besser gestellt werden, als ohne den Schadenfall. Die **Schadenhöhe** muss in jedem Falle vom Geschädigten nachgewiesen werden.

### Materieller Schaden – Immaterieller Schaden

Schadenersatz wird grundsätzlich nur für **Vermögensschäden (= materielle Schäden)** gewährt. Das sind alle Aktiva, die im Wirtschaftsleben einen festen Gegenwert in Geld haben. Wo ein bestimmter oder zumindest schätzbarer Gegenwert in Geld nicht vorhanden ist, sprechen wir von einem **Nicht-Vermögensschaden (= immaterieller Schaden).**

- *Eine Oma führt ihr Schoßhündchen, einen spitzgedackelten Pudel, spazieren. Das Tier wird durch einen unachtsamen Kraftfahrer überfahren, die Oma verlangt Schadenersatz. Nur der geschäftliche Handelswert des Hundes wird als Sachschaden ersetzt. Der persönliche Schmerz über den Verlust des Tieres ist kein Vermögensschaden mehr und kann nicht ersetzt werden. In diesem Falle liegt ein reines Liebhaberinteresse (ideeller Wert) vor.*
- *Herr Grün fährt mit seinem 50 Jahre alten, sehr gut erhaltenen Oldtimer zum Veteranen-Treffen. Während der Fahrt fährt von hinten ein Lkw frontal auf den Oldtimer, der Totalschaden erleidet. Herr Grün fordert 40.000 Euro Schadenersatz für den zerstörten Oldtimer und erhält diesen Betrag auch, wenn er nachweisen kann (Sachverständigengutachten), dass die Wiederbeschaffung eines gleichen oder ähnlichen Modells so viel kosten würde.*

Die klare Trennung zwischen Vermögensschäden und immateriellen Schäden ist erforderlich, weil **Schadenersatz** grundsätzlich nur für Vermögensschäden geleistet wird.

Eine Ausnahme von dieser Grundregel bildet allerdings das **Schmerzensgeld**:

### Personenschaden

= eine nicht völlig unerhebliche Beeinträchtigung des Wohlbefindens eines anderen Menschen

### Heilungskosten

- *Arztrechnungen, Medikamente, evtl. auch Kuren*

### Krankenhauskosten

- *Für Unterbringung und Verpflegung*

Heilungskosten und Krankenhauskosten werden zwar meist von der Krankenkasse zunächst abgedeckt. Die Krankenkasse muss jedoch darüber informiert werden, dass Verletzungen durch einen Unfall bedingt sind und wer der Schädiger ist. Sie rechnet ihre Vorleistung dann mit dem Schädiger bzw. mit dessen Haftpflichtversicherung ab.

## Vermehrung der Bedürfnisse

- *Kosten für Diät, Pflegepersonal, Rollstuhl, orthopädische Hilfsmittel*

## Minderung der Erwerbsfähigkeit (Verdienstausfall)

Infolge des Unfalls wird der Verletzte häufig für eine gewisse Zeit krank geschrieben. Damit entsteht meist ein Verdienstausfall, und zwar entweder bei dem Verletzten selbst oder bei dessen Arbeitgeber, weil dieser im Krankheitsfall sechs Wochen lang Lohn und Gehalt weiterzahlen muss. Schließlich wird auch die Krankenkasse das für die Zeit nach der sechsten Woche gezahlte Krankengeld vom Schädiger zurückverlangen. Wird eine Hausfrau verletzt und kann sie deshalb den Haushalt nicht mehr im bisherigen Umfang führen, so gibt es dafür eine Pauschale oder die Kosten für eine einzustellende Haushaltshilfe.

## Schmerzensgeld

Anspruch auf Schmerzensgeld gibt es im Falle der Verletzung des Körpers oder der Gesundheit. Die Höhe des Schmerzensgeldes ist gesetzlich nicht geregelt, sodass die Gerichte hier nach freiem Ermessen entscheiden. Man orientiert sich jedoch meist an folgendem Schema:

- **Leichte Verletzung** (ambulante oder kurze Behandlung ohne bleibende Beeinträchtigung): 50–150 Euro
  - *Schock mit Schlafstörungen*
  - *Verlust eines Zahnes*
  - *Kopfprellung*
- **Mäßig schwere Verletzung** (ärztliche Behandlung oder Arbeitsunfähigkeit bis ca. vier Wochen, kaum bleibende Beeinträchtigung): bis 1.000 Euro
  - *Gehirnerschütterung*
    *Schnittwunden im Gesicht*
- **Schwere Verletzung** (längere ärztliche Behandlung oder Arbeitsunfähigkeit und mäßige Entstellungen bzw. Dauerschäden): bis 3.000 Euro
  - *Schädeltrauma mit Kieferbrüchen*
  - *Verletzung innerer Organe*
- **Ziemlich schwere Verletzung** (lange Behandlung oder Krankenhausaufenthalt, schwieriger Krankheitsverlauf, Dauerschäden bzw. bleibende Entstellungen): 1.500–12.000 Euro
  - *Kopf- und Hirnverletzungen*
  - *Oberschenkelhalsfraktur*
- **Sehr schwere Verletzung** (lange Leidenszeit und Arbeitsunfähigkeit, starke Schmerzen, beträchtliche Dauerschäden, bleibende Entstellungen): 4.500–30.000 Euro
  - *Verlust des Riechvermögens*
  - *Halbseitige Gesichtslähmung*
  - *Unterschenkelamputation*
- **Ungewöhnlich schwere Verletzung** (sehr langer Krankenhausaufenthalt und starke Schmerzen, erhebliche Dauerschäden, Wesensänderung): 10.000–100.000 Euro
  - *Verbrennungen dritten Grades*
  - *Verlust der Sehkraft*
  - *Halswirbelbruch*
  - *Querschnittlähmung*

## Todesfall

Bei einem Verkehrsunfall mit tödlichem Ausgang entstehen noch **Beerdigungskosten** für ein angemessenes Begräbnis sowie oft **Unterhaltsansprüche** der Personen, denen der Getötete zum Unterhalt verpflichtet war. Dies sind die Ehegatten und Verwandte gerader Linie, also Vater, Mutter, Sohn, Tochter. Zwischen Geschwistern besteht kein solcher Anspruch.

Der Unterhaltsanspruch wird meist in Form einer Rente gezahlt. Er soll den Hinterbliebenen die Fortsetzung des bisherigen Lebensstandards ermöglichen. Gerade die Rentenansprüche erfordern finanziell einen großen Aufwand und sind hauptsächlich der Grund, weshalb hohe Mindestversicherungssummen vorgeschrieben sind. Bei der **Berechnung der Rente** sind folgende Faktoren maßgebend:

Die Geschädigten dürfen durch den Verlust des Ernährers wirtschaftlich keinen Verlust haben, jedoch auch keinen Vorteil erzielen. Staatliche Renten (Unfallrente, Berufsgenossenschaft, Rentenversicherungsanstalt usw.) werden vorweg berücksichtigt, sodass die Geschädigten vom Schädiger bzw. dessen Haftpflichtversicherung nur den Differenzbetrag erhalten, um den bisherigen Lebensstil weiterführen zu können.

Gegenüber Kindern endet der Rentenanspruch grundsätzlich, sobald sie sich selbst unterhalten können, also etwa mit dem 25. Lebensjahr, evtl. aber erst mit der abgeschlossenen Berufsausbildung.

Gegenüber der Witwe wird der Rentenanspruch hauptsächlich danach bemessen, ob sie vorher berufstätig war, ob ihr eine Berufsausübung zumutbar ist (Kinder im Haushalt, Ausbildung, Alter) und ob sie Beschäftigung finden kann. Heiratet sie wieder, so erhält sie eine Abfindung.

## Sachschaden

= Beschädigung oder Abhandenkommen des Eigentums eines anderen. Auch Tiere sind Sachen.

### (1) Abschleppkosten

Ist das Kraftfahrzeug durch den Unfall nicht mehr fahrbereit, so werden die notwendigen Abschleppkosten bis zur nächsten Werkstatt, die den Schaden sachgerecht beheben kann, ersetzt. Den Auftrag zum Abschleppen sollte man selbst erteilen oder die Polizei darum bitten. Gegenüber „zufällig" auftauchenden Unfallhelfern sollte man nichts unterschreiben.

### (2) Reparaturkosten

Dies sind alle notwendigen Kosten zur Wiederherstellung des Fahrzeugs. Bei erheblichen Schäden sollte man zuvor ein Sachverständigengutachten in Auftrag geben, um die voraussichtlichen Reparaturkosten zu ermitteln. Man ist aber nicht verpflichtet, die Reparatur tatsächlich ausführen zu lassen. Schließlich kann der Geschädigte kleinere Schäden selbst oder durch Bekannte beheben oder Schönheitsfehler in Kauf nehmen und sich lieber über das Geld freuen, das eine Reparatur kosten würde. Der Geschädigte kann also auf der Basis der **fiktiven Reparaturkosten** abrechnen, dann wird aber die im Gutachten ausgewiesene Mehrwertsteuer nicht ersetzt.

Wird die Reparatur nicht durchgeführt, kann allerdings maximal der Wiederbeschaffungswert abzüglich Restwert des beschädigten Kfz beansprucht werden.

### (3) Totalschaden

Ist eine Reparatur technisch nicht mehr möglich oder würden diese Kosten den **Wiederbeschaffungswert** übertreffen, so liegt ein Totalschaden vor. In diesen Fällen wird der Wiederbeschaffungswert ersetzt.

Bei **neuen Fahrzeugen** – wobei die Rechtsprechung nicht einheitlich ist, einige Gerichte sehen 1.000 km, andere 3.000 km Laufleistung als Grenze an – wird bei einer erheblichen Beschädigung sogar der Neupreis unter Abzug des Restwertes ersetzt.

Wird nach einem Totalschaden ein gebrauchtes Ersatzfahrzeug angeschafft, so gehören auch die Kosten für eine **Generaluntersuchung** und für eine **Werkstattgarantie** zu den Wiederbeschaffungskosten.

### (4) Mietwagenkosten oder Nutzungsausfall

Kann der Geschädigte das Kraftfahrzeug nicht nutzen, weil es nicht mehr fahrbereit ist oder repariert wird, so tritt eine Ausfallzeit ein. Wegen der **Schadenminderungspflicht** muss der Geschädigte diese so gering wie möglich halten, das beschädigte Fahrzeug also unverzüglich einer geeigneten Werkstatt übergeben bzw. bei Totalschäden sich sogleich nach einem anderen Fahrzeug umsehen. Äußerstenfalls werden deshalb 2–3 Wochen Ausfallzeit anerkannt.

Der Geschädigte kann entscheiden, ob er während der Ausfallzeit einen Mietwagen nimmt oder pauschalen Nutzungsausfall begehrt. Nimmt er einen Mietwagen gleicher Klasse, so hätte er einen gewissen Vorteil dadurch, dass er während dieser Zeit Aufwendungen für Ölverbrauch, Reifenverschleiß und allgemeine Abnutzung erspart. Die Haftpflichtversicherung des Schädigers könnte ihm deshalb wegen ersparter Eigenaufwendungen einen Abzug von etwa 15 % von den Mietwagenkosten machen. Darauf verzichten die meisten Versicherer aber, wenn man den Mietwagen eine Klasse niedriger als den eigenen Wagen wählt und somit der Versicherung die geringeren Mietwagenkosten verursacht. Man sollte sich darüber aber bei der Haftpflichtversicherung des Schädigers vorher erkundigen, denn nicht jede Gesellschaft akzeptiert diesen Kompromiss.

Mietwagenkosten sind grundsätzlich erstattungsfähig, gleichgültig, ob geschäftliche oder nur private Fahrten durchgeführt werden. Wird ein Mietwagen aber so wenig benutzt, dass z. B. schon Taxifahrten billiger wären, so verhält sich der Geschädigte wirtschaftlich unvernünftig und bekommt deshalb einen Teil der Kosten nicht ersetzt (Verstoß gegen Schadenminderungspflicht).

Oftmals verzichtet der Geschädigte auf einen Mietwagen – sei es, weil er nicht gern ein fremdes Fahrzeug fährt, weil er den Mietwagen nicht nennenswert braucht oder weil die Haftungsfrage ungewiss ist und er nicht gern einen Teil der Mietwagenkosten selbst tragen möchte. In diesem Fall kann er für die Ausfallzeit einen pauschalen Nutzungsausfall beanspruchen. Der Betrag pro Tag richtet sich nach der Nutzungsausfalltabelle. Durch die Pauschale sollen Einzelnachweise über kleinere Beträge, z. B. Busfahrscheine, vermieden werden.

### (5) Wertminderung

In seltenen Fällen können nicht alle Reparaturschäden technisch voll beseitigt werden. Dies wird dann als **technische Wertminderung** bezeichnet.

Weitaus häufiger gelingt die Reparatur zwar technisch einwandfrei und vollkommen, ein Nachteil bleibt dem Geschädigten aber insoweit, dass er bei einem späteren Verkauf des Fahrzeugs angeben müsste, dass der Wagen bereits einen größeren Unfall hatte. Dadurch wird er einen geringeren Preis erzielen, dies ist die **wirtschaftliche Wertminderung**. Die Höhe hängt vom Wert und Alter des Fahrzeugs vor dem Unfall und von dem Betrag der Reparaturkosten ab. Für Schäden bis etwa 400 Euro wird keine Wertminderung berücksichtigt. Als Mittelwert bei einem zwei Jahre alten Wagen kann man 20 % der Reparaturkosten ansetzen, bei neueren Fahrzeugen etwas mehr, bei älteren weniger. Ist das Fahrzeug sechs Jahre oder älter, so wird eine wirtschaftliche Wertminderung meist nicht mehr anerkannt. Eine Wertminderung ist auch dann nicht gerechtfertigt, wenn nur solche Teile gewechselt wurden, die mit Schäden an tragenden Teilen nicht zusammenhängen können (Kotflügel, Tür, Fahrtrichtungsanzeiger u. a.).

Gibt man ein Sachverständigengutachten in Auftrag, so nennt dieses auch den Betrag der Wertminderung.

### (6) Sachverständigengutachten

Nach dem Verkehrsunfall sollte man sich zunächst einen Überblick über die Beschädigung und die Wiederinstandsetzungskosten verschaffen. Der Geschädigte hat deshalb grundsätzlich Anspruch auf einen Sachverständigen seiner Wahl. Wer dafür in Frage kommt, kann man bei Fachwerkstätten, bei der Kfz-Innung oder bei Automobilklubs erfahren. Ein eigener Sachverständiger wird bei größeren Schäden (ab etwa 500 Euro, von manchen Versicherungen schon ab 250 Euro) stets anerkannt, anders unter Umständen bei geringeren Schäden wenn z. B. der Unfallhergang streitig ist. Der Anspruch auf das eigene Sachverständigengutachten besteht unabhängig davon, ob man das Fahrzeug dem Haftpflichtversicherer des Schädigers vorführt. Die Abwicklung über **Schadenschnelldienste** kann sinnvoll sein und erübrigt die Einschaltung eines eigenen Sachverständigen meist, wenn eine Kostenübernahmeerklärung abgegeben wird.

### (7) Unkostenpauschale

Ohne Einzelnachweis wird für Telefonkosten, Briefporto, Fahrtkosten usw. meist eine Unkostenpauschale von etwa 20 Euro anerkannt. Höhere Unkosten sind im Einzelfall durch Belege nachzuweisen.

### (8) Ab- und Anmeldekosten

Wird nach einem Totalschaden ein Ersatzfahrzeug angeschafft, so besteht auch Anspruch auf die Ab- und Anmeldekosten einschließlich der Kosten für neue Kennzeichen.

### (9) Vorfinanzierungskosten

Bei einer Reparaturkosten-Übernahmeerklärung durch die gegnerische Haftpflichtversicherung braucht der Geschädigte kein eigenes Geld auszulegen. Wird eine solche Erklärung aber nicht alsbald erteilt, verlangen Reparaturwerkstatt, Sachverständiger und andere ihr Geld vom Geschädigten als ihrem Auftraggeber. Man sollte dann von der gegnerischen Haftpflichtversicherung einen Vorschuss erbitten. Wird dieser abgelehnt oder ist er unzureichend, so kann der Geschädigte nach Ankündigung einen

Kredit aufnehmen und die anfallenden Kreditkosten in Rechnung stellen.

### (10) Rechtsanwaltskosten

Von Bagatellfällen abgesehen, ist es für den Normalbürger kaum möglich, die Haftungsfrage und die einzelnen Ansprüche zu überschauen. Deshalb ist es grundsätzlich gerechtfertigt, einen Rechtsanwalt mit der Wahrnehmung der Interessen zu beauftragen – gleichgültig, ob ein Personen-, Sach- oder sonstiger Schaden vorliegt. Dabei ist es ratsam, sich nach einem Experten umzuhören, denn nicht jeder Rechtsanwalt ist im Verkehrsrecht bewandert.

Ist man rechtsschutzversichert, so werden die Rechtsanwaltskosten ohnehin dort übernommen, sodass man nicht Gefahr läuft, bei einer Teilschuld auch einen Anteil der Rechtsanwaltskosten selbst tragen zu müssen.

## Reiner Vermögensschaden

= ein Vermögensschaden, der weder direkt noch indirekt im Zusammenhang mit einem Personen- oder Sachschaden steht (kein Unfall vorausgegangen).

- ▶ *Herr Blind parkt vor einer fremden Grundstückseinfahrt und entfernt sich von seinem Fahrzeug. Der Anwohner kann mit seinem Pkw deshalb nicht losfahren und lässt den Wagen von Blind abschleppen. Die entstehenden Abschleppkosten von 40 Euro muss Blind zahlen.*

## Entstehung von Schäden

Nicht alle Schäden treten am Unfallort ein oder werden dort sichtbar. Der Schädiger muss für Schäden aufkommen, die

a) **unmittelbar** (= direkt),
b) **mittelbar** (= indirekt), d. h. als Folgeschäden,
c) als **Drittschaden** eintreten.

Nur für ganz **ungewöhnliche Folgeschäden**, die nicht mehr der normalen Lebenserfahrung entsprechen, braucht der Schädiger nicht aufzukommen (adäquate Kausalität, normale Ursächlichkeit).

- ▶ *Verkehrsunfall, der Verletzte muss ins Krankenhaus und bekommt nach vier Wochen Bettruhe eine Lungenentzündung. Der Schädiger muss für den sich daraus ergebenden längeren Krankenhausaufenthalt meist aufkommen, weil diese Folge noch im Rahmen der allgemeinen Lebenserfahrung liegt. Wird aber der Verletzte im Krankenhaus von einem anderen Patienten verprügelt, so braucht der Schädiger des Verkehrsunfalls für die Verlängerung des Krankenhausaufenthaltes nicht aufzukommen.*

Wenn der Schaden bei Personen auftritt, die am Verkehrsunfall nicht beteiligt waren, so spricht man von einem **Drittschaden.**

Der Drittschaden ist meist auch ein Folgeschaden.

- ▶ *Schaden der Ehefrau und der Kinder des getöteten Ehemannes, denen der gesetzliche Unterhaltsanspruch verloren gegangen ist.*
- ▶ *Schaden des Arbeitgebers, der für den arbeitsunfähigen Arbeitnehmer sechs Wochen lang Lohn und Gehalt zahlen muss, ohne eine Gegenleistung in Form von Arbeit zu erhalten.*

**Einteilung von Schäden**

| **Vermögensschäden**<br>(= materielle Schäden)<br>Alle Aktiva, die im Wirtschaftsleben einen bestimmbaren Gegenwert in Geld haben | | | **Nichtvermögensschäden**<br>(= immaterielle Schäden)<br>Interessen ohne bestimmbaren Gegenwert im Wirtschaftsleben |
|---|---|---|---|
| **Personenschäden** | **Sachschäden** | **Reine** (sonstige) Vermögensschäden | **Ideelle Schäden** |
| z. B.:<br>Heilungskosten, Krankenhauskosten, Vermehrung der Bedürfnisse, Verdienstausfall, Renten | z. B.:<br>Abschleppkosten, Reparaturkosten, oder Wiederbeschaffungswert, Mietwagenkosten oder Nutzungsausfall, Wertminderung, Sachverständigenkosten | = der selten entstehende Sonderfall, wenn ein Schaden entstand, ohne dass überhaupt ein Unfall geschah:<br>z. B.: Abschleppkosten bei Parken vor Garage | z. B.:<br>reines Liebhaberinteresse an Schoßhündchen, Urlaubserinnerungen an Erlebnisse mit verrostetem VW Käfer |
| **Anspruch auf Schadenersatz** | | | Grundsätzlich kein Anspruch auf Schadenersatz<br>Ausnahmen nur in besonderen gesetzlichen Fällen: **Schmerzensgeld** |

## Mitverschulden (§ 254 BGB, § 9 StVG, § 17 StVG)

Der Geschädigte bekommt häufig einen Teil seines Schadens nicht ersetzt. Dann liegt ein **Mitverschulden** oder eine **Mitverursachung** vor.

Mitverschulden ist das eigene Verschulden des Geschädigten, das sich dieser anrechnen lassen muss.

- *Jemand verletzt an einer Kreuzung die Vorfahrt und es kommt zu einem Unfall. Der Geschädigte hätte aber die Vorfahrtsverletzung erkennen können und hätte dann selbst anhalten müssen (defensives Fahren).*
- *Der Sicherheitsgurt war nicht angelegt.*
- *Fahrer und Mitfahrer hatten gemeinsam getrunken, Fahrer verschuldet anschließend einen Verkehrsunfall, bei dem der Mitfahrer verletzt wird (25 % Mitschulden).*
- *Der Schutzhelm beim Motorrad wurde nicht getragen.*

Der Verletzte bekommt in diesen Fällen einen Teil seines Schadens nicht ersetzt, z. B. 30 %.

Bei einem Verkehrsunfall sind häufig mehrere Geschädigte vorhanden, die gegenseitig Schadenersatzansprüche erheben. Es ist dann eine oft schwierige Aufgabe der Haftpflichtversicherer und der Gerichte, eine gerechte Lösung zu finden. Auch hier wird das Mitverschulden bzw. die Mitverursachung je nach der Situation nach Prozenten festgelegt.

### Schadenminderungspflicht

Nach einem Verkehrsunfall ist der Geschädigte verpflichtet, alles zu tun, damit sich der Schaden nicht noch unnötig vergrößert.

- ▶ *Ein Cabrio wird beschädigt. Der Eigentümer muss es gegen Regen schützen und darf es nicht etwa mit offenem Verdeck an der Unfallstelle zurücklassen.*
- ▶ *Das Unfallfahrzeug muss für zwei Tage zur Reparatur in die Werkstatt. Der Halter fährt nur zwei Kilometer täglich und nimmt sich nun für diese Strecke einen Mietwagen, der allein 40 Euro Grundgebühr kostet. Hier käme ein Taxi wesentlich billiger; und der Halter könnte im Übrigen Nutzungsausfall beanspruchen.*

Die Schadenminderungspflicht ergibt sich aus dem Grundsatz von Treu und Glauben (§ 242 BGB), der im Rechtsleben immer zu beachten ist. Ein Verstoß führt dazu, dass dieser Teil des Schadens nicht ersetzt wird.

### Haftungsverzicht

Durch **Vertrag** ist es möglich, von vornherein auf eigene Ansprüche im Zusammenhang mit Verkehrsunfällen zu verzichten. Ein solcher Haftungsverzicht muss zwar nicht, sollte aber aus Beweisgründen schriftlich vereinbart werden. Er ist gültig unter den Voraussetzungen eines jeden Vertrages, setzt also Volljährigkeit oder Einwilligung der gesetzlichen Vertreter voraus und darf nicht sittenwidrig sein, was z. B. bei einer vorsätzlichen Schädigung der Fall wäre.

Der gültige Haftungsverzicht hebt die Ansprüche des Verzichtenden sowohl aus der Verschuldenshaftung als auch aus der Gefährdungshaftung auf. Da dann kein Haftungsanspruch mehr besteht, zahlt auch die betreffende Haftpflichtversicherung nichts, wodurch der Geschädigte schwere Nachteile erleiden kann. Ein **genereller Haftungsverzicht** ist deshalb sehr bedenklich. Will sich der Fahrer davor schützen, im Falle eines Unfalles aus eigener Tasche an den Mitfahrer zahlen zu müssen, so reicht es aus, zu formulieren: „Bei Unfallschäden wird auf alle Ansprüche verzichtet, soweit sie nicht versichert sind."

## 7.2 Verschuldenshaftung (§ 823 BGB)

### Gesetzliche Grundlage und Voraussetzungen

Im täglichen Leben kommt es leider häufig vor, dass durch das Verschulden einer Person einer anderen Schäden zugefügt werden. Die gesetzliche Grundlage ist deshalb auch im Bürgerlichen Gesetzbuch (BGB) zu finden.

**§ 823 Abs. 1 BGB** lautet:

„Wer vorsätzlich oder fahrlässig

- das Leben, den Körper, die Gesundheit, (= Personenschaden)
- die Freiheit,
- das Eigentum (= Sachschäden)

- oder ein sonstiges Recht (z. B. reine Vermögensschäden)

eines anderen widerrechtlich verletzt, ist dem anderen zum Ersatz des daraus entstehenden Schadens verpflichtet."

Das Verschulden kann in zwei Formen auftreten:

1. **Vorsätzlich** (= mit Wissen und Wollen)
2. **Fahrlässig** (= die gebotene und zumutbare Sorgfalt wurde außer Acht gelassen)

### Zum Schadenersatz Verpflichteter

Die Verschuldenshaftung trifft jeden, der vorsätzlich oder fahrlässig einen Schaden verursacht. Im Straßenverkehr wird dies meist der Fahrzeugführer sein. Ausnahmsweise kann im Einzelfall auch der Halter nach der Verschuldenshaftung aufkommen müssen, z. B. wenn durch den verkehrsunsicheren Zustand des Fahrzeugs ein Unfall hervorgerufen wird. Selbstverständlich können auch Fußgänger und Radfahrer nach der Verschuldenshaftung zum Schadenersatz verpflichtet sein.

### Höhe des Schadenersatzes

Der Schädiger ist immer zum vollen Schadenersatz verpflichtet, es gibt keine obere Grenze. Daher kann es passieren, dass der Schädiger den Schaden, der durch die Haftpflichtversicherung nicht gedeckt ist, aus eigener Tasche bezahlen muss.

### Beweislast

Wenn sich der Sachverhalt nach einem Verkehrsunfall nicht mehr einwandfrei ermitteln lässt und der Richter von keiner Darstellung voll überzeugt ist, so wird zum Nachteil desjenigen entschieden, der die Beweislast hat.

Grundsätzlich muss bei der Verschuldenshaftung der Geschädigte beweisen, dass der Schädiger vorsätzlich oder fahrlässig gehandelt hat.

Im Straßenverkehrsrecht wird aber bis zu den Beträgen, die bei der Gefährdungshaftung (vgl. 7.3) gewährt werden, das Verschulden des Fahrers gesetzlich vermutet (§ 18 StVG). Nur für Schäden, die bei der Gefährdungshaftung nicht ersetzt werden, trifft die volle Beweislast den Geschädigten.

### Verjährung

Der Anspruch auf Schadenersatz verjährt in drei Jahren (§ 852 BGB). Diese Frist beginnt, sobald der Geschädigte von dem Schaden und von dem Schädiger Kenntnis hat. Begeht der Schädiger also Unfallflucht, so läuft die Verjährung erst an, wenn er ermittelt wird. Der Anspruch verjährt aber spätestens nach 30 Jahren, gerechnet ab Eintritt des Schadens. Private Mahnschreiben unterbrechen die Verjährung nicht. Notfalls muss vor Ablauf der Verjährungsfrist eine Klage eingereicht oder ein Mahnbescheid beim Amtsgericht beantragt werden.

## 7.3 Gefährdungshaftung (§§ 7–20 StVG)

### Bedeutung

Im modernen Straßenverkehr wird es immer wieder zu Unfällen und Schäden kommen, denn abgesehen vom menschlichen Versagen kann man das Unfallrisiko nie völlig ausschließen. So kann es sein, dass der Fahrer eines Kraftfahrzeugs zwar nicht vorsätzlich und auch nicht fahrlässig gehandelt hat, dass aber trotzdem ein Schaden entstanden ist, z. B. weil ein Reifen platzte.

Hier spricht man von der **Betriebsgefahr** des Kraftfahrzeugs. Gäbe es nur die Verschuldenshaftung, so würde der Geschädigte in derartigen Fällen seinen Schaden von niemandem ersetzt bekommen und müsste den Verlust selbst tragen. Dies wäre unbillig. Deshalb soll der den Schaden tragen, der den wirtschaftlichen Vorteil aus dem Betrieb des Kraftfahrzeugs hat, also der Halter.

## Gesetzliche Grundlage und Voraussetzungen

Die Gefährdungshaftung ist in den §§ 7–20 StVG geregelt.

Sie tritt unter folgenden Voraussetzungen ein:

- Wird bei dem Betrieb eines Kraftfahrzeugs oder Kfz-Anhängers
- ein Mensch getötet,
- der Körper oder die Gesundheit eines Menschen verletzt (= Personenschaden)
  oder eine Sache beschädigt wird,

so ist der Halter verpflichtet, dem Verletzten den daraus entstehenden Schaden zu ersetzen (§ 7 Abs. 1 StVG).

**Halter** ist die Person, die die Verfügungsgewalt über das Kraftfahrzeug hat und es auf Dauer zu eigenen Kosten und Nutzen in den Verkehr bringt.

## Betriebsgefahr

Erste Voraussetzung der Gefährdungshaftung ist immer die Betriebsgefahr eines Kraftfahrzeugs oder Kfz-Anhängers. Es befindet sich zweifellos immer im Betrieb, wenn es fährt und der Motor läuft.

Die Rechtsprechung legt den Begriff „Betriebsgefahr" jedoch weiter aus: Das Ein- und Aussteigen gehört dazu, ja selbst von abgestellten Kraftfahrzeugen kann eine Betriebsgefahr ausgehen – nämlich dann, wenn sie Einfluss auf den fließenden Verkehr nehmen, z. B. weil sie an unübersichtlichen oder engen Stellen stehen. Ist das Kraftfahrzeug dagegen ordnungsgemäß auf einem Parkplatz abgestellt, so ist keine Betriebsgefahr mehr gegeben (verkehrstechnische Auffassung).

Die Betriebsgefahr ist nicht bei allen Kraftfahrzeugen gleich groß: Je schneller und schwerer ein Kraftfahrzeug ist, desto größer ist auch seine Betriebgefahr (z. B. Lkw – Pkw). Der Bundesgerichtshof hat 1992 entschieden, dass schon das Überschreiten der empfohlenen Richtgeschwindigkeit von 130 km/h auf Autobahnen eine Erhöhung der Betriebsgefahr beinhaltet (BGH, Urteil vom 17. März 1992 – VI ZR 62/91). Wer demnach dort schneller fährt und in einen Unfall verwickelt wird, zahlt dennoch einen Teil des Unfallschadens, es sei denn, er kann beweisen, dass dieser Unfall bei Einhaltung der Richtgeschwindigkeit auch eingetreten wäre.

## Kfz-Anhänger

Auch bei Anhängern besteht eine Gefährdungshaftung.

▶ *Ein Pkw mit Anhänger beschädigt beim Rechtsabbiegen einen Gartenzaun. Der Grundstückseigentümer konnte nur das Kennzeichen des Anhängers ablesen. Ob der Pkw oder der Anhänger oder*

*beide gegen den Zaun geraten sind, ist nicht feststellbar, den Fahrer konnte man nicht ermitteln. Pkw und Anhänger gehören verschiedenen Haltern und Versicherungen.*
*Der Geschädigte kann einfach den Halter des Anhängers bzw. dessen Haftpflichtversicherung in Anspruch nehmen.*

- *Ein Anhänger reißt während der Fahrt ab und rollt in eine Schaufensterscheibe. Der Geschädigte kann sowohl den Halter des Kfz als auch den Halter des Anhängers in Anspruch nehmen.*
- *Ein im Gefälle abgestellter Anhänger kommt ins Rollen und beschädigt ein parkendes Fahrzeug. Wer den Anhänger abgestellt und evtl. ungenügend gesichert hat, lässt sich nicht eindeutig klären.*

## Ausnahmen von der Gefährdungshaftung

Die Gefährdungshaftung findet in folgenden Ausnahmefällen, die der Halter beweisen muss, keine Anwendung:

### (1) Höhere Gewalt (§ 7 Abs. 2 StVG)

Definition:

„Ein betriebsfremdes, von außen durch elementare Naturkräfte oder durch Handlungen dritter Personen herbeigeführtes Ereignis, das nach menschlicher Einsicht und Erfahrung unvorhersehbar ist, mit wirtschaftlich erträglichen Mitteln auch durch die äußerste nach der Sachlage vernünftigerweise zu erwartende Sorgfalt nicht verhütet oder unschädlich gemacht werden kann und auch nicht wegen seiner Häufigkeit in Kauf zu nehmen ist."

- *Der Fahrer hält vor einer roten Ampel, ein anderer verursacht dann einen Auffahrunfall.*
- *Ein Jugendlicher wirft Steine von der Autobahnbrücke, trifft die Windschutzscheibe eines Pkw, sodass diese zerspringt. Der Pkw-Fahrer verliert die Orientierung und fährt deshalb einen Motorradfahrer an.*

Bei Unfällen mit Fußgängern wird fast nie höhere Gewalt vorliegen.

- *Ein nicht erkennbarer Kleingegenstand, z. B. ein Stein, wird durch ein Kraftfahrzeug aufgewirbelt und beschädigt die Windschutzscheibe eines anderen Fahrzeugs.*

Der Halter kann nur sehr selten beweisen, dass der Unfall für ihn bzw. den Fahrer seines Kfz höhere Gewalt dargestellt hat.

Sind bei dem Unfall mehrere Kraftfahrzeuge beteiligt, so findet eine Abwägung und ein Ausgleich statt: Der nach den Verkehrsvorschriften ordnungsgemäß Gefahrene braucht nicht haften, wenn der Unfall für ihn ein **unabwendbares Ereignis** war (§ 17 Abs. 1 StVG) und er dies **beweisen** kann (§ 17 Abs. 3 StVG).

Als unabwendbar gilt ein Ereignis, das trotz höchstmöglicher Sorgfalt und Geistesgegenwart von Halter und Fahrer eintritt. Insbesondere der Fahrer muss also jede nach den Umständen des Falles gebotene Sorgfalt beachtet (beobachtet) haben.

Kann einer der Unfallbeteiligten dies nicht beweisen, wird eine **anteilige Ausgleichsquote** gebildet, z. B.:

- *Unfall durch Vorfahrtverletzung: Der Vorfahrtverletzer trägt 90 % des Schadens, der Vorfahrtberechtigte 10 %.*

### (2) Der Verletzte war beim Betrieb des Kraftfahrzeugs tätig (§ 8 Ziff. 2 StVG)

Wer beim Betrieb des Kraftfahrzeugs tätig ist, kann sich auf dessen typische Gefahrenquelle besser einstellen als andere Personen. Erleidet er einen Schaden, so hat er keinen Anspruch aus der Gefährdungshaftung gegen den Halter.

- *Der Fahrer erleidet selbst einen Personenschaden.*
- *Der Fahrschüler fährt gegen einen Baum und verletzt sich.*
- *Einem hilfsbereiten Kraftfahrer, der den Wagen eines anderen wieder flott machen will, fällt die Motorhaube auf den Kopf.*

Soweit diese Personen zum Halter in einem Arbeitsverhältnis stehen, ist ein Schutz über die Gefährdungshaftung deshalb nicht erforderlich, weil meist die gesetzliche Unfallversicherung (über die Berufsgenossenschaft) eintritt. Im Übrigen besteht Schutz über die Krankenversicherung.

### (3) Unverschuldete Schwarzfahrt (§ 7 Abs. 3 StVG)

Schwarzfahrt ist jede unbefugte Fahrt, d. h. eine Fahrt, die ohne Wissen und Willen des Halters durchgeführt wird. Der Halter kommt von der Gefährdungshaftung aber nur frei, wenn er die Schwarzfahrt nicht verschuldet hat. Er muss also alles getan haben, um eine Schwarzfahrt zu verhindern, z. B. das Kraftfahrzeug abschließen, das Lenkradschloss einrasten lassen und den Autoschlüssel sicher verwahren.

- *Geht der Halter in eine Gaststätte und lässt die Autoschlüssel in seinem Mantel, den er an der Garderobe aufhängt, so ist die Schwarzfahrt eines Autodiebes, der den Schlüssel aus der Manteltasche nimmt, nicht unverschuldet.*
- *Verleiht der Halter das Kraftfahrzeug an einen Bekannten nur für eine bestimmte Fahrt und unternimmt der Bekannte damit auch noch andere Fahrten oder verleiht er das Kraftfahrzeug weiter, so sind diese Schwarzfahrten nicht unverschuldet.*

Der Schwarzfahrer selbst haftet dem Verletzten gegenüber unabhängig vom Halter stets auch nach der Gefährdungshaftung.

Selbst wenn eine unverschuldete Schwarzfahrt vorliegt und der Fahrer dabei einen Verkehrsunfall verursacht, muss heute die für das Kraftfahrzeug bestehende Haftpflichtversicherung trotzdem für den Unfall aufkommen, weil jeder Fahrer stets „mitversicherte Person“ ist (A.1.2 AKB). Die Herabstufung beim Schadenfreiheitsrabatt trifft dann doch den Halter als Versicherungsnehmer.

Die Rechtsprechung gesteht dem Halter für diese Einbuße nicht einmal einen Ausgleichsanspruch gegen den Schwarzfahrer zu.

### (4) Das Fahrzeug kann auf ebener Bahn nicht schneller als 20 km/h fahren (§ 8 Ziff. 1 StVG)

Bei diesen Fahrzeugen (entgegen dem Gesetzeswortlaut sind nur Kraftfahrzeuge gemeint, denn nur hier gibt es überhaupt eine

Gefährdungshaftung = § 7 Abs. 1 StVG) verzichtet man auf die Gefährdungshaftung, weil der Gesetzgeber davon ausgegangen ist, dass die Betriebsgefahr hier nur sehr gering ist.

Die Geschwindigkeit muss durch die Bauart begrenzt sein, nicht etwa durch die Verschlechterung im Zustand des Fahrzeugs.

### (5) Beförderte Sachen (§ 8 Ziff. 3 StVG)

Kein Anspruch aus der Gefährdungshaftung, wenn eine Sache beschädigt worden ist, die durch das Kfz oder durch den Anhänger befördert worden ist, es sei denn, dass eine beförderte Person die Sache an sich trägt oder mit sich führt.

### (6) Gefälligkeitsfahrten (vor 1.8.2002)

Früher (vor 1.8.2002) war auch bei Gefälligkeitsfahrten die Gefährdungshaftung ausgeschlossen.

▶ *Reifen platzt, dadurch verunglücken ohne Schuld des Fahrers Mitfahrer*

Durch die Gesetzesänderung im StVG erhalten Mitfahrer jetzt bei Verletzungen auch immer Schadenersatz nach StVG, egal ob sie entgeltlich oder unentgeltlich befördert wurden.

## Schadensumfang

Nach der Gefährdungshaftung werden nur Personen- und Sachschäden ersetzt, und dies auch nur begrenzt.

## Höchstbeträge (§ 12 StVG)

Nach den Voraussetzungen der Gefährdungshaftung ist der Halter sehr leicht zum Schadenersatz verpflichtet. Deshalb hat man im Interesse des Halters die Haftungssummen begrenzt.

- Bei **Personenschäden**: 5 Mio. Euro je Schadensfall
- **automatisiertes Fahren**: Bei Verursachung eines Schadens aufgrund der Verwendung einer hoch – oder vollautomatisierten Fahrfunktion 10 Mio. Euro

Sollte diese Summe zur Deckung des gesamten Schadens nicht ausreichen, so werden die Ansprüche der Geschädigten im Verhältnis gekürzt (§ 12 Abs. 2). Die Höchstbeträge werden also pro Schadensereignis (Unfall) bezahlt. Es ist gleichgültig, ob 1 oder 20 Personen Ansprüche haben.

- Bei **Sachschäden**: 1 Mio. Euro

Sonderfälle:

- Verunglückt ein **Gefahrguttransporter** und tritt dabei Gefahrgut aus, so gelten teilweise höhere Beträge in der Gefährdungshaftung, und zwar:
  - **Personenschäden**: 10 Mio. Euro je Schadensfall
  - **Sachschäden**: 10 Mio. Euro je Schadensfall
- Verunglückt ein **Gleiskettenfahrzeug** (z. B. Bagger oder Panzer), so ist die Gefährdungshaftung unbegrenzt (§ 12b StVG)

## Beweislast

Der Halter muss alle Umstände beweisen, die ihn von der Gefährdungshaftung befreien könnten. Damit gehen etwaige Zweifel im Ergebnis immer zu seinen Lasten.

**Gefährdungs- und Verschuldenshaftung**

| Unterschiede | Verschuldenshaftung | Gefährdungshaftung |
|---|---|---|
| **Wo geregelt** | §§ 823 ff. BGB | §§ 7–20 StVG |
| **Warum wird gehaftet?** | Aufgrund Verschuldens fahrlässig oder vorsätzlich | Aufgrund der **Betriebsgefahr** eines **Kraftfahrzeugs oder Kfz-Anhängers** |
| **Wer haftet?** | der **Fahrer,** eventuell auch der Halter | Grundsätzlich der **Halter** |
| **Beweislast** | Der Geschädigte (jedenfalls bei Schmerzensgeld und solchen Ansprüchen, die durch Gefährdungshaftung nicht gedeckt sind) | Der Halter muss sich entlasten |
| **Haftungssumme** | Unbegrenzt | Personenschaden: 5 Mio. € je Schadensfall<br>Sachschaden: 1 Mio. € je Schadensfall |
| **Schmerzensgeld** | Ja | Ja |
| **Verjährung** | 3 Jahre nach Kenntnis | 3 Jahre nach Kenntnis |
| **Verwirkung** | Nicht geregelt | 2 Monate nach Kenntnis |
| **Ausnahmen** | | Es zahlt niemand auf Grund der Gefährdungshaftung:<br>1. bei höherer Gewalt<br>2. wenn der Verletzte beim Betrieb des Kfz beschäftigt war, z. B. Fahrschüler<br>3. bei unverschuldeter Schwarzfahrt<br>4. bei Kfz bis 20 km/h |
| | Haftungsminderung bei Mitverschulden, Verstoß gegen die Schadensminderungspflicht | |

## Verjährung (§ 14 StVG)

Der Anspruch verjährt in drei Jahren ab Kenntnis von Schaden und Schädiger. Es gelten also die gleichen Regeln wie bei der Verschuldenshaftung.

## Verwirkung – Anzeigepflicht des Verletzten (§ 15 StVG)

Der Halter ist über die Gefährdungshaftung sehr leicht zum Schadenersatz verpflichtet. Da ihm auch die Beweislast obliegt, wird seine Position noch schwieriger, wenn er erst lange Zeit nach dem Unfall davon etwas erfährt. Mögliche Zeugen werden dann nur noch schwer zu ermitteln sein und werden sich vielfach an den Vorfall nicht mehr erinnern können.

Der Verletzte (= Ersatzberechtigte) muss deshalb den Unfall innerhalb von zwei Monaten ab Kenntnis von Schaden und der Person des Ersatzverpflichteten (= Halter) diesem den Unfallschaden anzeigen. Anderenfalls ist der Anspruch aus der Gefährdungshaftung verwirkt, kann also nicht mehr geltend gemacht werden.

Die Verwirkung tritt aber nicht ein, wenn der Ersatzverpflichtete innerhalb der zwei Monate auf andere Weise von dem Unfall erfahren hat, z. B. weil er selbst am Unfallort war, durch seinen Fahrer, die Polizei oder die Haftpflichtversicherung.

## 7.4 Andere Haftungsarten

### Amtshaftung (§ 839 BGB, Art. 34 GG)

Beamte und Angestellte können beachtliche Schäden verursachen, wenn sie die Gesetze und Verordnungen falsch handhaben. Der Bürger kann meist nicht erkennen, welcher Beamte für den Fehler verantwortlich ist. Es kann dem Beamten in der Regel auch nicht zugemutet werden, den angerichteten Schaden aus eigener Tasche zu bezahlen, denn in der öffentlichen Verwaltung müssen oft komplizierte Dinge in kurzer Zeit entschieden werden.

Soweit eine Tätigkeit der hoheitlichen Verwaltung vorlag, haftet deshalb nie der Beamte, sondern immer der Staat oder die Körperschaft, in deren Diensten der Beamte oder Angestellte steht (= Dienstherr).

### Voraussetzungen

- **Hoheitliche Tätigkeit** gegenüber einem Dritten und
- **vorsätzliche** oder **fahrlässige** Verletzung einer Amtspflicht gegenüber einem Bürger und
- es darf **keine andere Ersatzmöglichkeit** geben.

▶ *Die Schule führt auf dem Schulhof einen Mofa-Kurs durch, wobei der Lehrer die Jugendlichen eine Stunde allein lässt. In dieser Zeit fährt ein Jugendlicher vom Schulhof und verursacht auf der öffentlichen Straße einen Unfall. Der Unfallgegner wird mit seinem Schadenersatz zunächst an den Jugendlichen selbst und an die Haftpflichtversicherung verwiesen. Erst wenn sich herausstellen sollte, dass dort nichts zu holen ist, muss das Land für die Amtspflichtverletzung des Lehrers einstehen.*

### Vertragshaftung

Jeder Bürger schließt im täglichen Leben eine Vielzahl von Verträgen.

Ein Vertrag kommt durch **zwei übereinstimmende Willenserklärungen** zustande.

▶ *Kaufvertrag: A verpflichtet sich, dem B sein Kraftfahrzeug zu verkaufen; dies kann schriftlich oder mündlich geschehen.*

▶ *Beförderungsvertrag: A steigt in die Straßenbahn ein – die Willenserklärungen ergeben sich aus seinem Verhalten, ebenso beim Fahrer der Straßenbahn. Es liegt ein Werkvertrag vor.*

▶ *Dienstvertrag: A meldet sich bei einer Fahrschule an, der Fahrlehrer nimmt ihn an.*

Ein Vertrag kommt nur wirksam zu Stande, wenn die Personen geschäftsfähig sind. Die volle **Geschäftsfähigkeit** beginnt mit Vollendung des 18. Lebensjahres. Personen von 7 bis 17 Jahren sind beschränkt geschäftsfähig, d. h. in der Regel sind deren Willenserklärungen nur wirksam, wenn die gesetzlichen Vertreter (Vater und Mutter) zustimmen. Personen unter 7 Jahren sind geschäftsunfähig.

## Kaufrecht

Durch den Kaufvertrag verpflichtet sich der Verkäufer, dem Käufer gegen Entgelt das Eigentum an einer Sache zu verschaffen und die Sache zu übergeben.

▶ *Fahrlehrer kauft ein gebrauchtes Motorrad, Fahrschüler kauft ein Lehrbuch.*

Normalerweise sind die Vertragsbeziehungen durch Lieferung und Zahlung des Kaufpreises abgewickelt. Stellt sich aber hinterher heraus, dass die Sache schon beim Kauf einen erheblichen Mangel hatte, so wird sich der Käufer überlegen, ob und welche Ansprüche er gegen den Verkäufer geltend machen kann. Dies ist die **Mängelhaftung**.

Der Verkäufer muss die Sache grundsätzlich frei von Sach- und Rechtsmängeln übereignen. Maßgeblicher Zeitpunkt zur Beurteilung der Mängelfreiheit ist der Gefahrübergang, also meist die Aushändigung der Sache.

## Verbrauchsgüterkauf

Ist der Käufer ein Privatmann (§ 13 BGB) und der Verkäufer ein Unternehmer (§ 14 BGB), so schützt ihn das Recht zum Verbrauchsgüterkauf.

Oft entsteht Streit darüber, ob die Sache schon vorher defekt war, oder eben erst zufällig oder später kaputt gegangen ist, z. B. beim **Gebrauchtfahrzeugkauf**.

Die **Beweislast** trägt normalerweise der Käufer. Wird bei einem Verbrauchsgüterkauf aber innerhalb von sechs Monaten nach dem Gefahrübergang ein Sachmangel behauptet, so gilt die Beweislastumkehr, d. h. der Verkäufer muss beweisen, dass die Sache vorher in Ordnung war.

Bei neuen Sachen gilt eine **Gewährleistungszeit** von zwei Jahren. Bei gebrauchten Sachen (z. B. Gebrauchtwagen) kann vertraglich die Gewährleistung auf ein Jahr verkürzt werden. Die früher üblichen Ausschlussklauseln „gekauft wie gesehen – ohne Gewährleistung" sind ungültig, wenn ein Unternehmer verkauft. Über den Zustand des Fahrzeugs können aber **Befundberichte** ausgefertigt werden, die dann bei der Vertragsregelung eine große Rolle spielen.

Privatpersonen untereinander können die Gewährleistung bei gebrauchten Sachen vertraglich ausschließen.

## Rechte des Käufers bei einem mangelhaften Kaufobjekt

Erfüllt der Verkäufer seine Leistungspflicht nicht, ist die Kaufsache insbesondere nicht frei von Sach- und Rechtsmängeln, so stehen dem Käufer folgende Rechte zu: Er kann nach seiner Wahl die **Beseitigung des Mangels** oder die **Lieferung einer mangelfreien Sache** verlangen.

Der Verkäufer hat die zum Zwecke der Nacherfüllungen erforderlichen Aufwendungen wie z. B. Transport-, Arbeits- und Materialkosten zu tragen.

Eine Einschränkung dieses Wahlrechts ist nur unter der Voraussetzung gegeben, dass diese mit unverhältnismäßig hohen Kosten auf Seiten des Verkäufers verbunden ist. Dann steht diesem wiederum das Recht zu, auf die andere Art der Nacherfüllung zurückzugreifen.

Andere Rechte – wie insbesondere ein **Schadensersatzanspruch** – stehen dem Käufer allerdings erst dann zu, wenn die Nacherfüllung unmöglich ist, verweigert wird, fehlschlägt oder für den Verkäufer unzumutbar ist. Erst dann können weitere Ansprüche geltend gemacht werden.

### Dienstvertrag

Durch den Dienstvertrag verspricht der Dienstverpflichtete eine Tätigkeit, der andere die Zahlung eines Entgelts (Dienstberechtigter). Hier wird kein bestimmter Erfolg, sondern nur eine Tätigkeit versprochen.

▶ *Ausbildungsvertrag mit Fahrschüler*

Wird die versprochene Leistung nicht erbracht, so kann der Dienstberechtigte kündigen. Der Vertrag kann nach dem BGB auch aus „wichtigem Grund" (z. B. schwere Krankheit) gekündigt werden.

Wird die Dienstleistung (z. B. Unterricht in der Fahrschule) ordnungsgemäß angeboten, jedoch nicht angenommen, so behält der Fahrlehrer grundsätzlich seinen Vergütungsanspruch. Es wird nur das abgezogen, was er an Aufwendungen dadurch gespart hat, dass der Fahrschüler nicht erschienen ist (§ 615 BGB).

Forderungen aus dem Ausbildungsvertrag verjähren nach drei Jahren, genauer gesagt am 31. Dezember des dritten Jahres, das auf die Fälligkeit folgt. Notfalls Mahnbescheid (siehe Kapitel 7.5) beantragen.

## Haftung Minderjähriger und Billigkeitshaftung (§ 829 BGB)

Die Verschuldenshaftung weist einige Lücken auf; man kann dem Geschädigten jedoch manchmal nicht zumuten, dass er den Schaden selbst tragen soll.

- **Kinder unter sieben Jahren** sind für einen Schaden, den sie einem anderen zufügen, nicht verantwortlich. Bei Unfällen mit Kfz gilt sogar die Altersgrenze zehn Jahre (§ 828 BGB).
- Wer das siebte, aber **noch nicht das 18. Lebensjahr vollendet** hat, ist für einen Schaden dann nicht verantwortlich, wenn ihm zur Zeit der Handlung die erforderliche Einsicht gefehlt hatte. Das Gleiche gilt für einen Taubstummen.
- **Geisteskranke** sind für einen Schaden nicht verantwortlich.

In all diesen Fällen kann der Geschädigte aus der Verschuldenshaftung nichts bekommen. Der Schaden kann ihn aber persönlich sehr hart treffen. Die Billigkeitshaftung gewährt dem Geschädigten unter folgenden **Voraussetzungen** einen Anspruch gegen den Schädiger:

- Es besteht keine Möglichkeit, den Aufsichtspflichtigen wegen der Verletzung seiner Aufsichtspflicht verantwortlich zu machen.
- Außerdem müssen die Umstände eine Schadloshaltung erfordern. Hierbei werden die Vermögensverhältnisse der Beteiligten die entscheidende Rolle spielen. Hat also der Schädiger keine nennenswerten Geldmittel, so wird auch über die Billigkeitshaftung nichts gezahlt. Ist aber der Schädiger vermögend und lebt der Geschädigte in bescheidenen Verhältnissen, so tritt die Billigkeitshaftung ein.

Die Billigkeitshaftung gewährt ohnehin keinen vollen Schadenersatz, sondern nur eine **„Schadloshaltung"**. Letztlich entscheidet der Richter nach seinem Ermessen.

## Schäden durch Kinder verursacht

| Haftung §§ 823, 828 BGB Kind selbst | | Haftung §§ 823, 832 BGB Eltern und Erzieher |
|---|---|---|
| **Verkehrsunfall mit Kfz oder Schienenbahn oder Schwebebahn**<br>z. B.<br>– Kind läuft plötzlich auf die Fahrbahn und verursacht Auffahrunfall<br>– 13-Jähriger fährt mit E-Scooter einen Fußgänger an<br>– Rad fahrendes Kind achtet beim Abbiegen nicht auf Straßenbahn<br>Kind haftet ab Vollendung **7. Lebensjahr**<br>Überforderungssituation: Kind haftet erst ab Vollendung **10. Lebensjahr** | **Andere Schäden**<br>z. B.<br>– Kind läuft vor ein Fahrrad<br>– Rad fahrendes Kind fährt Fußgänger an<br>– Kind zerkratzt mit Steinchen parkende Fahrzeuge<br>Kind haftet ab Vollendung **7. Lebensjahr** | Eltern und Erzieher müssen nicht immer für Schäden, die Kinder verursachen, haften sondern **nur** bei:<br>**Verletzung der Aufsichtspflicht** |

**Versicherung:**
**Private Haftpflichtversicherung (freiwillig)** zahlt nur, **wenn Haftung des Kindes** oder der **Eltern** (Aufsichtspflicht verletzt) vorliegt

z. B.: **Personenschäden:**

| | |
|---|---|
| 1 Person verletzt: | 500.000 Euro |
| mehrere Personen verletzt: | 1.000.000 Euro |
| Sachschäden: | 100.000 Euro |

wenn keine Haftung § 823 BGB Kinder, Eltern, Erzieher: evtl. Billigkeitshaftung § 829 BGB wenn „die Vermögensverhältnisse der Beteiligten es erfordern“ (selten)

Private Haftpflichtversicherung kommt für Billigkeitshaftung nicht auf.

**Verjährung:**
- 3 Jahre ab Kenntnis von Schaden und Schädiger
- 30 Jahre ohne Kenntnis von Schaden und Schädiger
- Nach rechtskräftigem Titel (Urteil, Vollstreckungsbescheid) 30 Jahre

**Strafrechtliche Verantwortung** (und Bußgeldsachen):
- Ab 14 Jahre
- 14–18 (evtl. bis 21) Jugendstrafrecht

## Tierhalterhaftung (§ 833 BGB)

Durch das Verhalten von Tieren können im Straßenverkehr Unfälle verursacht werden und damit Schäden entstehen. Es stellt sich dann die Frage, ob der Halter des Tieres – also derjenige, der das Tier auf Dauer im eigenen Interesse unterhält – dafür aufkommen muss.

Man unterscheidet hier zwei Gruppen von Tieren:

(1) Haustiere, die dem Berufe, der Erwerbstätigkeit oder dem Unterhalt dienen sollen **(Nutztiere)**

▶ *Kuh, Schaf, Esel, Huhn, Arbeitspferd, Wachhund Firmengelände*

(2) Andere Tiere **(Luxustiere)**

▶ *Reitpferd, Hund, Katze, Wellensittich*

7

Bei den Haus- und Nutztieren haftet der Tierhalter nur, wenn ihm ein Verschulden bei der Beaufsichtigung des Tieres unterlaufen ist – wobei der Tierhalter den Entlastungsbeweis antreten muss. Es gilt also eine spezielle Verschuldenshaftung.

Bei den anderen Tieren ist der Tierhalter noch weitgehender zur Zahlung von Schadenersatz verpflichtet; es gilt eine Gefährdungshaftung.

## Fragen und Antworten

1. *Was wird durch die Haftung geregelt?*
   Durch die Haftung wird geregelt, wer für einen entstandenen Schaden aufkommen muss.
2. *Was versteht man unter einem Schaden?*
   Schaden ist jeder Nachteil, den man an seinen Rechtsgütern erleidet.
3. *Um welche Rechtsgüter geht es dabei vor allem?*
   - Leib, Leben, Gesundheit
   - Eigentum
   - Freiheit
4. *Was ist ein Vermögensschaden?*
   Ein Schaden, der im Wirtschaftsleben einen bestimmten Gegenwert hat.
5. *Welche Arten von Vermögensschäden unterscheidet man?*
   - Personenschäden
   - Sachschäden
   - Sonstige (reine) Vermögensschäden
6. *Was wird bei Personenschäden gewöhnlich ersetzt?*
   - Heilungskosten, Krankenhauskosten
   - Verdienstausfall
   - Unterhaltsrenten
   - Evtl. Schmerzensgeld
7. *Was wird bei Sachschäden am Fahrzeug gewöhnlich ersetzt?*
   - Reparaturkosten oder Wiederbeschaffungswert
   - Mietwagenkosten oder Nutzungsausfall
   - Evtl. Wertminderung
   - Sachverständigengutachten
   - Rechtsanwaltskosten
   - Abschleppkosten
8. *Wie nennt man die Schäden, die keinen bestimmten wirtschaftlichen Gegenwert besitzen?*
   Immaterielle Schäden (Nichtvermögensschäden)
9. *Warum ist die Unterscheidung zwischen Vermögensschäden einerseits und immateriellen Schäden andererseits so wichtig?*
   Weil es Schadenersatz grundsätzlich nur für Vermögensschäden gibt.
10. *In welchem Ausnahmefall gibt es auch Schadenersatz für immaterielle Schäden?*
    Schmerzensgeld

11. *Unter welchen Voraussetzungen tritt die Verschuldenshaftung ein?*
    Wer vorsätzlich oder fahrlässig das Leben, den Körper, die Gesundheit, die Freiheit, das Eigentum oder ein sonstiges Recht eines anderen widerrechtlich verletzt, muss den Schaden bezahlen.
12. *In welcher Höhe wird bei der Verschuldenshaftung gehaftet?*
    In der Höhe des Schadens; eine untere oder obere Grenze gibt es nicht.
13. *Was versteht man unter „Mitverschulden"?*
    Das eigene Verschulden, das sich der Verletzte anrechnen lassen muss.
14. *Was ist die „Schadenminderungspflicht"?*
    Die Verpflichtung des Geschädigten, den Schaden so gering wie möglich zu halten.
15. *Worin unterscheiden sich Halter, Eigentümer, Besitzer und Fahrer?*
    - Der Halter bringt das Fahrzeug zu eigenen Kosten und Nutzen in den Verkehr
    - Dem Eigentümer gehört das Fahrzeug rechtlich
    - Besitzer ist derjenige, der die tatsächliche Verfügung für sich ausübt
    - Fahrer ist derjenige, der das Fahrzeug verantwortlich lenkt
16. *Warum gibt es die Gefährdungshaftung im Straßenverkehr?*
    Zum Schutze der Verletzten; der Betrieb eines Kraftfahrzeugs bringt immer gewisse Gefahren mit sich, die niemand völlig unter Kontrolle haben kann.
17. *Unter welchen Voraussetzungen tritt die Gefährdungshaftung ein?*
    Wird durch die Betriebsgefahr eines Kfz oder Kfz-Anhängers ein Personenschaden oder Sachschaden verursacht, so haftet der Halter.
18. *Welches ist die wichtigste Ausnahme von der Gefährdungshaftung?*
    Die höhere Gewalt; d. h. der Schaden entsteht, obwohl Halter und Fahrer jede nur erdenkliche Sorgfalt beachtet haben.
19. *Nennen Sie weitere Ausnahmen von der Gefährdungshaftung.*
    - Unverschuldete Schwarzfahrt (§ 7 Abs. 3 StVG)
    - Der Verletzte war beim Betrieb tätig (§ 8 StVG)
    - Fahrzeug kann nicht schneller als 20 km/h fahren (§ 8 StVG)
20. *Wann spricht man von einer „unverschuldeten Schwarzfahrt"?*
    Schwarzfahrt ist jede Fahrt ohne Wissen und Willen des Halters (§ 7 Abs. 3 StVG). Unverschuldet ist sie dann, wenn der Halter alles getan hat, um eine Schwarzfahrt zu verhindern.
21. *Auf welche Beträge ist die Gefährdungshaftung begrenzt?*
    Personenschäden: 5 Mio. € je Schadensfall
    Sachschäden: 1 Mio. € je Schadensfall
22. *Wann verjähren die Ansprüche aus der Verschuldenshaftung; wann verjähren die Ansprüche aus der Gefährdungshaftung?*
    Nach drei Jahren ab Kenntnis von Schaden und Schädiger.
23. *Welche Möglichkeiten hat der Geschädigte, seinen Schadenersatzanspruch geltend zu machen?*
    1. Gegen den Halter (Gefährdungshaftung)

2. Gegen den Fahrer (Verschuldenshaftung)
3. Gegen die Haftpflichtversicherung

Halter, Fahrer und Haftpflichtversicherung haften dabei als Gesamtschuldner.

24. *Welche Haftungsarten kennen Sie neben der Verschuldens- und Gefährdungshaftung noch?*
- Vertragshaftung
- Amtshaftung
- Tierhalterhaftung
- Billigkeitshaftung

## 7.5 Mahnverfahren

Alle zivilrechtlichen Ansprüche sind letztlich nur etwas wert, wenn sie auch tatsächlich durchgesetzt werden können. Zahlt der Verpflichtete nicht freiwillig, so muss er durch gerichtliche Maßnahmen schließlich dazu gezwungen werden können:

### Vorgerichtliches Mahnverfahren

Der Gläubiger wird den Schuldner zunächst auffordern, den Betrag zu zahlen. Als nächstes wird der Gläubiger eine Mahnung schicken, wobei eine bestimmte Frist gesetzt wird. Dies ist wichtig für die spätere Berechnung von Verzugszinsen. Zahlt der Schuldner immer noch nicht, so sollte der Gläubiger nochmals mahnen, muss er aber nicht.

All diese Rechnungen und Mahnungen unterbrechen die Verjährung jedoch nicht. Nur wenn der Schuldner die Forderung anerkennt (z. B. schreibt, dass er später zahlen will, wenn er Geld hat oder wenn er Raten zahlt), wird die Verjährung unterbrochen.

### Gerichtliches Mahnverfahren

Führen private Bemühungen nicht zum Erfolg, so bleibt kein anderer Weg, als das Gericht einzuschalten. Dies geschieht entweder

a) Durch eine **Klage**

Hier wird man meist einen Rechtsanwalt einschalten. Bei Klagen über 5.000 Euro ist ohnehin das Landgericht zuständig, sodass Anwaltszwang besteht.

b) Durch das **gerichtliche Mahnverfahren**

Dabei handelt es sich um ein schriftliches, formularmäßiges Verfahren, das sich besonders anbietet, wenn die Forderung bisher nicht bestritten wurde. Das Formular kann man sich meist über das Amtsgericht besorgen (unterschiedliche Regelungen der Länder). Ein Rechtspfleger prüft, ob das Formular vollständig ausgefüllt ist und stellt dann den Mahnbescheid dem Schuldner zu. Der Schuldner kann jetzt
- zahlen (Hauptforderung mit Kosten und Zinsen),
- Widerspruch einlegen (Frist 2 Wochen) oder
- nichts unternehmen.

Legt der Schuldner **Widerspruch** ein, so ist das Mahnverfahren gestoppt. Der Gläubiger kann dann wie bei der normalen Klage seinen Anspruch ausführlich begründen, dann gibt es meist eine Hauptverhandlung beim Amtsgericht am Wohnsitz des Schuldners.

Legt der Schuldner nur Widerspruch ein, weil er im Moment nicht zahlen kann, so verursacht er dadurch lediglich zusätzliche Kosten, die er später selbst zahlen muss.

Unternimmt der Schuldner nichts, so kann der Gläubiger nach Ablauf von zwei Wochen beim Amtsgericht den **Vollstreckungsbescheid** beantragen. Dieser wird wieder durch das Gericht dem Schuldner zugestellt. Der Schuldner kann nunmehr Einspruch einlegen (Frist zwei Wochen). Bei einem **Einspruch** wird die Sache als normales Gerichtsverfahren – also meist mit mündlicher Verhandlung – weitergeführt.

Erfolgt kein Einspruch, so wird der Vollstreckungsbescheid rechtskräftig. Er hat damit dieselbe Bedeutung, als wenn jemand nach jahrelangem Rechtsstreit beim Oberlandesgericht siegt.

## Zwangsvollstreckung

Erfolgt immer noch keine Zahlung, so kann der Gläubiger den Gerichtsvollzieher mit der Zwangsvollstreckung beauftragen. Der **Gerichtsvollzieher** wird natürlich erst tätig, wenn ein rechtskräftiger Titel, also ein rechtskräftiger Vollstreckungsbescheid oder ein rechtskräftiges Urteil vorliegt. Sodann sind **Pfändungen** möglich. Häufig werden Ansprüche, die der Schuldner gegenüber anderen Personen hat (z. B. Arbeitgeber, Bank, Lebensversicherung) gepfändet.

Verläuft die Pfändung erfolglos, so kann der Gläubiger beantragen, dass der Schuldner eine **eidesstattliche Versicherung** über sein Vermögen abgibt. Ein Titel verjährt erst nach 30 Jahren, sodass immer wieder neue Zwangsvollstreckungsmaßnahmen beantragt werden können.

Der Antrag wird gerichtet an das

**Amtsgericht**

# Entwurfsblatt

Geschäftsnummer des Amtsgerichts
**Bei Schreiben an das Gericht stets angeben**

Plz, Ort
① 33602 Bielefeld

② **Antragsgegner**/ges. Vertreter

Rudi Reifenstecher
Im Trieb 4a

60389 Frankfurt
Plz Ort

## Mahnbescheid

← Datum des Mahnbescheids

③ **Antragsteller,** ges. Vertreter, Prozeßbevollmächtigte(r); Bankverbindung

Graf Michael von Vornehm
Kieler Str.12

33605 Bielefeld

④ **macht gegen -Sie-** ☐ **als Gesamtschuldner**

⑤ **folgenden Anspruch geltend** (genaue Bezeichnung, insbes. mit Zeitangabe): Geschäftszeichen des Antragstellers:

Schaden an meinem Pkw BI-MV 7 am 1.4.2019 in Bielefeld vor dem Hause Kieler Str. 12; mutwillige Beschädigung der Reifen durch Messerstiche. Schaden behoben durch Rechnung der Firma Radeck vom 15.4.2019

| | | | | | | | |
|---|---|---|---|---|---|---|---|
| ⑥ | Hauptforderung | Euro 500,-- | Zinsen | | | | |
| ⑦ | Vorgerichtliche Kosten | Euro - | | | | | |
| ⑧ | Kosten dieses Verfahrens (Summe 1 bis 5) | Euro 17,-- | 1 Gerichtskosten 17,-- Euro | 2 Auslagen d. Antragst. Euro | 3 Gebühr d. Prozeßbev. Euro | 4 Auslagen d. Prozeßbev. Euro | 5 MWSt. d. Prozeßbev. Euro |
| ⑨ | **Gesamtbetrag** | Euro 517,-- | **zuzügl. der Zinsen** | Der Anspruch ist nach Erklärung des Antragstellers von einer Gegenleistung ☐ nicht abhängig. ☐ abhängig; diese ist aber bereits erbracht. | | | |

**Das Gericht hat nicht geprüft, ob dem Antragsteller der Anspruch zusteht. Es fordert Sie hiermit auf, innerhalb von zwei Wochen seit der Zustellung dieses Bescheids entweder die vorstehend bezeichneten Beträge, soweit Sie den geltend gemachten Anspruch als begründet ansehen, zu begleichen oder dem** (oben bezeichneten) **Gericht auf einem Vordruck der beigefügten Art** (s. Hinweis dazu auf der Rückseite) **mitzuteilen, ob und in welchem Umfang Sie dem Anspruch widersprechen.**

Werden die geforderten Beträge nicht beglichen und wird auch nicht Widerspruch erhoben, kann der Antragsteller nach Ablauf der Frist einen Vollstreckungsbescheid erwirken, aus dem er die Zwangsvollstreckung betreiben kann. Ein streitiges Verfahren in Ihrem allgemeinen Gerichtsstand wäre nach Angabe des Antragstellers durchzuführen vor dem

⑩ [X] Amtsgericht ☐ Landgericht ☐ Landgericht -Kammer für Handelssachen- in Plz, Ort 66006 Frankfurt

An dieses Gericht, dem eine Prüfung seiner Zuständigkeit vorbehalten bleibt, wird die Sache im Falle Ihres Widerspruchs abgegeben.

## Antrag

Ort, Datum
Bielefeld, den 1.6.2019

**Es wird beantragt, aufgrund der vorstehenden Angaben einen Mahnbescheid zu erlassen.**

⑪ **Anschrift des Antragstellers/Vertreters/Prozeßbevollmächtigten**

⑫ ☐ Im Falle des Widerspruchs wird die Durchführung des streitigen Verfahrens vor dem vorstehend bezeichneten Gericht beantragt.

⑬ ☐ Ordnungsgemäße Bevollmächtigung wird versichert.

⑭ ☐ Hier die Zahl der ausgefüllten Vordrucke angeben, falls sich der Antrag gegen mehrere Antragsgegner richtet.

# Versicherung

## 8.1 Übersicht

### Bedeutung

Das Wesen einer Versicherung besteht darin, den einzelnen Bürger vor Schäden zu bewahren, die er aufgrund beschränkter finanzieller Mittel oft nicht allein tragen kann. Ohne Versicherung wäre die wirtschaftliche Existenz vieler Menschen auf Jahre hinaus gefährdet, wenn einmal ein größerer Schadensfall eintritt. Die Folgen können sowohl den Schädiger als auch den Geschädigten treffen: Den Schädiger, der für den Schaden aufkommen muss und dessen Vermögen schließlich gepfändet wird – den Geschädigten, der zwar einen Anspruch hat, diesen aber nicht realisieren kann, wenn von dem Schädiger nichts zu holen ist.

Durch die Versicherung wird das Schadensrisiko des Einzelnen auf eine große Gemeinschaft abgewälzt; viele Versicherungsnehmer zahlen durch ihre Prämien den Schaden des Einzelnen.

### Grundlagen

Um einen vernünftigen Verbraucherschutz gegen unüberschaubare Tarif- und Versicherungsbedingungen zu gewährleisten, wurde die Verordnung über den Versicherungsschutz in der Kfz-Haftpflichtversicherung geschaffen.

Es gibt nun folgende rechtliche Grundlagen:

- **Verordnung über den Versicherungsschutz in der Kfz-Haftpflichtversicherung** (KfzPflVVO)
- Allgemeine Bestimmungen des **Versicherungsvertragsgesetzes** (VVG)

### Versicherungsarten

Die Kraftfahrtversicherung umfasst folgende Versicherungsarten:

- **Kraftfahrzeug-Haftpflichtversicherung**
- **Fahrzeugversicherung** (= Kaskoversicherung)
- **Kraftfahrtunfallversicherung** (= Insassenversicherung)
- **Gepäckversicherung**

Nur für die Haftpflichtversicherung besteht Abschlusszwang. Alle anderen Versicherungsarten können freiwillig abgeschlossen werden.

Zusätzlich soll noch die **Verkehrs-Rechtsschutzversicherung** erwähnt werden.

**www.versicherungsnetz.de**

## 8.2 Haftpflichtversicherung

### Allgemeines

Die Haftpflichtversicherung gewährleistet, dass der Anspruch des Geschädigten, den dieser aus der Gefährdungs- oder der Verschuldenshaftung (siehe Kapitel 7) besitzt, auch tatsächlich bezahlt werden kann. Der beste Anspruch würde ja nichts nützen, wenn der zum Schadenersatz verpflichtete Halter oder Fahrer kein nennenswertes Vermögen hat. Das versicherte Wagnis bei der Haftpflichtversicherung besteht in der Gefahr, aus einem Schadenereignis einer anderen Person gegenüber schadenersatzpflichtig zu werden.

Die Versicherung (= Versicherer) ist nach der KfzPflVVO verpflichtet, begründete Schadenersatzansprüche zu befriedigen und unbegründete abzuwehren.

Der Versicherer kommt also keineswegs für alle Schäden auf, sondern nur für diejenigen, für die

- der Versicherungsnehmer (Halter) zahlen müsste **(Gefährdungshaftung)**,
- eine mitversicherte Person zahlen müsste **(Verschuldenshaftung)**.

Man könnte die Haftpflichtversicherung genauso gut Haftungsversicherung nennen oder umgekehrt statt Haftung den Begriff Haftpflicht einsetzen, wie es in der Überschrift vor § 7 StVG geschehen ist. Aus den Worten **Haftung = Haftpflicht** zeigt sich der Umfang der Haftpflichtversicherung. Die Bezeichnung als Haftpflichtversicherung besagt also nichts über den Abschlusszwang – schließlich gibt es viele Haftpflichtversicherungen, die durchaus freiwillig sind, wie z. B. Privat-Haftpflichtversicherung, Tierhalter-Haftpflichtversicherung.

Dass die Kraftfahrzeug-Haftpflichtversicherung eine **Zwangsversicherung** ist, ergibt sich aus § 1 KfzPflVVO.

### Geltungsbereich

Die Kraftfahrzeug-Haftpflichtversicherung gilt nur in Europa und in außereuropäischen Gebieten, die zum Geltungsbereich des EG-Vertrages gehören. Erweiterungen auf andere Gebiete müssen mit der Versicherungsgesellschaft vertraglich vereinbart werden.

### Mitversicherte Person (§ 2 Abs. 2 KfzPflVVO)

Fahrer, Eigentümer, berufsmäßiger Beifahrer, Omnibusschaffner, Arbeitgeber – soweit ein Fahrzeug des Arbeitnehmers für betriebliche Zwecke gebraucht wird – sind mitversicherte Personen. Wenn diese einen Schaden verursachen, so muss die Haftpflichtversicherung dafür genauso aufkommen, wie für einen Anspruch gegen den Halter. Die mitversicherten Personen genießen also bei allen Ansprüchen, die gegen sie gestellt werden, den Schutz der Haftpflichtversicherung, die der Halter abgeschlossen hat.

▶ *Der Dieb entwendet das Fahrzeug und verursacht damit einen Verkehrsunfall.*

Da der Dieb zur Zeit des Unfalls Fahrer war, muss die Haftpflichtversicherung dieses Kraftfahrzeugs gegenüber dem Geschädigten für den Schaden aufkommen. Die Rechtsprechung billigt dem Halter, der wegen des Unfalles Nachteile beim Schadenfreiheitsrabatt erleidet, insoweit nicht einmal einen Ausgleichsanspruch gegen den Dieb zu.

Mitversicherten Personen ist das Recht auf selbstständige Geltendmachung ihrer Ansprüche einzuräumen (§ 2 Abs. 3 KfzPflVVO).

▶ *Die Beifahrerin Paloma öffnet unachtsam die Tür und beschädigt dabei ein daneben parkendes Fahrzeug.*

Da sie normalerweise keine berufstätige Beifahrerin ist, gilt sie nicht als „mitversicherte Person“, also zahlt die Kfz-Haftpflichtversicherung den Schaden nicht. Zuständig ist die Privat-Haftpflichtversicherung der Beifahrerin (wenn sie eine hat).

### Wer ist versicherungspflichtig? (§ 1 KfzPflVVO)

Zum Abschluss und zur Aufrechterhaltung einer Haftpflichtversicherung sind grundsätzlich **alle Halter von Kraftfahrzeugen und Anhängern** verpflichtet, wenn das Kraftfahrzeug oder der Anhänger

1. einen **regelmäßigen Standort im Inland** hat und
2. **auf öffentlichen Wegen oder Plätzen verwendet** wird.

### Ausnahmen von der Versicherungspflicht (§ 2 PflVG)

Zweck der Haftpflichtversicherung ist es, die Befriedigung von Schadenersatzansprüchen zu gewährleisten und den Schädiger vor dem finanziellen Ruin zu bewahren. Bei einigen Haltern steht fest, dass sie über genügend Vermögen verfügen, um einen Haftpflichtschaden selbst bezahlen zu können. Ihnen braucht man deshalb nicht vorschreiben, eine Haftpflichtversicherung abzuschließen – sie können es natürlich freiwillig tun. Es handelt sich um:

- Die Bundesrepublik Deutschland (z. B. Bundeswehr, Bundesgrenzschutz)
- Die Länder (z. B. Polizei)
- Die Gemeinden mit mehr als 100.000 Einwohnern (z. B. Dienstwagen Bürgermeister)
- Die Gemeindeverbände sowie Zweckverbände, denen ausschließlich Körperschaften des öffentlichen Rechts angehören (z. B. Müllabfuhr)
- Bestimmte juristische Personen – hauptsächlich die Haftpflichtversicherungsunternehmen selbst

Daneben stellt man alle **Halter bestimmter Fahrzeuge** von der Versicherungspflicht frei, weil der Gesetzgeber davon ausgegangen ist, dass von diesen Fahrzeugen nur eine relativ geringe Gefahr ausgeht:

- Halter von Kraftfahrzeugen, deren durch die Bauart bestimmte **Höchstgeschwindigkeiten 6 km/h** nicht übersteigt
- Halter von bestimmten **zulassungsfreien selbst fahrenden Arbeitsmaschinen**, deren Höchstgeschwindigkeit 20 km/h nicht übersteigt
- Halter von **zulassungsfreien Anhängern**

### Höhe der Deckung (Anlage zu § 4 Abs. 2 PflVG)

Der Versicherer leistet höchstens den Betrag, der im Versicherungsvertrag vereinbart wurde.

Gesetzlich vorgeschrieben sind folgende Mindestversicherungssummen:

- **Personenschäden: 7,5 Mio. Euro**
- **Sachschäden: 1,22 Mio. Euro**

Bei Kraftfahrzeugen, die zur Beförderung von Personen dienen und mehr als neun Plätze (ohne Fahrer) aufweisen, gelten höhere Mindestversicherungssummen.

Zweckmäßig und inzwischen üblich ist es aber, im Versicherungsvertrag höhere Versicherungssummen zu vereinbaren. Heute werden **Pauschalversicherungen mit unbegrenzter Deckung** angeboten. Bei der Pauschalversicherung steht die vereinbarte Summe für jede Schadensart bereit, z. B. für einen Sachschaden (Tankzug umgestürzt und Grundwasser verseucht).

Denken Sie aber stets daran, dass auch noch so hohe Versicherungssummen nichts daran ändern, dass die Haftpflichtversicherung überhaupt nicht zahlt, wenn kein Fall der Verschuldens- oder Gefährdungshaftung vorliegt.

### Zustandekommen des Versicherungsschutzes – Beginn

Ein versicherungspflichtiges Fahrzeug darf ohne Nachweis des Versicherungsschutzes nicht zugelassen werden. Es gibt zwei Möglichkeiten, den Versicherungsschutz zu erlangen und der Zulassungsbehörde nachzuweisen:

1. Die **Versicherungsbestätigung**
2. Die **Einlösung des Versicherungsscheins**

Die **Versicherungsbestätigung** (früher Doppelkarte) bekommt man von einem Haftpflichtversicherer bzw. von einem Vertreter. Sie stellt rechtlich die förmliche Zusage durch den Versicherer dar, dass eine vorläufige Deckung gewährt wird. Damit besteht vorerst voller Versicherungsschutz – ohne dass eine Prämie bezahlt wurde. Wenn jedoch der Versicherungsnehmer (= Halter) die Versicherungsprämie und die Versicherungssteuer nicht innerhalb von 14 Tagen nach Erhalt der Rechnung eingezahlt hat, so kann der Versicherer in einem Schadensfall möglicherweise Regress nehmen. Im Außenverhältnis bekommt der Geschädigte also seinen Schaden ersetzt, der Versicherer kann sich dann aber an den Versicherungsnehmer halten.

Das System der Versicherungsbestätigung beruht auf einem Zusammenwirken zwischen der Zulassungsbehörde und dem Versicherer: Die Zulassungsbehörde sendet nach der Zulassung des Fahrzeugs eine Bestätigung an den Versicherer. Der Versicherer ist verpflichtet, der Zulassungsbehörde unverzüglich Mitteilung zu machen, wenn kein Versicherungsschutz (mehr) besteht (§ 29c StVZO). Die Zulassungsbehörde muss ein solches Fahrzeug dann stilllegen (**Zwangsabmeldung**), um andere Verkehrsteilnehmer vor Schäden zu bewahren. Der Versicherer kann diese Mitteilung machen, da er weiß, welche Zulassungsbehörde für das Fahrzeug zuständig ist.

Wenn keine Versicherungsbestätigung ausgegeben wird, so beginnt der Versicherungsschutz erst mit der **Einlösung des Versicherungsscheins.** Hiermit ist die Zahlung der ersten Prämie und der Versicherungssteuer gemeint.

### Zugelassene Versicherungsgesellschaften

Nicht jede Versicherungsgesellschaft darf Kraftfahrzeug-Haftpflichtversicherungsverträge abschließen, sondern nur diejenigen, die dazu besonders zugelassen sind. Die Versicherer unterliegen einer ständigen Überprüfung ihrer Vermögenslage durch das Bundesaufsichtsamt für das Versicherungswesen bzw. durch ein Landesaufsichtsamt. Im Rahmen der Liberalisierung des Versicherungsmarktes kann man seit 1994 ein in Deutschland zugelassenes Kraftfahrzeug auch bei Versicherungsunternehmen eines EU-Landes versichern.

### Dauer des Versicherungsschutzes

Beginn und Ende des Versicherungsschutzes bestimmen sich nach den §§ 187 und 188 BGB.

Im Gegensatz zur früheren Regelung kann damit praktisch jeder Zeitraum vertraglich als die Versicherungszeit vereinbart werden. Es ist zu erwarten, dass die Versicherungsgesellschaften sich vorläufig an den bestehenden jährlichen Versicherungsschutz mit automatischer Verlängerung – falls keine Kündigung erfolgt – halten werden.

Auch der Versicherer kann seinerseits den Versicherungsvertrag kündigen, z. B. wenn die Versicherungsprämie nicht bezahlt wird.

## Nachhaftung (§ 117 Abs. 2 VVG)

Der Versicherer ist verpflichtet, der Zulassungsbehörde das Erlöschen des Versicherungsschutzes mitzuteilen (§ 29c StVZO). Die Zulassungsbehörde benötigt aber eine gewisse Zeit, um die Stilllegungsverfügung (mit Anordnung der sofortigen Vollziehung) zu erlassen und zu vollziehen. Damit der Geschädigte keinen Nachteil aus Schäden erleidet, die zwischen der Beendigung des Versicherungsvertrages und der Durchführung der Stilllegung eintreten, besteht folgende Regelung: Der Versicherer muss für Schäden, die innerhalb eines Monats nach Ablauf des Versicherungsvertrages auftreten, haften. Die Monatsfrist kann sich sogar noch verlängern, und zwar dann, wenn der Versicherer die Mitteilung erst nach Ablauf des Versicherungsvertrags macht. Die Monatsfrist beginnt in diesem Falle mit der Anzeige.

## Versicherungsschutz bei Veräußerung des Fahrzeugs

Der Versicherungsvertrag bezieht sich auf das Fahrzeug, auch wenn bei der Prämienberechnung verschiedene Umstände des Halters berücksichtigt werden. Deshalb geht im Falle der Veräußerung (= meist Übergabe von Fahrzeug und Brief, nicht Datum des Kaufvertrages) der Versicherungsschutz gesetzlich, also automatisch auf den neuen Halter über. Dadurch ist gewährleistet, dass keine Lücke im Versicherungsschutz entsteht.

Oft wünscht aber der neue Halter nicht die laufende Versicherung des erworbenen Fahrzeugs, sondern möchte lieber bei seiner bisherigen Versicherungsgesellschaft bleiben. Er kann deshalb die laufende Versicherung innerhalb eines Monats nach Erwerb kündigen und muss das tun, wenn die laufende Versicherung nicht weiter geführt werden soll (G.7 AKB).

Der **bisherige Halter** muss sowohl der Straßenverkehrsbehörde als auch seiner Versicherung schriftlich mitteilen, wann und an wen er das Fahrzeug veräußert hat. Dabei ist empfehlenswert, eine Durchschrift oder Fotokopie des Kaufvertrages und eine Empfangsbestätigung des Erwerbers über Zulassungsbescheinigungen Teil 1 und 2 (= Fahrzeugschein und Fahrzeugbrief) beizufügen.

Der **neue Halter** benötigt für die Ummeldung bei der Straßenverkehrsbehörde eine Versicherungsbestätigung, die Zulassungsbescheinigungen Teil 1 und 2 sowie den Personalausweis.

Die Vorlage des Kaufvertrages ist auch hierzu empfehlen. Wird das Fahrzeug nicht bei der bisherigen Versicherung weiterversichert, so sollte auch der neue Halter der alten Versicherung erklären, dass er den Vertrag nicht fortführen will (kündigen gemäß G.7 AKB). Auf diese Anzeige wird allerdings häufig verzichtet, wenn der alten Versicherung dies schon bekannt war, z. B. durch den alten Halter mitgeteilt wurde.

**Entsteht bis zur Ummeldung ein Schadensfall**, so ergeben sich oft Streitigkeiten, ob die alte Versicherungsgesellschaft oder schon die neue aufgrund der Versicherungsbestätigung dafür aufkommen muss. Der bisherige Halter kann sich für den Fall, dass noch die alte (seine) Versicherung leistet und dann ihn als Versicherungsnehmer beim Schadenfreiheitsrabatt herabstuft, durch folgende **Vereinbarung im Kaufvertrag** schadlos halten:

*„Der Käufer verpflichtet sich, das Fahrzeug unverzüglich umzumelden. Sollten sich aus einem Unfall bis dahin Nachteile für den Verkäufer ergeben (Verlust Schadenfreiheitsrabatt), so wird der Käufer diese dem Verkäufer ersetzen."*

### Verstoß gegen die Versicherungspflicht (§ 6 PflVG)

Ein Verstoß gegen die Versicherungspflicht wird als **Straftat** mit Freiheitsstrafe bis zu einem Jahr oder mit Geldstrafe geahndet. Bei Vorsatz kann das Fahrzeug außerdem entschädigungslos eingezogen werden (Nebenstrafe). Sowohl der Halter als auch der Fahrer können sich strafbar machen. Die Tat wird bei Vorsatz, aber auch bei Fahrlässigkeit geahndet.

### Ausschlüsse des Versicherungsschutzes bei der Haftpflichtversicherung

Die Haftpflichtversicherung zahlt nicht, wenn der Geschädigte zugleich der Schädiger ist.

- ▶ *Der Halter hat mehrere Kraftfahrzeuge, es kommt zu einem Verkehrsunfall zwischen zwei seiner Fahrzeuge. Der Sachschaden wird nicht ersetzt, gleichgültig, ob die Fahrzeuge bei demselben Versicherer versichert sind oder bei verschiedenen; vergleiche auch A.1.5 AKB.*
- ▶ *Der Fahrer verletzt sich. Ansprüche aus der Gefährdungshaftung scheiden aus (§ 8 StVG). Der Fahrer kann aus der Verschuldenshaftung keine Ansprüche gegen sich selbst stellen.*

Nach § 4 der KfzPflVVO kann die Versicherung die Haftung nur für folgende Fälle ausschließen:

(1) Für Ersatzansprüche des Versicherungsnehmers, Halters oder Eigentümers **gegen mitversicherte Personen** wegen Sach- oder Vermögensschäden.
   - ▶ *Der Halter eines Pkw lässt einen Bekannten fahren, wobei er selbst mitfährt. Dieser Bekannte verschuldet einen Verkehrsunfall, bei dem der Halter verletzt und der Pkw beschädigt wird. Die Kfz-Haftpflichtversicherung braucht nach dieser Regelung den Sachschaden am Pkw nicht zu ersetzen. Den Personenschaden des Halters muss die Kfz-Haftpflichtversicherung tragen.*

(2) Ersatzansprüche wegen Beschädigung, Zerstörung oder Abhandenkommen des versicherten Fahrzeugs mit Ausnahme der Beschädigung betriebsunfähiger Fahrzeuge bei nicht gewerbsmäßigem Abschleppen **im Rahmen üblicher Hilfeleistung.** Diese Schäden sind nur über die **Kaskoversicherung** zu decken.

(3) Ersatzansprüche wegen Beschädigung, Zerstörung oder Abhandenkommen von Sachen, die mit dem versicherten Fahrzeug befördert wurden (mit Ausnahme von Sachen des persönlichen Bedarfs eines Mitfahrenden).
   - ▶ *Ein Lkw mit Fernsehern verunglückt, weil der Fahrer eingeschlafen ist. Die Kfz-Haftpflichtversicherung zahlt den Schaden an der Ladung nicht. Der Unternehmer muss für derartige Risiken eine besondere Sachversicherung in Anspruch nehmen.*

(4) **Rennfahrer-Klausel**
Bei behördlich genehmigten kraftfahrt-sportlichen Veranstaltungen, bei denen es auf die Erzielung einer Höchstgeschwindigkeit ankommt, oder den dazugehörigen Übungsfahrten zahlt die Kfz-Haftpflichtversicherung nicht. Diese Veranstaltungen sind als Sondernutzung öffentlicher Straßen ohnehin genehmigungspflichtig, wobei die Straßenverkehrsbehörde den Abschluss einer besonderen Versicherung für die Rennveranstaltung verlangen wird.

(5) Ersatzansprüche wegen reiner Vermögensschäden durch die **Nichteinhaltung von Liefer- und Beförderungsfristen.**
- ▶ *Ein Manta-Fahrer verursacht auf der Autobahn einen Verkehrsunfall, aus dem sich ein kilometerlanger zweistündiger Stau ergibt. In diesem Stau hängt u. a. ein Lkw fest, der just in time Ersatzteile zu einer Auto-Reparaturwerkstatt bringen soll. Durch die verspätete Ankunft des Lkw kann die Reparatur nicht mehr vor dem Wochenende durchgeführt werden, weshalb der Kunde Nutzungsausfall-Ansprüche stellt.*

(6) Ersatzansprüche wegen **Schäden durch Kernenergie.**

(7) **Vorsatz** des Versicherungsnehmers. Der Versicherer haftet nicht, wenn der Versicherte den Schaden vorsätzlich und widerrechtlich herbeigeführt hat. Das ist im Versicherungsvertragsgesetz (VVG) geregelt. Der Vorsatz muss direkt auf den Versicherungsfall, d. h. den Unfall gerichtet sein, und der Versicherer muss dies beweisen.

- ▶ *Eine Bande von Versicherungsbetrügern provoziert Verkehrsunfälle, lässt die Fahrzeuge nur notdürftig reparieren und kassiert die Schadenersatzzahlungen.*

**Grobe Fahrlässigkeit** dagegen schließt den Versicherungsschutz bei der Haftpflichtversicherung nicht aus.

**Andere Ausschlüsse** von der Haftpflichtversicherung sind in § 11 Allgemeine Bedingungen für die Kraftfahrtversicherung (AKB) aufgeführt:

(1) Haftpflichtansprüche, die **über die im Versicherungsvertrag festgelegte Summe hinausgehen.** Sollte die Haftungssumme höher sein als die Versicherungssumme, so muss der Schädiger die Differenz aus eigener Tasche tragen.

(2) Haftpflichtansprüche aus solchen reinen Vermögensschäden, die auf bewusst **gesetz- oder vorschriftswidrigem Handeln des Versicherten** zurückzuführen sind.

(3) Haftpflichtansprüche aus behördlich genehmigter **Beförderung von Kernbrennstoffen.** Hier bestehen besondere Haftungsvorschriften nach dem Atomgesetz.

Alle genannten Ausschlüsse beziehen sich nur auf die Verpflichtung des Versicherers. Ob die beteiligten Personen untereinander Haftungsansprüche haben, ist eine andere Frage. Oft sind Ansprüche aus der Verschuldenshaftung vorhanden, z. B. des Eigentümers gegenüber dem Fahrer. Der Schädiger muss den Schaden dann selbst bezahlen.

## Obliegenheiten

Obliegenheiten sind Voraussetzungen für die Erhaltung des Anspruchs aus dem Versicherungsvertrag. Es handelt sich um Verpflichtungen, die der Versicherungsnehmer gegenüber dem Versicherer hat.

Wenn Obliegenheiten verletzt werden, so muss der Versicherer dennoch gegenüber dem Geschädigten zahlen; der Versicherer kann dann aber gegenüber dem Versicherungsnehmer oder einer mitversicherten Person einen Regressanspruch haben. Man unterscheidet folgende Obliegenheiten:

1. **Obliegenheiten vor dem Versicherungsfall** (§ 5 KfzPflVVO)
2. **Obliegenheiten im Versicherungsfall** (§ 6 KfzPflVVO)

## Obliegenheiten vor dem Versicherungsfall (§ 5 KfzPflVVO)

Es können nur folgende Obliegenheiten vereinbart werden:

### a) Verwendungsklausel

Das Fahrzeug wird zu einem anderen als dem im Versicherungsvertrag angegebenen Zweck verwendet.

- *Pkw als Privatwagen angemeldet, jedoch als Mietwagen benutzt*
- *Lkw für Güternahverkehr angemeldet, aber für Güterfernverkehr benutzt*
- *Bei Fahrschulen, wenn als Privatwagen angemeldet und wenn der Versicherer für Fahrschulwagen einen höheren Tarif hat*

### b) Schwarzfahrerklausel

Ein unberechtigter Fahrer gebraucht das Fahrzeug, also gegen den Willen des Halters bzw. des Berechtigten.

- *Das Fahrzeug wird gestohlen.*
- *Der Angestellte macht bei einer Geschäftsfahrt einen Umweg für private Zwecke – wenn ihm dies nicht vorher gestattet war.*

Die Regressmöglichkeit besteht nur gegenüber dem Schwarzfahrer, nicht gegenüber dem Halter oder Eigentümer.

### c) Führerscheinklausel

Der Fahrer hatte nicht die vorgeschriebene Fahrerlaubnis.

Regressmöglichkeit besteht gegenüber dem Fahrer immer, gegenüber dem Halter oder Eigentümer nur, wenn dieser zu verantworten hatte (Vorsatz oder Fahrlässigkeit), dass der Fahrer die vorgeschriebene Fahrerlaubnis nicht besaß. Der Halter ist verpflichtet, sich bei Beauftragung eines neuen Fahrers und später von Zeit zu Zeit von dessen Fahrerlaubnis zu überzeugen.

Diese Klausel gilt jedoch nicht bei einem rechtskräftigen Fahrverbot (BGH, Urteil vom 11. Februar 1987 – IVa ZR 144/85).

### d) Rennfahrerklausel

Das Fahrzeug wird zu behördlich nicht genehmigten Fahrveranstaltungen, bei denen es auf die Erzielung einer Höchstgeschwindigkeit ankommt, verwendet.

### e) Alkohol-Klausel

Der Fahrer führt das Fahrzeug, obwohl er in Folge des Genusses alkoholischer Getränke oder anderer berauschender Mittel dazu nicht sicher in der Lage ist.

Die gleiche Bestimmung gilt für den Halter, der einem betrunkenen Fahrer sein Fahrzeug überlässt. Diese Klausel gibt den Versicherungsgesellschaften endlich die Möglichkeit, bei Trunkenheitsfahrten mit Verkehrsunfällen generell Regress zu nehmen, und zwar unabhängig von der Beweisbarkeit, ob der Unfall auch ohne den Alkoholgenuss geschehen wäre.

Nach § 5 Abs. 3 KfzPflVVO kann die Versicherungsgesellschaft bei allen Obliegenheiten vor Eintritt des Versicherungsfalles vom Fahrer bzw. Halter bis zu 5.000 Euro Regress nehmen.

## Obliegenheiten im Versicherungsfall (§ 6 KfzPflVVO)

Versicherungsfall ist der Schadensfall. Der Versicherer ist daran interessiert, möglichst früh eingeschaltet zu werden. Hier können verschiedene vertragliche Vereinbarungen bestehen, z. B.:

### a) Anzeigepflicht

Der Versicherungsfall muss dem eigenen Versicherer vom Versicherungsnehmer innerhalb einer Woche schriftlich angezeigt werden.

Notfalls kann man sich auch an den Zentralruf der Autoversicherer wenden, der in vielen Großstädten Auskunft erteilt.

**Zentrale beim HUK-Verband, Glockengießerwall 1, 20095 Hamburg, Tel. 0800/250 260 0**

Auf Anforderung erhält der Versicherungsnehmer dazu vom Versicherer einen Fragebogen für die schriftliche Schadenanzeige. Hier sind dann nähere Angaben zum Unfallgeschehen zu machen. Die Beantwortung der Fragen bildet eine der wichtigen Grundlagen für die Schadenbearbeitung des Versicherers.

Bei Bagatellschäden unter 250 Euro Sachschaden verzichten die meisten Versicherer auf diese Anzeige. Der Schaden kann dann noch bis zum Ende des Versicherungsjahres angezeigt werden, was sich allerdings meist nur empfiehlt, wenn ein größerer Schaden hinzugekommen ist (Schadenfreiheitsrabatt).

### b) Schadenminderungspflicht

Der Versicherungsnehmer ist verpflichtet alles zu tun, um den Schaden so gering wie möglich zu halten (Beispiele vgl. Kapitel 7.1, Haftung).

### c) Aufklärungspflicht

Der Versicherungsnehmer ist zur wahrheitsgemäßen Beantwortung der Fragen verpflichtet, die mit dem Unfallgeschehen zusammenhängen – auch wenn er gegenüber der Polizei oder dem Gericht keine Angaben macht. Falsche Erklärungen gegenüber der Versicherung – z. B. über den Alkoholgenuss des Fahrers, über die Einwilligung zur Fahrt oder über die Fahrerlaubnis des Fahrers – stellen regelmäßig eine Verletzung der Aufklärungspflicht dar, was dann erst die Regressansprüche des Versicherers auslöst. Es ist also dringend zu raten, etwaige Zuwiderhandlungen gegenüber der eigenen Haftpflichtversicherung nicht zu vertuschen.

**Verkehrsunfallflucht** stellt regelmäßig einen Verstoß gegen die Aufklärungspflicht dar.

### d) Mitteilungspflicht, wenn Ansprüche erhoben werden

Nach einem Verkehrsunfall ist es möglich, dass andere Unfallbeteiligte oder Berechtigte gegen den Versicherungsnehmer vorgehen, und zwar zivilrechtlich oder öffentlich-rechtlich:

- Wenn eine **zivilrechtliche Klage** oder ein **Mahnbescheid** zugestellt wird,
- wenn ein **Ermittlungsverfahren** von Polizei oder Staatsanwaltschaft eingeleitet wird,
- wenn ein **Strafbefehl** oder ein **Bußgeldbescheid**, der mit dem Versicherungsfall zusammenhängt, erlassen wird,

so muss der Versicherungsnehmer dieses unverzüglich dem Versicherer anzeigen und dessen Weisungen beachten. Möglicherweise muss der Versicherungsnehmer auch vorbeugend Rechtsmittel einlegen.

#### e) Verbot des Anerkenntnisses und der Befriedigung

Der Versicherungsnehmer ist grundsätzlich nicht berechtigt, ohne vorherige Zustimmung des Versicherers einen Anspruch ganz oder zum Teil anzuerkennen oder gar zu befriedigen. Ein wirksames Schuldanerkenntnis schafft nämlich einen neuen Anspruch auf Schadenersatz, der unabhängig von der Verschuldens- und Gefährdungshaftung besteht. Nur bei kleineren Schäden, bei denen die Haftungsfrage völlig eindeutig ist, darf man ausnahmsweise den Anspruch selbst anerkennen und befriedigen.

#### f) Vorrangiges Prozessführungsrecht des Versicherers

Wenn es zum Rechtsstreit kommt, hat der Versicherungsnehmer die Führung des Prozesses seinem Versicherer zu überlassen. Er muss dem vom Versicherer bestellten Anwalt Vollmacht und jede verlangte Auskunft geben. Dieses Recht des Versicherers ist daraus gerechtfertigt, dass die Haftpflichtansprüche wirtschaftlich den Versicherer treffen. Der Versicherungsnehmer ist bisweilen nicht besonders daran interessiert, den Zivilprozess zu gewinnen, denn der Versicherer muss ja für ihn zahlen.

Obliegenheiten gelten sinngemäß auch für die mitversicherten Personen.

### Folgen der Verletzung von Obliegenheiten im Versicherungsfall

Nur wenn der Versicherungsnehmer oder eine mitversicherte Person eine Obliegenheit **vorsätzlich oder grob fahrlässig** verletzt, und wenn die Interessen des Versicherers dadurch tatsächlich wesentlich beeinträchtigt worden sind, so kann der Versicherer einen **Regressanspruch** geltend machen (= **Leistungsfreiheit**). Die Leistungsfreiheit besteht immer nur gegenüber demjenigen, der die Obliegenheiten schuldhaft verletzt hat.

Bei Obliegenheitsverletzungen im Versicherungsfall kann die Versicherungsgesellschaft Regress bis zu 2.500 Euro, bei besonders schwerwiegender, vorsätzlich begangener Verletzung der Aufklärungs- und Schadensminderungspflicht Regress bis zu 5.000 Euro vereinbaren und beanspruchen. Soweit die Obliegenheitsverletzung weder Einfluss auf die Feststellung des Versicherungsfalls noch auf die Feststellung oder den Umfang der dem Versicherer obliegenden Leistung gehabt hat, darf kein Regress geltend gemacht werden.

▶ *Herr Blau fährt mit 1,4 Promille gegen einen parkenden Pkw und begeht Unfallflucht. Kurz danach wird er zu Hause aufgespürt. Die Haftpflichtversicherung muss den Schaden zwar ersetzen, kann aber 10.000 Euro Regress fordern, und zwar 5.000 Euro wegen der Trunkenheitsfahrt (Obliegenheit vor dem Versicherungsfall) und 5.000 Euro wegen der Unfallflucht (Obliegenheit im Versicherungsfall).*

Gegenüber einem Fahrer, der das Fahrzeug durch strafbare Handlung erlangt hat (Dieb), kann die Versicherung unbegrenzt Regress fordern.

### Versicherungsbetrug (§ 7 KfzPflVVO)

Wird eine Obliegenheitsverletzung in der Absicht begangen, sich oder einen Dritten dadurch rechtswidrig zu bereichern, z. B. durch falsche Angaben bei der Schadensmeldung, so kann die Versicherungsgesellschaft unbegrenzt Regress nehmen.

## Vorübergehende Stilllegung

Wenn das Fahrzeug längere Zeit nicht benötigt wird, kann es zweckmäßig sein, es vorübergehend abzumelden. Für diese Zeit, die aber mindestens einen Monat betragen muss, wird der Versicherungsschutz unterbrochen. Es braucht keine Versicherungsprämie gezahlt werden, im Übrigen bleibt der Versicherungsvertrag bestehen. Der Nachweis über die Stilllegung erfolgt durch die Abmeldebescheinigung, die von der Zulassungsstelle erteilt wird. Soll das Fahrzeug wieder angemeldet werden, so besteht bereits für die Fahrt zur Zulassungsstelle Versicherungsschutz.

## Versicherungsumfang bei Anhängern (§ 3 KfzPflVVO)

Nur für zulassungspflichtige Anhänger ist eine Haftpflichtversicherung vorgeschrieben. Nicht zulassungspflichtige Anhänger kann man natürlich freiwillig versichern.

Solange ein Anhänger – gleich ob zulassungspflichtig oder nicht –

a) mit dem Kraftfahrzeug verbunden ist oder
b) sich während des Gebrauchs des Kraftfahrzeugs von diesem löst und sich noch in Bewegung befindet,

wird der Schaden, den der Anhänger verursacht, auch durch die **Haftpflichtversicherung des Kraftfahrzeugs** abgedeckt. Das rechtfertigt sich daraus, dass in diesen Fällen die **Betriebsgefahr des ziehenden Kraftfahrzeugs** den Schaden entscheidend verursacht hat.

Der Geschädigte kann unabhängig von der Haftung des Fahrers und des Halters des Kfz immer auch den Halter des Anhängers und die Anhänger-Haftpflichtversicherung in Anspruch nehmen. Die Halter des Kfz einerseits und des Anhängers andererseits gleichen ihren Anteil an den Schäden anschließend intern aus.

Beim **Schleppen und Abschleppen** von nicht haftpflichtversicherten Fahrzeugen gelten dieselben Regeln wie für Anhänger.

## Schadenfreiheitsrabatt

Eine Herabstufung im Schadenfreiheitsrabatt wird immer dann vorgenommen, wenn die eigene Haftpflichtversicherung an den Geschädigten zahlen muss. Aus welchem Grunde die Leistung erfolgt (Verschuldens- oder Gefährdungshaftung) ist dabei gleichgültig. Der Rabattverlust wirkt sich dann meist mehrere Jahre nachteilig auf die Versicherungsprämie aus, sodass es sich lohnen kann, kleinere Schäden selbst zu regulieren. Es besteht auch die Möglichkeit, den Schaden des Unfallgegners zunächst von der eigenen Haftpflichtversicherung regulieren zu lassen und dann innerhalb eines halben

Jahres der Haftpflichtversicherung die Aufwendungen zu erstatten. In diesem Fall entsteht kein Rabattverlust. Lassen Sie sich von der Versicherung ausrechnen, was für Sie günstiger wäre.

## Gegnerische Haftpflichtversicherung

Ist der Schädiger in einer Kraftfahrzeug-Haftpflichtversicherung, so kann sich der Geschädigte an diese wenden, braucht also nicht zu warten, bis der Halter den Versicherungsfall meldet (= **Direktanspruch).**

Die gegnerische Haftpflichtversicherung erfährt man entweder durch die Angaben des Halters oder – wenn man hier nicht weiterkommt – den **Zentralruf der Autoversicherer.** Beim Zentralruf braucht man außer den eigenen Personalien nur den Namen des Halters und das Kennzeichen angeben.

Bei der schriftlichen Schadenmeldung sollte man mindestens angeben: Name und Anschrift des Schädigers, amtliches Kennzeichen, Unfalltag, Unfallort, Unfallskizze mit Schilderung des Unfallhergangs, Namen und Anschriften von Zeugen, bei im Ausland zugelassenen Fahrzeugen grüne Versicherungskarte.

## Fahrgemeinschaften

Für Fahrgemeinschaften gelten folgende Gesichtspunkte:

- Bei einem **Verschulden des Fahrers** – auch bei der kleinsten Unaufmerksamkeit – haftet dieser den Insassen nach der Verschuldenshaftung. In diesem Rahmen kommt auch die Haftpflichtversicherung des Fahrzeugs für den Schaden auf.
  Die Mitfahrer sind auch im Rahmen der Gefährdungshaftung geschützt (vgl. Kapitel 7.3).
- Die gesetzliche Unfallversicherung (Berufsgenossenschaften) kommt bei Fahrten von der Wohnung zur Arbeitsstätte und zurück auch für solche **Wegeunfälle** auf, die sich auf einem Umweg ereignen, der durch das Abholen oder Zurückbringen der mitfahrenden anderen Berufstätigen bedingt ist.
- Die Fahrgemeinschaft mit Personenkraftwagen bedarf keiner Genehmigung nach dem Personenbeförderungsgesetz, solange das von den Mitfahrern **eingenommene Entgelt** die Betriebskosten der Fahrt nicht übersteigt (§ 1 Abs. 2 PBefG). Als Betriebskosten kann man die laufenden Kosten ansetzen.

## Grüne Versicherungskarte

Die in der Bundesrepublik abgeschlossene Kraftfahrt-Haftpflichtversicherung gilt bekanntlich für ganz Europa. Entsprechend ist auch umgekehrt geregelt, dass für im Ausland zugelassene und versicherte Fahrzeuge deren Versicherungsschutz weiter besteht, wenn sie im Bundesgebiet fahren.

Die grüne Versicherungskarte ist rechtlich die Bestätigung der nationalen Versicherungsgesellschaft, dass für einen bestimmten Zeitraum ein bestimmtes Fahrzeug dort versichert ist (§ 1 Abs. 2 AuslPflVG).

An den Grenzen wird die Vorlage der grünen Versicherungskarte heute nur noch in wenigen Fällen verlangt, weil man davon ausgeht, dass jeder Staat den Haftpflichtversicherungsschutz der in seinem Bereich zugelassenen Fahrzeuge genügend überwacht (§ 8a AuslPflVG). Im Falle eines Schadens hat die grüne Versicherungskarte aber doch erhebliche Bedeutung: Sie garantiert nämlich zusätzlich, dass Versicherungsschutz mindestens in Höhe der Versicherungssummen des Gastlandes besteht.

- ▶ *Ein in Italien zugelassenes und versichertes Kraftfahrzeug verursacht im Bundesgebiet einen Unfall, wobei Sachschaden entsteht. Ohne grüne Versicherungskarte bestünde kein Versicherungsschutz für Sachschäden; mit der grünen Versicherungskarte gilt die deutsche Mindestversicherungssumme.*

In derartigen Fällen deshalb immer die grüne Versicherungskarte zeigen lassen und den austrennbaren Abschnitt behalten, zumindest aber die Nummer der grünen Karte, die Versicherungsgesellschaft und die Versicherungsscheinnummer notieren!

Ein weiterer Vorzug durch die grüne Versicherungskarte ist, dass die **Schadenregulierung vereinfacht** wird: Alle Unfälle, die sich im Bundesgebiet ereignet haben, werden dann vom Büro Grüne Karte e. V., – Abteilung Ausländerschadenregulierung – abgewickelt, was erheblich schneller geht, als wenn man selbst an die ausländische Versicherungsgesellschaft herantreten müsste.

Bei einer **Fahrt ins Ausland** ist die grüne Versicherungskarte empfehlenswert und in vielen Fällen nach einem Schaden nützlich. Kann sie nämlich nicht vorgelegt werden, kann man von der Polizei so lange festgehalten werden, bis die ausländischen Behörden davon überzeugt sind, dass Versicherungsschutz besteht und bei welcher Gesellschaft (Versicherungsscheinnummer) er abgeschlossen ist.

Die grüne Versicherungskarte wird von der eigenen Haftpflichtversicherung **kostenlos erteilt.** Diese gibt bei Unklarheiten auch weitere Informationen.

Zusätzlich sollte man vor Fahrten ins Ausland überlegen, ob sich der Abschluss einer Kurzzeit-Vollkasko-Versicherung und einer **Insassenunfallversicherung** lohnt. Es gibt auch die Möglichkeit, derartige Risiken über die **Automobilclubs** abzudecken. Man sollte sich dabei genau nach den einzelnen Konditionen erkundigen. Bisweilen werden mit großem Werbeaufwand auch **„Schutzbriefe"** für Leistungen verkauft, die bei der Konkurrenz schon im normalen Jahresbeitrag enthalten sind.

## Unfall im EU-Ausland

Eine neue EU-Richtlinie macht die Schadenabwicklung von Verkehrsunfällen im Ausland einfacher. Die Durchsetzung von Schadensersatz ist im Ausland kompliziert und langwierig. Man kann sich jedoch direkt an die in Deutschland befindliche Regulierungsstelle der ausländischen Versicherung wenden.

In der **4. Kraftfahrthaftpflicht-Richtlinie** der Europäischen Union (Richtlinie 2000/26/EG ) ist geregelt, dass jeder Versicherer in jedem Mitgliedsstaat einen Schadenregulierungsbeauftragten benennen muss. Fremdsprachenkenntnisse oder gar ein ausländischer Anwalt sind demzufolge nicht mehr erforderlich.

**❯ Die jeweiligen Regulierungsbeauftragten erfahren Sie beim Zentralruf der Autoversicherer, Tel. 0800/250 260 0**

Wer jemals einen Unfall im Ausland hatte, der weiß, dass man vor allem viel Geduld und Zeit braucht, bis die Sache geregelt wurde.

Auch das hat sich nun geändert. Die ausländische Regulierungsstelle darf sich maximal drei Monate mit der Bearbeitung Zeit lassen. Danach kann sich der Geschädigte an die Entschädigungsstelle im eigenen Land wenden. In Deutschland ist dies der Verein Verkehrsopferhilfe.

**www.zentralruf.de**
**www.verkehrsopferhilfe.de**

### Unfall zwischen zwei in Deutschland zugelassenen Fahrzeugen

In solchen Fällen richten sich die Verkehrsvorschriften nach dem Recht des ausländischen Unfallortes, die Schadenregulierung selbst aber nach deutschem Recht (Landgericht Kleve, Urteil vom 17. Februar 2012 – Az: 5 S 128/11).

### Gerichtsverfahren in Deutschland

Man kann eine nicht (oder nur teilweise) zahlende ausländische Versicherung auch am eigenen Wohnsitz in Deutschland verklagen, obwohl der Unfall im EU-Ausland passiert ist (OLG Köln, Urteil vom 12. September 2005 – 16 U 36/05). Eine EU-Richtlinie ermöglicht dies. Dadurch werden Entschädigungsansprüche leichter durchsetzbar als bei einer Klage im Ausland, wo man oft die eigenen Rechtsanwaltskosten unabhängig vom Prozessausgang selbst zahlen muss.

### Zentralruf der Autoversicherer

In bestimmten Fällen ist es erforderlich, die Daten der Haftpflichtversicherung eines Kraftfahrzeuges zu erfahren, z. B. wenn man unterwegs im Urlaub einen Unfall hat oder der Unfallgegner, der den Schaden verursacht hat, seine Versicherungsdaten nicht nennen will, um seinen Schadenfreiheitsrabatt nicht zu verlieren. Unter der bundesweit einheitlichen Telefonnummer 0800/250 260 0 ist der Zentralruf der Autoversicherer erreichbar. Dort muss man den Namen des Fahrzeughalters, das amtliche Kennzeichen, den Fahrzeugtyp und das Unfalldatum angeben und erhält dann kurze Zeit später Auskunft über die betreffende Versicherungsgesellschaft und Versicherungsnummer.

## Fragen und Antworten

1. *Welche Versicherungsarten umfasst die Kraftfahrtversicherung?*
   - Kraftfahrzeug-Haftpflichtversicherung
   - Fahrzeugversicherung (Kaskoversicherung)
   - Kraftfahrtunfallversicherung (Insassenversicherung)
   - Gepäckversicherung

   Zusätzlich kann man noch eine Verkehrs-Rechtsschutzversicherung abschließen.
2. *In welchen rechtlichen Grundlagen ist etwas über die Kraftfahrtversicherung geregelt?*
   - Im Pflichtversicherungsgesetz
   - In der Kraftfahrzeug-Pflichtversicherungsverordnung (KfzPflVVO)
3. *Welche dieser Versicherungen muss man abschließen?*
   Die Haftpflichtversicherung

4. *Warum ist der Abschluss einer Haftpflichtversicherung grundsätzlich zwingend vorgeschrieben worden?*
   Damit der Geschädigte die ihm zustehenden Schadenersatzleistungen auch tatsächlich bekommt und damit der Schädiger die oft hohen Leistungen nicht selbst zahlen muss.
5. *Welches Risiko deckt die Haftpflichtversicherung?*
   Die Fremdschäden, für die nach der Verschuldenshaftung oder nach der Gefährdungshaftung gehaftet werden muss.
6. *Ergibt sich aus dem Wort „Haftpflichtversicherung", dass sie jedem vorgeschrieben ist?*
   Haftpflichtversicherung bedeutet, dass man versichert ist, wenn man selbst zahlen, also haften müsste. Es gibt auch Haftpflichtversicherungen, die freiwillig abgeschlossen werden können (z. B. Private Familienhaftpflichtversicherung). Der Name allein besagt also nicht, dass Abschlusszwang besteht.
7. *Wer muss die Haftpflichtversicherung abschließen?*
   Der Halter des Kraftfahrzeugs oder des Kraftfahrzeuganhängers, wenn das Fahrzeug auf öffentlichen Straßen verwendet werden soll.
8. *Wer braucht ausnahmsweise keine Haftpflichtversicherung abzuschließen?*
   Folgende Halter generell:
   - Bundesrepublik Deutschland
   - Länder
   - Gemeinden über 100.000 Einwohner
   - Bestimmte Gemeindeverbände und Zweckverbände
   - Bestimmte juristische Personen, z. B. die Versicherungsgesellschaften selbst

   Halter von:
   - Kraftfahrzeugen mit bauartbestimmter Höchstgeschwindigkeit nicht über 6 km/h
   - Bestimmten selbst fahrenden Arbeitsmaschinen, die nicht schneller als 20 km/h fahren
   - Zulassungsfreien Anhängern

   (§ 2 PflVG)
9. *Wer sind die „mitversicherten Personen" und welche Bedeutung hat dieses?*
   - Halter
   - Fahrer
   - Eigentümer
   - Berufsmäßiger Beifahrer
   - Omnibusschaffner
   - Arbeitgeber in bestimmten Fällen

   Wenn diese Personen im Zusammenhang mit dem versicherten Kraftfahrzeug einen Schaden verursachen, so muss die Haftpflichtversicherung dafür ebenso aufkommen wie für den Halter.
10. *Wie kommt der Versicherungsschutz zu Stande?*
    Durch Aushändigung der Versicherungsbestätigung oder durch Einlösung des Versicherungsscheines, d. h. Zahlung der Prämie.
11. *Was ist die Versicherungsbestätigung rechtlich?*
    Die Zusage des Versicherers auf vorläufige Deckung.
12. *Wie lange ist man über die Versicherungsbestätigung zunächst versichert?*
    Bis 14 Tage nach Erhalt der Rechnung; zahlt man in dieser Zeit nicht und entsteht ein Unfall, so kann die Versicherung vom Halter Regress fordern.

13. *Wie hoch sind die Mindestversicherungssummen je Schadensfall?*
    - Für Personenschäden: 7,5 Mio. Euro
    - Für Sachschäden: 1.22 Mio. Euro
14. *Warum sollte man lieber eine Pauschalversicherung abschließen?*
    Weil die Mindestversicherungssummen in manchen Fällen nicht ausreichen. Die Pauschalversicherung bietet die Vorteile
    - der höheren Summe und,
    - dass die gesamte Summe insgesamt für jede Schadensart zur Verfügung steht.
15. *In welchen Fällen muss die Haftpflichtversicherung des Anhängers eintreten?*
    Nur wenn der Anhänger zum Zeitpunkt des Schadens nicht mit dem Kraftfahrzeug verbunden war und auch nicht unterwegs abgerissen ist und beim Ausrollen Schäden verursacht hat.
16. *Wie wird es geahndet, wenn das Kraftfahrzeug ohne vorgeschriebene Haftpflichtversicherung auf öffentlichen Wegen angetroffen wird?*
    Dies ist eine Straftat, für die Freiheitsstrafe bis zu einem Jahr oder Geldstrafe drohen. Zusätzlich kann das Kraftfahrzeug entschädigungslos eingezogen werden. Sowohl der Halter als auch der Fahrer können bestraft werden. (§ 6 PflVG)
17. *Was versteht man unter Obliegenheiten und wie wirken sie sich aus?*
    Obliegenheiten sind Treuepflichten aus dem Versicherungsverhältnis. Sie bilden die Voraussetzung für die Erhaltung des vollen Versicherungsschutzes. Werden Obliegenheiten verletzt, so kann die Versicherung in vielen Fällen Regress nehmen. Gegenüber dem Geschädigten haftet die Versicherung jedoch voll.
18. *Nennen Sie die häufigsten Obliegenheiten.*
    Gesetzliche Obliegenheiten:
    - Zustand des Fahrzeugs und des Fahrers

    Obliegenheiten vor dem Versicherungsfall:
    - Alkoholklausel
    - Verwendungsklausel
    - Führerscheinklausel
    - Schwarzfahrerklausel
    - Rennfahrerklausel

    Obliegenheiten im Versicherungsfall:
    - Anzeigepflicht
    - Schadenminderungspflicht
    - Aufklärungspflicht
    - Mitteilungspflicht bei gerichtlichen Maßnahmen
    - Verbot von Schuldanerkenntnis
    - Vorrangiges Prozessführungsrecht für die Versicherung
19. *Nennen Sie Beispiele für die Verletzung gesetzlicher Obliegenheiten.*
    Ein Reifen hat nicht mehr die vorgeschriebene Profiltiefe und es kommt deshalb auf nasser Fahrbahn zu einem Verkehrsunfall. Ein Mofa wird frisiert und es kommt wegen der erhöhten Geschwindigkeit zu einem Verkehrsunfall.

### Entschädigungsfonds für Schäden aus Kraftfahrzeugunfällen (§§ 12–14 PflVG)

Die Haftpflichtversicherung bezweckt den Schutz der bei Unfällen im Straßenverkehr geschädigten Verkehrsopfer. Es gibt aber einige Fälle, in denen das Verkehrsopfer auch über die Haftpflichtversicherung nichts erhält, obwohl gegen den Schädiger (Ersatzverpflichteter) ein Anspruch besteht. Dadurch können sehr große persönliche Härten für das Verkehrsopfer entstehen. Es ist ein Gebot der Billigkeit, den so betroffenen Verkehrsopfern zu helfen.

In bestimmten Fällen bekommen Verkehrsopfer eine Entschädigung vom Entschädigungsfonds.

**Voraussetzungen** (§ 12 Abs. 1 PflVG):

1. Schaden aus Gebrauch eines Kraftfahrzeugs oder Anhängers und
2. a) das schadenverursachende Fahrzeug **kann nicht ermittelt werden** oder
   b) die vorgeschriebene **Haftpflichtversicherung bestand nicht** oder
   c) Schaden durch eine **selbstfahrende Arbeitsmaschine** (versicherungsfrei), wenn auch keine Betriebshaftpflichtversicherung besteht oder
   d) Schaden durch einen **landwirtschaftlichen/forstwirtschaftlichen Anhänger**, wenn keine Versicherung – auch keine Betriebshaftpflichtversicherung – besteht oder
   e) die Haftpflichtversicherung braucht an den Geschädigten ausnahmsweise nicht zu zahlen, weil der Schaden **vorsätzlich und widerrechtlich** herbeigeführt wurde oder
   f) **Insolvenz** der zuständigen Versicherungsgesellschaft.
3. Voraussetzung für eine Zahlung durch den Entschädigungsfonds ist immer, dass **keine Ersatzmöglichkeit** besteht. Also müssen Fahrer, Halter bzw. Landwirt (d) vermögenslos sein. Der Geschädigte muss also zunächst zivilrechtlich gegen diese vorgehen und erst, wenn deren Zahlungsunfähigkeit feststeht, würde der Entschädigungsfond zuständig sein.

Ungeschriebene Voraussetzung ist immer, dass der Anspruch aus der Verschuldenshaftung oder der Gefährdungshaftung zwar besteht, aber nicht realisiert werden kann, z. B. weil

- der Verursacher Unfallflucht begangen hat, das Fahrzeug nicht erkannt wurde und auch nachträglich nicht zu ermitteln war (2a),
- der Verursacher vorschriftswidrig nicht versichert war und vermögenslos ist (2b und 3),
- der Verursacher den Unfall provoziert hat, um einen Versicherungsbetrug zu begehen und vermögenslos ist (2e und 3),
- es sich um eine nicht versicherte Arbeitsmaschine handelt.

## Ausschlüsse und Einschränkungen

Selbst wenn die obigen Voraussetzungen vorliegen, gibt es keinen Ersatz für

- den reinen Vermögensschaden,
- den Sachschaden am Fahrzeug des Verkehrsopfers, wenn das schadenverursachende Fahrzeug nicht ermittelt werden kann und gleichzeitig kein beträchtlicher Personenschaden entstand.

Wenn durch den Unfall also gleichzeitig ein beträchtlicher Personenschaden entstand, gibt es auch im Falle der gegnerischen Unfallflucht Entschädigungen für das eigene Fahrzeug.

Bei Sachschäden und Unfallflucht gilt generell ein **Selbstbehalt von 500 Euro**, den der Entschädigungsfonds nicht zahlt.

### Entschädigungssummen
wie Mindestversicherungssummen

**Übersicht Entschädigungsfonds siehe Kapitel 8.6**

### Ausfallhaftung
Der Entschädigungsfonds zahlt an die Verkehrsopfer nur als Ausfallhaftung, das heißt er macht den gezahlten Betrag später gegenüber den haftenden Personen (Fahrer, Halter, Landwirt) zivilrechtlich geltend.

### Träger des Entschädigungsfonds (§ 13 PflVG)
Die Aufgaben des Entschädigungsfonds werden vom „Verein für Verkehrsopferhilfe e. V." wahrgenommen.

Der Entschädigungsfonds bringt die Geldmittel, die er an Verkehrsopfer auszahlt, durch eine Umlage auf, an der sich die

- Haftpflicht-Versicherungsunternehmen und
- die von der Versicherungspflicht befreiten Halter (§ 2 Abs. 1 Nr. 1–4 PflVG)

entsprechend der Zahl der bei ihnen versicherten bzw. ihrer versicherungsfreien Fahrzeuge beteiligen müssen.

### Anspruch auf Entschädigung
Liegen die obigen Voraussetzungen (bzw. Einschränkungen) vor, so muss der Entschädigungsfonds zahlen. Es handelt sich nicht um eine „Kann-Bestimmung", der Ersatzberechtigte hat einen vollen Rechtsanspruch.

### Unfall im Ausland
Passiert der Unfall im Ausland und ist das gegnerische Fahrzeug nicht versichert, so gibt es dort meist ähnliche nationale Entschädigungsfonds.

**www.verkehrsopferhilfe.de**

## Fragen und Antworten

1. *Welche Möglichkeit kommt in Betracht, wenn der Geschädigte seinen berechtigten Schadenersatzanspruch auf dem üblichen Wege (Fahrer, Halter, Haftpflichtversicherung) nicht durchsetzen kann?*
   In bestimmten Fällen leistet dann der Entschädigungsfonds Ersatz.
2. *Wer ist Träger des Entschädigungsfonds?*
   Es handelt sich um eine Anstalt des öffentlichen Rechts. Die Aufgaben sind dem „Verein für Verkehrsopferhilfe e. V.", Hamburg übertragen.
3. *In welchen beiden wichtigen Fällen zahlt der Entschädigungsfonds grundsätzlich?*
   - Wenn der Schädiger nicht zu ermitteln ist (z. B. mit seinem Fahrzeug Unfallflucht begangen hat)
   - Wenn der Schädiger die vorgeschriebene Haftpflichtversicherung nicht besitzt und nicht selbst zahlen kann
4. *Zahlt der Entschädigungsfonds auch den Schaden am eigenen Fahrzeug?*
   Wenn der Schädiger nicht zu ermitteln ist nicht, sonst ja.
5. *Woher bekommt der Entschädigungsfonds die Geldmittel?*
   Aus einer Umlage, an der sich die Haftpflicht-Versicherungsgesellschaften und die versicherungsfreien

Halter (Bund, Länder, Gemeinden über 100.000 Einwohner) beteiligen müssen.

6. *Besteht ein Rechtsanspruch auf die Entschädigung oder leistet der Entschädigungsfonds nach Ermessen und Billigkeit?*
   Es besteht ein echter Rechtsanspruch.

## 8.3 Fahrzeugversicherung – Kaskoversicherung (A.2 AKB)

Die eigene Haftpflichtversicherung kommt für Ansprüche wegen **Beschädigung, Zerstörung oder Abhandenkommen** des Fahrzeugs, auf das sich die Versicherung bezieht, nicht auf (A.1.5 AKB). Hieraus ergeben sich Lücken im Versicherungsschutz, die man freiwillig durch Abschluss einer Fahrzeugversicherung schließen kann.

▶ *Soweit ein anderer Verkehrsteilnehmer den Schaden am Fahrzeug verursacht hat und nach der Verschuldens- bzw. Gefährdungshaftung dafür aufkommen muss, sind Schäden am eigenen Fahrzeug natürlich durch die Haftpflichtversicherung des anderen gedeckt. Falls dort keine Haftpflichtversicherung besteht (z. B. Fußgänger, Radfahrer), bleibt der zivilrechtliche Anspruch auf Ersatz des Sachschadens gegen den anderen Verkehrsteilnehmer.*

Die Fahrzeugversicherung wird deshalb vor allem bedeutsam, wenn Schäden am eigenen Fahrzeug entstehen, ohne dass ein anderer dafür aufkommen muss oder wenn der Schädiger nicht zu ermitteln ist.

### Arten der Fahrzeugversicherung

Die Fahrzeugversicherung kann abgeschlossen werden als **Fahrzeugteilversicherung (Teilkasko)** oder **Fahrzeugvollversicherung (Vollkasko).**

### Umfang der Fahrzeugversicherung

#### Allgemeines

Die Fahrzeugversicherung umfasst:

- **Beschädigung**
- **Zerstörung**
- **Verlust**

des Fahrzeugs und seiner unter Verschluss verwahrten Teile oder an ihm befestigten Teile, einschließlich der durch eine Liste als zusätzlich mitversichert ausgewiesenen Fahrzeug- und Zubehörteile.

Als Teil des Fahrzeugs gilt alles, was bei Neulieferung zur **serienmäßigen Ausrüstung** gehört, auch wenn dafür ein Aufpreis gezahlt werden muss. Zur Vereinfachung und Klarstellung existiert dazu eine **Liste**, die von den Versicherern herausgegeben wird. Diese Liste enthält alle **Fahrzeug- und Zubehörteile**, die auf jeden Fall als **zusätzlich mitversichert gelten**. Daneben gibt es eine Liste von solchen Teilen, die – soweit deren Wert insgesamt 250 Euro übersteigt – nur gegen einen Zuschlag in der Versicherungsprämie versichert sind.

Voraussetzung für die Versicherung der Teile des Fahrzeugs ist, dass die betreffenden Gegenstände unter Verschluss verwahrt oder am Kraftwagen befestigt sind. Ein **Verwahren unter Verschluss** liegt z. B. vor, wenn sich der Gegenstand im Innern des Kraftwagens befindet, dessen Türen mit den üblichen Schlössern abgeschlossen sind. Als **am Kraftwagen befestigt** gelten auch Teile, die sich mühelos entfernen lassen, wie z. B. Radkappen oder Scheibenwischer.

### Umfang bei der Fahrzeugteilversicherung (A.2.1 AKB)

Die Fahrzeugteilversicherung zahlt bei den genannten Schäden jedoch nur dann, wenn sie durch bestimmte **Ursachen** entstanden sind. Von bestimmten Werten ab müssen Schäden zuvor bei der Polizei gemeldet werden. Ob und von welcher Höhe ab dies geschehen muss, ist bei den Versicherungen unterschiedlich geregelt, meist ab 150 Euro oder 300 Euro.

#### a) Brand oder Explosion

Ein Brand liegt nur vor, wenn eine offene Flamme sichtbar wurde.

Nach Schätzungen sind über die Hälfte der Fahrzeugbrände selbst verursacht (Versicherungsbetrug).

Merke: Wohltätig ist des Feuers Macht, die der Versicherte selbst entfacht!

#### b) Entwendung

Entwendung ist ein Sammelbegriff für Diebstahl, Raub, Unterschlagung und unbefugten Gebrauch eines Fahrzeugs (§ 248b StGB) oder von Fahrzeugteilen.

Der Verlust des Fahrzeugs wird wie ein Totalschaden behandelt. Wird das entwendete Fahrzeug allerdings innerhalb eines Monats ab Eingang der Schadenanzeige bei der Versicherung wiedergefunden, so ist der Versicherungsnehmer verpflichtet, es zurückzunehmen. Häufig ist das Kraftfahrzeug dann beschädigt, z. B. die Türschlösser sind aufgebrochen oder es ist sogar ein Unfall geschehen – diese Schäden werden dann im Rahmen der Kaskoversicherungsbedingungen bezahlt. Tauchen das Fahrzeug oder die Teile erst später als nach einem Monat wieder auf, so braucht der Versicherungsnehmer sie nicht annehmen und kann sie der Versicherungsgesellschaft überlassen, wobei volle finanzielle Regulierung des Verlustes erfolgen muss.

#### c) Elementarschäden

D. h. unmittelbare Einwirkung von Sturm ab Windstärke 8, Hagel, Blitzschlag oder Überschwemmung auf das Fahrzeug.

Beispiel für unmittelbare Einwirkung:

- *Ein Ast wird durch Sturm von Windstärke 8 vom Baum gerissen und direkt auf ein Fahrzeug geschleudert.*

#### d) Tiere/Haarwild

Verunglückt das Fahrzeug durch den Zusammenprall mit einem Tier oder wird das Fahrzeug dadurch beschädigt, so kommt dafür die Teilkaskoversicherung auf. Bedeutsam sind Unfälle mit Haarwild.

Jedes Jahr ereignen sich ca. 200.000 Wildunfälle in Deutschland. Bei solchen Karambolagen sollte man die Polizei rufen, die den Jagdpächter ermittelt und informiert. Bei Schäden ab 100 Euro am eigenen Fahrzeug benötigt man auch eine Bescheinigung der Polizei für die Versicherung.

Unter Haarwild ist das jagdbare Wild, das nicht Federkleid trägt, zu verstehen (§ 2 Abs. 1 Nr. 1 des Bundesjagdgesetzes): Wisente, Elche, Rotwild, Damwild, Rehwild, Schwarzwild, Hasen, Wildkaninchen, Biber, Murmeltiere, Wildkatzen, Luchse, Füchse, Marder, Iltis, Hermelin, Wiesel, Dachs, Nerz, Fischotter, Waschbären und Seehunde.

Der BGH hat auch entschieden, dass bei einem Unfall, wenn der Schaden bei einem Ausweichmanöver entstanden ist und das Auto das Haarwild nicht berührt hat, die Teilkaskoversicherung zahlen muss. Diese Rechtsprechung bereitet den Versicherungen große Sorgen, da es hierbei zu Betrugsversuchen kommen kann. Deshalb ist der Geschädigte für die Behauptung, er sei einem Haarwild ausgewichen, voll beweispflichtig (BGH, Urteil vom 20. Februar 1991 – IV ZR 202/90).

Auch Schäden am Fahrzeug durch das Überfahren eines auf der Straße liegenden toten Wildschweines fällt unter den Versicherungsschutz (LG Stuttgart, Urteil vom 7. Februar 2007 – 5 S 244/06).

#### e) Glasschäden

Unabhängig von der Schadensursache sind Bruchschäden an der Verglasung gedeckt.

Als Verglasung zählen dabei z. B. Scheiben, Scheinwerferglas, Glas an den Fahrtrichtungsanzeigern, Rückleuchten und Bremsleuchten.

#### f) Kabelbrand

Entstehen durch einen Kurzschluss der Verkabelung Schäden, so sind diese ebenfalls gedeckt.

Die Fahrzeugteilversicherung gibt es in zwei Formen:

- Fahrzeugteilversicherung **ohne Selbstbeteiligung** (Mehrprämie)
- Fahrzeugteilversicherung **mit 150, 250 oder 500 Euro Selbstbeteiligung**

Der Versicherungsnehmer kann bei Abschluss der Fahrzeugteileversicherung nur zwischen diesen beiden Möglichkeiten wählen.

Besteht eine Teilkaskoversicherung mit Selbstbeteiligung, so wirkt sich der Abzug auf alle Schadenursachen aus.

- ▶ *Antenne abgebrochen, aber neben dem Fahrzeug gefunden: kein Fall für die Teilkaskoversicherung, da keine Entwendung.*
- ▶ *Antenne abgebrochen und gestohlen: Wird bei Teilkaskoversicherung ohne Selbstbeteiligung voll bezahlt, bei Teilkaskoversicherung mit 150 Euro Selbstbeteiligung lohnt Meldung nicht.*
- ▶ *Zusammenstoß mit einem Wildschwein, wobei 1.000 Euro Sachschaden am Fahrzeug entstand: Teilkaskoversicherung mit Selbstbeteiligung 150 Euro Abzug, also 850 Euro Ersatz. Teilkaskoversicherung ohne Selbstbeteiligung 1.000 Euro Ersatz.*

### Umfang bei der Fahrzeugvollversicherung (A.2.2.2 AKB)

Die Fahrzeugvollversicherung schützt zusätzlich zu den Fällen a) bis f) noch bei anderen Schadensursachen. Sie leistet nämlich auch dann, wenn der Schaden

g) **Durch einen Unfall verursacht worden** ist.

h) **Durch mut- oder böswillige Handlungen betriebsfremder Personen** verursacht wird.

- ▶ *Eine Gruppe alkoholisierter Jugendlicher zerkratzt abgestellte Fahrzeuge.*

Bei der Vollkaskoversicherung wird differenziert zwischen:

- Fahrzeugvollversicherung **ohne Selbstbeteiligung** (sehr teuer)
- Fahrzeugvollversicherung **mit Selbstbeteiligung** (z. B. von 300, 500, 1.500 oder 2.500 Euro)

### Bereifung

Eine Beschädigung oder Zerstörung der Bereifung wird in der Fahrzeugteil- und

Fahrzeugvollversicherung nur ersetzt, wenn gleichzeitig andere versicherte Schäden entstanden sind (A.2.1 AKB).

Durch diese Regelung soll verhindert werden, dass die üblichen Reifenschäden (z. B. normale Abnutzung, scharfes Bordsteinfahren) als Versicherungsfall geltend gemacht werden.

## Höhe der Ersatzleistung

Der Versicherer ersetzt den entstandenen Schaden am Fahrzeug. Bei Zerstörung oder Verlust des Fahrzeugs spricht man von einem **technischen Totalschaden** (A.2.5.1 AKB). In allen sonstigen Fällen der Beschädigung liegt ein **Reparaturschaden** vor (A.2.5.1.2 AKB).

Die Versicherungsleistung ist grundsätzlich auf den tatsächlich entstandenen Schaden begrenzt. Oberste Grenze ist der Wiederbeschaffungswert des Fahrzeugs oder eines Fahrzeugteils. Zeitwert war bisher der allgemeine Handelswert, also der Preis, der im Geschäftsleben erzielt worden wäre, wenn das Fahrzeug unmittelbar vor dem Schadensereignis verkauft worden wäre (A.2.5.1.3 AKB). In der Rechtsprechung des BGH ist Zeitwert jedoch der Wiederbeschaffungswert wie bei den Haftpflichtschäden (BGH, Urteil vom 22. Februar 1984 – IVa ZR 145/82).

Die bei der Reparatur anfallenden Rest- und Altteile (auch der Schrottwert bei technischem Totalschaden) werden dem Versicherungsnehmer zum Zeitwert auf die Ersatzleistung angerechnet (A.2.5.1 AKB). Außerdem wird von den Kosten der Ersatzteile und der Lackierung ein dem Alter und der Abnutzung entsprechender Abzug gemacht (Abzug „neu für alt“ A. 2.5.2.3 AKB).

## Ausschlüsse des Versicherungsschutzes bei der Fahrzeugversicherung

Nicht ersetzt werden:

a) Veränderungen, Verbesserungen, Verschleißreparaturen, Minderung am Wert (z. B. wirtschaftlicher Minderwert, da Unfallfahrzeug), äußeres Ansehen oder Leistungsfähigkeit, Überführungs- und Zulassungskosten, Nutzungsausfall oder Kosten eines Ersatzwagens und Treibstoff (A.2.5.7 AKB).

b) **Vorsatz oder grobe Fahrlässigkeit:** Der Versicherer kommt für den Schaden nicht auf, wenn der Versicherungsnehmer den Versicherungsfall **vorsätzlich** oder **grob fahrlässig** herbeigeführt hat (§ 61 Versicherungsvertragsgesetz). Bezüglich der groben Fahrlässigkeit sollte man auf die unterschiedlichen Versicherungsbedingungen achten: Bei neuen Verträgen und bestimmten Tarifen verzichten nämlich einige Versicherungen auf die Einrede der groben Fahrlässigkeit. Bei alten Verträgen muss der Kunde aber nachverhandeln.
Als Faustregel kann man davon ausgehen, dass ein Verschulden bei komplizierter Verkehrslage für einfache Fahrlässigkeit, ein Verschulden bei schwieriger Verkehrslage dagegen häufig für grobe Fahrlässigkeit spricht. Beispiele für grobe Fahrlässigkeit:
   - *Navi-Bedienung während der Fahrt (Landgericht Potsdam, Urteil vom 26. Juni 2009 – 6 O 32/09)*
   - *Telefonieren während der Fahrt (ohne Freisprechanlage)*

- *Trunkenheit, schon ab 0,3 Promille*
- *Das Aufheben eines Gegenstandes während der Fahrt*
- *Anzünden einer Zigarette am Steuer während der Fahrt*
- *Verwahrung eines Autoschlüssels im Handschuhfach*
- *Liegenbleiben mit leerem Tank auf der Autobahn*
- *Einen Hund im Fußraum des Beifahrersitzes mitfahren lassen*

c) Schäden, die durch
   - **Aufruhr, innere Unruhen** („Demonstrationen", bei denen parkende Autos umgestürzt und angezündet werden) entstehen. Vielfach zahlen die Versicherer derartige Schäden noch, jedoch ausdrücklich ohne Anerkennung einer Rechtspflicht und ohne Gleichbehandlungsanspruch für zukünftige Fälle. Von den „Demonstranten" Ersatz zu erlangen, ist zwar rechtlich schön und gut, in der Praxis jedoch kaum realisierbar. Als einziges Bundesland hat bisher Berlin eine Entschädigungsregelung für Tumultschäden verabschiedet.
   - **Kriegsereignisse**, Verfügungen von hoher Hand (Bereitstellen von Lastkraftwagen in Krisen- und Spannungszeiten gem. den Notstandsgesetzen) oder Erdbeben entstehen (A.2.9.4, A.3.9 AKB).

d) Schäden, die bei der Beteiligung an **Rennveranstaltungen** bzw. bei entsprechenden Übungsfahrten entstehen (A.1.5.1 AKB).

e) **Einschränkung auf Europa** wie bei der Haftpflichtversicherung (A.1.4 AKB).

## Meldepflicht

Die bestehende Pflicht, den Schadenfall innerhalb einer Woche der eigenen Versicherung zu melden, hat bei der Fahrzeugversicherung besondere Bedeutung, da andernfalls die Versicherung nicht zu zahlen braucht (OLG Hamm, Urteil vom 24. November 2004 – 20 U 157/04). Es reicht nach diesem Grundsatzurteil nicht aus, wenn nur bei der Polizei Meldung/Anzeige erstattet wurde.

## Beginn des Versicherungsschutzes für die Fahrzeugversicherung

Die Versicherungsbestätigung enthält nur für die Haftpflichtversicherung die Zusage der vorläufigen Deckung (B.2.1 AKB). Soll auch die Fahrzeugversicherung erfasst werden, so muss das ausdrücklich und besonders vereinbart werden. Anderenfalls beginnt der Versicherungsschutz für die Fahrzeugversicherung erst mit der Einlösung des Versicherungsscheins, also mit der Zahlung des Versicherungsbeitrages und der Versicherungssteuer.

Hinsichtlich der Obliegenheiten, Vertragsdauer, Kündigung, Versicherungsschutz bei Veräußerung des Fahrzeugs und der vorübergehenden Stilllegung gilt das gleiche wie bei der Haftpflichtversicherung.

Hinzu kommt aber noch folgende **besondere Obliegenheit:**

## Wiederinstandsetzungsverbot (E.1.3.2 AKB)

Der Versicherungsnehmer darf das beschädigte Fahrzeug grundsätzlich nicht ohne vorherige Zustimmung des Versicherers in Stand setzen lassen. Dadurch soll verhindert werden, dass die Schadensfeststellung erschwert oder unmöglich gemacht wird.

## Fragen und Antworten

1. *Welches Risiko wird durch die Fahrzeugversicherung abgedeckt?*
   Schäden am eigenen Fahrzeug durch
   - Beschädigung
   - Zerstörung
   - Verlust
2. *Welche beiden Arten der Fahrzeugversicherung gibt es?*
   - Fahrzeugvollversicherung (Vollkasko)
   - Fahrzeugteilversicherung (Teilkasko)
3. *Bei welchen Schadensursachen leistet die Fahrzeugteilversicherung Ersatz?*
   - Brand, Explosion
   - Entwendung
   - Elementarschäden
   - Schäden durch Haarwild
   - Schäden bei Glasbruch, Kurzschluss
4. *In welchen Fällen zahlt die Vollkaskoversicherung?*
   Zusätzlich zu den Fällen der Teilkaskoversicherung bei
   - einem Unfall überhaupt und
   - bei mut- oder böswilligen Handlungen betriebsfremder Personen.
5. *Was muss man bei Entwendungs-, Brand- und Wildschäden besonders beachten?*
   Es besteht die besondere Obliegenheit, den Schaden unverzüglich bei der Polizei anzuzeigen (soweit der Schaden über 150 Euro ist).
6. *Wieso spielt der Begriff der „groben Fahrlässigkeit" bei der Versicherung eine Rolle? Nennen Sie Beispiele!*
   Die Vollkaskoversicherung kann bei grober Fahrlässigkeit des Halters die Regulierung ablehnen. Bei der Haftpflichtversicherung gibt es eine solche Klausel nicht.
   Beispiele:
   - Telefonieren mit Handy in der Hand
   - Eingabe in das Navi während der Fahrt

## 8.4 Insassenversicherung/ Kraftfahrtunfallversicherung (A.4 AKB)

### Bedeutung

Durch den Abschluss einer Kraftfahrtunfallversicherung (Insassenversicherung) kann man sich und anderen Insassen einen **zusätzlichen Versicherungsschutz für Personenschäden** und deren Folgen verschaffen. Die Insassen eines Kraftfahrzeugs haben im Schadenfalle oft wie andere Geschädigte einen Anspruch aus der Haftpflichtversicherung, die der Halter abgeschlossen hat.

Diese zusätzliche Kraftfahrtunfallversicherung hat aber für die folgenden Fälle Bedeutung.

Wenn die Haftpflichtversicherung in bestimmten seltenen Fällen nicht zahlt, z. B.:

- ▶ *Es besteht kein Anspruch aus der Gefährdungshaftung und auch nicht aus der Verschuldenshaftung.*
- ▶ *Der Fahrer verletzt sich selbst – allerdings ist er oft durch die gesetzliche*

*Unfallversicherung oder die Krankenversicherung weitgehend geschützt.*

Es besteht zwar ein Haftungsanspruch, dieser kann aber nicht realisiert werden, z. B.:
- *Der Schädiger war Fußgänger oder Radfahrer und ist vermögenslos.*

Während die Haftpflichtversicherung immer nur die tatsächlich entstandenen und nachgewiesenen Schäden ersetzt – und dies nur nach der Haftungslage (z. B. Abzüge wegen Mitverschulden), ist die Kraftfahrtunfallversicherung nicht von der Gefährdungs- und Verschuldenshaftung abhängig. Sie leistet für bestimmte Verletzungen die vorher vereinbarten Summen unabhängig davon, ob der entstandene Schaden (z. B. Verdienstausfall, Schmerzensgeld) wirklich so hoch ist. Deshalb nennt man die Kraftfahrtunfallversicherung eine Summenversicherung. Bei schweren Verletzungen mit Dauerschäden (Invalidität) ist dadurch ein fester Versicherungsschutz gegeben.

### Versicherte Personen (A.4.2 AKB)

Versichert ist jeder berechtigte Insasse, der mit Wissen und Willen des Verfügungsberechtigten mitfährt. Der Versicherungsnehmer selbst ist auch versichert, ebenso der Fahrer. **Berufsfahrer** sind in der normalen Kraftfahrtunfallversicherung jedoch nicht geschützt. Als Berufsfahrer gelten **Kraftfahrer und Beifahrer**, soweit sie als solche angestellt sind (Arbeitsvertrag, Angestelltenvertrag). Für diese Personen kann man eine besondere **Berufsfahrerversicherung** abschließen, jedoch besteht meist Schutz über die gesetzliche Unfallversicherung, die von den Berufsgenossenschaften wahrgenommen wird.

Die Kraftfahrtunfallversicherung ist meist **auf ein bestimmtes Fahrzeug bezogen.** Es ist aber auch möglich, einzelne Personen namentlich zu versichern. Dann ist es egal, in welchem Fahrzeug sie fahren (A.4.2.1 AKB).

### Abschlusssysteme (A.4.2 AKB)

Die Kraftfahrtunfallversicherung kann nach dem Platzsystem oder nach dem Pauschalsystem abgeschlossen werden.

Beim **Platzsystem** bleiben die Versicherungssummen im Falle eines Unfalles für die verletzte Person gleich. Beim **Pauschalsystem** ist die Versicherungssumme davon abhängig, wie viele Personen im Zeitpunkt des Unfalles im Fahrzeug saßen.

### Umfang (A.4.2 AKB)

Geschützt ist man gegen Unfälle im ursächlichen Zusammenhang mit dem Lenken, Benutzen, Behandeln, Be- und Entladen sowie Abstellen des Kraftfahrzeugs oder des Anhängers. Auch Unfälle beim Ein- und Aussteigen gehören dazu. Ausgeschlossen sind insbesondere Ansprüche bei Schwarzfahrten.

### Höhe der Ersatzleistung (A.4.5 – A.4.8 AKB)

Die Leistung des Versicherers richtet sich nach festen Summen, die schon beim Abschluss des Versicherungsvertrages vereinbart werden, und zwar für die Fälle:

a) **Vorübergehende Unfallfolgen:** Längstens ein Jahr ab Unfall (Heilkosten oder Tagegeld)

b) **Dauernde Unfallfolgen:** Dauerinvalidität liegt vor, wenn eine Arbeits-

behinderung zu erwarten ist, die noch drei Jahre nach Abschluss der ärztlichen Behandlung oder noch vier Jahre nach dem Unfall fortdauern wird und deren Ende nicht vorauszusehen ist.
c) **Tod:** Soweit der Todesfall innerhalb eines Jahres ab Unfall als Folge des Unfalles eintritt.

A.4.5 AKB regelt für viele typische Verletzungen feste **Invaliditätsgrade** nach Prozenten, z. B. Verlust oder vollständige Gebrauchsunfähigkeit
- eines Armes im Schultergelenk = 70 %
- einer Hand im Handgelenk = 55 %
- eines Daumens = 20 %
- eines Zeigefingers = 10 %
- eines Beines über Mitte Oberschenkel = 70 %
- eines Fußes im Fußgelenk = 40 %
- einer großen Zehe = 5 %
- gänzlicher Verlust der Sehkraft beider Augen = 100%
- eines Auges = 30%
- gänzlicher Verlust des Gehörs auf beiden Ohren = 60 %
- auf einem Ohr = 15 %.

Die Kraftfahrtunfallversicherung leistet an den Versicherungsnehmer, nachdem dieser es beantragt und der berechtigte Insasse (der Verletzte) zugestimmt hat. Die Versicherungssumme gebührt dann dem Verletzten.

## Obliegenheiten
Zu beachten sind noch folgende Obliegenheiten der Kraftfahrtunfallversicherung:
- Ein Todesfall ist dem Vorstand des Versicherers innerhalb von 48 Stunden telegrafisch (= Telegramm) anzuzeigen (E.1.5 AKB).
- Bei Personenschäden ist spätestens am vierten Tage ein staatlich zugelassener Arzt hinzuzuziehen (E.1.5 AKB). Natürlich gilt das nur, wenn ärztliche Behandlung dann noch erforderlich ist.

## Mitfahrer
Mitfahrer haben im Falle eines Unfalls, den der Fahrer verschuldet hat, bei Personenschäden dieselben Ansprüche aus der Haftpflichtversicherung wie jeder andere. Es trifft also nicht zu, dass man dafür eine Insassenversicherung braucht. Auch Angehörige (z. B. Ehefrau und Kinder) sind nicht mehr schlechter gestellt als andere Personen, die durch das Verschulden des Fahrers oder durch einen technischen Defekt (z. B. eine Reifenpanne) verunglücken. Dies war bis 1977 anders.

# Fragen und Antworten

1. *Welches Risiko deckt die Kraftfahrtunfallversicherung ab?*
   Bestimmte Personenschäden nach Unfällen der mitfahrenden Insassen, und zwar
   - vorübergehende Unfallfolgen,
   - dauernde Unfallfolgen,
   - Tod.
2. *Sind die mitfahrenden Personen nicht schon über die Haftpflichtversicherung des Kraftfahrzeugs, in dem sie sitzen, geschützt?*
   Ja, bei eigenen Personenschäden (wenn der Fahrer den Unfall verschuldet hat) zahlt die Haftpflichtversicherung.

3. *Worin liegt heute die hauptsächliche Bedeutung der Insassenversicherung?*
   Die Insassenversicherung ist eine Summenversicherung, die unabhängig von den tatsächlichen Vermögensschäden eintritt.
   Sie bietet zusätzlichen Versicherungsschutz, der von der Verschuldens- und Gefährdungshaftung nicht abhängt.
4. *Welche Abschlussmöglichkeiten bestehen für die Insassenversicherung?*
   - Platzsystem
   - Pauschalsystem
5. *Welche Obliegenheiten sind bei der Insassenversicherung zusätzlich zu beachten?*
   - Ein Todesfall ist innerhalb von 48 Stunden telegrafisch anzuzeigen
   - Bei Personenschäden ist spätestens am vierten Tag ein Arzt hinzuzuziehen, wenn die Verletzung andauert

## 8.5 Rechtsschutzversicherung

Im Straßenverkehr kann man beinahe täglich in Situationen kommen, die zu Berührungen mit Polizei, Staatsanwaltschaften, Gerichten oder auch Versicherungsgesellschaften führen würden. Kaum ein Kraftfahrzeughalter kennt sich z. B. mit seinen Pflichten und Möglichkeiten nach einem Verkehrsunfall aus. Es ist auch nicht zu übersehen, dass über diese Dinge, die erst nach der Führerscheinprüfung auf den Kraftfahrer zukommen, in der Fahrschule so gut wie keine Unterrichtung stattfindet.

Heute haben ca. 50 % der privaten Halter von Kraftfahrzeugen eine Rechtsschutzversicherung abgeschlossen, die im wesentlichen folgende Kosten deckt:

- **Rechtsanwaltskosten** für Beratung und Gerichtsverfahren, evtl. auch für die Gegenpartei
- **Gerichtskosten**
- Zeugengelder, Sachverständigengebühren
- Vollstreckungskosten

Der Verkehrsrechtsschutz umfasst dabei hauptsächlich die Rechtsgebiete Schadenersatz bei Verkehrsunfällen, Bußgeldsachen, Strafsachen, Entzug der Fahrerlaubnis und Vertragshaftung beim Autokauf.

Die Ausschöpfung aller rechtlichen Möglichkeiten bei Gericht kostet eine Menge Geld und wird damit oft zu einem Kostenrisiko, das in keinem Verhältnis mehr zu der Bedeutung der Angelegenheit steht. Bei einer Bußgeldsache wegen 40 Euro würden z. B. allein die Rechtsanwaltsgebühren für den Einspruch und die mündliche Verhandlung etwa 600 Euro betragen. Die Rechtsschutzversicherung verführt andererseits dazu, auch aussichtslose Verfahren um Bagatellsachen durchzuführen. Die Amtsrichter klagen, an derartigen Verfahren fast zu ersticken und für die wesentlichen Prozesse deshalb zu wenig Zeit zu haben. Tatsächlich steht der Verfahrensaufwand auch in keinem Verhältnis zu den nach Streitwert bemessenen geringen Gerichtskosten.

Bei den Rechtsschutzversicherern kann man im Wesentlichen zwischen einem **Verkehrsrechtsschutz** und einem **kombinierten Familien- und Verkehrsrechtsschutz** wählen. Es lohnt sich auch hier, verschiedene Angebote zu vergleichen, wobei es für Mitglieder von Automobilklubs Sondertarife gibt.

**Kraftfahrt-Versicherungen**

| Bezeichnung | Haftpflichtversicherung | Fahrzeugversicherung (Kaskoversicherung) | | Kraftfahrtunfallversicherung (Insassenversicherung) |
|---|---|---|---|---|
| **Versichertes Risiko** | **Fremdschäden,**<br>für die nach **Verschuldenshaftung** (§ 823 BGB) oder **Gefährdungshaftung** (§ 7 StVG) gezahlt werden muss, z. B.<br>– Personenschäden<br>– Sachschäden<br>– Reine Vermögensschäden | **Schäden am eigenen Fahrzeug:**<br>Beschädigung, Zerstörung, Verlust<br>**Bei Teilkasko** jedoch nur:<br>– Brand/Explosion<br>– Entwendung<br>– Elementarschäden (Hagel, Sturm, Blitz usw.)<br>– Haarwildschäden<br>– Glasschäden | **Bei Vollkasko** zusätzlich:<br>– Unfall generell<br>– Mut- und böswillige Handlungen betriebsfremder Personen | **Personenschäden** der berechtigten Insassen (**Fahrer und Mitfahrer**) bei Unfall:<br>– Vorübergehende Unfallfolgen<br>– Dauernde Unfallfolgen<br>– Tod<br>(Nicht von Verschuldens- oder Gefährdungshaftung abhängig) |
| **Abschlusszwang** | Grundsätzlich ja | Nein | Nein | Nein |
| **Deckungshöhe** | **Mindestdeckungssummen:**<br>**Personenschaden**<br>7,5 Mio. €<br>**Sachschaden**<br>1,22 Mio. €<br>Höhere Versicherung möglich<br>pauschal o. unbegrenzt | Je nach Zeitwert | | Je nach Vertragsabschluss: Platzsystem oder Pauschalsystem |
| **Wichtige Ablehnungsfälle** | Vorsatz, **Regress der** Versicherung bei **Obliegenheitsverletzungen** | Vorsatz und **grobe Fahrlässigkeit** | | |

## 8.6 Entschädigungsfonds

**Ausfallhaftung:** Zahlung an Verkehrsopfer in bestimmten Fällen bei Ausfall der normalen Ansprüche.

### Voraussetzungen:

1. Schaden verursacht durch ein Kfz/einen Kfz-Anhänger

| | oder | oder | oder |
|---|---|---|---|
| **Unfallflucht** | Vorgeschriebene **Haftpflichtversicherung nicht vorhanden** | Unfall **vorsätzlich** und widerrechtlich provoziert | **Insolvenz** der Versicherungsgesellschaft |
| Ausgenommen: | | | |
| – Sachschäden immer nur mit 500 € Selbstbehalt | oder | | |
| – **Schäden am eigenen Fahrzeug:** Leistung nur, wenn gleichzeitig ein beträchtlicher Personenschaden entstand | **Selbstfahrende Arbeitsmaschine** (versicherungsfrei) oder **LAFO-Anhänger** (versicherungsfrei) | | |

2. Keine andere Ersatzmöglichkeit vorhanden, also z. B.:
- Fahrer/Halter/Landwirt sind völlig vermögenslos
- eigene Voll-/Teilkaskoversicherung/Insassenversicherung nicht vorhanden
- Keine Leistungen durch Berufsgenossenschaft/Krankenversicherung/Arbeitgeber
- Keine Betriebshaftpflichtversicherung vorhanden (Arbeitsmaschinen/LAFO)

**Erläuterungen zum System des Entschädigungsfonds siehe Kapitel 8.2**

# Steuer

Bau und Unterhaltung der Straßen kosten eine Menge Geld. Die **Kraftfahrzeugsteuer** ist eine wichtige Einnahmequelle für den Staat. Sie ist eine **direkte Steuer**, die vom Finanzamt erhoben wird.

Daneben zahlt der Kraftfahrer bei jedem Tanken **Mineralölsteuer**, die mit dem Kraftstoffpreis entrichtet wird. Dies ist eine **indirekte Steuer.** Die hier eingenommenen Gelder müssen für Zwecke des Straßenwesens verwendet werden.

## 9.1 Die Kraftfahrzeugsteuer

Gesetzliche Grundlage zur Erhebung der Kraftfahrzeugsteuer ist das **Kraftfahrzeugsteuergesetz** (KraftStG) und die **Kraftfahrzeugsteuer-Durchführungsverordnung** (KraftStDV).

### Steuertatbestände

Die Kraftfahrzeugsteuer wird erhoben für:

a) Das Halten eines Kraftfahrzeugs oder Kraftfahrzeug-Anhängers zum Verkehr auf öffentlichen Straßen
b) Die Zuteilung eines Kennzeichens für Probe- und Überführungsfahrten mit Kraftfahrzeugen oder Kraftfahrzeug-Anhängern (rotes Kennzeichen bzw. Kurzzeitkennzeichen)
c) Die widerrechtliche Benutzung eines Kraftfahrzeugs oder Kraftfahrzeug-Anhängers auf öffentlichen Straßen (ohne die vorgeschriebene Zulassung)
d) Oldtimer-Kennzeichen (Pauschalregelung)

Wenn das KraftStG von „Fahrzeugen" spricht, sind immer nur Kraftfahrzeuge und Kraftfahrzeug-Anhänger gemeint.

### Ausnahmen von der Besteuerung (§ 3 KraftStG)

Es gibt eine ganze Reihe von Ausnahmen, von denen sind die wichtigsten:

- Zulassungsfreie Fahrzeuge (soweit keine Betriebserlaubnis vorgeschrieben)
- Bestimmte äußerlich erkennbare Dienstfahrzeuge wie die der Bundeswehr, Bundesgrenzschutz, Polizei, Zollgrenzdienst
- Bestimmte äußerlich erkennbare Arbeitsfahrzeuge, z. B. für Wegebau, Straßenreinigung, Müllabfuhr
- Äußerlich erkennbare Fahrzeuge im Feuerwehrdienst, Katastrophenschutz, Rettungsdienst (Rotes Kreuz, Malteser-Hilfsdienst usw.)
- Omnibusse, die überwiegend im Linienverkehr verwendet werden
- Zugmaschinen, Sonderfahrzeuge, die ausschließlich in land- und forstwirtschaftlichen Betrieben eingesetzt werden

In vielen Fällen ist die Steuerbefreiung äußerlich daran erkennbar, dass das Fahrzeug ein Kennzeichen mit grüner Schrift führt, z. B. Straßenbau-Fahrzeuge, landwirtschaftliche Anhänger.

Für andere steuerfreie Gruppen wird aber das normale Kennzeichen mit schwarzer Schrift ausgegeben (§ 60 StVZO).

### Erlass oder Ermäßigung der Kraftfahrzeugsteuer für Schwerbehinderte (§ 3a KraftStG)

Auf Antrag können Schwerbehinderte in bestimmten Fällen von der Zahlung der Kraftfahrzeugsteuer befreit werden, z. B. außergewöhnlich gehbehinderte, hilflose, blinde Personen. Diese besitzen dann einen Schwerbehindertenausweis mit den Eintragungsbuchstaben „H“, „Bl“ oder „aG“.

Bei Gehbehinderten, die im Schwerbehindertenausweis nur den Buchstaben „G“ haben, ermäßigt sich die Kraftfahrzeugsteuer um 50 %.

Die Steuerbefreiung oder Steuervergünstigung wird im Fahrzeugschein vermerkt.

Natürlich muss nicht der Schwerbehinderte selbst das Fahrzeug fahren, sondern es kann auch von dem Ehegatten oder einer anerkannten Pflegeperson des Schwerbehinderten im Rahmen seiner Haushaltsführung benutzt werden.

## 9.2 Steuerschuldner (§ 7 KraftStG)

Die Zahlung der Kraftfahrzeugsteuer obliegt dem **Halter.**

Auch andere Personen können Steuerschuldner sein, z. B. derjenige, dem das Kennzeichen für Probe- und Überführungsfahrten zugeteilt wurde und derjenige, der das Fahrzeug widerrechtlich benutzt hat.

### Steueranmeldung

Die Anmeldung zur Kraftfahrzeugsteuer geschieht meist im Zusammenhang mit dem Zulassungsverfahren. Die Zulassungsstelle überprüft die Angaben, bestätigt sie und übersendet den Vordruck dem zuständigen Finanzamt. Das Finanzamt setzt dann die Steuer fest.

### Besteuerungsgrundlage (§ 8 KraftStG)

Bei Krafträdern und Personenkraftwagen richtet sich die Besteuerung nach dem **Hubraum** (soweit Hubkolbenmotor vorhanden). Das Kraftfahrzeugsteuergesetz begünstigt emissionsarme Pkw. Damit soll ein Anreiz zur Herstellung und zum Kauf möglichst emissionsarmer Autos geschaffen werden. Umgekehrt wird auf die Halter von nicht schadstoffarmen Fahrzeugen über extrem hohe Kraftfahrzeugsteuer Druck ausgeübt, das Fahrzeug umzurüsten oder bald stillzulegen. Die Kraftfahrzeugsteuer begünstigt besonders **Elektrofahrzeuge**. Diese sind verkehrspolitisch erwünscht, weil sie beim Fahren emissionsfrei sind. Bezieht man allerdings Rohstoffgewinnung, Produktion und Entsorgung der Batterien mit in die Betrachtung ein, sieht die Bilanz nicht unbedingt positiv aus.

Die aktuellen Steuertabellen kann man beim Finanzamt erhalten.

**Oldtimer-Fahrzeuge** werden steuerlich anders behandelt. Voraussetzung für die Einstufung als Oldtimer-Fahrzeug ist, dass das Fahrzeug vor über 30 Jahren erstmals in den Verkehr gekommen ist und vornehmlich zur Pflege des kraftfahrzeugtechnischen Kulturgutes eingesetzt wird (besondere Betriebserlaubnis zur Anerkennung als Oldtimer erforderlich = 25. Verordnung zur Änderung straßenverkehrsrechtlicher Vorschriften).

Bei allen anderen Fahrzeugen (insbesondere **Lastkraftwagen, Kraftomnibusse, Zugmaschinen, Anhänger)** richtet sich die Besteuerung nach der verkehrsrechtlich höchstzulässigen **Gesamtmasse.**

Die Kraftfahrzeugsteuer muss im Voraus entrichtet werden (vgl. § 11 KraftStG). Endet die Steuerpflicht vorzeitig, so besteht meist ein Anspruch auf Steuererstattung.

## 9.3 Sonderregelung Lkw-Anhänger und Auflieger (§ 10 KraftStG)

Der Halter eines Kraftfahrzeuganhängers versteuert diesen normalerweise nach der zulässigen Gesamtmasse (§ 8 Ziffer 2 KraftStG). Das wird hauptsächlich von Unternehmern des Güterverkehrs als ungerecht empfunden, da sie häufig über mehr Anhänger als Kraftfahrzeuge verfügen und nur jeweils ein Teil der Anhänger auf öffentlichen Straßen unterwegs ist. Auf Antrag können sie deshalb folgende Alternative wählen:

Der Anhänger wird von der Kraftfahrzeugsteuer befreit und erhält ein **grünes Kennzeichen** (§ 60 StVZO). Er darf dann aber auf öffentlichen Straßen nur hinter Kraftfahrzeugen geführt werden, für die ein Anhängerzuschlag entrichtet wurde. Das Kraftfahrzeug wird also doppelt versteuert – einmal nach der eigenen zulässigen Gesamtmasse, zum zweiten Mal nach der zulässigen Gesamtmasse des steuerbefreiten Anhängers **(Anhängerzuschlag).** Über die Entrichtung des Anhängerzuschlags gibt es eine Bescheinigung, die während der Fahrt mitzuführen ist.

Der Anhängerzuschlag entspricht in der Höhe etwa dem Betrag, der ansonsten für den Anhänger an Kraftfahrzeugsteuer zu zahlen wäre. Für einen Halter, der nur über ein Kraftfahrzeug und einen Anhänger verfügt, ist die Sonderregelung deshalb oft uninteressant. Verfügt der Halter aber über mehr Anhänger als Kraftfahrzeuge, so kann er sämtliche Anhänger von der Kraftfahrzeugsteuer befreien lassen; er entrichtet den Anhängerzuschlag aber nur pro Kraftfahrzeug oder sogar nur für einzelne Kraftfahrzeuge. Es bleibt seinem organisatorischen Geschick überlassen, den Einsatz der steuerbefreiten Anhänger so zu regeln, dass öffentliche Straßen nur dann mit einem solchen Anhänger befahren werden, wenn die Bescheinigung über die Entrichtung des Anhängerzuschlags in dem ziehenden Kraftfahrzeug mitgeführt wird.

Hat der Unternehmer nur einen Lkw und einen Anhänger, so kann er dennoch auf Antrag ein grünes Kennzeichen für seinen Anhänger führen, um mit dem Anhängerzuschlag seines Lkw gelegentlich Anhänger von anderen Firmen (die ein grünes Kennzeichen haben) ziehen zu können.

Die Sonderregelung gilt nicht für Anhänger hinter Personenkraftwagen und Krafträdern.

## 9.4 Folgen bei Nichtentrichtung der Kraftfahrzeugsteuer – Zwangsabmeldung (§ 14 KraftStG)

Wenn die Kraftfahrzeugsteuer nicht bezahlt wird, so kann das Finanzamt zunächst eine Mahnung schicken und eine Frist setzen. Wird die Steuer auch dann nicht entrichtet, so teilt das Finanzamt diesen Umstand der Zulassungsstelle mit, die dann eine Stilllegungsverfügung erlässt, und zwar meist unter „Anordnung der sofortigen Vollziehung". Der Kraftfahrzeug- bzw. Anhängerschein wird eingezogen und der Dienststempel auf den Kennzeichen entfernt. Notfalls wird die Polizei im Wege der Amtshilfe damit beauftragt.

Hat die Zulassungsstelle das Stilllegungsverfahren noch nicht eingeleitet, so kann das Finanzamt die Abmeldung auch selbst durchführen.

Wird das Fahrzeug trotz Zwangsabmeldung weiter benutzt, so liegt auch ein Vergehen vor, das wie jede andere Steuerhinterziehung oder fahrlässige Steuerverkürzung nach der Reichsabgabeordnung (AO) mit Geldstrafe oder Freiheitsstrafe bzw. Geldbuße geahndet werden kann.

## Fragen und Antworten

1. *Was unterliegt der Kraftfahrzeug-Steuerpflicht?*
   - Das Halten eines Kraftfahrzeugs oder Kraftfahrzeug-Anhängers zum Verkehr auf öffentlichen Straßen
   - Die Zuteilung eines roten Kennzeichens oder Kurzzeitkennzeichens
   - Die widerrechtliche Benutzung
2. *Wie erfolgt gewöhnlich die Anmeldung zur Kraftfahrzeugsteuer?*
   Formularmäßig im Zusammenhang mit dem Zulassungsverfahren beim Straßenverkehrsamt.
3. *Nennen Sie einige wichtige Ausnahmen von der Steuerpflicht.*
   - Zulassungsfreie Fahrzeuge
   - Äußerlich erkennbare Dienstfahrzeuge von Bundeswehr, Polizei, Bundesgrenzschutz
   - Bestimmte Arbeitsfahrzeuge für Wegebau, Straßenreinigung, Müllabfuhr, Feuerwehr, Rettungsdienste
   - Sonderfahrzeuge der Land- und Forstwirtschaft
   - Kraftomnibusse des Linienverkehrs
4. *Nach welcher Grundlage erfolgt die Besteuerung bei Personenkraftwagen und bei Krafträdern?*
   Nach dem Hubraum
5. *Nach welcher Grundlage erfolgt die Besteuerung bei allen anderen Fahrzeugen?*
   Nach der verkehrsrechtlich höchstzulässigen Gesamtmasse
6. *Welche Sonderregelung gilt für Anhänger hinter Lastkraftwagen?*
   Halter von Lkw-Anhängern können wählen, ob der Anhänger normal nach Gesamtmasse versteuert werden soll, oder ob stattdessen ein Anhängerzuschlag auf ein ziehendes Kraftfahrzeug gezahlt werden soll. Der Anhänger ist dann steuerfrei und erhält ein grünes Kennzeichen.
7. *Was kann passieren, wenn die Steuer nicht entrichtet wird?*
   Zunächst wird das Finanzamt mahnen. Schließlich wird eine Zwangsabmeldung durch die untere Verwaltungsbehörde oder direkt durch das Finanzamt durchgeführt.

# Güterbeförderung

## 10.1 Rechtsgrundlagen

Die Güterbeförderung einschließlich der Beförderung gefährlicher Güter ist hauptsächlich in folgenden Rechtsgrundlagen geregelt:

- Güterkraftverkehrsgesetz GüKG
- Gesetz über die Beförderung gefährlicher Güter
- Verordnung über die Beförderung gefährlicher Güter auf der Straße (GGVSE)
- Europäisches Übereinkommen über die Beförderung gefährlicher Güter auf der Straße (ADR)

### Ursprünglicher Sinn und Zweck der Regelungen des GüKG

Ziel der staatlichen Regelung war es, eine sichere und ordnungsgemäße Beförderung von Gütern zu gewährleisten. Unter diesem Gesichtspunkt regelt das GüKG, dass insbesondere die gewerbliche Güterbeförderung bestimmten Bedingungen unterliegt, die der **Unternehmer (Halter)** erfüllen muss. Bis 1998 war sogar die Zahl der Lkw, die gewerblich im Güterfernverkehr unterwegs waren, reglementiert und es gab staatlich festgelegte Beförderungstarife. Der Markt ist inzwischen aber weitgehend liberalisiert, auch Unternehmen aus anderen EU-Staaten dürfen in Deutschland operieren, was wegen der dort meist viel niedrigeren Belastung mit Steuern, Löhnen und Sozialabgaben dazu geführt hat, dass deutsche Speditionen mit diesen ungleichen Wettbewerbsbedingungen kämpfen müssen.

Neben dem Straßengüterverkehr nimmt neuerdings der **Luftverkehr für Güter** besonders stark zu. Die Ursache hierfür sind teilweise schon überlastete Straßen und völlig verzerrte Wettbewerbsbedingungen, da der Luftverkehr von jeglicher Mineralölsteuer befreit ist bei gleichzeitiger Subvention der Infrastruktur (Flughäfen, Flugsicherung) aus Steuergeldern.

Im Rahmen der Unternehmerpflichten spielt die Einhaltung der **Lenk- und Ruhezeiten** eine große Rolle. Bei Verstößen wird zunächst immer der Fahrer belangt.

Gegen den Unternehmer als Halter kann nur selten vorgegangen werden, da das Ordnungswidrigkeitsrecht die persönliche Schuld voraussetzt, also den so gut wie nie zu erbringenden Nachweis, dass der Unternehmer die Verstöße angeordnet hat. Die Beweislage ist für Bußgeldstelle und Gericht äußerst schwierig, zumal die betroffenen Fahrer als Zeugen unter wirtschaftlicher Abhängigkeit stehen und meist auch ein Zeugnisverweigerungsrecht haben, da sie selbst die Ordnungswidrigkeit der Lenkzeitüberschreitung begangen haben.

Falls doch einmal ein Unternehmen wegen Lenkzeitüberschreitung belangt wird, sind die Bußgelder relativ gering.

Gemäß § 17 Abs. 4 OwiG wäre es zwar rechtlich möglich, das Bußgeld so zu erhöhen, dass es den wirtschaftlichen Vorteil aus der Ordnungswidrigkeit übersteigt. Diese Vorschrift anzuwenden würde von den Bußgeldstellen unternehmerische Kenntnisse voraussetzen, also wird dieser Versuch noch zu selten unternommen.

Verstöße gegen Lenk- und Ruhezeiten werden nicht mit Punkten im Fahreignungsregister geahndet, so dass hier für den Fahrer kein Führerschein-Risiko besteht.

### Anwendungsbereich des GüKG

Das neue GüKG regelt nur noch die entgeltliche oder geschäftsmäßige Beförderung als gewerblicher Güterkraftverkehr oder Werkverkehr.

## Gewerblicher Güterkraftverkehr

**Güterkraftverkehr** ist die geschäftsmäßige oder entgeltliche Beförderung von Gütern mit Kraftfahrzeugen, die einschließlich Anhänger eine höhere zulässige Gesamtmasse als 3,5 t haben (egal, ob Lkw oder Pkw).

Es handelt sich um die Beförderung von Gütern für andere. Dieser Unternehmer verdient durch die Transportleistung Geld, er bietet diese Leistung als Werkvertrag an.

**Werkverkehr** ist die Beförderung von Gütern im Rahmen der eigenen Zwecke eines Unternehmens. Die Transportleistung ist hier nur eine Anschlussleistung zu anderen Verträgen, z. B.:

- ▶ *Holzhandlung liefert Balken zu einer Baustelle*
- ▶ *Warenhaus liefert den bestellten Kühlschrank zum Kunden*

**Güter** sind alle bewegliche Sachen, auch Tiere.

**Beförderung** ist jede Tätigkeit, deren Hauptzweck die Fortbewegung von Sachen ist.

## Erlaubnispflicht (§ 1 GüKG)

Erlaubnispflicht besteht, wenn im Rahmen der gewerblichen Güterbeförderung ein Kraftfahrzeug (einschließlich Anhänger) von mehr als 3,5 t zGM verwendet wird.

## Ausnahmen der Erlaubnispflicht (§ 2 GüKG)

- Beförderung durch Vereine
- Beförderungen, die Bund, Länder, Städte und Landkreise selbst durchführen (Gebietskörperschaften)
- Beförderungen im Rahmen der Landwirtschaft
- Beförderungen von beschädigten oder reparaturbedürftigen Fahrzeugen
- Beförderungen zur Hilfeleistung in dringenden Notfällen (Geräte, Zelte, Medikamente usw.)

## Erlangen der Erlaubnis

Die Erlangung ist in der Berufszugangsverordnung für den Güterkraftverkehr (GBZugV) geregelt.

### Persönliche Zuverlässigkeit

- Keine Unregelmäßigkeiten beim Finanzamt, Krankenkassen, Berufsgenossenschaft usw.
- Polizeiliches Führungszeugnis und Auszug aus Gewerbezentralregister

### Finanzielle Leistungsfähigkeit

Geldrücklage oder Bankbürgschaft, damit die dringendsten betrieblichen Ausgaben bezahlt werden können (mindestens 9.000 Euro für das erste Fahrzeug und 5.000 Euro für jedes weitere Fahrzeug).

### Fachliche Eignung

Durch Unternehmensprüfung bei der Industrie- und Handelskammer nachzuweisen. Die Prüfung umfasst Recht, kaufmännische und finanzielle Verwaltung, Straßenverkehrssicherheit und grenzüberschreitenden Güterkraftverkehr.

### Dauer der Erlaubnis

Die Güterkraftverkehr-Erlaubnis wird bei erstmaliger Erteilung auf zehn Jahre befristet. Danach muss ein neuer Antrag gestellt werden. Zuständig ist die untere Straßenverkehrsbehörde (meist SVA).

## Meldepflicht

Beim Bundesamt für Güterverkehr müssen sich alle Unternehmen anmelden, die im Werkverkehr Lkw (einschließlich Anhänger) mit mehr als 3,5 t zGM einsetzen.

## Kabotage-Genehmigungen

Durch die Verordnungen (EG) Nr. 1071/2009, 1072/2009 und 1073/2009 des Europäischen Parlaments und des Rates wurde die Zulassung zum Beruf des Kraftverkehrsunternehmers, der Zugang zum Markt des grenzüberschreitenden Güterkraftverkehrs und der Zugang zum grenzüberschreitenden Personenkraftverkehrsmarkt grundlegend neu geregelt Seit Oktober 2009 regelt die Verordnung (EG) Nr. 1071/2009 Verordnung den Zugang zum grenzüberschreitenden Güterkraftverkehr mit EU-Lizenzen und zur Kabotage innerhalb der EU. Sie ersetzt die bisherigen Verordnung Nr. 881/92 und 3118/93, die sogenannte Kabotage-Verordnung. Diese Beförderungen innerhalb von Deutschland unterliegen dann den gleichen Pflichten, die auch für in Deutschland ansässige Unternehmer gelten, obwohl die Wettbewerbsbedingungen zwischen deutschen und ausländischen Unternehmern völlig unterschiedlich sind (Kraftfahrzeugsteuer für die eingesetzten Lkw, Löhne und Sozialabgaben für die eingesetzten Fahrer usw.).

## Versicherungspflicht

Der Unternehmer des gewerblichen Güterverkehrs muss sich gegen die Transportschäden, für die er nach den Beförderungsbedingungen haftet, versichern (Güterschadenshaftpflichtversicherung).

## T.I.R.

Die Abkürzung kommt aus der französischen Bezeichnung „Transport International de Marchandises par la Route“, zu deutsch „Internationaler Gütertransport auf der Straße“.

An Lastkraftwagen oder Anhängern sieht man oft das Schild „T.I.R.“. Durch das Carnet-T.I.R.-Verfahren wird für den Transitverkehr bei der Zollabfertigung eine vereinfachte Abfertigung ermöglicht. Die Ware wird schon beim Binnenzollamt verplombt, an der Grenze findet dann nur noch eine kurze Überprüfung statt.

## Bundesamt für Güterverkehr (§§ 10–16 GüKG)

Die komplizierten Regelungen der Güterbeförderung können nur durch spezialisierte Beamte kontrolliert werden – ein normaler Polizeibeamter wäre überfordert. Das Bundesamt für Güterverkehr hat seinen Sitz in Köln und Außenstellen in den Ländern. Seine Beamten (blaue Uniformen) tauchen besonders auf Autobahnparkplätzen auf und kontrollieren Lastkraftwagen sowie Omnibusse auf Gewichte, Lenk- und Ruhezeiten und die Vorschriften über die Beförderung gefährlicher Güter. Weiterhin hat das BAG Überprüfungskompetenzen in Bezug auf Sozialvorschriften, um illegale Beschäftigungen zu entdecken.

Dem Bundesamt stehen u. a. transportable Wiegegeräte zur Verfügung. Die Bediensteten kontrollieren aus Zweckmäßigkeitsgründen meist zusammen mit der Polizei (Anhaltefahrzeug). Sie sind jedoch auch allein befugt, zur Ausübung ihrer Aufgaben Fahrzeuge anzuhalten und zu kontrollieren (§ 55 Abs. 1 Nr. 4 GüKG). Bei schwerwiegenden Rechtsverstößen dürfen die Bediensteten auch die Weiterfahrt versagen.

**Bundesamt für Güterverkehr**
**Werderstr. 34, 50672 Köln**
**Tel. 02 21/5 77 60**
**www.bag.bund.de**

### Unternehmerkartei (§ 15 GüKG)

Das BAG führt auch die zentrale Verkehrsunternehmenskartei. Diese enthält alle im Inland niedergelassenen Unternehmen des gewerblichen Güterkraftverkehrs und des gewerblichen Verkehrs mit Kraftomnibussen. So kann bei Kontrollen zügiger festgestellt werden, ob und welche Berechtigungen vorhanden sind.

## 10.2 Beförderung gefährlicher Güter

Bei gefährlichen Gütern (= Stoffe und Gegenstände, von denen auf Grund ihrer Natur, ihrer Eigenschaften, ihres Zustandes im Zusammenhang mit der Beförderung Gefahren für die öffentliche Sicherheit und Ordnung ausgehen können) gelten ergänzend noch weitere Bestimmungen. Die Verordnung über die innerstaatliche und grenzüberschreitende Beförderung gefährlicher Güter auf der Straße und mit Eisenbahnen (GGVSE) enthält die umfassenden Regelungen für Gefahrgut-Beförderungen.

Welche Güter unter diese Bestimmungen fallen, ist in der Anlage zur GGVSE geregelt.

Bei Stückgütern sind ab bestimmten Mengen **orangefarbene Warntafeln** an den Fahrzeugen anzubringen; bei Tankfahrzeugen immer, wenn Ladung befördert wird oder der Tank nicht gereinigt ist.

Werden im Kraftfahrzeug und im Anhänger (Beförderungseinheit) verschiedene Stoffe befördert, so müssen beide jeweils vorn und hinten orangefarbene Warntafeln haben. Werden keine gefährlichen Güter mehr befördert, so müssen die Warntafeln verdeckt oder entfernt werden.

Bei einigen explosiven Stoffen und Gegenständen muss die Beförderungseinheit zusätzlich an den beiden Längsseiten und hinten mit dem **Gefahrzettel der Klasse** und der **Verträglichkeitsgruppe** die befördert wird, gekennzeichnet werden.

Um im Falle eines Schadens die besonderen Gefahren sofort erkennen und richtig bekämpfen zu können, enthalten die orangefarbenen Warntafeln **Kennzeichnungsnummern:** Die obere Hälfte die **Gefahrnummer** (an erster Stelle die Hauptgefahr), die untere Hälfte enthält die **Stoffnummer.**

2 = Gas
3 = entzündbarer flüssiger Stoff
4.1 = entzündbarer fester Stoff
5.1 = entzündend (oxydierend) wirkender Stoff
6 = giftiger Stoff
8 = ätzender Stoff

| 20 | X423 |
|---|---|
| 1913 | 1428 |
| Kohlensäure | Natrium |

Ein vorangestelltes X bedeutet, dass der Stoff nicht mit Wasser in Berührung gebracht werden darf.

Die Stoffnummer gibt die genaue Angabe über den Inhalt, der für den Noteinsatzdienst wichtig ist.

Bestimmte Tankfahrzeuge müssen äußerlich sichtbar mit Symbolen wie auf den Gefahrgut-Gefahrzetteln versehen sein.

Wenn bei Schadensfällen gefährliche Güter frei werden, muss der Fahrzeugführer dies unverzüglich der Polizei melden.

Durch Unfallmerkblätter und Broschüren, die der Fahrzeugführer vom Verlader erhält, erfährt er das Wichtigste über das Verhalten in Schadensfällen. Sie müssen bei solchen Transporten mitgeführt werden.

Bestimmte Fahrzeuge, die für den Transport gefährlicher Güter vorgesehen sind, benötigen dafür eine besondere Zulassung.

Fahrzeuge, mit denen gefährliche Güter in festverbundenen Tanks befördert werden, dürfen nur von **besonders qualifizierten Fahrzeugführern** geführt werden. Diese müssen an einer Schulung über die besonderen Anforderungen bei Gefahrguttransporten erfolgreich teilgenommen haben und erhalten als Nachweis eine ADR-Bescheinigung der Industrie- und Handelskammer. Alle fünf Jahre sind die Kenntnisse in einem Fortbildungslehrgang zu erweitern und durch eine IHK-Prüfung nachzuweisen. Für Gefahrgut-Fahrer gilt **absolutes Alkoholverbot** (0,0 ‰).

Auch die Fahrer von gefährlichen Stück- und Schüttgütern sind in das Schulungssystem einbezogen. Die **Schulungspflicht** ist sowohl an die Kennzeichnungspflicht der Fahrzeuge (in der Regel ab 1.000 kg) wie auch an die zGM des verwendeten Fahrzeugs gebunden. Nach der Gefahrgutbeauftragten-Verordnung sind die Unternehmer oder Inhaber von entsprechenden Betrieben verpflichtet, Gefahrgutbeauftragte in ihren Betrieben zu bestellen.

Stellen sich Unregelmäßigkeiten heraus, kann die Behörde die Bestellung eines anderen Gefahrgutbeauftragten anordnen.

Die Gefahrgutbeauftragten müssen an einer Einweisungs-Schulung mit anschließender Prüfung durch die IHK teilnehmen, die Gültigkeit dieser Bescheinigung beträgt fünf Jahre, danach muss eine Fortbildung erfolgen. Die Schulungsveranstalter müssen als solche durch die zuständige Industrie- und Handelskammer anerkannt sein und werden durch die IHK überwacht.

Wenn durch einen **Verkehrsunfall** gefährliche Güter frei werden, so gelten teilweise sehr hohe Beträge bei der Gefährdungshaftung (siehe Kapitel 7.3)

## 10.3 Autobahnmaut für schwere Lkw

Die streckenbezogene Autobahn-Maut für schwere Nutzfahrzeuge soll zu mehr Gerechtigkeit führen, da auch Ausländer, die auf Autobahnen durch Deutschland fahren, zahlen müssen.

### Betroffene Fahrzeuge/Personen

Ausschließlich

- für die Benutzung von Bundesautobahnen (BAB) und bestimmter Bundesstraßen
- im Güterkraftverkehr (Lkw und Sattelzüge)
- bei mindestens 7,5 Tonnen zulässiger Gesamtmasse,

wird die Lkw-Maut vom Halter oder Eigentümer des Fahrzeugs erhoben. Fahrzeuge zur Personenbeförderung sind von der Maut befreit.

Es ist für die Mauterhebung unerheblich, ob sich z. B. ein Lkw mit Ladung oder leer bewegt, er gewerblich oder im Werkverkehr eingesetzt wird oder eine Kraftfahrzeugsteuerbefreiung vorliegt.

**Fahrschul-Lkw**, die mit Doppelbedienung ausgestattet sind, fallen nicht unter die Autobahnmaut, da sie nicht für den Güterverkehr bestimmt sind. Das gilt selbst dann, wenn zum Zwecke der Schulung mit beladenen Fahrzeugen gefahren wird. Natürlich dürfen dabei keine Güter von einem zum anderen Ort transportiert und unterwegs entladen werden.

Fahrschulinhaber können die **Mautbefreiung** bei Toll Collect registrieren lassen.

## Höhe der Maut

Die Höhe der Maut richtet sich nach folgenden Gesichtspunkten: Der Gesamtbetrrag ergibt sich aus der Strecke, die ein Fahrzeug oder eine Fahrzeugkombination auf mautpflichtigen Straßen zurücklegt und einem Mautsatz in Cent pro Kilometer, der jeweils einen Anteil für die verursachten Luftverschmutzungs-, Lärmbelästiguns- ud Infrastrukturkosten enthält.

- Der Mautsatz-Anteil der Infrastrukturkosten ist abhängig von der Achs- und Gewichtsklasse
- Der Mautsatz-Anteil für die Lärmbelästigung wird für alle Fahrzeuge gleichermaßen pauschal erhoben.
- Der Mautsatz-Anteil für die verursachte Luftverschmutzung richtet sich nach der Schadstoffklasse. Dabei wird jedes Fahrzeug aufgrund seiner Schadstoffklasse einer der sechs Kategorien A, B, C, D, E und F zugeordnet.

Die Angabe der Schadstoffklassen liegt in der Verantwortung der Mautkunden; die Kunden sind verpflichtet, alle mautrelevanten Daten korrekt anzugeben (Prinzip der Selbsdeklaration).

Für moderne Lkw der Schadstoffklasse Euro 6 (Kategorie A) werden keine Kosten für die Verursachung von Luftverschmutzung berechnet. Hier fällt nur der Maut-Teilsatz zur Finanzierung der Infrastruktur an.

Die Angabe der Schadstoffklassen liegt in der Verantwortung der Mautkunden (Selbstdeklaration).

**www.toll-collect.de**

Der Mautpflichtige trägt die Darlegungs- und Beweislast für alle mauterheblichen Tatsachen. Ein Verstoß gegen die Nachweispflicht ist bußgeldbewehrt.

**Schadstoffklassen gemäß Bundesfernstraßenmautgesetz**

| | Kategorie A | Kategorie B | | Kategorie C | Kategorie D | Kategorie E | Kategorie F |
|---|---|---|---|---|---|---|---|
| **Schadstoffklasse** | S6 | EEV 1 | S 5 | S4,S3 mit PMK 2 * | S3,S2 mit PMK 1 * | S2 | S1, keine SSK |
| **Euro-Schadstoffklasse** | Euro 6 | EEV 1 | Euro 5 | Euro 4, Euro 3 + PMK 2 * | Euro 3, Euro 2 + PMK 1 * | Euro 2 | Euro 1, Euro 0 |
| **Maut-Schadstoffklasse** | 07 | 06 | 05 | 04 | 03 | 02 | 01 |

*** PMK – Partikelminderungsklassen sind Nachrüstungsstandards zur Senkung des Partikelausstoßes. Für Kategorie D wird die PMK 1 oder höher, für Kategorie C die PMK 2 oder höher benötigt.**

**Quelle: Toll Collect**

### ◘ Mautsätze pro Kilometer ab 1. Januar 2019

| Euro-Schadstoffklasse | Mautsatz-Anteil für externe Kosten Luftverschmutzung (in Cent/km) | Mautsatz-Anteil für externe Kosten Lärmbelästigung (in Cent/km) | Achs- und Gewichtsklasse | Mautsatz-Anteil für Infrastruktur (in Cent/km) | Mautsatz (in Cent/km) |
|---|---|---|---|---|---|
| **Euro 6** | 1,1 | 0,2 | **7,5-11,99 t** | 8,0 | **9,3** |
| | | | **12-18 t** | 11,5 | **12,8** |
| | | | **>18 t bis 3 Achsen** | 16,0 | **17,3** |
| | | | **>18 t ab 4 Achsen** | 17,4 | **18,7** |
| **Euro 5, EEV 1** | 2,2 | 0,2 | **7,5-11,99 t** | 8,0 | **10,4** |
| | | | **12-18 t** | 11,5 | **13,9** |
| | | | **>18 t bis 3 Achsen** | 16,0 | **18,4** |
| | | | **>18 t ab 4 Achsen** | 17,4 | **19,8** |
| **Euro 4, Euro 3 + PMK 2 *** | 3,2 | 0,2 | **7,5-11,99 t** | 8,0 | **11,4** |
| | | | **12-18 t** | 11,5 | **14,9** |
| | | | **>18 t bis 3 Achsen** | 16,0 | **19,4** |
| | | | **>18 t ab 4 Achsen** | 17,4 | **20,8** |
| **Euro 3, Euro 2 + PMK 1 *** | 6,4 | 0,2 | **7,5-11,99 t** | 8,0 | **14,6** |
| | | | **12-18 t** | 11,5 | **18,1** |
| | | | **>18 t bis 3 Achsen** | 16,0 | **22,6** |
| | | | **>18 t ab 4 Achsen** | 17,4 | **24,0** |
| **Euro 2** | 7,4 | 0,2 | **7,5-11,99 t** | 8,0 | **15,6** |
| | | | **12-18 t** | 11,5 | **19,1** |
| | | | **>18 t bis 3 Achsen** | 16,0 | **23,6** |
| | | | **>18 t ab 4 Achsen** | 17,4 | **25,0** |
| **Euro 1, Euro 0** | 8,5 | 0,2 | **7,5-11,99 t** | 8,0 | **16,7** |
| | | | **12-18 t** | 11,5 | **20,2** |
| | | | **>18 t bis 3 Achsen** | 16,0 | **24,7** |
| | | | **>18 t ab 4 Achsen** | 17,4 | **26,1** |

*** PMK – Partikelminderungsklassen sind Nachrüstungsstandards zur Senkung des Partikelausstoßes. Für Kategorie D wird die PMK 1 oder höher, für Kategorie C die PMK 2 oder höher benötigt.**

**** Die Tandemachse zählt als zwei Achsen, die Tridemachse zählt als drei Achsen. Lift- und Hubachsen werden stets berücksichtigt, unabhängig davon, ob eine Fahrzeugachse während der Beförderung beansprucht oder hochgefahren ist, also keinen Fahrbahnkontakt hat.**

**Quelle: Toll Collect**

## Einbuchungs-Systeme

Die Zahlung der Autobahn-Maut kann über drei Möglichkeiten erfolgen:

### (1) OBU-Gerät im Fahrzeug

Mit diesem Gerät, der so genannten OBU (= on board unit), wird festgestellt, auf welchem mautpflichtigen Streckenabschnitt sich das Fahrzeug befindet. Für den Einbau müssen Einbaukosten von ungefähr 200 Euro veranschlagt werden. Der Fahrzeughalter erhält das Fahrzeuggerät kostenfrei gegen ein Pfand von der Betreibergesellschaft. In dieser OBU sind die gesamten mautpflichtigen Strecken gespeichert.

Über die OBU wird per Satellitenortung GPS (Global Positioning System) bei jeder Autobahnbenutzung eine Registrierung durch Funkübertragung per GSM-Mobilfunk durchgeführt. Das Gerät ist so konstruiert, dass es automatisch erkennt, ob sich das Fahrzeug auf einer mautbefreiten Nebenstrecke oder auf einer mautpflichtigen Strecke befindet.

Sobald das Fahrzeug anfährt, schaltet sich das Sendegerät automatisch ein. Sofern nicht die Achsanzahl manuell eingegeben werden muss, kann die Fahrt losgehen. Wird eine mautpflichtige Strecke befahren, berechnet das Gerät automatisch nach den bisher zurückgelegten Kilometern (bis auf wenige Meter genau) selbst bei vielbefahrenen Strecken die zu zahlende Maut.

Der Mautschuldner, der nicht verpflichtet ist, sich in sein Fahrzeug eine OBU einbauen zu lassen, erhält nach vorangegangener Fahrt eine Rechnung, die er sich aufschlüsseln lassen kann.

### (2) Mautterminals

Zahlungs-Automaten sind insbesondere auf Autohöfen, Parkplätzen, Raststätten und Grenzübergängen aufgestellt. Nach Zahlung erhält man einen Einbuchungsbeleg, mit dem die mautpflichtige Straßenbenutzung durchgeführt werden darf.

### (3) Internet-Einbuchung

Zahlung nach Internet-Einbuchung im Abbuchungsverfahren. Bei dieser Variante muss die Fahrtstrecke vor Fahrtantritt festgelegt sein und der zu entrichtende Mautbetrag bezahlt werden.

## Kontrolle

Das Bundesamt für Güterverkehr (BAG) wurde mit der Kontrolle der Mautpflicht beauftragt. Es ist die zuständige Verwaltungs-, Kontroll- und Ahndungsbehörde. Auch Zollbehörden können die Einhaltung der Maut überwachen. Sowohl BAG als auch Zoll haben die Möglichkeit, sich der Hilfe des Betreibers zu bedienen. Darüber hinaus haben sie eine Anhaltebefugnis für mautpflichtige Kraftfahrzeuge.

Das BAG setzt ca. 500 mobile Kontrollfahrzeuge ein. In einem Zentralrechner sind alle Daten aus OBU-Geräten, Mautterminals und Internet-Einbuchungen aktuell erfasst. So kann über das Kennzeichen sehr schnell auch ohne ein Anhalten des Fahrzeugs ermittelt werden, ob die Maut-Gebühr bezahlt wurde. Stationäre Kontrollbrücken sind ebenfalls in das Erfassungssystem eingebunden, von dort können u. a. Videos und Fotos gemacht werden.

**Informationen zum Mautsystem**
**www.bag.bund.de**
**www.toll-collect.de**
**www.bmvi.de**

## Fragen und Antworten

1. *Welche Vorschriften sind zur Ordnung des Güterverkehrs hauptsächlich erlassen worden?*
   - Güterkraftverkehrsgesetz
   - Gesetz über die Beförderung gefährlicher Güter
   - Gefahrgut-Verordnung-Straße GGVS
2. *Welchem Ziel diente das GüKG früher einmal?*
   Eine sinnvolle Verteilung auf die Verkehrsträger Straße, Bahn und Binnenschiffahrt zu fördern, die Zahl der Lkw zu begrenzen
3. *Was unterliegt dem Güterkraftverkehrsgesetz?*
   Die entgeltliche oder geschäftsmäßige Beförderung von Gütern mit Kraftfahrzeugen (einschließlich Anhänger) über 3,5 t zGM
4. *Welche Verkehrsarten unterscheidet das Güterkraftverkehrsgesetz?*
   Den gewerblichen Güterkraftverkehr und den Werkverkehr
5. *Was versteht man unter gewerblichem Güterkraftverkehr?*
   Die Beförderung von Gütern für andere
6. *Was versteht man unter Werkverkehr?*
   Die Beförderung von Gütern für die Zwecke des eigenen Unternehmens, z. B. Holzhandlung, Möbellieferung an den Kunden durch Möbelhaus
7. *Wer braucht eine Erlaubnis für den Güterverkehr?*
   Jeder, der gewerblich mit Kraftfahrzeugen (einschließlich Anhänger) von mehr als 3,5 t zGM für andere Güter befördert
8. *Ein Kleinunternehmer annonciert „Fälle und zersäge Bäume, Haushaltsauflösungen, Entrümpelungen." Er befördert durch seinen Geländewagen (Pkw) mit Anhänger Güter. Der Geländewagen hat eine zGM von 2,1 t der Anhänger von 1,5 t. Braucht der Unternehmer eine Erlaubnis für Güterverkehr?*
   Ja, da Pkw einschließlich Anhänger über 3,5 t zGM
9. *Was muss der Kleinunternehmer von Frage 8 tun, um das Unternehmen betreiben zu dürfen?*
   - Gewerbe anmelden
   - Unternehmerprüfung bei der IHK
   - Erlaubnis für Güterverkehr beantragen (SVA)
10. *Unter welchen Voraussetzungen wird die Erlaubnis für den Güterverkehr erteilt?*
    - Persönliche Zuverlässigkeit
    - Wirtschaftliche Leistungsfähigkeit des Betriebes (Rücklagen)
    - Fachliche Eignung (Prüfung IHK)
11. *Welche Stelle überwacht speziell die Einhaltung der Vorschriften über die Güterbeförderung?*
    Das Bundesamt für Güterverkehr
12. *Was besagen orangefarbene Tafeln an Fahrzeugen?*
    Das Fahrzeug befördert gefährliche Güter.
13. *Was gibt bei orangefarbenen Warntafeln die obere Nummer an, was die untere Nummer?*
    Oben: Gefahrnummer, unten: Stoffnummer
14. *Welche Anforderungen werden z. B. an einen Heizöl-Fahrer gestellt?*
    Er muss über den Umgang mit gefährlichen Gütern in einem Lehrgang besonders geschult worden sein, die IHK-Prüfung bestanden haben und eine entsprechende Bescheinigung mitführen.

# Personenbeförderung

Das Personenbeförderungsrecht unterscheidet zwei Hauptbereiche:
- **Vorschriften für den Fahrer**
- **Vorschriften für den Halter (Unternehmer)**

Das **Führerscheinrecht** betrifft den Fahrer (siehe Tabelle am Ende dieses Kapitels).

Das **Personenbeförderungsgesetz** und die dazu erlassenen Verordnungen (FreistellungsVO, BOStrab, BOKraft) wenden sich an den Halter (Unternehmer) und lenken wirtschaftspolitisch, wer als Unternehmer Personenbeförderung betreiben darf und welche Konzessionen dazu evtl. erforderlich sind. Nur in diesem Bereich spielen die Begriffe **entgeltlich** bzw. **geschäftsmäßig** eine Rolle.

Das Personenbeförderungsgesetz (PBefG) will eine sichere und ordnungsgemäße Personenbeförderung gewährleisten (§§ 21, 22 PBefG). Würde man die Personenbeförderung völlig der freien Marktwirtschaft überlassen, so würde bald ein ruinöser Wettbewerb einsetzen:

Ein Unternehmer würde den Konkurrenten zu unterbieten versuchen. Dies könnte auf Kosten der Verkehrssicherheit der eingesetzten Fahrzeuge geschehen. Es bestünde auch die Gefahr, dass der Unternehmer nur die gewinnbringenden Strecken bedient – dadurch würden die wirtschaftlich ohnehin schwächeren Gebiete noch mehr benachteiligt und in immer größere Schwierigkeiten kommen. Einem vorhandenen Unternehmer, der bereit ist, einen größeren Bezirk vollständig mit seinem Verkehrsangebot zu versorgen, kann nicht zugemutet werden, dass auf seinen rentabelsten Strecken ein Konkurrenzunternehmen auftaucht, das aber keine Aufwendungen für unrentable Strecken hat.

Das gesamte Verkehrsangebot der Personenbeförderung (Bahn, Luft, Straße, Wasser) muss als eine Einheit betrachtet werden. Alle Verkehrsträger sollen sich möglichst gut ergänzen und keine unnötige Konkurrenz betreiben. Die Verluste der Bahn würden z. B. noch viel höher liegen, wenn man zwischen den Großstädten des Bundesgebietes einen regelmäßigen Linienverkehr mit Kraftomnibussen zulassen würde.

Das Personenbeförderungsgesetz regelt hauptsächlich, wer als Unternehmer entgeltliche oder geschäftsmäßige Personenbeförderung durchführen darf und unter welchen Voraussetzungen dies zu geschehen hat.

## 11.1 Anwendungsbereich des Personenbeförderungsgesetzes (§ 1 PBefG)

Das Personenbeförderungsgesetz bezieht sich auf die
- entgeltliche oder geschäftsmäßige
- Beförderung von Personen mit
- Straßenbahnen, Oberleitungsomnibussen, Kraftfahrzeugen.

Als **Entgelt** sind Gegenleistungen jeder Art anzusehen, durch die eine Beförderung abgegolten wird. Das geschieht meist durch einen Fahrpreis, kann aber auch durch Zuschüsse, Beiträge oder wirtschaftliche Vorteile erfolgen, z. B.:
- ▶ *Zubringer- und Abholdienst eines Hotels*
- ▶ *Beförderung von Berufstätigen durch die Firma*

**Geschäftsmäßig** ist jede auf Dauer gerichtete, in Wiederholungsabsicht vorgenommene Beförderung.

Dieser sehr weit gefasste Anwendungsbereich würde sich auf viele Beförderungsfälle erstrecken, die die wirtschaftliche Ordnung des Straßenpersonenverkehrs im Rahmen des Gesamtverkehrs nicht beeinträchtigen. Deshalb mussten Ausnahmebestimmungen geschaffen werden:

## 11.2 Ausnahmen vom Personenbeförderungsgesetz insgesamt

Auch wenn eine entgeltliche oder geschäftsmäßige Personenbeförderung vorliegt, unterliegen folgende Fälle nicht dem Personenbeförderungsgesetz:

### Beförderungen mit Personenkraftwagen, wenn das Gesamtentgelt die Betriebskosten der Fahrt nicht übersteigt (§ 1 Abs. 2 PBefG)

Betriebskosten sind die beweglichen Kosten, insbesondere für Treibstoff, Öl, Abnutzung – nicht jedoch Steuern, Versicherung, Garage.

- *Fahrgemeinschaften von Berufstätigen zum und vom Betrieb*
- *Mitnahme von Personen, die über Mitfahrzentralen organisiert ist (www.blablacar.de)*

### Alle Fälle, die in der Freistellungs-Verordnung aufgeführt sind
(nachfolgend aufgezählt nach Nummer des § 1 der Freistellungs-Verordnung)

1. Beförderungen mit Kraftfahrzeugen **außerhalb öffentlicher Straßen** und Plätze im Sinne des Straßenverkehrsgesetzes.
2. Beförderungen mit Kraftfahrzeugen in **Ausübung hoheitlicher Tätigkeit**.
3. Beförderungen mit Personenkraftwagen, die nach ihrer Bauart und Ausstattung zur Beförderung von nicht mehr als sechs Personen (einschließlich Führer) geeignet und bestimmt sind, es sei denn, daß für die Beförderungen ein Entgelt zu entrichten ist; Diese Ausnahme ist wegen der weitergehenden Ausnahme zu § 1 Abs. 2 PBefG praktisch bedeutungslos, da dort alle Personenkraftwagen (also bis neun Plätze) erfasst sind.

4a. Beförderungen von **Berufstätigen** zu und von ihrer Eigenart nach **wechselnden Arbeitsstellen** – soweit nicht länger als ein Jahr zwischen gleichbleibenden Ausgangs- und Endpunkten verkehrt wird – wenn von den Beförderten kein Entgelt zu entrichten ist.

4b. Beförderungen von Berufstätigen mit Kraftfahrzeugen **zu und von Arbeitsstellen** in der **Land- und Forstwirtschaft**, wenn von den Beförderten kein Entgelt zu entrichten ist.

4c. Beförderungen mit Kraftfahrzeugen durch oder für **Kirchen** oder sonstige Religionsgemeinschaften, wenn von den Beförderten kein Entgelt zu entrichten ist.

4d. Beförderungen mit Kraftfahrzeugen durch oder für **Schulträger** zum oder vom Unterricht, wenn von den Beförderten kein Entgelt zu entrichten ist (**Freigestellter Schülerverkehr**).

4e. Beförderungen von Kranken aus Gründen der Beschäftigungstherapie oder zu sonstigen **Behandlungszwe-**

**cken** durch Krankenhäuser oder Heilanstalten mit eigenen Kraftfahrzeugen, wenn von den Beförderten kein Entgelt zu entrichten ist.

4f. Beförderungen von **Berufstätigen** mit Pkw von und zu ihren Arbeitsstellen, wenn von den Beförderten kein Entgelt zu entrichten ist (**Freigestellter Berufsverkehr**).

4g. Beförderungen von körperlich, geistig oder seelisch **behinderten Personen** mit Kraftfahrzeugen zu und von Einrichtungen, die der Betreuung dieser Personenkreise dienen, wenn von den Beförderten kein Entgelt zu entrichten ist.

4h. Innerbetrieblicher Personenverkehr durch den Arbeitgeber **zu betrieblichen Zwecken**, wenn von den Beförderten kein Entgelt zu entrichten ist.

▶ *VW befördert Arbeitnehmer zwischen den Werken Wolfsburg und Kassel.*

4i. Beförderungen für Kindergartenträger zwischen Wohnung und Kindergarten, wenn von den Beförderten kein Entgelt zu entrichten ist. Durch die gesetzliche Garantie eines Kindergartenplatzes werden diese Beförderungen insbesondere im ländlichen Raum organisiert.

5. Beförderungen durch die **Streitkräfte** mit eigenen Kraftfahrzeugen (Bundeswehr, Stationierungsstreitkräfte).

6. Beförderungen durch die **Polizei** mit eigenen Kraftfahrzeugen. Die Ziffern 5 und 5a haben nur für die fiskalischen Beförderungen Bedeutung, denn hoheitliche Beförderungen sind bereits nach Nr. 2 freigestellt.

7a. Die Mitnahme von umziehenden Personen in besonders für die **Möbelbeförderung** eingerichteten Fahrzeugen.

7b. Die Mitnahme von Personen in Kraftfahrzeugen, die zur **Leichenbeförderung** bestimmt sind. Voraussetzung ist, dass sich die Leiche in demselben Kraftfahrzeug oder im Anhänger befindet.

### Ausnahmen von der Genehmigungspflicht des Personenbeförderungsgesetzes

Einige Beförderungsfälle sind lediglich von der Genehmigungspflicht ausgenommen, während andere Vorschriften des PBefG anwendbar sind:

Vorübergehender Einsatz von Kraftfahrzeugen **bei Notständen und Betriebsstörungen** im Verkehr § 2 Abs. 5 PBefG. Dauert die Störung länger als 72 Stunden, so muss dies der Genehmigungsbehörde unverzüglich angezeigt werden.

## 11.3 Rechte und Pflichten nach dem Personenbeförderungsgesetz

Das Personenbeförderungsgesetz regelt, wer überhaupt und unter welchen Voraussetzungen Personen befördern darf. Diese Voraussetzungen sind aber nicht für alle Beförderungsfälle gleich, sondern differenziert nach den **Verkehrsmitteln** (§ 4 PBefG)

- **Straßenbahn** (einschließlich Hoch- und Untergrundbahn),
- **Obus,**
- **Kraftfahrzeuge,**

und bei **Kraftfahrzeugen** zusätzlich nach (§ 4 Abs. 4 PBefG)

- **Personenkraftwagen** = Kraftfahrzeuge, die nach ihrer Bauart und Ausstat-

tung zur Beförderung von nicht mehr als neun Personen (einschließlich Führer) geeignet und bestimmt sind,
- **Kraftomnibusse** = Kraftfahrzeuge, die nach ihrer Bauart und Ausstattung zur Beförderung von mehr als neun Personen (einschließlich Führer) geeignet und bestimmt sind,
- **Lastkraftwagen** = Kraftfahrzeuge, die nach ihrer Bauart und Einrichtung zur Beförderung von Gütern bestimmt sind.

Beim Verkehr mit Kraftfahrzeugen unterscheidet man nach den Verkehrsarten **Linienverkehr und Gelegenheitsverkehr.**

### Linienverkehr (§ 42 PBefG)

Linienverkehr ist eine zwischen bestimmten Ausgangs- und Endpunkten eingerichtete regelmäßige Verkehrsverbindung, auf der Fahrgäste an bestimmten Haltestellen aus- und einsteigen können. Ein Fahrplan mit bestimmten Zeiten ist nicht notwendig, ebenso wenig müssen Zwischenhaltestellen vorhanden sein.

Der Linienverkehr kann betrieben werden als
- **Öffentlicher Linienverkehr**
- **Sonderform des Linienverkehrs** (§ 43 PBefG)
  - Berufsverkehr
  - Marktfahrten
  - Schülerfahrten
  - Theaterfahrten

Merksatz: Berufs-Schüler machen auf Märkten Theater.

Bei dem hier angesprochenen Berufsverkehr und den Schülerfahrten entrichten die Beförderten ein Entgelt. Werden sie dagegen kostenlos befördert, so liegt freigestellter Schülerverkehr bzw. freigestellter Berufsverkehr vor, der nach der Freistellungs-Verordnung keiner Genehmigung bedarf.

### Gelegenheitsverkehr (§§ 46–51 PBefG)

Gelegenheitsverkehr ist die Beförderung von Personen mit Kraftfahrzeugen, die nicht Linienverkehr ist.

Als Formen des Gelegenheitsverkehrs sind nur zulässig:

#### Verkehr mit Taxen (§ 47 PBefG)

Beförderung von Personen mit Personenkraftwagen, die der Unternehmer auf öffentlichen Straßen oder Plätzen bereitstellt und mit denen er Fahrten zu einem vom Fahrgast bestimmten Ziel ausführt.

#### Ausflugsfahrten und Ferienziel-Reisen (§ 48 PBefG)

**Ausflugsfahrten** sind Fahrten, die der Unternehmer mit Kraftomnibussen oder Personenkraftwagen nach einem bestimmten, von ihm aufgestellten Plan zu einem für alle Teilnehmer gleichen und gemeinsamen Ausflugszweck durchführt. Die Fahrt muss an den Ausgangspunkt zurückführen und die Fahrgäste müssen gemeinsam zurückkehren. Es kann sich auch um mehrtägige Fahrten, z. B. Besichtigungsreisen, handeln, wobei Übernachtungen eingeschlossen sind.

Die **Ferienziel-Reise** ist nur zulässig zu Erholungsaufenthalten. Hier wird ein Gesamtentgelt für Beförderung und Unterkunft erhoben. Die Fahrgäste werden wieder an den Ausgangsort zurückgebracht, jedoch muss nicht die gleiche Reisegruppe der Hinfahrt gemeinsam zurückfahren (roulierendes System).

Bei Ausflugsfahrten und Ferienziel-Reisen wird von den Fahrgästen manchmal der Wunsch geäußert, außerhalb des Ausgangsortes ein oder auszusteigen. Eine solche **Unterwegsbedienung** ist heute allgemein zulässig bei benachbarten Orten oder in ländlichen Räumen für bis zu 30 km voneinander entfernte Orte. In allen anderen Fällen ist eine Ausnahmegenehmigung erforderlich (§ 48 Abs. 3 PBefG).

## Mietomnibusse und Mietwagen (§ 49 PBefG)

Diese Kraftfahrzeuge werden zur Beförderung angemietet, wobei der Unternehmer Fahrten ausführt, deren Zweck, Ziel und Ablauf der Mieter festlegt. Die Teilnehmer müssen ein zusammengehöriger Personenkreis und über Ziel und Ablauf der Fahrt einig sein bzw. als einzelner Fahrgast beim Mietwagen die Fahrt bestellen.

## Genehmigung (§ 13 PBefG)

Die **geschäftsmäßige oder entgeltliche Personenbeförderung** bedarf – wenn keine Ausnahme oder Freistellung vorliegt – einer förmlichen Genehmigung durch die von der Landesregierung bestimmte Behörde. Meist ist der Regierungsbezirk (Linienverkehr) oder die untere Verwaltungsbehörde (Gelegenheitsverkehr) zuständig.

Das Genehmigungsverfahren kommt durch einen förmlichen Antrag, der eine Fülle von einzelnen Angaben und Nachweisen enthalten soll, in Gang (§ 12 PBefG). Dabei findet auch ein Anhörungsverfahren (§ 14 PBefG) statt, in dem sich die vorhandenen Unternehmer, Gemeinden und andere Beteiligte äußern.

### Voraussetzungen

Die Voraussetzungen sind im PBefG und in der Berufszugangsverordnung für Straßenpersonenverkehr (PBZugV) geregelt.

Die Bezirksregierung bzw. das Straßenverkehrsamt erteilt die Genehmigung, wenn folgende Voraussetzungen erfüllt sind:

1. Nachweis der finanziellen Leistungsfähigkeit des Betriebes
2. Nachweis der persönlichen Zuverlässigkeit des Antragstellers
3. Nachweis der fachlichen Eignung des Unternehmers oder der für die Führung der Geschäfte bestellten Person
4. Bedürfnis (bei Linienverkehr und Taxiverkehr)

#### Nachweis der finanziellen Leistungsfähigkeit

Zum Nachweis der finanziellen Leistungsfähigkeit des Busunternehmens ist es unter anderem erforderlich, dass das Eigenkapital und die Reserven des Unternehmens nicht weniger als 9.000 Euro für das erste Fahrzeug oder 5.000 Euro für jedes weitere Fahrzeug betragen. Taxi- und Mietwagenunternehmer müssen über 2.250 Euro für das erste Fahrzeug und 1.250 Euro für jedes weitere Fahrzeug verfügen.

#### Nachweis der persönlichen Zuverlässigkeit

Zum Nachweis der persönlichen Zuverlässigkeit des Unternehmers und der ggf. zur Führung bestellten Person sind der Bezirksregierung bzw. dem Straßenverkehrsamt verschiedene Dokumente vorzulegen (unter anderem polizeiliches Führungszeugnis, Unbedenklichkeitsbescheinigungen des Finanzamtes und der Krankenkasse, Auszug aus dem Gewerbezentralregister).

### Fachliche Eignung

Die fachliche Eignung wird im Normalfall durch eine Fachkundeprüfung vor der IHK nachgewiesen.

Erforderlich sind **Kenntnisse auf folgenden Sachgebieten:**

#### (1) Recht

- Personenbeförderungsrecht
- Gewerberecht
- Organisation Betrieb/Verkehrsdienste
- Aufstellung von Beförderungsplänen, Fahrplänen, Umlaufplänen
- Beförderungstarife
- Straßenverkehrsrecht
- Arbeitsrecht
- Sozialversicherungsrecht
- Bürgerliches Recht und Handelsrecht
- Steuerrecht

#### (2) Kaufmännische und finanzielle Verwaltung des Unternehmens

- Zahlungsverkehr und Finanzierung
- Kostenrechnung
- Kalkulation von Angeboten
- Beförderungsbedingungen
- Buchführung
- Versicherungswesen
- Zusammenarbeit mit Reiseveranstaltern

#### (3) Technische Normen und technischer Betrieb

- Zulassung und Betrieb der Kfz
- Ausrüstung und Beschaffenheit der Kfz
- Instandhaltung und Untersuchung der Kfz
- Grundregeln des Umweltschutzes bei der Verwendung und Wartung der Kfz

#### (4) Straßenverkehrssicherheit

- Unfallverhütung und bei Unfällen zu ergreifende Maßnahmen
- Verkehrssicherheit
- Umweltschutz

#### (5) Grenzüberschreitender Verkehr

- Internationales Beförderungsrecht
- Für den internationalen Straßenpersonenverkehr wichtige pass- und zollrechtliche Vorschriften
- Für KOM zusätzlich:
  - Grundzüge der Zollpraxis und -formalitäten
  - Arten und Bedeutung der Beförderungsdokumente
  - Grundkenntnisse der Verkehrsregeln und der Straßengeographie in Nachbarstaaten, insbesondere soweit sie Mitgliedstaaten der Europäischen Union sind

### Umfang der Genehmigung (§ 9 PBefG)

Die Genehmigung erstreckt sich

- beim Verkehr mit Straßenbahnen und Obussen auf Bau, Betrieb, Linienführung,
- beim Linienverkehr mit Kraftfahrzeugen auf Einrichtung und Betrieb der Linie, Zahl, Art und Fassungsvermögen (Sitz- und Stehplätze) der Fahrzeuge,
- beim Gelegenheitsverkehr mit Kraftfahrzeugen auf Ausübung und Form des Gelegenheitsverkehrs (§§ 47–49

PBefG), Art und Fassungsvermögen (Sitzplätze) der einzelnen Kraftfahrzeuge unter Angabe ihrer amtlichen Kennzeichen.

### Bedürfnisprüfung bei Linienverkehr

Obwohl alle persönlichen Voraussetzungen vorliegen, ist die Genehmigung für Linienverkehr schwierig zu bekommen, weil der Staat die vorhandenen Linien vor Konkurrenz schützt. Dies wiederum hängt damit zusammen, dass im Linienverkehr die Preise (Tarife) festgelegt sind und eine Betriebs- und Beförderungspflicht besteht.

Bei einer Antragstellung wird nach folgenden gesetzlichen Vorgaben geprüft:

- Die vorgesehenen Straßen müssen dafür geeignet sein und
- **die öffentlichen Verkehrsinteressen dürfen nicht beeinträchtigt werden.**

Dies ist meist der entscheidende Punkt. Die öffentlichen Verkehrsinteressen werden in folgenden Fällen beeinträchtigt – also bekommt der Antragsteller keine Genehmigung:

a) Es ist **kein Bedürfnis** vorhanden, weil der Verkehr schon mit den bereits vorhandenen Verkehrsmitteln befriedigend bedient werden kann.
b) Der beantragte Verkehr würde **keine wesentliche Verbesserung der Verkehrsbedienung** erbringen.
c) Ein vorhandenes Unternehmen oder eine Eisenbahn ist bereit, die notwendige Ausgestaltung (**Erweiterung des Verkehrsangebotes**) innerhalb einer angemessenen Frist **selbst durchzuführen.** Dadurch genießen die vorhandenen Unternehmer einen sehr großen Schutz gegen mögliche Konkurrenten.

### Linienbusse im Fernverkehr (§ 13 Abs. 1 Nr. 1a PBefG)

Das Monopol der Bahn im Fernverkehr von Personen ist aufgegeben worden. Im Rahmen der Liberalisierung dürfen Linienbusse auch innerhalb von Deutschland verkehren, die untereinander und zum Eisenbahnverkehr in Wettbewerb stehen. Zum Schutz der örtlichen Verkehrsbetriebe muss die Linie jedoch mindestens 50 km und eine Stunde Reisezeit betragen.

### Bedürfnisprüfung bei Verkehr mit Taxen

Je mehr Taxen zugelassen werden, desto geringer werden die Einnahmen der schon vorhandenen. Da die Taxitarife festgelegt sind, könnten zu viele Taxen die Existenz der vorhandenen bedrohen.

Die meisten Gemeinden haben deshalb die Taxengenehmigungen auf eine bestimmte Höchstzahl festgelegt. Von diesem System rückt man aber mehr und mehr ab, beobachtet jedoch die Geschäftsentwicklung sorgfältig.

Antragsteller weichen auch oft auf Mietwagenverkehr aus, denn dort gibt es keine Höchstzahlen und Bedürfnisprüfung.

### Form der Genehmigung

Die Genehmigung wird durch Aushändigung der **Genehmigungsurkunde** erteilt (§ 17 PBefG). Diese enthält unter anderem die näheren Bedingungen und Auflagen.

In dringenden Fällen kann für den Linienverkehr mit Kraftfahrzeugen auch eine **einstweilige Erlaubnis** erteilt werden (§ 20 PBefG), über die dann eine Bescheinigung ausgestellt wird. Die einstweilige Erlaubnis erlischt nach sechs Monaten, wenn sie nicht schon vorher widerrufen wird.

### Nachweis der Genehmigung

Die erteilte Genehmigung kann nur durch die Genehmigungsurkunde oder eine amtliche gekürzte Ausfertigung nachgewiesen werden. Im Gelegenheitsverkehr mit Kraftfahrzeugen muss sie mitgeführt und zuständigen Personen auf Verlangen zur Prüfung ausgehändigt werden.

### Unternehmensdatei

Das BAG führt eine zentrale Unternehmensdatei; siehe Seite 185.

### Dauer der Genehmigung

Die Dauer der Genehmigung beträgt im Linienverkehr höchstens acht, im Gelegenheitsverkehr höchstens vier Jahre. Vor Ablauf dieser Fristen muss der Unternehmer jeweils einen neuen Antrag stellen, wenn er seine Genehmigung weiterführen möchte.

### Zuwiderhandlungen gegen die Genehmigungspflicht (§ 61 PBefG)

Wer Personen ohne die erforderliche Genehmigung oder einstweilige Erlaubnis befördert oder den Bedingungen und Auflagen zuwiderhandelt, begeht eine Ordnungswidrigkeit, die mit Geldbuße bis zu 5.000 Euro geahndet werden kann.

### Widerruf der Genehmigung (§ 25 PBefG)

Die Genehmigungsbehörde muss bzw. kann die Genehmigung zurücknehmen, wenn die Voraussetzungen (§ 13 PBefG) nicht mehr vorliegen, z. B. wegen Unzuverlässigkeit des Unternehmers.

## Betriebspflicht, Beförderungspflicht

Das Personenbeförderungsgesetz gewährleistet einerseits für bestimmte Verkehrsarten einen sehr weitgehenden Schutz gegen Konkurrenz – andererseits muss aber erreicht werden, dass tatsächlich ein ausreichendes Verkehrsangebot zur Verfügung steht.

Bestimmte Unternehmer haben deshalb nicht nur das Recht, Personenbeförderungen durchzuführen, sondern sie sind sogar dazu verpflichtet. Sie dürfen nicht allein nach ihren wirtschaftlichen Interessen nur zu den rentablen Zeiten verkehren.

### Betriebspflicht (§ 21 PBefG)

Der Unternehmer muss den Betrieb ordnungsgemäß einrichten und nach den Bedürfnissen des Verkehrs und dem Stande der Technik ordnungsgemäß aufrechterhalten.

Die Betriebspflicht gilt nicht für Ausflugsfahrten und Ferienziel-Reisen sowie für Verkehr mit Mietomnibussen und Mietwagen.

### Beförderungspflicht (§ 22 PBefG)

Die Fahrgäste schließen mit dem Unternehmer privatrechtliche Verträge ab. Der Unternehmer darf sich seine Fahrgäste aber nicht nach Belieben aussuchen, sondern muss sie befördern – es sei denn, dass ein besonderer, in Gesetzen bzw. Verordnungen geregelter Ausnahmefall vorliegt. Sie gilt für den Linienverkehr. Die Beförderungspflicht besteht nicht für Ausflugsfahrten und Ferienziel-Reisen sowie für den Verkehr mit Mietomnibussen und Mietwagen.

Beim Verkehr mit Taxen gilt die Beförderungspflicht nur für Fahrten innerhalb des Tarifgebietes (meist Gemeindegebiet).

### Tarifpflicht

Die Preisgestaltung kann nicht dem Belieben des Unternehmers überlassen werden, denn dieser hat oft eine monopolartige Stellung und könnte das ausnutzen, um überhöhte Fahrpreise festzusetzen.

Beim Verkehr mit Straßenbahnen, Obussen und im allgemeinen Linienverkehr gilt (§§ 39, 41 Abs. 3, 45 Abs. 3 PBefG): Die Genehmigungsbehörde muss den Beförderungsentgelten und deren Änderungen zustimmen. Mit dieser Zustimmung werden sie allgemein verbindlich, dürfen also nicht über- oder unterschritten werden. Bei der Zustimmung ist sowohl die wirtschaftliche Lage des Unternehmens als auch das Gemeinwohl zu berücksichtigen.

Beim **Gelegenheitsverkehr mit Taxen** werden besondere Beförderungsentgelte und Beförderungsbedingungen festgelegt (§ 51 PBefG). Die ergangenen Bestimmungen müssen in jedem Taxi mitgeführt und dem Fahrgast auf Verlangen vorgelegt werden, damit dieser den Fahrpreis überprüfen kann.

### Fahrpläne

Ähnlich wie die Beförderungsentgelte bedürfen auch die Fahrpläne der Zustimmung der Genehmigungsbehörde (§§ 40, 41 Abs. 3, 45 Abs. 3 PBefG). Nur so kann die Betriebspflicht in der Praxis durchgesetzt werden. Auch an Zeiten, zu denen der Personenverkehr unrentabel ist (z. B. spätabends) muss ein ausreichendes Verkehrsangebot bestehen.

### Grenzüberschreitender Personenverkehr mit KOM – mitzuführende Papiere

- Führerschein; evtl. Fahrerlaubnis zur Fahrgastbeförderung
- Fahrzeugschein
- Diagrammscheiben
- Auszug aus Genehmigungsurkunde
- Für Fahrer und Fahrgäste Personalausweise bzw. Reisepässe
- Evtl. Personen-Beförderungs-Listen, Wegstrecken-, Kraftstofferklärungen (bestimmte Länder)

### Verordnung über die allgemeinen Beförderungsbedingungen für den Straßenbahn- und Omnibusverkehr sowie den Linienverkehr mit Kraftfahrzeugen (Allgemeine Beförderungsbedingungen)

Die Verordnung regelt die Einzelheiten, die in der Praxis der Personenbeförderung immer wieder auftauchen. Ausnahmsweise kann die Genehmigungsbehörde auch Abweichungen von dieser Verordnung zulassen (Besondere Beförderungsbedingungen).

Es geht vor allem um

- den Anspruch auf Beförderung (Beförderungspflicht),
- von der Beförderung ausgeschlossene Personen (§§ 2 und 3),
- das Verhalten der Fahrgäste (§ 4),
- Beförderungsentgelte und Fahrausweise (§§ 7–10),
- Beförderung von Sachen und Tieren (§§ 11 und 12),

- Fundsachen (§ 13).

## Verordnung über den Betrieb von Kraftfahrtunternehmen im Personenverkehr (BOKraft)

**„BOKraft Kommentar“, Verlag Heinrich Vogel, Bestell-Nr. 24015**

Diese Verordnung regelt Einzelheiten für alle Verkehrsarten der Personenbeförderung. Ziel ist, eine sichere und ordnungsgemäße Personenbeförderung zu gewährleisten. Geregelt wird insbesondere

- der Betrieb (Betriebsleiter, Fahrpersonal, Fahrdienst, Fahrgäste, Fundsachen),
- das Verhalten der Fahrgäste (§ 14),
- die Beförderungspflicht (§ 13),
- die Ausrüstung und Beschaffenheit der Fahrzeuge (§§ 16–31),
- Haltestellen (§ 32),
- Kennzeichnung und Beschilderung der Fahrzeuge (§ 33),
- Sondervorschriften für den Taxenverkehr (Beförderungsentgelte § 37, Fahrweg § 38, Benutzung des Taxischildes § 39),
- Sondervorschriften über die Untersuchung der Fahrzeuge (§§ 41 und 42).

Zuwiderhandlungen sind nach § 4 Ordnungswidrigkeiten z. B.:

- *Ein Fahrgast raucht in einem Fahrzeug des Linienverkehrs.*
- *Ein Fahrer im Linienverkehr schaltet das Radio ein zum Musikhören.*
- *Der Taxifahrer fährt einen unnötigen Umweg.*
- *Der Taxifahrer raucht während der Beförderung, ohne Zustimmung der Fahrgäste.*

## Verordnung über den Bau und Betrieb der Straßenbahnen (Straßenbahn-, Bau- und Betriebsordnung – BOStrab)

Diese Verordnung regelt ähnliche Sachverhalte wie die BOKraft, ist jedoch auf die Straßenbahn bezogen.

§ 61 bestimmt für die **Höchstgeschwindigkeit der Straßenbahn:** Die Höchstgeschwindigkeit wird von der Technischen Aufsichtsbehörde festgelegt. Soweit die Gleise in der Fahrbahn öffentlicher Straßen liegen, muss die Straßenbahn die für den übrigen Straßenverkehr geltenden Höchstgeschwindigkeiten berücksichtigen.

**PERSONENBEFÖRDERUNG – GENEHMIGUNG/VORAUSSETZUNGEN**

| Grundvoraussetzung | Verkehrsmittel | Umfang der Genehmigung | Voraussetzungen |
|---|---|---|---|
| **Beförderung entgeltlich oder geschäftsmäßig** | **Straßenbahn Obus** | Bau,<br>Betrieb,<br>Linienführung | 1. Sicherheit und Leistungsfähigkeit des Betriebes<br>2. Zuverlässigkeit des Unternehmens<br>3. Fachliche Eignung (Prüfung IHK)<br>4. Straßengeeignet<br>5. öffentliche Verkehrsinteressen nicht beeinträchtigt keine Genehmigung, wenn:<br>a) kein Bedürfnis, vorhandene Verkehrsmittel ausreichend<br>b) keine wesentliche Verbesserung der Verkehrsbedienung<br>c) schon vorhandener Unternehmer übernimmt die weitere Verkehrsausgestaltung innerhalb einer Frist selbst<br>d) Vorrang Schienenersatzverkehr und Schienenparallelverkehr |
| | **Linienverkehr mit Kraftfahrzeugen**<br>§ 42 | Einrichtung der Linie,<br>Betrieb der Linie,<br>Zahl,<br>Art,<br>Fassungsvermögen der Fahrzeuge | |
| | **Linienbusse im Fernverkehr § 13 Abs. 1 Nr. 1a PBefG** | **Ausübung,<br>Einrichtung der Linie,<br>Zahl,<br>Art,<br>Fassungsvermögen der Fahrzeuge** | **Zuverlässigkeit des Unternehmers,<br>Fachliche Eignung (Prüfung),<br>mindestens 50 km und 1 Stunde Reisezeit** |
| | **Gelegenheitsverkehr**<br>§ 46 | Ausübung,<br>Form: Taxe § 47<br>Ausflugsfahrten und Ferienziel-Reisen § 48<br>Mietwagen und Mietomnibusse § 49<br>Art und Fassungsvermögen für die einzelnen Kraftfahrzeuge | 1. Sicherheit und Leistungsfähigkeit des Betriebes<br>2. Zuverlässigkeit des Unternehmens<br>3. Fachliche Eignung (Prüfung IHK) bei Taxen zusätzlich<br>4. öffentliche Verkehrsinteressen dürfen nicht durch die Existenzbedrohung des örtlichen Taxigewerbes beeinträchtigt werden |

**Genehmigungsfreie Beförderungen**

a) Unentgeltlich und nicht geschäftsmäßig

oder b) Mit Personenkraftwagen, wobei das Gesamtentgelt die Betriebskosten nicht übersteigt

oder c) Fälle, die in der Freistellungsverordnung aufgezählt sind

oder d) Vorübergehender Einsatz bei Notständen und Betriebsstörungen

| | | | | |
|---|---|---|---|---|
| **Linienverkehr** | **Definition: Regelmäßige Verbindung zwischen zwei Punkten** | | | |
| **Gelegenheitsverkehr** | **Definition: Alles, was nicht Linienverkehr ist** | | | |

| | **normaler Linienverkehr** | **Taxi** | **Mietwagen, Mietomnibus** | **Ausflugsfahrt Ferienziel-Reise** |
|---|---|---|---|---|
| **Wer bestimmt Fahrt und Ziel?** | Unternehmer | Fahrgast | Fahrgast | Unternehmer |
| **Beförderungspflicht?** | Ja | Ja (im Tarifgebiet) | Nein | Nein |
| **Tarifpflicht** | Ja | Ja (im Tarifgebiet) | Nein | Nein |
| **Genehmigung, Besonderheiten** | Bedürfnisprüfung, Monopol | Höchstzahl-Begrenzung | | |
| **Genehmigung: Durch wen? Dauer?** | 8 Jahre RP | 4 Jahre SVA | 4 Jahre SVA | 4 Jahre SVA |
| **Nachweis wie?** | Genehmigungsurkunde (beim Unternehmen) | Auszug der Genehmigungsurkunde mitzuführen | Auszug der Genehmigungsurkunde mitzuführen | Auszug der Genehmigungsurkunde mitzuführen |
| **Erkennbarkeit außen und vorgeschriebene Ausstattung** | Name des Unternehmens, Betriebssitz/ Firmenlogo | Taxi-Schild, Ordnungsnummer, Taxameter, Farbe | Ordnungsnummer, Wegstreckenzähler | Name des Unternehmens, Betriebssitz |

## 11.4 Führerscheinrecht – Fahrer

### Busfahrer

#### Führen von Kraftomnibussen (KOM)

Ein Kraftomnibus ist ein nach Bauart und Einrichtung zur Beförderung von Personen bestimmtes Kraftfahrzeug mit mehr als acht Fahrgastplätzen.

Entscheidend ist die Eintragung im Fahrzeugschein, also ob dort Pkw oder Omnibus eingetragen ist. Wie viele Fahrgäste tatsächlich mitfahren, ist für die Abgrenzung Pkw oder Omnibus gleichgültig.

Welche Fahrerlaubnis (D, D1 oder D1E) siehe Kapitel 15.3.

#### Fahren eines KOM ohne Fahrgäste

Befinden sich keine Fahrgäste im Bus, so bedurfte es nach altem Recht keiner Fahrerlaubnis zur Fahrgastbeförderung, der Bus durfte also mit Klasse 3 bzw. Klasse 2/ CE gefahren werden.

Diese Regelung wurde durch die Einführung der Fahrerlaubnisklasse D eingeschränkt. Fahrten im Inland sind auch erlaubt

- zur Überprüfung des technischen Zustandes des KOM.

In diesem Fall benötigt der Fahrer lediglich die Fahrerlaubnisklasse D1 (KOM bis 7,5 t zGM) bzw. D (KOM über 7,5 t zGM).

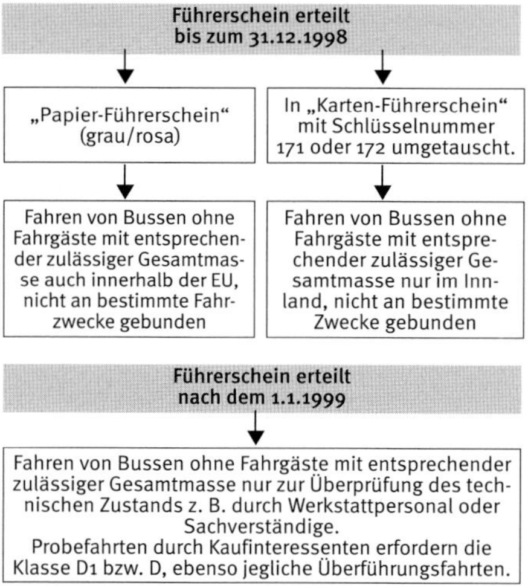


**Ärztliche Untersuchungen:**

siehe Kapitel 15.6

## Pkw-Fahrer – gewerbliche Fahrten

Pkw sind alle Kraftwagen bis zu neun Sitzen (einschließlich Fahrersitz). Maßgebend ist die Eintragung im Fahrzeugschein, nicht die tatsächliche Personenzahl.

### Fahrerlaubnis zur Fahrgastbeförderung

Die zusätzliche Fahrerlaubnis zur Fahrgastbeförderung (§ 48 FeV) ist nach wie vor erforderlich, wenn ein Fahrgast befördert wird mit:

- Taxi (§ 47 PBefG)
- **Mietwagen** (§ 49 PBefG)
- **Pkw im Linienverkehr** (§ 42 PBefG)
  In verkehrsarmen Zeiten setzen Verkehrsbetriebe verstärkt auch „Kleinbusse“ ein, die bis zu acht Fahrgastplätze haben und deshalb Pkw sind
- **Pkw bei gewerbsmäßigen Ausflugsfahrten** (§ 48 PBefG)
  Fahrerlaubnis zur Fahrgastbeförderung nicht erforderlich bei Besitz der Fahrerlaubnis der Klasse D1 oder D
- **Pkw bei gewerbsmäßigen Ferienziel-Reisen** (§ 48 PBefG)
  Fahrerlaubnis zur Fahrgastbeförderung nicht erforderlich bei Besitz der Fahrerlaubnis der Klasse D1 oder D
- **Krankenkraftwagen** (außer Bundeswehr, BGS, Polizei, Katastrophenschutz, Feuerwehr, anerkannte Rettungsdienste)

**Mindestalter:**

21 Jahre – außer bei Beschränkung auf Krankenkraftwagen: 19 Jahre

**Ortskundeprüfung:**

Bei Städten über 50.000 Einwohner für Taxifahrer vorgeschrieben.

**Befristung:**

Max. 5 Jahre, dann Neubeantragung erforderlich.

**Höchstalter:**

65 Jahre

**Ärztliche Untersuchungen:**

siehe Kapitel 15.6

## Fragen und Antworten

1. *Welchem verkehrspolitischen Ziel dient das Personenbeförderungsgesetz?*
   Eine sichere und ordnungsgemäße Personenbeförderung zu gewährleisten.
2. *In welchen Fällen findet das Personenbeförderungsgesetz grundsätzlich Anwendung?*
   Bei der entgeltlichen oder geschäftsmäßigen Beförderung von Personen mit Straßenbahn, Obussen und Kraftfahrzeugen.
3. *Unterliegt auch die Personenbeförderung mit Pkw dem Personenbeförderungsgesetz?*
   Grundsätzlich ja (z. B. Taxi, Mietwagen); die Beförderung mit Pkw ist jedoch genehmigungsfrei, wenn das Gesamtentgelt die Betriebskosten der Fahrt nicht übersteigt, z. B. bei Fahrgemeinschaften.
4. *Wo finden sich weitere Freistellungen vom Personenbeförderungsgesetz?*
   In der Freistellungsverordnung, z. B.
   - Freigestellter Schülerverkehr
   - Freigestellter Berufsverkehr
   - Freigestellter Gottesdienstverkehr
   - Hoheitliche Beförderung durch Bundeswehr, Polizei
5. *Was ist ein Personenkraftwagen?*
   Ein Kraftfahrzeug, das nach Bauart und Einrichtung zur Beförderung von nicht mehr als neun Personen (einschließlich Fahrer) geeignet und bestimmt ist.
6. *Was ist ein Kraftomnibus?*
   Ein Kraftfahrzeug, das nach Bauart und Einrichtung zur Beförderung von mehr als neun Personen (einschließlich Fahrer) geeignet und bestimmt ist.
7. *Was versteht man unter Linienverkehr?*
   Eine zwischen bestimmten Ausgangs- und Endpunkten eingerichtete regelmäßige Verkehrsverbindung, auf der Fahrgäste an bestimmten Haltestellen ein- und aussteigen können.
8. *Was ist Gelegenheitsverkehr und welche Arten des Gelegenheitsverkehrs gibt es?*
   Gelegenheitsverkehr ist die Beförderung von Personen mit Kraftfahrzeugen, die nicht Linienverkehr ist; es gibt
   - Verkehr mit Taxen,
   - Ausflugsfahrten und Ferienziel-Reisen,
   - Verkehr mit Mietomnibussen und Mietwagen.
9. *Welche Voraussetzungen in der Person des Antragstellers müssen für eine Genehmigung gegeben sein?*
   - Sicherheit und Leistungsfähigkeit des Betriebes (Rücklagen)
   - Persönliche Zuverlässigkeit
   - Fachliche Eignung (Prüfung IHK)
10. *In welcher Form wird die Genehmigung erteilt?*
    Durch Aushändigung der Genehmigungsurkunde.
11. *In welcher Form kann die Genehmigung bei der Fahrt im Gelegenheitsverkehr nachgewiesen werden?*
    Durch die Genehmigungsurkunde oder durch eine amtliche gekürzte Ausfertigung.
12. *Auf welche Dauer wird die Genehmigung erteilt?*
    Ist nicht mehr allgemein festgelegt.
13. *Wann liegt Verkehr mit Taxen vor?*
    Wenn der Unternehmer mit Personenkraftwagen, die er auf öffentlichen

Straßen oder Plätzen bereitstellt, Fahrten durchführt, deren Ziel der Fahrgast bestimmt.

14. *Wann liegt Verkehr mit Mietwagen vor?*
Wenn der Unternehmer mit Personenkraftwagen Fahrten durchführt, deren Zweck, Ziel und Ablauf der Mieter (Fahrgast) festlegt. Mietwagen dürfen nicht auf öffentlichen Straßen oder Plätzen bereitgestellt werden.

15. *Worin unterscheidet sich äußerlich das Taxi vom Mietwagen?*
    - Am Taxischild auf dem Dach
    - An der Ordnungsnummer im Heck

16. *Gibt es beim Taxi- und Mietwagenverkehr eine Betriebs- und Beförderungspflicht?*
Beim Taxiverkehr:
    - Betriebspflicht: Ja
    - Beförderungspflicht nur im Tarifgebiet

    Beim Mietwagenverkehr: Nein

17. *Wo dürfen Taxen bereitgestellt werden?*
An den behördlich zugelassenen Stellen (Zeichen 229 Taxenstand) der Gemeinde des Betriebssitzes.

18. *Ist der Taxi- und Mietwagenverkehr an bestimmte Tarife gebunden?*
    - Taxiverkehr innerhalb des Tarifgebietes: Ja
    - Mietwagenverkehr: Nein, außer bei Krankentransporten

19. *Welche Sonderformen des Linienverkehrs gibt es?*
    - Berufsverkehr
    - Schülerfahrten
    - Marktfahrten
    - Theaterfahrten

20. *Wie unterscheidet sich die Schülerfahrt als Sonderform des Linienverkehrs von der Schülerfahrt nach der Freistellungsverordnung?*
    - Bei der Schülerfahrt als Sonderform des Linienverkehrs zahlen die Schüler für die Fahrt
    - Bei der nach der Freistellungsverordnung übernimmt der Schulträger alle Kosten, die Fahrgäste zahlen nichts

21. *Was versteht man unter dem Begriff „Unterwegsbedienung"?*
Wenn bei Ausflugsfahrten oder Ferienziel-Reisen außerhalb des Ausgangsortes noch Fahrgäste zu- oder aussteigen. Erlaubt ist dies allgemein für benachbarte Orte oder in ländlichen Räumen für bis zu 30 km entfernte Orte. Im Übrigen kann die Genehmigungsbehörde Ausnahmen gestatten.

22. *Was ist Schienenersatzverkehr?*
Wenn anstelle einer Eisenbahnverbindung, die stillgelegt wird, die Personenbeförderung mit Kraftfahrzeugen im Linienverkehr aufgenommen wird.

23. *Welche Verordnungen ergänzen das Personenbeförderungsgesetz?*
    - Freistellungs-Verordnung
    - BOKraft
    - BOStrab

24. *Welche Promillegrenze besteht für das Fahrpersonal von allen Kraftfahrzeugen des Linienverkehrs und des Gelegenheitsverkehrs?*
Es besteht absolutes Alkoholverbot während des Dienstes und der Dienstbereitschaft.

# Berufskraftfahrer

## Rechtsgrundlagen

- Berufskraftfahrer-Qualifikations-Gesetz (BKrFQG)
- Berufskraftfahrer-Qualifikations-Verordnung (BKrFQV)
- Berufsbildungsgesetz (BBiG)

## Entwicklung des Berufs

In den Siebzigerjahren hat man für Berufskraftfahrer einen eigenen, speziellen Ausbildungsweg geschaffen. „Berufskraftfahrer" wurde ein staatlich anerkannter Ausbildungsberuf der gewerblichen Wirtschaft. Die Ausbildung zum Berufskraftfahrer war in den Fachrichtungen **Güterverkehr und Personenverkehr** möglich. Ausbildung und Prüfung erstreckt sich vor allem auf die Vermittlung von Kenntnissen

- in der Technik (Warten der Fahrzeuge, Maßnahmen bei Störungen),
- im Straßenverkehrsrecht, in der Verkehrssicherheitslehre und Fahrtechnik,
- der wichtigsten arbeits- und sozialrechtlichen Vorschriften,
- des Arbeitsschutzes, der Unfallverhütung, des Umweltschutzes.

Die Bezeichnung „Berufskraftfahrer" darf führen, wer die **Abschlussprüfung** (§ 8 Berufskraftfahrer-Ausbildungsordnung) bestanden hat. Sie besteht aus einer **Fertigkeitsprüfung** (praktische Teile) und einer **Kenntnisprüfung.** Der Bewerber muss die Fahrerlaubnisklasse CE bzw. die Fahrerlaubnisklasse D besitzen.

Es gibt verschiedene Wege, um zur Abschlussprüfung zugelassen zu werden:

- **Anfängerausbildung:** Sie dauert grundsätzlich drei Jahre und erfolgt an dafür besonders anerkannten Ausbildungsstätten.
- **Umschulung:** Im Rahmen der Umschulung aus einem anderen Beruf kann die Ausbildung im Einzelfall abgekürzt werden (§ 47 BBiG).
- **Nachschulung:** Bewerber, die mindestens vier Jahre Fahrpraxis auf Klasse-C-Fahrzeugen nachgewiesen haben, können zur Abschlussprüfung zugelassen werden (§ 40 Abs. 2 BBiG). Sie haben die Möglichkeit, einen Nachschulungskurs zu besuchen (184 Stunden), der vom Arbeitsamt gefördert werden kann.

## Berufspraxis

Aufgrund der langen Berufspraxis können auch andere Fahrer zur Abschlussprüfung zugelassen werden.

**Bundeswehr- oder Bundesgrenzschutzangehörige** können zur Abschlussprüfung zugelassen werden, wenn sie durch die Bundeswehr oder den Bundesgrenzschutz speziell für den Kraftfahrerberuf ausgebildet wurden (§ 86 BBiG).

## Kraftverkehrsmeister/ Industriemeister IHK

Für die Fachrichtung Kraftverkehr gibt es seit 1983 den Berufsabschluss Kraftverkehrsmeister/Industriemeister IHK. Nach dem angestrebten Berufsbild soll er als Führungskraft zwischen Planung und Ausführung tätig sein, z. B. als Betriebsleiter bei Verkehrsbetrieben und Speditionen oder als Fuhrparkleiter mit weitgehenden Befugnissen. Der Bedarf in der gewerblichen Wirtschaft ist jedoch begrenzt.

Als Berufsabschluss muss eine Prüfung vor der Industrie- und Handelskammer abgelegt werden. Diese soll einer Meisterprüfung der gewerblichen Wirtschaft entsprechen. Anders als bei der Berufskraftfahrer-Ausbildung und -Prüfung findet aber keine Spezialisierung in Personenverkehr oder Güterverkehr statt.

Die Zulassung zur Kraftverkehrsmeister-/Industriemeister-Prüfung erhält, wer einen entsprechenden Vollzeitlehrgang von sechs Monaten absolviert hat. Durch zahlreiche Ausnahmen kann aber diese Lehrgangsteilnahme umgangen werden.

## Erwerb der Berufskraftfahrer-Qualifikationen

**Inkrafttreten der neuen Ausbildung:**
**10. September 2008 Bus**
**10. September 2009 Lkw**

Wer vorher eine entsprechende Fahrerlaubnis erworben hat, braucht keine Berufskraftfahrer-Ausbildung oder Prüfung.

### Weg 1: Berufskraftfahrer-Ausbildung

Durch drei Jahre Lehre bei Omnibusbetrieb/Spedition, danach Prüfung IHK.

### Weg 2: Erwerb durch Grundqualifikation

Die Ausbildung soll umfassend auf die Prüfung vorbereiten. Wie das geschieht, ist der Ausbildungsstätte überlassen. (Es gibt keine gesetzlichen Regelungen über Dauer/oder festgelegte Lehrgänge.)

Die anschließende IHK-Prüfung ist sehr umfangreich, sie umfasst vier Stunden Theorie und drei Stunden Praxis (90 Minuten fahrpraktisch + 30 Minuten besondere Kenntnisse + 60 Minuten Bewältigung kritischer Situationen).

### Weg 3: Erwerb durch beschleunigte Grundqualifikation

Die Ausbildung umfasst einen 140-Stunden-Lehrgang (je 60 Minuten) und zehn Stunden praktisches Fahren (vier Stunden davon auf Übungsplatz oder an Simulator möglich). Hat der Bewerber noch nicht die Fahrerlaubnis, muss ein Fahrlehrer ihn begleiten. CE-/DE-Fahrschulen sind automatisch als Ausbildungsstätten anerkannt.

**Inhalte der 140-Stunden-Ausbildung:** Umfangreiche Regelung durch EU-Richtlinie, u. a. Beladung, Sicherheitsausstattungen, Bremsanlagen, rücksichtsvolles Fahren, Optimierung Kraftstoffverbrauch, Sozialvorschriften, Genehmigungen, Müdigkeit, Verhalten in Notfällen, Logistik, Marktordnung, Arbeitsunfälle, Verkehrsunfallstatistiken.

Die anschließende IHK-Prüfung umfasst 90 Minuten Theorie. Die Prüfung ist also bedeutend einfacher als bei Weg 2.

**Die Wege zur Qualifikation im Überblick**

| **Option 1** **Grundqualifikation** (§ 4 Abs. 1 Nr. 1 BKrFQG) durch dreijährige Berufsausbildung zum Berufskraftfahrer/in | **Option 2** **Grundqualifikation** (§ 4 Abs. 1 Nr. 2 BKrFQG) durch theoretische + praktische Prüfung | **Option 3** **Beschleunigte Grundqualifikation** (§ 4 Abs. 2 BKrFQG) durch Unterricht + theoretische Prüfung |
|---|---|---|
| FE wird ausbildungsbegleitend erworben | FE muss vor der Prüfung vorliegen | FE kann zeitgleich erworben werden |
| Betriebliche Ausbildung + Berufsschule | Kein Unterricht vorgeschrieben, nur umfangreiche Prüfungsinhalte | Ausbildung: 140 Stunden, davon 10 Stunden Praxis |
| Prüfung IHK | Prüfung IHK + Sachverständige | Prüfung IHK |
| **Theoretische Prüfung** | **Theoretische Prüfung** a) Multiple-Choice b) Direkte Antworten c) Mündliche Erläuterung 240 Minuten | **Theoretische Prüfung** 90 Minuten |
| **Praktische Prüfung** | **Praktische Prüfung** a) 120 Min. Fahren b) 30 Min. Kontrollen c) 60 Min. Gelände oder Simulator | **Keine praktische Prüfung** |

## Fahrer, die keine Grundqualifikation brauchen

Die Neuregelung gewährt allen Führerscheininhabern, die am Stichtag 10. September 2008 eine Fahrerlaubnis D1 oder D besaßen, Besitzstandsschutz. Diese Fahrer gelten kraft Gesetzes als grundqualifiziert, unabhängig davon, ob und in welchem Umfang sie tatsächlich einen Bus gefahren haben.

Das gleiche gilt für alle Führerscheinbesitzer, die vor dem 10. September 2009 eine Lkw-Fahrerlaubnis haben, egal ob Klasse C1 oder C.

Durch diese Sonderregelung sind alle früheren Klasse 3-Führerscheinbesitzer von dem Erwerb einer IHK-Qualifikation befreit, denn die alte Klasse 3 schließt die heutige Klasse C1 ein. Das gilt unabhängig davon, ob ein umgetauschter Kartenführerschein vorhanden ist oder nicht. Es ist auch nicht erforderlich, dass dieser Fahrer früher jemals einen Lkw gefahren hat.

## Andere Ausnahmen

§ 1 Abs. 2 BKrFQG regelt Ausnahmen für bestimmte Bereiche, u. a. Land- und Forstwirtschaft und hoheitliche Dienste (Winterdienst, Straßenreinigung, Straßenunterhaltung). Handwerksbetriebe und Kleingewerbebetriebe sind vom Gesetz befreit, wenn für den Fahrer das Fahren nur eine Nebentätigkeit ist, z. B. Maler, Gerüstebauer, Tischler.

## Berufskraftfahrer-Weiterbildung

Alle Berufskraftfahrer Bus/Lkw müssen alle fünf Jahre eine Weiterbildung von 35 Stunden nachweisen.

## Abweichende Zeiträume und Fristen

Fahrerlaubnisse der Klassen C, C1 und D, D1 sind befristet. Der Erwerb der Grundqualifikation und deren Fortleben durch Weiterbildung wird im Führerschein durch die Schlüsselnummer „95“ vermerkt.

Um Fahrerlaubnisinhabern einen mehrfachen Umtausch des Führerscheins zu ersparen, können abweichende Fristen in Anspruch genommen werden. Maßgeblich ist das Ende der Gültigkeitsdauer der Fahrerlaubnis.

### Für Inhaber einer Grundqualifikation

Für diesen Personenkreis gelten besondere Fristen, um eine Gleichschaltung mit den Führerscheinfristen zu ermöglichen. Folgende Abweichungen von der normalen 5-Jahres-Frist sind zulässig, jedoch

- nicht kürzer als drei Jahre,
- nicht länger als sieben Jahre

vor Ablauf der Gültigkeitsdauer der Fahrerlaubnis.

### Für Inhaber einer Fahrerlaubnis ohne Grundqualifikation

Inhaber der Klassen D, D1: Befristung der Fahrerlaubnis bis zum 9. September 2015, dann Abschluss der Weiterbildung bis zum 9. September 2015.

Inhaber der Klassen C, C1: Befristung der Fahrerlaubnis bis zum 9. September 2016, dann Abschluss der Weiterbildung bis zum 9. September 2016.

CE/DE-Fahrschulen sind automatisch als Ausbildungsstätten sowohl für die Weiterbildung als auch für die Ausbildung durch beschleunigte Grundqualifikation anerkannt.

# Sozialvorschriften/Lenk- und Ruhezeiten

Immer wieder geschehen schwere Unfälle durch Übermüdung des Fahrers. Um dies zu bekämpfen, hat man eine Reihe von Vorschriften erlassen:

1. **Verordnung (EG) Nr. 561/2006**
2. **Fahrpersonalgesetz**
3. **Fahrpersonalverordnung**
4. **Arbeitszeitgesetz (ArbZG)**
5. **Das AETR-Übereinkommen**

Unberührt von allen vorgesehenen Zeiten bleibt natürlich die Pflicht des Kfz-Führers, das Fahrzeug nur zu lenken, solange er in der Lage ist, es sicher zu führen.

Andererseits ist es in Notfällen auch zulässig, die bestehenden Höchstlenkzeiten zu überschreiten, um die Sicherheit der Fahrgäste, des Fahrzeugs oder der Ladung zu gewährleisten (Art. 12 VO (EG) Nr. 561/2006). Der Fahrer muss dann den Grund für die Überschreitung auf dem Schaublatt oder in seinem Arbeitszeitplan vermerken, z. B.

▶ *Ein Reisebus mit Fahrgästen gerät kurz vor dem Fahrziel in einen Stau auf der Autobahn, als die 9- bzw. 10-stündige Lenkzeit des einzigen Fahrers vorüber ist.*

Um keinen Anreiz für die Umgehung der Sozialvorschriften und zulässigen Höchstgeschwindigkeiten zu geben, dürfen die Fahrer nicht nach Akkord-Systemen entlohnt werden.

## 13.1 Abgrenzung der Vorschriften zueinander

Bevor man sich in Einzelheiten stürzt, muss geklärt sein, welche der Vorschriften überhaupt Anwendung findet.

Die **EG-Verordnung** ist durch die erfolgte nationale Übernahme (Fahrpersonalgesetz) unmittelbar geltendes Recht in der Bundesrepublik. Die Bestimmungen sind sowohl bei Fahrten innerhalb des Bundesgebietes, als auch bei Fahrten innerhalb des EU-Raums verbindlich.

Die EG-Verordnung geht als Spezialgesetz den anderen Vorschriften vor. Wenn bei der Auslandsfahrt Länder befahren werden, die nicht in der EU sind, jedoch dem **AETR-Abkommen** beigetreten sind, so gilt auf der ganzen Strecke das AETR-Recht.

Nur wenn weder die VO (EG) Nr. 561/2006 noch das AETR anwendbar ist, gilt die **Fahrpersonalverordnung**, die wiederum dem **Arbeitszeitgesetz** vorgeht.

Es gelten folgende Definitionen:

**Fahrer:** Jede Person, die das Fahrzeug, sei es auch nur für kurze Zeit, selbst lenkt oder sich in dem Fahrzeug befindet, um es gegebenenfalls lenken zu können.

**Lenkzeit:** Die Zeit, in der man als Fahrer das Fahrzeug verantwortlich am Lenkrad führt.

**Ruhezeit:** Jeder ununterbrochene Zeitraum von mindestens einer Stunde, in dem der Fahrer frei über seine Zeit verfügen kann.

**Arbeitszeit:** Die Zeit vom Beginn bis zum Ende der Arbeit abzüglich der Unterbrechungen (Pausen) = Lenkzeit + Arbeitsbereitschaft + Hilfsarbeiten.

**Arbeitsschicht:** Die Zeit vom Beginn bis zum Ende der Arbeit einschließlich der Pausen.

**Woche:** Der Zeitraum von Montag 0.00 Uhr bis Sonntag 24.00 Uhr.

| | VO (EG) Nr. 561/2006 | Fahrpersonal-VO<br>– **Nur anwendbar wenn Fahrzeug nicht der VO (EG) unterliegt** | Arbeitszeitgesetz<br>(ArbZG)<br>– **Nur anwendbar, wenn weder die VO (EG) noch die Fahrpersonal-VO zutrifft** |
|---|---|---|---|
| **Für welches Fahrzeug gültig?** | **Fahrzeuge zur Güterbeförderung über 3,5 t zGM** (zGM einschließlich Anhänger)<br>**KOM Gelegenheitsverkehr**<br>**KOM Linienverkehr**, wenn 1 Strecke über 50 km lang | **Fahrzeuge zwischen 2,8 t und 3,5 t zGM** (zGM einschließlich Anhänger)<br>**KOM Linienverkehr**, wenn eine Strecke bis zu 50 km lang | **Arbeitnehmer** in Betrieben und Verwaltungen<br>▶ *Taxifahrer, Mietwagenfahrer, Vertreter, Auslieferungsfahrer* |
| **Ausnahmen von der EwG-VO und von der Fahrpersonal-VO** | 1. Eigene oder angemietete Fahrzeuge bestimmter Betriebe im Umkreis von 100 km vom Standort: Landwirtschaft, Gartenbau, Forstwirtschaft, Fischerei im Rahmen eigener unternehmerischer Tätigkeit<br>2. Land- und forstwirtschaftliche Zugmaschinen im Umkreis von 100 km vom Standort (auch gemietete oder geleaste)<br>3. **Handwerkerregelung:**<br>Fahrzeuge oder Fahrzeugkombinationen mit einer zulässigen Höchstmasse von nicht mehr als 7,5 t, die zur Beförderung von Material, Ausrüstungen oder Maschinen benutzt werden, die der Fahrer zur Ausübung seines Berufs benötigt, und die nur in einem Umkreis von 100 km vom Standort des Unternehmens und unter der Bedingung benutzt werden, dass das Lenken des Fahrzeugs für den Fahrer nicht die Haupttätigkeit darstellt.<br>4. Spezialfahrzeuge: Kanalisation, Gas, Wasser, Strom, Hausmüll, Telefon, Radio, TV-Sender, Hochwasserschutz, Geldtransporter<br>5. Fahrzeuge zur Tierkörperbeseitigung im Umkreis von 250 km vom Standort | **Gemäß § 7 Fahrpersonal-VO**<br>Ausnahmen, soweit die Lenktätigkeit nicht die Haupttätigkeit des Fahrers ist:<br>1. Handwerkerregelung (Material, Ausrüstungen, Auslieferungsfahrten)<br>2. Verkaufswagen (rollende Lebensmittelmärkte)<br>3. Rollende Sparkassenwagen u. ä. | Bestimmte Berufsgruppen unterliegen jedoch nicht dem ArbZG, z. B.<br>▶ *Landwirtschaft, Forstwirtschaft, Fischerei, Gartenbau*<br>▶ *Seeschifffahrt und Luftfahrt*<br>▶ *Bäckereien, pharmazeutisches Personal in Apotheken*<br>▶ *Pflegepersonal in Krankenhäusern* |

| | **VO (EG) Nr. 561/2006** | **Fahrpersonal-VO**<br>– **Nur anwendbar wenn Fahrzeug nicht der VO (EG) unterliegt** | **Arbeitszeitgesetz (ArbZG)**<br>– **Nur anwendbar, wenn weder die VO (EG) noch die Fahrpersonal-VO zutrifft** |
|---|---|---|---|
| | 6. Pannenhilfsfahrzeuge im Umkreis von 100 km vom Standort<br>7. Historische Nutzfahrzeuge zur nichtgewerblichen Güter- oder Personenbeförderung<br>8. Alle Fahrzeuge mit bHG bis 40 km/h | | |
| **Welche Beschäftigungsnachweise sind vorgeschrieben?** | Fahrzeug zugelassen<br>vor Mai 2006<br>EG-Kontrollgerät<br>(Verordnung (EWG) Nr. 3821/85)<br>Ausnahmen:<br>– KOM-Linienverkehr<br>– Fahrzeuge, die nach Art. 4 ausgenommen sind<br>– Bestimmte Freistellungen und Erweiterungen durch Mitgliedstaaten möglich (Art. 3 EWG-VO Nr. 3821/85 siehe § 7 Fahrpersonal-VO) | Wenn EG-Kontrollgerät vorhanden, genügt dies.<br>Wenn kein EG-Kontrollgerät vorhanden, ist in folgenden Fällen ein **Fahrtschreiber** vorgeschrieben nach § 57a StVZO:<br>– Kfz über 7,5 t zGM<br>– KOM<br>– Zugmaschine über 40 kw (außer Land- und Forstwirtschaft) | Nur bei Taxi- oder Mietwagen über vier Fahrgastplätze;<br>**Arbeitszeitnachweise nach Muster** |
| | Fahrzeug zugelassen<br>ab Mai 2006<br>Digitales Kontrollgerät Ausnahme s. o. | Wenn weder EG-Kontrollgerät noch Fahrtschreiber vorhanden: **Persönliches Kontrollbuch** (§ 6 Abs. 6 Fahrpersonal-VO) | |

## 13.2 Die Vorschriften im Einzelnen

### Lenk- und Ruhezeiten nach VO (EG) Nr. 561/2006

#### Wöchentliche Lenkzeit

**56 Stunden**

#### Doppelwoche

**90 Stunden**

#### Fahrtunterbrechung

Seit dem 11. April 2007 heißt es nicht mehr „Unterbrechung der Lenkzeit", sondern „Fahrtunterbrechung". Diese wird nach Artikel 4 der VO (EG) Nr. 561/2006 wie folgt definiert:

„Fahrtunterbrechung" ist jeder Zeitraum, in dem der Fahrer keine Fahrtätigkeit ausüben und keine anderen Arbeiten ausführen darf und der ausschließlich zur Erholung genutzt wird.

In dieser Zeit darf keine berufsbezogene Tätigkeit ausgeübt werden, wie z. B. Arbeiten im Lager, Rangieren des Fahrzeugs oder schriftliche Arbeiten. Der Fahrer muss sich frei bewegen und relaxen können, damit er erfrischt die weitere Fahrtätigkeit wieder aufnehmen kann.

Die Fahrtunterbrechung muss **mindestens 45 Minuten** betragen. Diese Zeit kann aber gesplittet werden.

Artikel 7 der VO (EG) Nr. 561/2006 besagt, dass nach einer ununterbrochenen Lenkdauer von viereinhalb Stunden der Fahrer eine ununterbrochene Fahrtunterbrechung von wenigstens 45 Minuten einzulegen hat, sofern er keine Ruhezeit einlegt. Diese Unterbrechung kann durch eine Unterbrechung von mindestens **15 Minuten** und danach von einer Unterbrechung von mindestens **30 Minuten** ersetzt werden.

Das bedeutet, dass beim Splitting zuerst eine kurze Pause einzulegen ist und anschließend eine längere, damit einer möglichen Ermüdung des Fahrers Rechnung getragen wird. Er benötigt nach längerer Fahrt auch eine längere Pause.

#### Tagesruhezeit

Die normale Tagesruhezeit beträgt mindestens **elf Stunden.**

#### Reduzierte Tagesruhezeit

Zwischen zwei wöchentlichen Ruhezeiten kann die Tagesruhezeit auf **neun Stunden** verkürzt werden, jedoch nur dreimal pro Woche

#### Aufteilung

Die Tagesruhezeit kann in zwei **Teilabschnitten** genommen werden. Der erste Teilabschnitt muss dann mindestens drei, der zweite mindestens neun Stunden betragen.

#### Tagesruhezeit bei 2- oder Mehr-Fahrer-Besatzung

Die Tagesruhezeit beträgt **neun Stunden** innerhalb von 30 Stunden.

#### Wöchentliche Ruhezeit

**45 Stunden** einschließlich einer Tagesruhezeit.

Eine **verkürzte wöchentliche Ruhezeit** auf 24 Stunden ist zulässig, jedoch besteht dann eine Ausgleichspflicht innerhalb von drei Wochen nach der Woche mit der Verkürzung. Nach jeder verkürzten wöchentlichen Ruhezeit muss immer eine normale wöchentliche Ruhezeit von 45 Stunden folgen.

| **Lenkzeiten und Lenkzeitunterbrechungen bei Fahrzeugen nach VO (EG) Nr. 561/2006 und nach der Fahrpersonal-VO:** | |
|---|---|
| **Tägliche Lenkzeit** | **9 Stunden**<br>**2 × wöchentlich 10 Stunden** |
| **Fahrtunterbrechung**<br>a) Zeitpunkt der Unterbrechung<br>b) Mindestdauer der Unterbrechung | Nach 4,5 Stunden Lenkzeit<br>insgesamt 45 Minuten<br>Diese können in kleinere Pausen aufgeteilt sein (z. B. zunächst 15 Minuten, dann 30 Minuten). Jede Lenkzeitunterbrechung muss aber mindestens 15 Minuten betragen, sonst zählt sie nicht mit.<br>**Ausnahme Personenlinienverkehr** (In Deutschland über 50 km Streckenlänge): 30 Minuten nach 4 Stunden Lenkzeit. |
| **Wöchentliche Lenkzeit** | **56 Stunden** |
| **Lenkzeit i. d. Doppelwoche** | **90 Stunden** |
| **Tagesruhezeit**<br>(Ein-Fahrer-Besatzung) | Für Güter- und Personenverkehr einheitlich **11 Stunden** mit Verkürzungsmöglichkeit 3 × in der Woche auf 9 Stunden (zwischen zwei wöchentlichen Ruhezeiten).<br>**Wichtig:**<br>An allen Tagen, an denen nicht verkürzt wird, kann die Tagesruhezeit in zwei Abschnitte **aufgeteilt** werden, von denen der erste mindestens 3, der zweite mindestens 9 Stunden betragen muss. |
| **Tagesruhezeit**<br>(Mehr-Fahrer-Besatzung) | Einheitlich:<br>9 Stunden innerhalb von 30 Stunden nach dem Ende einer täglichen oder wöchentlichen Ruhezeit |
| **Tagesruhezeit im Fahrzeug** | Nur, wenn Fahrzeug mit Schlafkabine ausgestattet ist und stillsteht. |
| **Wochenruhezeit** | 45 Stunden einschließlich einer Tagesruhezeit, Verkürzungsmöglichkeit. Nach jeder verkürzten wöchentlichen Ruhezeit muss wieder eine normale wöchentliche Ruhezeit von 45 Stunden folgen. Innerhalb von 3 Wochen muss die Verkürzung ausgeglichen werden. |

## Sonderregelung KOM-Linienverkehr bis 50 km Streckenlänge (§ 6 Fahrpersonal-VO)

### Regelung 1

Linienverkehr, **wenn durchschnittlicher Haltestellenabstand weniger als drei Kilometer**: Statt der normalen Lenkzeitunterbrechungen genügen fahrplanmäßige Wendezeiten von mindestens zehn Minuten (durch Tarifvertrag auf acht Minuten verkürzbar), wenn diese insgesamt mindestens ein Sechstel der Lenkzeit ausmachen.

Diese im Dienst- und Fahrplan vorgesehenen Unterbrechungen ersetzen dann also alle weiteren Vorschriften. Es ist noch nicht einmal vorgeschrieben, dass der Fahrer diese Unterbrechungen tatsächlich nehmen kann, z. B. können sich durch Verspätungen die vorgesehenen Pausen verkürzen oder ganz entfallen!

### Regelung 2

Liegen die Voraussetzungen der Regelung 1 nicht vor (Haltestellenabstand, ein Sechstel Unterbrechungen usw.), so gilt: Nach 4,5 Stunden Lenkzeit eine Unterbrechung von 30 Minuten oder 2 × 20 oder 3 × 15 Minuten.

## AETR-Abkommen

Dem Europäischen Übereinkommen über die Arbeit des im internationalen Straßenverkehr beschäftigten Fahrpersonals (AETR) gehören Länder wie die Schweiz, Norwegen, Russland, Weißrussland, Kasachstan, Moldawien und Bosnien-Herzegowina an. Die Vorschriften sind weitgehend an die in der VO (EG) Nr. 561/2006 angepasst worden.

Merke: Das AETR gilt hauptsächlich bei Fahrten in oder durch die Schweiz.

## Fahrpersonalverordnung (FPersV)

### Anwendungsbereich

Diese Vorschrift gilt hauptsächlich für Fahrzeuge zur

- Güterbeförderung, deren zulässige Gesamtmasse (zGM) einschließlich ihrer Anhänger oder Sattelanhänger **mehr als 2,8 t und nicht mehr als 3,5 t** beträgt,
- Personenbeförderung mit Kraftomnibussen im Linienverkehr bis zu 50 km Linienlänge.

Da die Verordnung (EG) Nr. 561/2006 nur Fahrzeuge **über** 3,5 t zGM erfasst, greift die FPersV – sie gilt allerdings nur in Deutschland.

Die Lenkzeiten, Ruhezeiten und Fahrtunterbrechungen sind dieselben wie in der VO (EG) Nr. 561/2006, siehe Tabelle Seite 215 f.

### Ausnahmen

Die wichtigsten Ausnahmen (§ 7 FPersV) finden Sie in der Tabelle auf Seite 215 f.

## Arbeitszeitgesetz (ArbZG)

Das ArbZG gilt für alle Arbeitnehmer in Deutschland, soweit nicht durch Gesetze oder Verordnungen andere Regelungen bestehen. Für den Unternehmer selbst gilt das ArbZG nicht.

### Tägliche Höchstarbeitszeit: acht Stunden

Verlängerung **auf bis zu zehn Stunden**, wenn innerhalb von sechs Kalendermonaten oder 24 Wochen durchschnittliche Arbeitszeit an Werktagen nicht über acht Stunden (auch Samstag zählt als Werktag)

### Ruhepausen

- Nach sechs Stunden Arbeitszeit Pause vorgeschrieben
- Bei Arbeitszeit **mehr als sechs Stunden bis neun Stunden**: 1 × 30 Minuten oder 2 × 15 Minuten
- Bei Arbeitszeit **über neun Stunden**: 1 × 45 Minuten (oder aufgeteilt in Pausen von mindestens 15 Minuten)
- In Verkehrsbetrieben auch Aufteilung in Kurzpausen möglich

### Ruhezeit

Nach Arbeitsende **elf Stunden** bis Arbeitsbeginn am nächsten Tag. Ausnahmen unter anderem bei Verkehrsbetrieben.

Mindestruhezeiten nach EG-Vorschriften gehen vor.

## 13.3 Zuwiderhandlungen

Zuwiderhandlungen gegen die Fahrpersonal-VO oder das ArbZG werden nach diesen Vorschriften mit **Geldbußen** geahndet. Verstöße gegen die EG-Verordnung sind **Ordnungswidrigkeiten** nach dem Fahrpersonalgesetz. Aufgrund einer Verwaltungsvereinbarung verzichtet man bei Verstößen gegen die Lenk- und Ruhezeiten auf die Eintragung von Punkten im Fahreignungsregister, obwohl die verhängten Bußgelder über der Eintragungsgrenze liegen.

### Zuwiderhandlungen des Unternehmers (Halters)

Effektiver als die Verhängung von Bußgeldern gegen die Fahrer wäre es, Unternehmer zu belangen, die es mit den Sozialvorschriften nicht so genau nehmen und ihre Fahrer entsprechend unter Druck setzen. Meist ist aber die Beweissituation schwierig, denn der Unternehmer müsste nachweisbar die Überschreitungen angeordnet oder geduldet haben. Die Fahrer sagen kaum über derartige Betriebspraktiken aus, denn die Folgen für sie selbst sind leicht auszurechnen.

Die Gewerbeaufsichtsämter nehmen gelegentlich gezielte Betriebsprüfungen vor und sichten dabei Diagrammscheiben und Geschäftsunterlagen (Der Halter muss die Diagrammscheiben ein Jahr aufbewahren). Derartige Überprüfungen sind natürlich sehr aufwändig; hinzu kommt, dass die Verstöße nach sechs Monaten (EG-Verordnung) bzw. sogar nach drei Monaten (Fahrpersonal-VO) verjährt sind.

Die Gewerbeaufsichtsämter können Geldbußen verhängen, die den wirtschaftlichen Vorteil, den der Täter aus der Ordnungswidrigkeit gezogen hat, übersteigen (§ 17 Abs. 4 OWiG). Die Geldbußen werden im Gewerbezentralregister Berlin eingetragen. Theoretisch kann dem Unternehmer nach vielfachen Verstößen auch die Konzession des Güterverkehrs oder des Personenverkehrs entzogen werden.

### Beschäftigungsnachweise

Die Einhaltung der vorgeschriebenen Lenk- und Ruhezeiten kann nur kontrolliert werden, wenn die Beschäftigungszeiten, Unterbrechungen und Ruhezeiten aufgezeichnet werden. Es gibt folgende Alternativen:

- **EG-Kontrollgerät** (alter EG-Tachograf) – EWG-VO Nr. 3821/85 für Fahrzeuge, die vor Mai 2006 zugelassen wurden
- **Digitaler Fahrtenschreiber** (Neufahrzeuge ab Mai 2006)
- Persönliches Kontrollbuch
- Andere handschriftliche Aufzeichnungen nach Muster (Kontrollblatt, siehe Seite 224)

Die Verordnung (EU) Nr. 165/2014 regelt Einzelheiten zu den Fahrtenschreibern, Fahrerkarten und Schaublättern.

Welche Fahrzeuge im Einzelnen was führen müssen, entnehmen Sie bitte der Tabelle auf Seite 215 f.

## 13.4 Das EG-Kontrollgerät (Fahrtenschreiber)

Vom 1. Januar 1980 bis April 2006 war das EG-Kontrollgerät vorgeschrieben. Sowohl das Gerät selbst als auch die Diagrammscheiben haben eine EG-Bauartgenehmigung mit Prüfzeichen. Einzelheiten über den Anwendungsbereich, die Bauartgenehmigung, Einbau und Prüfung sowie die Benutzungsvorschriften sind in der EWG-VO Nr. 3821/85 enthalten.

Der Zeitgruppenschalter ist bei den gebräuchlichen EG-Kontrollgeräten auf folgende Symbole einzustellen:

- Lenkzeit
- Fahrtunterbrechungen oder Ruhezeiten
- Bereitschaftszeiten
  - Wartezeiten (z. B. an der Grenze)
  - Zeiten als Beifahrer (auch während der Fahrt in der Schlafkabine)
- alle anderen Arbeitszeiten

Das EG-Kontrollgerät zeichnet auf: Lenkzeit – Anwesenheit am Arbeitsplatz – Unterbrechungen/Ruhezeit – gefahrene Geschwindigkeit – zurückgelegte Wegstrecke.

## Zuwiderhandlungen

Manipulationen am Fahrtenschreiber stellen eine **Straftat** dar (Fälschung technischer Aufzeichnungen, § 268 StGB, siehe Kapitel 5, Sonstige Straftaten).

Bloße Vergesslichkeit beim Einlegen der Diagrammscheibe und bei der Einstellung des Zeitgruppenschalters stellt eine **Ordnungswidrigkeit** dar.

Nach einer BAG-Untersuchung ist jeder fünfte Tacho/Kontrollgerät manipuliert.

## Mitführen und Aufbewahren der Diagrammscheiben

Es müssen mindestens so viele Diagrammscheiben mitgeführt werden, wie es der Beförderungsdauer entspricht, zuzüglich ein Ersatz-Schaublatt. Unterliegt das Fahrzeug der Verordnung (EWG) Nr. 3821/85, so sind **fahrerbezogen** die Schaublätter der **vorausgegangenen 28 Tage** mitzuführen und vorzulegen.

Soweit Fahrer die Schaublätter der Vortage nicht vorlegen können (weil sie nicht gefahren sind oder nur mit Fahrzeugen, für die keine Schaublätter erforderlich sind), müssen diese auf der Fahrerkarte deklariert werden. Besondere Bescheinigungen darüber können von den Kontrollbehörden nicht mehr verlangt werden (Art. 34 Abs. 3 VO (EU) Nr. 165/2014).

Bei Fahrzeugen, die nach § 57a StVZO einen Fahrtschreiber haben müssen (s. Tabelle auf Seite 215 f.), sind die Schaublätter fahrzeugbezogen für die vorausgegangenen 28 Kalendertage mitzuführen.

Soweit das Fahrpersonal in den 28 vorausgegangenen Kalendertagen nicht auf entsprechenden Kraftfahrzeugen beschäftigt war, können die Schaublätter bei Kontrollen nicht verlangt werden. Stattdessen muss dann die Bescheinigung über arbeitsfreie Tage mitgeführt werden.

Der Unternehmer ist verpflichtet, die beschriebenen Diagrammscheiben vollständig mindestens ein Jahr lang aufzubewahren.

Ist das Gerät gestört, so sind die Zeitgruppen auf der Rückseite handschriftlich einzutragen. Ein Fahrzeugwechsel ist mit dem amtlichen Kennzeichen ebenfalls auf der Rückseite einzutragen (die EG-Diagrammscheibe ist fahrerbezogen).

### Typenschild-Prüfzeichen

Das EG-Kontrollgerät hat ein Typenschild, auf dem das Prüfzeichen steht, z. B.:

**Das Prüfzeichen des Gerätes,**
**e 1. 03 – 04 – 09 – 10 usw.**
**125 km/h.**

| 500 | 500 | 500 | 500 | 500 | 500 | |
|---|---|---|---|---|---|---|
| 347 | 348 | 353 | 354 | 357 | 360 | usw. |

Die Diagrammscheibe muss dieses Prüfzeichen ebenfalls aufweisen. Es ist auch darauf zu achten, dass der Geschwindigkeitsbereich mit dem des Gerätes übereinstimmt.

### Einbauschild

Am EG-Kontrollgerät befindet sich weiterhin das Einbauschild, das den wirksamen (l =) Radumfang in mm sowie die (w =) die Umdrehungen der Tachowelle pro Kilometer enthält. Außerdem ist das Datum der letzten Prüfung eingetragen.

### Prüfpflicht und Prüfungsfälle

Bei Betriebsstörungen oder mangelnder Funktion des Gerätes hat der Halter spätestens bei Rückkehr an den Sitz des Unternehmens das Gerät in Stand setzen zu lassen, äußerste Grenze sind sieben Tage.

Das EG-Kontrollgerät muss alle zwei Jahre durch den Hersteller oder eine vom Hersteller ermächtigte Prüfwerkstatt überprüft werden.

Eine Prüfung ist auch notwendig bei einer Reparatur, Änderung der Wegdrehzahl oder des wirksamen Radumfanges.

Das Datum der Prüfung wird auf dem Einbauschild vermerkt. Die lösbaren mechanischen oder elektrischen Verbindungen zum Kontrollgerät müssen verplombt sein.

### Das persönliche Kontrollbuch

Das persönliche Kontrollbuch (nicht zu verwechseln mit dem Fahrtenbuch, siehe Kapitel 3) – Benutzungspflicht siehe Tabelle Seite 215 f. – hat dieselbe Zeitgruppeneinteilung wie der nationale Fahrtschreiber.

Der Fahrer nimmt für jeden Tag auf jeweils einer Seite des Vordrucks die Eintragung mittels gezogener Linien handschriftlich vor. Am Ende der Woche wird auch das Wochenberichtsblatt entsprechend ausgefüllt.

### Gewerbliche Transporte mit Pkw über 2,8 t zGM

Fahrer von leichten Lkw und Pkw, die zur gewerblichen Güterbeförderung eingesetzt werden, müssen ein „**Tageskontrollblatt**" zur Einhaltung der Fahrzeitregelung führen. Von dieser Regelung betroffen sind Fahrzeuge bzw. Fahrzeugkombinationen aus Lkw oder Pkw und Anhänger mit einem zulässigen Gesamtgewicht von mehr als **2,8 bis 3,5 Tonnen**. Zu beachten sind bei Gebrauch dieser Fahrzeuge im gewerblichen Verkehr die Vorschriften der Verordnung über tägliche Lenkzeiten, die höchstzulässigen Tageslenkzeiten, die Mindestdauer von Fahrtunterbrechungen sowie die Mindestdauer der täglichen und wöchentlichen Ruhezeiten und deren Übertragbarkeit.

Die persönlichen Aufzeichnungen können durch Ausfüllen eines Tageskontrollblattes erfolgen, das eine vereinfachte Fassung des früheren „Persönlichen Kontrollbuchs" darstellt. Alternativ ist aber auch der Einsatz eines **Nationalen Fahrtenschreibers** (gem. § 57a StVZO) oder eines **EG-Kontrollgerätes** möglich.

## Digitaler Fahrtenschreiber

Die Europäische Gemeinschaft hat den analogen Fahrtenschreiber durch das digitalen Fahrtenschreiber abgelöst. Neue Nutzfahrzeuge mit einer zulässigen Gesamtmasse von **mehr als 3,5 Tonnen** sowie Busse mit **mehr als neun Sitzplätzen**, die erstmals in den Verkehr gebracht werden, müssen vom Fahrzeughersteller seit Mai 2006 mit einem digitalen Fahrtenschreiber ausgestattet sein.

Da es für Altfahrzeuge **keine Umrüstpflicht** gibt, wird es für sehr lange Zeit ein Nebeneinander von analoger und digitaler Aufzeichnung geben. Für das Gerät sind besondere Chipkarten erforderlich. Diese sind personenbezogen auf den Fahrer erstellt.

Ist das Fahrzeug „freiwillig" mit einem digitalen Fahrtenschreiber ausgestattet, so muss dieses immer benutzt werden (§ 1 Abs. 7 FahrPersVO), also auch, wenn die 3,5 t-Grenze nicht erreicht wird, weil ohne Anhänger gefahren wird.

## Chipkarte statt Tachoscheibe

Die Daten zu Lenk- und Ruhezeiten von Fahrern werden auf einer persönlichen Chipkarte des Fahrers und in einem im Fahrtenschreiber integrierten Massenspeicher registriert. Auf der Fahrerkarte können die gesetzlich vorgeschriebenen Daten zu Lenk- und Ruhezeiten der jeweils letzten 28 Arbeitstage lückenlos aufgezeichnet werden, im Massenspeicher des Geräts die Daten eines Fahrzeugjahres sowie die Geschwindigkeit der letzten 24 Stunden.

Alle Lkw- und Busfahrer in der EU benötigen dazu eine persönliche **Fahrerkarte**, die sämtliche, in den EG-Sozialvorschriften zu Lenk- und Ruhezeiten relevanten Daten aufzeichnet. Bei Arbeitsbeginn wird die Fahrerkarte in das digitale Kontrollgerät gesteckt.

Die Fahrerkarten werden beim Kraftfahrt-Bundesamt zentral registriert, und zwar im Fahrtenschreiberkartenregister. Durch die zentrale Registrierung wird sichergestellt, dass das Fahrpersonal nur im Besitz einer Fahrerkarte ist. Das Fahrtenschreiberkartenregister speichert auch die Kontroll-, Unternehmens- und Werkstattkarten.

Der Unternehmer muss die Daten der Fahrerkarte und des internen Massenspeichers in regelmäßigen Abständen archivieren und auswerten. Dafür benötigt der Unternehmer nicht nur die entsprechende Hard- und Software, sondern auch eine **Unternehmenskarte**. Sie schützt die unternehmensspezifischen Daten gegen unberechtigten Zugriff.

Mit der **Werkstattkarte** können Mitarbeiter der Werkstätten (§ 57b StVZO) sowie der Hersteller von Fahrtenschreibern und Fahrzeugen ihre erforderlichen Arbeiten durchführen. Die Werkstattkarte ist jeweils ein Jahr gültig.

Polizeibeamte, Gewerbeaufsichtsämter und BAG-Kontrolleure bedienen sich einer speziellen **Kontrollkarte.**

## Kontrollblatt

*Muster*

| 1. Name, Vorname | 2. Amtliches Kennzeichen | 3. Tageskontrollblatt Nr. | 4. Datum |
|---|---|---|---|
| *Mahnke, Matthias* | *K-LR 4711* | **21** | *25. August 2019* |

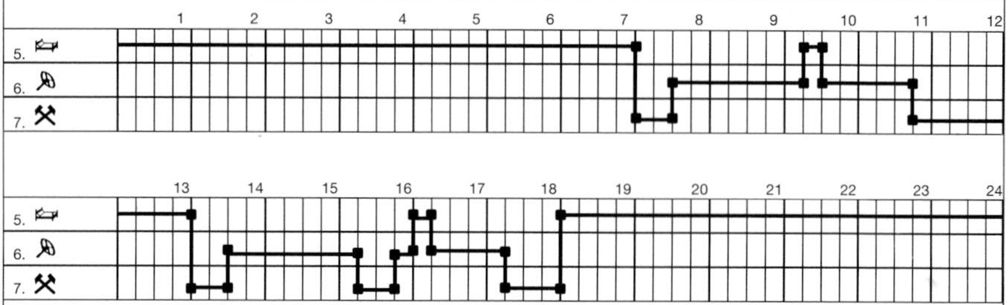


8. Ort der Fahrtaufnahme *Köln*  9. Ort der Fahrtbeendigung *Köln*

| | | Stundenzahl |
|---|---|---|
| 10. Kilometerstand bei Fahrtende *91433* km | 5. | *14,5 Std.* |
| bei Fahrtbeginn *91090* km | 6. | *6 Std.* |
| Gesamtfahrstrecke: *343* km | 7. | *3,5 Std.* |
| Bemerkungen und Unterschrift | | *24 Std.* |
| *Matthias Mahnke* | | |

Erläuterungen: 5. = Ruhezeiten und Fahrtunterbrechungen 6. = Lenkzeiten 7. = sonstige Arbeitszeiten einschließlich der Bereitschaftszeiten (siehe dazu in den Hinweisen bei III. Nr. 7)

# Jugendliche Mofafahrer

Keine andere Verkehrsteilnehmergruppe kommt so oft und so leicht in Konflikte mit der Polizei, den Bußgeldstellen und Gerichten, wie die der jugendlichen Mofafahrer.

Die Probleme beginnen bereits bei Fragen des Kaufvertrages und führen zu den schwerwiegenden Folgen, die mit zu schnellen Fahrzeugen verbunden sind.

## Kaufvertrag

Für den Kaufvertrag benötigt der Jugendliche die Zustimmung seiner Eltern. Eine Umgehung über den so genannten Taschengeldparagrafen (§ 110 BGB) ist jedenfalls bei der erstmaligen Anschaffung eines Mofa nicht möglich, da die Premiere als motorisierter Kraftfahrer kein „Geschäft des täglichen Lebens“ ist, wie es § 110 BGB verlangt.

## Defektes Mofa gekauft

War das Fahrzeug defekt, so sieht das BGB die Gewährleistungsrechte **Wandelung** (Mofa zurück – Geld zurück) oder **Minderung** (= Kaufpreisabzug) vor. Bei Formularverträgen ist auf das Kleingedruckte zu achten. Gewöhnlich wird bei Fehlern nur **Nachbesserung** (= kostenlose Reparatur) angeboten. Bei Verträgen über gebrauchte Fahrzeuge finden sich häufig generelle **Ausschlussklauseln** jeglicher Gewährleistung. Solche Haftungsausschlüsse sind ungültig, wenn der Verkäufervorhandene Mängel nicht von sich aus angibt, selbst wenn er danach nicht gefragt wird.

Läuft das Mofa schneller als 25 km/h auf ebener Bahn, so handelt es sich um einen rechtlichen Mangel, der genauso wie ein technischer Defekt behandelt wird. Es fehlt dann an der „zugesicherten Eigenschaft 25 km/h führerscheinfrei“.

## Haftpflichtversicherung

Jedes Kraftfahrzeug benötigt grundsätzlich eine Haftpflichtversicherung, wenn man damit am öffentlichen Straßenverkehr teilnehmen will. Die Prämie beträgt etwas über 50 Euro jährlich. Es sind Einheitspreise, Schadenfreiheitsrabatte gibt es ebenso wenig wie Rückstufungen nach einem Unfall. Die Mindestversicherungssummen sind dieselben wie für einen Pkw oder einen 38-t-Zug (Lkw mit Anhänger): je Person 2,5 Millionen Euro (max. 7,5 Millionen Euro), Sachschäden 0,5 Millionen Euro, Vermögensschäden ohne vorangegangenen Personen- oder Sachschaden 50.000 Euro.

Empfehlenswert sind jedoch gegen geringen Aufschlag Pauschalversicherungen mit unbegrenzter Deckung. Der Versicherungsschutz beginnt mit dem Erwerb des Versicherungskennzeichens (jährlich wechselnde Farben grün-schwarz-blau), das man bei Agenturen, Händlern und Sparkassen bekommt. Dazu wird die Versicherungsbescheinigung ausgehändigt, die bei allen Fahrten mitzuführen ist.

**Versicherungsjahr** ist stets der Zeitraum vom 1. März bis Ende Februar. Dieser merkwürdige Zeitraum hat seinen Grund darin, dass im Frühjahr eine neue Saison beginnt. Wer das Kennzeichen später kauft (z. B. am 1. Juli), zahlt entsprechend weniger. Umgekehrt kann man die Kennzeichen aber nicht etwa im November zurückgeben und sich den nicht in Anspruch genommenen Restbetrag auszahlen lassen. So hat man die schlechten Monate November bis Februar also immer mitbezahlt.

Wer mit dem alten Kennzeichen im März oder später erwischt wird, begeht eine schwerwiegende Straftat, die sich **Fah-**

**ren ohne Haftpflichtversicherung** nennt (§ 6 Pflichtversicherungsgesetz). Hier gilt es also aufzupassen, denn weder eine Kündigung noch eine Mahnung dienen als Warnsignal.

Sollte sich im Monat März ein Unfall ereignen, so kann sich der Geschädigte allerdings noch an die frühere Haftpflichtversicherung halten, da hier noch eine **Nachhaftung** besteht. Die dadurch zur Zahlung verpflichtete Haftpflichtversicherung kann aber beim Fahrer und Halter Regress nehmen.

## Frisieren

Bei Polizeikontrollen wurde festgestellt, dass 50–80 % aller Mofas technisch unzulässig verändert sind. Änderungen an den Zahnrädern sind zwar am einfachsten vorzunehmen, aber auch am leichtesten überprüfbar. Bei den Jugendlichen sind deshalb Manipulationen am Vergaser und Zylinderkopf beliebter. Alle Eingriffe laufen schließlich darauf hinaus, das Fahrzeug schneller zu machen. Der Rekord soll derzeit bei 112 km/h stehen. Aus dem Frisieren ergeben sich viele schwerwiegende **rechtliche Folgen:**

### Fahren ohne Fahrerlaubnis (§ 21 StVG)

Der Führer eines Kraftfahrzeugs benötigt grundsätzlich eine Fahrerlaubnis. Das Mofa 25 nimmt eine Ausnahmestellung nur so lange ein, wie es bauartbedingt nicht schneller als 25 km/h auf ebener Bahn fahren kann und auch nur so lange wie eine Betriebserlaubnis besteht. Es kommt also immer nur auf das technische Leistungsvermögen des Fahrzeugs bei Vollgas an, nie auf die zufällig gerade gefahrene Geschwindigkeit.

Der 15-Jährige hat keine Fahrerlaubnis. Wenn sein Mofa schneller fahren kann als 25 km/h, verstößt er deshalb gegen diesen Straftatbestand. Der 16-Jährige kann inzwischen die Fahrerlaubnis der Klasse AM (für Kleinkrafträder und Mopeds) oder A1 (für Leichtkrafträder) erworben haben. Fahren ohne Fahrerlaubnis liegt bei dem Führerscheinbesitzer deshalb meist nicht vor, es sei denn, er überschritt sogar diese Grenzen innerhalb des Führerscheinrechts.

Bei § 21 StVG sieht der Gesetzgeber normalerweise Freiheitsstrafe bis zu einem Jahr oder Geldstrafe vor. Nach dem Jugendgerichtsgesetz sind **Zuchtmittel** üblich, meist durch Auflagen, z. B. an Wochenenden im Krankenhaus zu arbeiten oder **Teilnahme am polizeilichen Verkehrsunterricht**. Auch kleinere **Geldspenden** an gemeinnützige Einrichtungen können verlangt werden. Auf jeden Fall kommt eine **Eintragung im Fahreignungsregister** in Flensburg hinzu. Die Prüfbescheinigung gerät zwar deswegen nicht in Gefahr (eine Entziehung gibt es hier nicht), der Bewerber bekommt aber Schwierigkeiten, wenn er sich um eine Fahrerlaubnis bewirbt. Jedes Straßenverkehrsamt muss in Flensburg nachfragen, bevor ein Prüfling zur Führerscheinprüfung zugelassen wird. Die Straßenverkehrsämter lassen einen solchen Bewerber etwa ein Jahr nach dem genossenen „Vorschuss" Fahren ohne Fahrerlaubnis nicht zur Führerscheinprüfung zu. Dieser Nachteil beeindruckt die jugendlichen Bastler am meisten.

Daneben hat das Gericht die Möglichkeit, für die Dauer von einem bis drei Monaten ein **Fahrverbot** auszusprechen, wovon oft bei Wiederholungstätern Gebrauch gemacht wird.

In schweren Fällen kann das Gericht auch die entschädigungslose **Einziehung des Mofa** anordnen, wovon nur sehr zurückhaltend Gebrauch gemacht wird.

## Fahren ohne Betriebserlaubnis – Ordnungswidrigkeit

Die Manipulationen haben die ursprünglich bestehende allgemeine Betriebserlaubnis zum Erlöschen gebracht (§ 19 Abs. 2 StVZO). Das gilt übrigens auch bei sonstigen Änderungen wie z. B. Ausrüstung mit einem Hochlenker, Rohrbügel als Rückenlehne, Verwendung anderer Reifengrößen oder Felgen.

Fahren ohne Betriebserlaubnis kostet nach dem Bußgeldkatalog 70 Euro sowie einen Punkt in Flensburg. Bei Geschwindigkeits-Manipulationen geht die Straftat „Fahren ohne Fahrerlaubnis" der Ordnungswidrigkeit „Fahren ohne Betriebserlaubnis" vor.

## Beschlagnahme und weitere Kosten

Ein Mofa, das mutmaßlich frisiert wurde, kann durch die Polizei zur Sicherung der Beweise beschlagnahmt werden. Diese Beschlagnahme wird dann unumgänglich, wenn der Betroffene abstreitet, das Fahrzeug verändert zu haben.

Das Fahrzeug wird dann über die Polizei einem amtlich anerkannten Sachverständigen für den Kraftfahrzeugverkehr zugeleitet, der darüber ein Gutachten anfertigt. War das Fahrzeug verändert, so gehen die Gutachterkosten (ca. 250 Euro) zu Lasten des Halters. Er bekommt das Fahrzeug anschließend zurück, muss es aber – bevor er es wieder im öffentlichen Straßenverkehr verwendet – wieder in den alten Zustand versetzen.

Gibt der Betroffene sofort zu, das Fahrzeug frisiert zu haben, so wird das zu Protokoll genommen. Die Polizei verzichtet dann meist auf eine Beschlagnahme mit dem kostenträchtigen Gutachten. Hat der Betroffene Glück, dann begnügt sich die Polizei neben der Anzeige hinsichtlich des Fahrzeugs mit der Aufforderung, das Mofa wieder in den alten Zustand zu bringen. Das wird durch eine Mängelkarte überwacht: Der Jugendliche muss das Fahrzeug dann wieder vorführen, und zwar entweder bei der Polizei (seltener) oder beim TÜV. Die Jugendlichen müssten sich dabei erkundigen, ob sie nun auch noch beim Straßenverkehrsamt eine neue Betriebserlaubnis benötigen. Durch die Veränderungen am Fahrzeug war nämlich die ursprünglich bestehende Allgemeine Betriebserlaubnis erloschen, die rechtlich auch durch nachträgliches Umrüsten nicht wieder auflebt. Wenn die Polizei über die Mängelkarte aber lediglich die Wiedervorführung will, kann von dem Jugendlichen nicht mehr verlangt werden.

## Unfall mit frisiertem Mofa

So wenig wie sich ein Dieb mit den Folgen beschäftigen will für den Fall, dass er erwischt wird, so geht jeder Mofafahrer davon aus, in keinen Unfall zu geraten. Die Unfallstatistik beweist das Gegenteil:

Bei einem Verkehrsunfall muss man zwei Bereiche klar unterscheiden. Ist das Mofa **haftpflichtversichert**, so erhält der Geschädigte auf jeden Fall seinen ihm zustehenden Schaden von der Haftpflichtversicherung ersetzt. Dabei spielt es keine Rolle, ob der Fahrer eine Prüfbescheinigung hatte, ob er das Mofa gestohlen hat oder ob er betrunken war. Der Geschädigte hat es auch nicht nötig, sich mit den Eltern des Jugendlichen herumzustreiten, ob diese von den technischen Manipulationen wussten und so ihre Aufsichtspflicht vernachlässigt haben. Die Haftpflichtversicherung, die ja immer auf das Fahrzeug bezogen ist, muss also zahlen. Das dicke Ende kommt aber nach – die Haftpflichtversicherung kann anschließend zur Kasse bitten:

- Den Fahrer, soweit er von den Änderungen wusste
- Den Halter, d. h. meist den Versicherungsnehmer (oft Eltern)

Beruht der Unfall auf **Veränderungen am Fahrzeug** – was die Versicherung im Zweifel immer geltend machen wird – so kann sie nach dem Versicherungsvertragsgesetz in vollem Umfang Regress nehmen, und zwar wahlweise beim Fahrer oder Halter oder bei beiden. Man spricht hiervon **mutwilligen Gefahrerhöhungen**, denn der Versicherungsbeitrag deckt nur geringe Schadenrisiken. In derartigen Fällen sind Regressforderungen weit über die sonst üblichen 2.500 Euro bekannt geworden. Sind andere „Spielregeln" verletzt worden, wurden z. B. nach einem Unfall falsche Angaben gemacht oder lag Unfallflucht vor, so darf die Haftpflichtversicherung höchstens 2.500 Euro Regress nehmen. Einen solchen „**Sozialschutz**" brauchen die Versicherungen bei Manipulationen am Fahrzeug also nicht zu beachten!

Bei Personenschäden erheben außerdem Sozialversicherungsträger (Krankenkasse, Berufsgenossenschaft) höhere Regressforderungen.

Es nützt auch nichts, darauf zu verweisen, dass der Jugendliche so viel Geld ohnehin nicht aufbringen kann. Die Haftpflichtversicherung besorgt sich dann einen vollstreckbaren Titel (Urteil oder Vollstreckungsbescheid) und kann damit 30 Jahre lang ihren Anspruch zuzüglich Zinsen verfolgen. So drohen dem Jugendlichen für später Zwangsvollstreckungen, Gehaltspfändungen, Zugriff der Haftpflichtversicherung auf seine Ausbildungs- oder Lebensversicherung, bei einer Erbschaft usw.

## Vom Werk aus schon zu schnell – nicht frisiert

In der Praxis kommt es häufig vor, dass Mofas auch ohne irgendwelche Kunstgriffe 30–35 km/h und schneller fahren. Die Industrie spricht hier dann gern von „Streuwerten", die aber so selten gestreut nicht sind.

Hier wird ein Dilemma sichtbar: Das Kraftfahrt-Bundesamt in Flensburg erteilt dem Hersteller die allgemeine Betriebserlaubnis, wodurch jedes Modell dieser Serie technisch freigegeben ist. Fahren die Fahrzeuge nun schneller, so verweist der Hersteller auf die allgemeine Betriebserlaubnis und darauf, dass er korrekt produziert habe. Natürlich hat es Flensburg jederzeit in der Hand, unzuverlässigen Herstellern nachträglich Auflagen zu machen oder die allgemeine Betriebserlaubnis zurückzunehmen.

Bei Unfällen, Schadenersatzforderungen usw. ist das Kraftfahrt-Bundesamt praktisch nicht zu belangen, da der hier denkbare Amtshaftungsanspruch (§ 839 BGB) regelmäßig daran scheitert, dass der Staat nur herangezogen werden kann, wenn keine andere Ersatzmöglichkeit da ist.

Die anderen Ersatzmöglichkeiten sind hier aber die Haftpflichtversicherung, der Jugendliche selbst und evtl. der Hersteller oder Händler.

Das Hauptproblem liegt aber im pädagogischen Bereich: Wie sollen die Jugendlichen respektieren, dass der Staat mit einer Fülle von schwersten Nachteilen aufwartet, wenn sie das Mofa selbst schneller machen, während Klassenkameraden Fahrzeuge besitzen, die ohne technischen Eingriff genau so schnell sind. In dieser kleinen Erlebniswelt geht es letztlich um ein Stück Glaubwürdigkeit des Staates und unserer Justiz.

Die rechtlichen Konsequenzen bei einem zu schnellen, aber im Originalzustand befindlichen Mofa sind kurz beschrieben: Im Prinzip ist alles so wie bei dem frisierten. Eine Bestrafung der Jugendlichen wegen Fahren ohne Fahrerlaubnis setzt aber – wie jede Straftat und auch jede Ordnungswidrigkeit – **persönliche Schuld** voraus, also **Vorsatz oder Fahrlässigkeit**. Das ist bei Fahrzeugen ohne Geschwindigkeitsmesser – und wenn er freiwillig zusätzlich montiert wurde, ist er nicht justiert – das Beweisproblem. Es soll aber schon Richter gegeben haben, die zur Ermittlung der Geschwindigkeit dann Randfragen stellen wie „Tränen Ihnen beim Fahren regelmäßig die Augen?“. Dies ist unbefriedigend, meist werden solche Verfahren dann eingestellt. Die Ermahnung, schön vorsichtig zu fahren und keinesfalls über 25 km/h, ist aber wertlos, denn es kommt bei dem ganzen Problemkreis nur auf die bauartbedingte Höchstgeschwindigkeit an, nicht auf die gefahrene.

Die Polizei zeigt bei Überprüfungen hier oft ein weitgehendes Verständnis, indem sie lediglich Mängelkarten ausgibt, so dass das Fahrzeug gedrosselt werden muss, jedoch keine Anzeige erfolgt.

❯ **Muster Strafanzeige wegen Frisierens siehe Anhang**

Will der Betroffene sich darauf nicht einlassen, so kann das Fahrzeug zwecks Beweissicherung genauso wie das frisierte beschlagnahmt werden. In diesen Fällen könnte man die Sachverständigenkosten beim Hersteller bzw. Händler ersetzt verlangen.

❯ **Muster Gerichtsurteil (Jugendgerichtsverfahren) wegen Frisierens siehe Anhang**

# Fahrerlaubnisse

## 15.1 Führerscheinrecht

Deutschland führte zum 1. Januar 1999 das EU-Führerscheinrecht ein. Grundsätzlich sind davon nur Kraftfahrer betroffen, die nach diesem Zeitpunkt die Fahrerlaubnis erworben haben. Eine allgemeine Führerschein-Umtauschpflicht gibt es nicht.

### Führerscheinumtausch – Grundsatz

Alle ab dem 19. Januar 2013 ausgestellten Führerscheine müssen jeweils nach 15 Jahren umgetauscht werden (neues Passbild). Eine neue Prüfung ist damit aber nicht verbunden (auch kein Gesundheitscheck wie in den meisten EU-Ländern).

Die **alten und rosa Führerscheine** sowie **Kartenführerscheine** müssen nun doch demnächst umgetauscht werden und nicht erst – wie es ursprünglich geregelt war – 2033. Dazu hat der Bundesrat folgenden Stufenplan in der Anlage 8e zu § 42a Absatz 2 Satz 1 FeV festgelegt:

**Gruppe nach Geburtsjahr** des Inhabers für Führerscheine, die bis 1998 ausgestellt wurden:

- Jahrgänge vor 1953: Umtausch bis 19.01.2033
- Jahrgänge 1953 – 1958: Umtausch bis 19.01.2022
- Jahrgänge 1959 – 1964: Umtausch bis 19.01.2023
- Jahrgänge 1965 bis 1970: Umtausch bis 19.01.2024

**Gruppe für Kartenführerscheine:** je nach Ausstellungsdatum, Umtausch bis

- ausgestellt 1999 – 2001: 19.01.2026
- ausgestellt 2002 – 2004: 19.01.2027
- ausgestellt 2005 – 2007: 19.01.2028
- ausgestellt 2008: 19.01.2029
- ausgestellt 2009: 19.01.2030
- ausgestellt 2010: 19.01.2031
- ausgestellt 2011: 19.01.2032
- ausgestellt zwischen 2012 und 18.01.2013: 19.01.2033

Vorgesehene Kosten für den Bürger ca 25 €.

### Führerscheinumtausch Lkw- und Busfahrer

Ein neuer Führerschein muss ausgestellt werden, wenn die alte Fahrerlaubnis nur befristet ist. Davon sind auch Klasse-2-Lkw-Fahrer betroffen, die ab dem 50. Lebensjahr alle fünf Jahre eine ärztliche Untersuchung ablegen müssen.

Gemäß dem ab 1999 geltenden Führerscheinrecht wird der Führerschein der Klasse C und D immer auf fünf Jahre befristet. Zu den durchzuführenden ärztlichen Untersuchungen siehe Tabelle Kapitel 15.6.

Da die **gesundheitliche Eignung** immer schon Voraussetzung für den Erhalt und den Bestand der Fahrerlaubnis war, gibt es in dieser Frage keinen „Besitzstandsschutz".

### Besitzstandsschutz

Ähnlich wie das Eigentum des Bürgers durch die Verfassung geschützt wird (Artikel 14 Grundgesetz), gilt auch bei Rechten – wie hier für die Fahrerlaubnisse – folgendes Prinzip:

Dem Bürger darf eine erworbene Berechtigung nicht wieder durch spätere Gesetzesänderung genommen werden. Deshalb darf man grundsätzlich immer alle

Kraftfahrzeuge führen, die man zur Zeit des Führerscheinerwerbes führen durfte.

Lässt sich allerdings der Führerscheinbesitzer etwas zuschulden kommen, so dass ihm ein Gericht oder die Verwaltungsbehörde die **Fahrerlaubnis entzieht**, so gibt es natürlich keinen Besitzstandsschutz mehr. Erwirbt der Betroffene später eine neue Fahrerlaubnis (egal ob mit oder ohne neue Prüfung), so gilt nur das neue Recht. Ein „Rückgriff" auf frühere Berechtigungen ist dann ausgeschlossen.

Wird dagegen nur ein **Fahrverbot** verhängt (für 1–3 Monate), so gilt der volle Besitzstandsschutz, d. h. es bleibt nach Ablauf der Verbotsfrist bei den früheren Berechtigungen.

## 15.2 Begleitetes Fahren ab 17

Nachdem es den „Führerschein mit 17" seit unterschiedlich langer Zeit mit sehr guten Erfolgen in allen Bundesländern gegeben hat, ist das begleitete Fahren als endgültige dauerhafte Regelung 2011 in Kraft getreten.

### Fahranfänger-Risiko

**Mangelnde Erfahrung** ist das Kernproblem von jungen Fahranfängern. Deshalb ist das Unfallrisiko für diese jungen Menschen wesentlich höher. An mehr als einem Fünftel aller Unfälle mit Personenschäden waren 18- bis 24-Jährige als Fahrzeugführer beteiligt. Die Einführung des „Begleiteten Fahrens ab 17" soll einen Beitrag zur Senkung dieses hohen Unfallrisikos leisten und zwar insbesondere auf Grund des „mäßigenden Einflusses" durch die Begleitperson.

Die **Risikobereitschaft** junger Menschen ist größer als in fortgeschrittenem Alter. Das ist im Prinzip gut so, beim Autofahren aber leider lebensgefährlich.

Auch die **Fahrzeugbesetzung** bei 18-jährigen Fahranfängern ist häufig höchst brisant.

In Begleitung eines älteren, erfahreneren Kraftfahrers wird sich der junge Fahrerlaubnisinhaber nicht den Profilierungszwängen ausgesetzt fühlen, wie dies häufig bei jungen Mitfahrern der Fall ist. Er kann dann in aller Ruhe Fahrerfahrung sammeln.

### Wer darf begleiten?

#### Begleiter

- Müssen mindestens 30 Jahre alt sein
- Müssen seit wenigstens fünf Jahren (ununterbrochen) im Besitz einer Fahrerlaubnis der Klasse B sein
- Dürfen nicht mehr als einen Punkt im Fahreignungsregister haben (bei Antragstellung). Sollten zwei Punkte registriert sein, kann durch die Teilnahme an einem Fahreignungsseminar ein Punkt Rabatt abgezogen werden. Dies ist allerdings nur bis maximal sechs Monate vor der Eintragung als Begleitperson möglich.
- Dürfen bei der Begleitung nicht alkoholisiert sein (zumindest müssen sie weniger als 0,5 Promille BAK haben) und nicht unter dem Einfluss von anderen berauschenden Mitteln stehen

### Ausbildung und Prüfung

Der Fahrerlaubnisbewerber kann mit der Ausbildung in der Klasse B und BE beginnen, wenn er mindestens 16½ Jahre alt ist.

Er absolviert die Ausbildung entsprechend den Vorschriften der FahrschAusbO und legt danach die Fahrerlaubnisprüfung ab (die theoretische Prüfung frühestens drei Monate und die praktische Prüfung frühestens ein Monat vor dem Erreichen des 17. Geburtstags). An der Ausbildung ändert sich gegenüber dem 18-Jährigen also nichts!

## Prüfungsbescheinigung

Nach erfolgreicher Prüfung erhält der Bewerber – sofern das Mindestalter erreicht ist – eine **Prüfungsbescheinigung** (für diese gelten die Vorschriften über den Führerschein entsprechend).

Die **Begleitpersonen** müssen bei der Antragstellung namentlich benannt werden, da sie in die Prüfungsbescheinigung eingetragen werden. Nur in Begleitung dieser Personen darf der Fahrer ein Kraftfahrzeug der Klasse B oder BE führen.

Die Prüfungsbescheinigung gilt nur in Deutschland und Österreich und nur bis zu drei Monate nach der Vollendung des 18. Lebensjahres (ab 18 auch ohne Begleiter). Der „Kartenführerschein" wird auf Antrag ab dem vollendeten 18. Lebensjahr erteilt.

## Eingeschlossene Klassen

Die erworbene Fahrerlaubnis der Klasse B schließt die **Fahrerlaubnisklassen AM und L** ein. Fahrzeuge dieser Klassen dürfen ohne Begleitperson geführt werden, da der Bewerber das erforderliche Mindestalter bereits erreicht hat.

## Fahrerlaubnis auf Probe

Die **Probezeit** beginnt mit der Übergabe der Prüfungsbescheinigung.

## Verkehrsrechtliche Verantwortung

Der junge Fahrer ist allein für alle Folgen verantwortlich. Das gilt im Falle von **Verkehrsverstößen** (Ordnungswidrigkeiten, Straftaten) wie auch für **Haftungsfälle** nach Verkehrsunfällen.

**Versicherungsrechtlich** gibt es keine Besonderheiten, zu beachten ist jedoch bei entsprechenden Tarifen, dass eventuell kein Fahrer, der unter 23 Jahre alt ist, fahren darf.

## Sanktionen

Die **Fahrerlaubnis ist zu widerrufen**, „wenn der Fahrerlaubnisinhaber gegen eine vollziehbare Auflage" (nach § 6e Abs. 1 Nr. 2 StVG) „über die Begleitung durch mindestens eine namentlich benannte Person während des Führens von Kraftfahrzeugen verstößt" (= Fahrt ohne Begleiter; eine solche liegt auch vor, wenn die Begleitperson gegen die Beschränkung oder das Verbot des Genusses alkoholischer Getränke und berauschender Mittel verstößt). Damit trägt der Fahrerlaubnisinhaber die Verantwortung, wenn der Begleiter alkoholisiert ist!

Eine neue Fahrerlaubnis darf erst erteilt werden, wenn der Betroffene an einem Aufbauseminar nach § 2a StVG teilgenommen hat.

## 15.3 Übersicht über EU-Führerscheinklassen

| Fahrerlaubnisklasse ab 2013 | Fahrzeugdefinition | Fahrerlaubnisklasse bis 2013 |
|---|---|---|
| Klasse AM<br> | **Zweirädrige Kleinkrafträder (Mopeds)** mit<br>– bauartbedingter Höchstgeschwindigkeit bis 45 km/h und<br>– einer elektrischen Antriebsmaschine oder einem Verbrennungsmotor mit einem Hubraum von nicht mehr als 50 $cm^3$ oder<br>– einer maximalen Nenndauerleistung bis zu 4 kW im Falle von Elektromotoren,<br>auch mit Beiwagen.<br>Gilt auch für Fahrräder mit Hilfsmotor mit diesen Anforderungen | M |
| | **Dreirädrige Kleinkrafträder** mit<br>– bauartbedingter Höchstgeschwindigkeit von nicht mehr als 45 km/h und<br>– Hubraum von nicht mehr als 50 $cm^3$ (bei Fremdzündungsmotoren) bzw. maximaler Nutzleistung von nicht mehr als 4 kW (bei anderen Verbrennungsmotoren) oder maximaler Nenndauerleistung von nicht mehr als 4 kW (bei Elektromotoren) | S |
| | **Vierrädrige Leichtkraftfahrzeuge** mit<br>– bauartbedingter Höchstgeschwindigkeit von nicht mehr als 45 km/h und<br>– Hubraum von nicht mehr als 50 $cm^3$ (bei Fremdzündungsmotoren) oder<br>– maximaler Nutzleistung von nicht mehr als 4 kW (bei anderen Verbrennungsmotoren) oder<br>– maximaler Nenndauerleistung von nicht mehr als 4 kW (bei Elektromotoren) und<br>– Leermasse von nicht mehr als 350 kg (ohne Masse der Batterien im Falle von Elektrofahrzeugen) | S |
| Klasse A1<br> | **Krafträder** mit<br>– Hubraum von nicht mehr als 125 $cm^3$ und<br>– Motorleistung von nicht mehr als 11 kW und<br>– Verhältnis der Leistung zum Gewicht max. 0,1 kW/kg,<br>auch mit Beiwagen. | A1 |
| | **Dreirädrige Kraftfahrzeuge** mit<br>– symmetrisch angeordneten Rädern und<br>– Hubraum von mehr als 50 $cm^3$ bei Verbrennungsmotoren oder<br>– bauartbedingter Höchstgeschwindigkeit von mehr als 45 km/h und<br>– Leistung von bis zu 15 kW | B |

| **Fahrerlaubnisklasse ab 2013** | **Fahrzeugdefinition** | **Fahr-erlaubnis-klasse bis 2013** |
|---|---|---|
| Klasse A2<br> | **Krafträder** mit<br>– Motorleistung von nicht mehr als 35 kW, die nicht von einem Kraftrad mit einer Leistung von über 70 kW abgeleitet ist und<br>– Verhältnis der Leistung zum Gewicht max. 0,2 kW/kg,<br>auch mit Beiwagen. | A (leis-tungsbe-schränkt) |
| Klasse A<br> | **Krafträder** mit<br>– Hubraum von mehr als 50 $cm^3$ oder<br>– bauartbedingter Höchstgeschwindigkeit von mehr als 45 km/h,<br>auch mit Beiwagen. | A |
| | **Dreirädrige Kraftfahrzeuge** mit<br>– Leistung von mehr als 15 kW oder<br>– mit symmetrisch angeordneten Rädern und<br>– Hubraum von mehr als 50 $cm^3$ (bei Verbrennungs-motoren) oder<br>– bauartbedingter Höchstgeschwindigkeit von mehr als 45 km/h und<br>– Leistung von mehr als 15 kW. | B |
| Klasse B<br> | **Kraftfahrzeuge** (außer solche der Klassen AM, A1, A2 und A)<br>– mit zulässiger Gesamtmasse von nicht mehr als 3 500 kg und<br>– gebaut und ausgelegt zur Beförderung von nicht mehr als acht Personen außer dem Fahrzeugführer,<br>auch mit Anhänger<br>– mit einer zulässigen Gesamtmasse von nicht mehr als 750 kg oder<br>– mit einer zulässigen Gesamtmasse über 750 kg, sofern die zulässige Gesamtmasse der Kombination 3 500 kg nicht übersteigt.<br>**Erweiterung für bestimmte Elektrofahrzeuge** deren zulässige Gesamtmasse 3500 kg übersteigt, jedoch nicht mehr als 4250 kg beträgt, soweit<br>1. die Fahrzeuge<br>a) elektrisch betrieben und<br>b) im Bereich Gütertransport eingesetzt<br>sind und<br>2. der Inhaber der Fahrerlaubnis an einer zusätzlichen **Fahrzeugeinweisung** teilgenommen hat. | B<br><br><br><br><br><br><br><br>(BE) |

| Fahrerlaubnisklasse ab 2013 | Fahrzeugdefinition | Fahrerlaubnisklasse bis 2013 |
|---|---|---|
| Klasse B mit Schlüsselzahl 96  | Zugfahrzeug der **Klasse B** in **Kombination** mit einem Anhänger mit<br>– zulässiger Gesamtmasse des Anhängers von mehr als 750 kg und<br>– zulässiger Gesamtmasse der Fahrzeugkombination von mehr als 3 500 kg und nicht mehr als 4 250 kg<br>Die Fahrerlaubnis der Klasse B berechtigt auch zum Führen von dreirädrigen Kraftfahrzeugen im Inland, im Falle eines Kraftfahrzeuges mit einer Motorleistung von mehr als 15 kW jedoch nur, soweit der Inhaber der Fahrerlaubnis mindestens 21 Jahre alt ist. | BE |
| Klasse BE  | Zugfahrzeug der **Klasse B** in **Kombination** mit Anhänger oder Sattelanhänger mit zulässiger Gesamtmasse des Anhängers von mehr als 750 kg und nicht mehr als 3 500 kg | BE |
| Klasse C1  | **Kraftfahrzeuge** (außer solche der Klassen AM, A1, A2, A, D1 und D)<br>– mit zulässiger Gesamtmasse von mehr als 3 500 kg aber nicht mehr als 7 500 kg und<br>– gebaut und ausgelegt zur Beförderung von nicht mehr als acht Personen außer dem Fahrzeugführer,<br>auch mit Anhänger mit einer zulässigen Gesamtmasse von nicht mehr als 750 kg. | C1 |
| Klasse C1E  | Zugfahrzeug der **Klasse B** in **Kombination** mit<br>– einem Anhänger oder Sattelanhänger mit zulässiger Gesamtmasse von mehr 3 500 kg und<br>– zulässiger Gesamtmasse der Kombination von nicht mehr als 12 000 kg. | BE |
| | Zugfahrzeug der **Klasse C1** in **Kombination** mit<br>– Anhänger oder Sattelanhänger mit zulässiger Gesamtmasse von mehr als 750 kg und<br>– zulässiger Gesamtmasse der Kombination von nicht mehr als 12 000 kg. | C1E |
| Klasse C  | **Kraftfahrzeuge** (außer solche der Klassen AM, A1, A2, A, D1 und D) mit<br>– zulässiger Gesamtmasse von mehr als 3 500 kg und<br>– gebaut und ausgelegt zur Beförderung von nicht mehr als acht Personen außer dem Fahrzeugführer,<br>auch mit Anhänger mit einer zulässigen Gesamtmasse von nicht mehr als 750 kg. | C |

| **Fahrerlaubnisklasse ab 2013** | **Fahrzeugdefinition** | **Fahrerlaubnisklasse bis 2013** |
|---|---|---|
| Klasse CE  | Zugfahrzeug der **Klasse C** in **Kombination** mit Anhänger oder Sattelanhänger mit zulässiger Gesamtmasse von mehr als 750 kg. | CE |
| Klasse D1  | **Kraftfahrzeuge** (außer solche der Klassen AM, A1, A2 und A)<br>– gebaut und ausgelegt zur Beförderung von nicht mehr als 16 Personen außer dem Fahrzeugführer und<br>– Länge nicht mehr als 8 m,<br>auch mit Anhänger mit einer zulässigen Gesamtmasse von nicht mehr als 750 kg. | D1 |
| Klasse D1E  | Zugfahrzeug der Klasse **D1** in **Kombination** mit Anhänger mit zulässiger Gesamtmasse von mehr als 750 kg. | D1E |
| Klasse D  | **Kraftfahrzeuge** (außer solche der Klassen AM, A1, A2 und A), gebaut und ausgelegt zur Beförderung von mehr als acht Personen außer dem Fahrzeugführer, auch mit Anhänger mit einer zulässigen Gesamtmasse von nicht mehr als 750 kg. | D |
| Klasse DE  | Zugfahrzeug der **Klasse D** in **Kombination** mit Anhänger mit zulässiger Gesamtmasse von mehr als 750 kg | DE |
| Klasse T  | – **Zugmaschinen** mit einer durch die Bauart bestimmten Höchstgeschwindigkeit von nicht mehr als 60 km/h und<br>– **selbstfahrende Arbeitsmaschinen oder selbstfahrende Futtermischwagen** mit einer durch die Bauart bestimmten Höchstgeschwindigkeit von nicht mehr als 40 km/h<br>die jeweils nach ihrer Bauart zur Verwendung für land- oder forstwirtschaftliche Zwecke bestimmt sind und für solche Zwecke eingesetzt werden (jeweils auch mit Anhängern) | T |

| Fahrerlaubnisklasse ab 2013 | Fahrzeugdefinition | Fahrerlaubnisklasse bis 2013 |
|---|---|---|
| Klasse L  | - **Zugmaschinen**, die nach ihrer Bauart zur Verwendung für land- oder forstwirtschaftliche Zwecke bestimmt sind und für solche Zwecke eingesetzt werden, mit einer durch die Bauart bestimmten Höchstgeschwindigkeit von nicht mehr als 40 km/h und<br>- **Kombinationen** aus diesen Fahrzeugen und Anhängern, wenn sie mit einer Geschwindigkeit von nicht mehr als 25 km/h geführt werden, sowie<br>- **selbstfahrende Arbeitsmaschinen, selbstfahrende Futtermischwagen, Stapler** und andere **Flurförderzeuge** jeweils mit einer durch die Bauart bestimmten Höchstgeschwindigkeit von nicht mehr als 25 km/h und<br>- **Kombinationen** aus diesen Fahrzeugen und Anhängern | L |

Quelle: BMVI

## 15.4 Führerscheinrecht – Anhänger

### Übersicht über die neuen und erleichterten Führerschein-Vorschriften ab dem 19. Januar 2013

#### Nur Klasse B vorhanden:

- Anhänger mit zGM bis 750 kg
- Anhänger mit zGM über 750 kg, sofern die zGM der Kombination 3.500 kg nicht übersteigt

#### Klasse B mit Schlüsselzahl 96:

Zugfahrzeug der Klasse B in Kombination mit einem Anhänger

- mit zGM über 750 kg und
- zGM der Fahrzeugkombination mehr als 3.500 kg, jedoch nicht mehr als 4.250 kg

Die Schlüsselzahl 96 benötigen auch Inhaber der Klasse B, die ihre Fahrerlaubnis zwischen 1999 und dem 18. Januar 2013 erworben haben.

Voraussetzung zur Eintragung der Schlüsselzahl 96 in den Führerschein ist eine spezielle theoretische und praktische Ausbildung in der Fahrschule. Eine Prüfung findet jedoch nicht statt.

#### Klasse BE:

Berechtigt zum Mitführen eines Anhängers oder Sattelanhängers, dessen zGM 3.500 kg nicht übersteigt.

#### Führerschein Klasse 3 – Altinhaber:

Wer eine Klasse 3-Fahrerlaubnis vor 1999 erworben hat, durfte nach damaligem Recht Kraftfahrzeuge bis 7,5 t zGM fahren, auch mit Anhänger. Im Rahmen des Besitzstandschutzes haben diese Personen heute die Klassen BE und C1E. Dies gilt auch, wenn der alte Führerschein noch nicht umgeschrieben wurde (muss erst 2033 geschehen).

## 15.5 Ausländische Führerscheine

Es sind hauptsächlich folgende Regelungen zu unterscheiden:

- Der Pkw-Führerscheinbesitzer ist noch nicht 18 Jahre alt: Er darf in Deutschland nicht fahren. Dies betrifft hauptsächlich USA-Rückkehrer aus dem Schüleraustausch.
- Der Pkw-Führerscheinbesitzer ist 18 Jahre alt und hat keinen ordentlichen Wohnsitz in Deutschland:
  a) Fahrerlaubnis eines EU-Landes (oder Schweiz und Norwegen): Führerschein ist unbegrenzt auch in Deutschland gültig
  b) Fahrerlaubnis anderer Länder: Gültig nur sechs Monate ab Begründung eines ordentlichen Wohnsitzes in Deutschland

### Prüfung oder nicht

Ob im Rahmen der beantragten deutschen Fahrerlaubnis eine Führerscheinprüfung durchgeführt werden muss, entscheidet letztlich die Fahrerlaubnisbehörde. Für bestimmte Staaten, deren Verkehrsverhältnisse ähnlich wie in Deutschland sind, gibt es Erleichterungen, die in der FeV Anlage 11 geregelt sind (Anlagestaaten).

Ausländische Führerscheinbesitzer, deren Staat nicht in Anlage 11 FeV aufgeführt ist (Drittstaaten), müssen beim Ablauf der 6-Monats-Frist immer eine komplette theoretische und praktische Führerscheinprüfung ablegen, zu der sie ein Fahrlehrer vorstellen muss. Von den Pflichtstunden in der Fahrschulausbildung sind sie jedoch entbunden.

### Inländer mit ausländischem Führerschein

Die EU-Regelungen sehen vor, dass man nach sechs Monaten Wohnsitz und Aufenthalt im Ausland in diesem Staat oder als Student dort die Fahrerlaubnis erwerben darf. Nachdem der Europäische Gerichtshof Deutschland vor Jahren verboten hatte, die Voraussetzung des Wohnsitzes im Ausland zu überprüfen, setzte ein Führerscheintourismus ein, hauptsächlich von Bürgern, denen ihre Fahrerlaubnis in Deutschland entzogen worden war. Der Europäische Gerichtshof hat seine Rechtsprechung jedoch neuerdings korrigiert (EuGH, Aktenzeichen C 184/10), seither sind solche Führerscheine weitgehend ungültig und der Inhaber wird wegen der Straftat Fahren ohne Fahrerlaubnis (§ 21 StVG) bestraft.

## 15.6 Ärztliche Untersuchungen

**■ Ärztliche Untersuchungen bei Ersterwerb und Verlängerung für Lkw, Bus und FzF***

| | 1. Ärztliche Bescheinigung<br>3. Augenärztliches Zeugnis o. Gutachten | | | | 1. Ärztliche Bescheinigung<br>2. Betriebs- oder arbeitsmedizinisches Gutachten<br>3. Augenärztliches Gutachten | | | | |
|---|---|---|---|---|---|---|---|---|---|
| Antrag FL-Klasse | C | C1 | CE | C1E | D | D1 | DE | D1E | FzF |
| Ersterwerb | 1. und 3. | 1. und 3. | 1. und 3. | 1. und 3. | 1., 2. und 3. | 1., 2. und 3. | 1., 2. und 3. | 1., 2. und 3. | 1., 2. und 3. |
| Verlängerung nach jeweils 5 Jahren | 1. und 3. | –.– | 1. und 3. | –.– | 1. und 3. | 1. und 3. | 1. und 3. | 1. und 3. | 1. und 3. |
| Verlängerung ab 50. Geburtstag und dann nach jeweils 5 Jahren | –.– | 1. und 3. | –.– | 1. und 3. | 1., 2. und 3. | 1., 2. und 3. | 1., 2. und 3. | 1., 2. und 3. | –.– |
| Verlängerung ab 60. Geburtstag und dann nach jeweils 5 Jahren | –.– | –.– | –.– | –.– | –.– | –.– | –.– | –.– | 1., 2. und 3. |

| | | |
|---|---|---|
| **Für den Nachweis nach 1.** | Arzt nach Wahl (Arzt muss aber die besondere Qualifikation für Fahreignungsuntersuchungen besitzen) | } dürfen auch Untersuchungen nach 1. und 3. durchführen |
| **Für den Nachweis nach 2.** | Arzt mit der Gebietsbezeichnung „Arbeitsmedizin“ oder „Betriebsmedizin“ oder „Begutachtungsstelle für Fahreignung“ | |
| **Für den Nachweis nach 3.** | Augenarzt | |

Werden der Behörde Tatsachen bekannt, die auf eine Erkrankung oder einen Mangel nach Anlage 4 oder 5 der Fahrerlaubnis-Verordnung hinweisen, kann sie weitere Gutachten anordnen.

**Bescheinigungen:** Nur nach Vordrucken Anlagen 5 und 6 FeV zulässig.

* = Fahrerlaubnis zur Fahrgastbeförderung § 48 FeV
(Taxi, Mietwagen, Krankenkraftwagen, Pkw im Linienverkehr)

# Aufbauseminar

## 16.1 Führerschein auf Probe

### Ausgangslage

Seit 1986 gibt es in Deutschland den Führerschein auf Probe. Die weit überdurchschnittliche **Unfallbeteiligung von Fahranfängern** führte zu dieser einschneidenden Neuregelung.

Ca. 25 % aller verunglückten und 30 % aller getöteten Pkw-Insassen waren im Alter von 18 bis 24 Jahren. Ihr Anteil an der Gesamtbevölkerung liegt nur bei 8 %. 30 % der Fahranfänger werden im ersten Jahr in einen Unfall verwickelt. Nach wie vor sind die 18- bis 24-Jährigen die mit Abstand am stärksten gefährdete Altersgruppe im Straßenverkehr.

Hauptunfallursache dabei sind überhöhte Geschwindigkeit und Fehler beim Überholen.

Die Probezeit-Regelung gilt für jeden Fahranfänger beim erstmaligen Erwerb seiner Fahrerlaubnis, außer bei den Klassen AM, T und L.

Für jeden gibt es also nur einmal in seinem Leben diese Führerschein-Probezeit.

Über die Fahranfänger, die der Probezeit unterliegen, wird im **Fahreignungsregister** in Flensburg eine gesonderte Kartei geführt, und zwar in der Regel auf drei Jahre (= ein Jahr Überliegefrist).

Neben der Probezeit sollen auch das Alkoholverbot für Fahranfänger sowie das „Begleitete Fahren ab 17" zur Reduzierung der Unfallbeteiligung junger Fahrer beitragen. Diese Maßnahmen haben sich gut bewährt.

### Dauer der Probezeit

Die Probezeit beträgt **zwei Jahre**. Wenn aber in dieser Zeit eine Auffälligkeit (= ein A-Delikt oder zwei B-Delikte, siehe Kapitel 16.3) begangen wird, verlängert sich die Probezeit automatisch auf **vier Jahre** (ab Erteilung der Fahrerlaubnis).

### Wodurch werden welche Maßnahmen ausgelöst?

Als Anlage 12 zur FeV wurde ein eigener **Probezeitkatalog** geschaffen, der einen Abschnitt „A" und einen Abschnitt „B" enthält. Es werden ausschließlich **Straftaten und Ordnungswidrigkeiten** berücksichtigt. Voraussetzung ist zunächst, dass eine rechtskräftige Entscheidung vorliegt und zwar entweder eine **Verurteilung** durch ein Gericht (bei Straftaten im Straßenverkehr) oder eine **Bußgeldentscheidung von mindestens 60 Euro**. Damit scheiden geringfügige Delikte, z. B. Parksünden völlig aus.

Bei **Abschnitt „A"** des Probezeitkataloges genügt jeweils ein derartiger Verstoß. Bei **Abschnitt „B"** des Probezeitkataloges lösen nur zwei derartige Verstöße die Maßnahmen aus. Den Probezeitkatalog finden Sie im Kapitel 16.3.

➔ **Einzelheiten zu Rahmenbedingungen, Statistiken usw. siehe unter www.jungesfahren.com**

### Sonderregelung bei den Straftaten „Fahrlässige Körperverletzung" (§ 229 StGB) und „Fahrlässige Tötung" (§ 222 StGB)

Diese beiden Straftaten können sowohl in Abschnitt „A" als auch in Abschnitt „B" fallen. Die Zuordnung richtet sich danach, durch welches Fehlverhalten es zu der Körperverletzung oder Tötung gekommen ist, also ob ein Verkehrsverstoß wie in Abschnitt „A“ oder wie in Abschnitt „B“ zu Grunde lag, z. B.:

- *Unfall mit Verletzten wegen Missachtung der Vorfahrt = Abschnitt „A“*
- *Fußgänger angefahren auf Fußgängerüberweg = Abschnitt „A“*
- *Fußgänger angefahren auf Fußgängerfurt = Abschnitt „B“*

## Entziehung der Fahrerlaubnis in der Probezeit

Wird die Fahrerlaubnis während der Probezeit entzogen, so ruht die Probezeit und wird nach Erteilung einer neuen Fahrerlaubnis weitergeführt. In diesen Fällen ist vor der Erteilung der neuen Fahrerlaubnis das **Aufbauseminar** zu besuchen, der Betroffene kommt also nicht darum herum.

## Reihenfolge der Maßnahmen

Für Fahranfänger gelten besondere Maßnahme-Stufen (die allgemeine Regelung für Mehrfach-Verkehrssünder wird nicht angewandt).

### (1) Auffälligkeit in der Probezeit:

(ein A-Delikt oder zwei B-Delikte)

- Anordnung der Teilnahme an einem **Aufbauseminar**
- Auf Antrag kann die Fahrerlaubnisbehörde auch die Teilnahme an **Einzelseminar** gestatten
- Bei Nichtteilnahme am Aufbauseminar erfolgt Entziehung der Fahrerlaubnis

(kein Ermessensspielraum für die Verwaltungsbehörde)

**Rechtsmittel**: Widerspruch und Anfechtungsklage zum Verwaltungsgericht gegen die Entziehung der Fahrerlaubnis wegen Nichtteilnahme haben keine aufschiebende Wirkung.

### (2) Auffälligkeit in der Probezeit:

(ein A-Delikt oder zwei B-Delikte nach Teilnahme an Aufbauseminar)

- **Schriftliche Verwarnung** mit
- Empfehlung durch Fahrerlaubnisbehörde innerhalb von zwei Monaten an **verkehrspsychologischer Beratung** teilzunehmen

### (3) Auffälligkeit in der Probezeit:

- **Entziehung der Fahrerlaubnis** wenn nach Ablauf der Frist zu Nr. 2 in der Probezeit ein weiteres A-Delikt oder zwei B-Delikte begangen werden

## Inhalt und Ziele der Aufbauseminare

Im Rahmen des Kurses sind die Verkehrszuwiderhandlungen, die bei den einzelnen Teilnehmern zur Anordnung des Aufbauseminars geführt haben, und die Ursachen dafür zu diskutieren und daraus ableitend generell die Probleme und Schwierigkeiten von Fahranfängern zu erörtern. Durch Gruppengespräche, Verhaltensbeobachtung in der Fahrprobe, Analyse problematischer Verkehrssituationen und weitere Informationsvermittlung soll ein sicheres und rücksichtsvolles Fahrverhalten erreicht werden. Dabei soll insbesondere die Einstellung zum Verhalten im Straßenverkehr geändert, das Risikobewusstsein gefördert und die Gefahrenerkennung verbessert werden.

Das Aufbauseminar darf keine Verlängerung des üblichen Fahrschulunterrichtes sein. Die Betroffenen dürfen auch keineswegs zusammen mit Fahrschülern betreut werden. Das Seminar muss in besonderen Gruppen mit **mindestens sechs** und **höchstens zwölf Teilnehmern** in zugelassenen Lehrräumen einer Fahrschule durchgeführt werden.

Es besteht aus **vier Sitzungen** von **jeweils 135 Minuten Dauer**, die innerhalb von **höchstens vier Wochen** durchzuführen sind. An einem Tag darf nicht mehr als eine Sitzung stattfinden.

Zwischen der ersten und zweiten Sitzung ist eine **Fahrprobe** durchzuführen, die der Beobachtung des Fahrverhaltens der Kursteilnehmer dient. Die Fahrprobe soll in Gruppen mit drei Teilnehmern durchgeführt werden, wobei die Fahrzeit eines jeden Teilnehmers 30 Minuten nicht unterschreiten darf. Für die Fahrprobe muss ein Fahrschulfahrzeug (§ 5 DV-FahrlG) benutzt werden. Jeder Teilnehmer an der Fahrprobe soll möglichst ein Fahrzeug der Klasse führen, mit dem die zum Aufbauseminar führende Verkehrszuwiderhandlung begangen worden ist, also in der Regel einen Pkw oder ein Kraftrad.

Das Aufbauseminar kann auch als **Einzelseminar** durchgeführt werden. Über den Antrag entscheidet die Führerscheinstelle.

### Kosten für die Aufbauseminare

Eine gesetzliche Regelung ist nicht vorhanden, es gilt also das Prinzip des freien Wettbewerbs.

### Wer führt die Aufbauseminare durch

Mit Ausnahme von Alkohol-Auffälligkeiten (besondere Kurse durch Psychologen) liegt die Durchführung ausschließlich in den Händen von Fahrlehrern. Dazu berechtigt sind nur Fahrlehrer, die die Seminarerlaubnis nach § 31 FahrlG besitzen.

## 16.2 Alkoholsünder

### Aufbauseminare für Alkoholsünder

Wer wegen Alkoholgenusses oder Drogen im Straßenverkehr auffällig wurde, besucht nicht die normalen Aufbauseminare, sondern spezielle Seminare mit entsprechenden Themeninhalten.

Diese Seminare werden nicht von Fahrlehrern geleitet, sondern von Verkehrspsychologen (meist beim TÜV).

Das Punkte-Schema ist dasselbe wie bei den allgemeinen Regelungen.

### Sonstige Seminare für Alkohol-Auffällige

In Anbetracht der Verwaltungspraxis, dass Alkoholsünder, die mit mehr als 1,6 Promille auffällig geworden sind, im Rahmen der Beantragung einer neuen Fahrerlaubnis in der Regel ein **medizinisch-psychologisches Gutachten** beibringen müssen, gewinnen derartige **freiwillige Vorbereitungskurse** zukünftig an Bedeutung.

### Verstoß gegen Alkoholverbot für Fahranfänger

Das Alkoholverbot für Fahranfänger gilt für alle, die noch in der zweijährigen Probezeit sind und für alle jungen Fahrer vor

Vollendung des 21. Lebensjahres. Verstöße führen im Regelfall zu einem Bußgeld in Höhe von 250 Euro und zu einem Punkt im Fahreignungsregister. Bei Fahranfängern, die sich noch in der Probezeit befinden, verlängert sich zudem die Probezeit um weitere zwei Jahre.

Auch bei Verstößen gegen das Alkoholverbot für Fahranfänger wird ein spezielles Aufbauseminar angeordnet.

## 16.3 Probezeitkatalog (§ 2a StVG, § 34 FeV mit Anlage 12)

### Gruppe A – Schwerwiegende Zuwiderhandlungen

**Ein Verstoß** löst Maßnahmen aus.

#### Straftaten

Soweit sie nicht bereits zur Entziehung der Fahrerlaubnis geführt haben.

#### Nach dem Strafgesetzbuch:

- Unerlaubtes Entfernen vom Unfallort (§ 142)
- Fahrlässige Tötung (§ 222)[1]
- Fahrlässige Körperverletzung (§ 230)
- Nötigung (§ 240)
- Gefährliche Eingriffe in den Straßenverkehr (§ 315c)
- Trunkenheit im Verkehr (§ 316)
- Vollrausch (§ 323a)
- Unterlassene Hilfeleistung (§ 323c)

#### Nach dem Straßenverkehrsgesetz:

- Führen oder Anordnung oder Zulassen des Führens eines Kraftfahrzeugs ohne Fahrerlaubnis, trotz Fahrverbots oder trotz Verwahrung, Sicherstellung oder Beschlagnahme des Führerscheins (§ 21)

#### Nach den Pflichtversicherungsgesetzen:

- Gebrauch oder Gestatten des Gebrauchs unversicherter Kraftfahrzeuge oder Anhänger (§ 9 Pflichtversicherungsgesetz, § 9 Gesetz über die Haftpflichtversicherung für ausländische Kraftfahrzeuge und Kraftfahrzeuganhänger)

1 Über die Zuordnung zu Katalog A oder B entscheidet der Verkehrsverstoß, der zu der Verletzung geführt hat.

## Ordnungswidrigkeiten nach den §§ 24, 24a und 24c des Straßenverkehrsgesetzes (Aufbauseminar schon beim ersten Verstoß)

### Voraussetzung: Geldbuße ab 60 Euro rechtskräftig

| Verstöße gegen | Bußgeldkatalog |
|---|---|
| 1. Handy- & Co-Verbot (§ 23 Abs. 1a und b StVO) | Verbotswidrige Benutzung (in-der-Hand-halten) eines Handys oder eines anderen elektronischen Geräts, das der Kommunikation, Information oder Organisation dient |
| 2 das Rechtsfahrgebot (§ 2 Abs. 2 StVO) | Verstoß gegen das Rechtsfahrgebot bei Gegenverkehr, beim Überholtwerden, an Kuppen in unübersichtlichen Kurven oder bei sonstiger Unübersichtlichkeit |
| 3. die Geschwindigkeit (§§ 3 Abs. 1 und 3, 41 Abs. 2 StVO) | – zu schnelles Fahren bei Unübersichtlichkeit an Straßenkreuzungen, Straßeneinmündungen oder Bahnübergängen<br>– Überschreiten der zul. Höchstgeschwindigkeit um mehr als 20 km/h |
| 4. den Abstand (§ 4 Abs. 1 StVO) | Erforderlichen Abstand zu einem vorausfahrenden Fahrzeug nicht eingehalten |
| 5. das Überholen (§§ 5, 41 Abs. 2 StVO) | – verbotenes Rechtsüberholen außerhalb geschlossener Ortschaften<br>– Überholen bei Unübersichtlichkeit oder bei unklarer Verkehrslage und bei Überholverbot |
| 6. die Vorfahrt (§§ 8 Abs. 2, 41 Abs. 2 StVO) | Nichtbeachten der Vorfahrt |
| 7. die Benutzung von Autobahnen und Kraftfahrstraßen (§§ 18 Abs. 2 bis 5, Abs. 7, § 2 Abs. 1, § 41 Abs. 2 StVO) | – Wenden, Rückwärtsfahren oder Fahren entgegen der Fahrtrichtung (soweit nicht § 315c StGB vorliegt)<br>– auf Autobahnein- und -ausfahrten<br>– auf Nebenfahrbahnen von Autobahnen<br>– sonst auf Autobahnen oder Kraftfahrstraßen |
| 8. das Verhalten an Bahnübergängen (§§ 19 Abs. 1, 2, 40 Abs. 7 StVO) | Unzulässiges Überqueren von Bahnübergängen |
| 9. das Verhalten an Fußgängerüberwegen (§ 26, § 41 Abs. 3 StVO) | Verbotenes Überholen oder Vorbeifahren an Fußgängerüberwegen unter Gefährdung von Fußgängern |
| 10. das Verhalten an Wechsellichtzeichen, Dauerlichtzeichen und Zeichen 206 (Halt! Vorfahrt gewähren!) sowie gegenüber Haltezeichen von Polizeibeamten (§§ 36, 37, 41 Abs. 2 StVO) | Nichtbeachten des Rotlichts oder eines besonderen Haltezeichens von Lichtzeichenanlagen, des Haltezeichens von Polizeibeamten oder grobes Nichtbeachten des STOP-Zeichens |

| Verstöße gegen | Bußgeldkatalog |
|---|---|
| 11. die Vorschriften der Fahrzeug-Zulassungsverordnung (§ 3 Abs. 1, § 4 Abs. 1 FZV) | Gebrauch oder Gestatten des Gebrauchs von Fahrzeugen ohne die erforderliche Zulassung oder ohne dass sie einem genehmigten Typ entsprechen oder eine Einzelgenehmigung erteilt ist |
| 12. die 0,5 Promille-Grenze oder das Alkoholverbot für Fahranfänger (§ 24a oder 24c StVG) | Führen eines Kraftfahrzeuges unter Einfluss von Alkohol oder berauschenden Mitteln |
| 13. die Vorschriften der Fahrerlaubnis-Verordnung über das Befördern von Fahrgästen (§ 48 Abs. 1 oder 8 FeV) | Befördern von Fahrgästen ohne die erforderliche Fahrerlaubnis zur Fahrgastbeförderung oder das Anordnen oder Zulassen solcher Beförderungen |

## Gruppe B – Weniger schwerwiegende Zuwiderhandlungen

Maßnahmen erfolgen erst bei **zwei Verstößen.**

### Straftaten

Soweit sie nicht bereits zur Entziehung der Fahrerlaubnis geführt haben.

#### Nach dem Strafgesetzbuch:

- Fahrlässige Tötung (§ 222)[1]
- Fahrlässige Körperverletzung (§ 229)
- Sonstige Straftaten, soweit im Zusammenhang mit dem Straßenverkehr begangen und nicht in Gruppe A aufgeführt, z. B.
  - Beleidigung (§ 185)
  - Unbefugter Gebrauch eines Fahrzeugs (§ 248b)
  - Fälschung technischer Aufzeichnungen (§ 268)

### Ordnungswidrigkeiten nach § 24 Straßenverkehrsgesetz

Voraussetzung: Geldbuße ab 60 Euro rechtskräftig

### Alle Ordnungswidrigkeiten im Straßenverkehr, soweit nicht in Abschnitt A aufgeführt

1 Über die Zuordnung zu Katalog A oder B entscheidet der Verkehrsverstoß, der zu der Verletzung geführt hat.

# Elektrokleinstfahrzeuge (E-Scooter)

Am 15. Juni 2019 trat die Elektrokleinstfahrzeuge – Verordnung (BGBl. I S. 756) in Kraft. Damit wird E-Scootern die Teilnahme am öffentlichen Straßenverkehr ermöglicht und die Elektromobilität gefördert.

### Voraussetzungen zum Betrieb

Die Elektro-Scooter benötigen weder eine Fahrerlaubnis noch eine Prüfbescheinigung.

Das vorgeschriebene Verhalten im Straßenverkehr orientiert sich an dem für Radfahrer.

### Weitere Voraussetzungen

- **Haftpflichtversicherung**: vorgeschrieben (Halter verantwortlich); der Scooter erhält hinten ein kleines Versicherungskennzeichen (Versicherungsplakette).
- **Höchstgeschwindigkeit**: bauartbedingt 20 km/h.
- **Mindestalter**: 14 Jahre
- **Radweg** muss benutzt werden, auch wenn es sich um einen gemeinsamen Rad- und Fußweg handelt.
- **Fußgänger** haben Vorrang, gegebenenfalls ist die Geschwindigkeit zu reduzieren.
- **Reine Gehwege** (Bürgersteige) dürfen nicht befahren werden.
- **Sofern kein Radweg** vorhanden ist, muss auf Seitenstreifen, sonst auf der Fahrbahn rechts gefahren werden.
- Mehrere E-Scooter müssen **hintereinander** fahren.
- **Einbahnstraßen** dürfen entgegen der Fahrtrichtung nur befahren werden, wenn dies durch Schilder „Radfahren" erlaubt ist.
- **Schutzhelm** ist empfehlenswert, aber nicht vorgeschrieben.
- **Betriebserlaubnis** ist vorgeschrieben, sie muss aber nicht mitgeführt werden.

### Technische Merkmale

Die Nenndauerleistung beträgt maximal 500 Watt. Sofern 60 Prozent der Leistung zur Selbstbalancierung verwendet werden, maximal 1400 Watt.

### Verkehrsverstöße

Hauptsächlich wird es zur verbotenen Benutzung von Gehwegen kommen. Folgende Verwarnungsgelder/Bußgelder sind angeordnet:

- Bürgersteig befahren: 15 €
- Fußgänger behindert: 20 €
- Fußgänger gefährdet: 25 €
- Unfall mit Sachschaden: 30 €

Benutzt ein **Minderjähriger unter 14** Jahren einen E-Scooter, kann er allerdings nicht zum Verwarnungsgeld/Geldbuße herangezogen werden (keine Verantwortlichkeit).

Bei einem **verschuldeten Unfall** muss grundsätzlich die Haftpflichtversicherung des Scooters den Schaden Anderer bezahlen. Ab 10 Jahren ist der Minderjährige selbst dafür verantwortlich (§ 828 BGB), jedenfalls wenn er normal einsichtsfähig ist (siehe auch S. 138 f.).

## Andere Kleinfahrzeuge

| Bezeichnung | Einordnung | Höchstgeschwindigkeit | Motorleistung | Zulassung | Führerschein | Versicherung |
|---|---|---|---|---|---|---|
| **E-Bike** | Fahrrad | 25km/h | Max. 250 Watt | Frei | Keiner | Hausrat, Privathaftpflicht, Unfall |
| **S-Pedelec** | Kleinkraftrad | 45km/h | Max. 500 Watt | Pflicht, Versicherungskennzeichen | Mofa-Prüfbescheinigung | KfZ-Haftpflicht, Teilkasko, Unfall |
| **Mofa** | Mofa bzw. Kleinkraftrad | 45km/h auch ohne Treten | 500 Watt oder mehr | Pflicht, Versicherungskennzeichen | Mofa-Prüfbescheinigung | KfZ-Haftpflicht, Teilkasko, Unfall |

# Anhang

# VERKEHRSUNFALLBERICHT

**1.** Datum des Unfalls | Zeit

**2.** Plz./Ort

**3.** Verletzte, einschl. Leichtverletzte
nein ☐ ja ☐

**4.** Sachschäden an
anderen Fahrzeugen als A und B: nein ☐ ja ☐
anderen Gegenständen als Fahrzeugen: nein ☐ ja ☐

**5.** Zeugen: Namen, Anschriften, Telefon

## FAHRZEUG A

**6.** Versicherungsnehmer/Versicherter (siehe Versicherungsbescheinigung)
NAME
Vorname
Anschrift
Postleitzahl Land
Telefon oder E-Mail

**7.** Fahrzeug

| KRAFTFAHRZEUG | ANHÄNGER |
|---|---|
| Marke, Typ | |
| Amtliches Kennzeichen | Amtliches Kennzeichen |
| Land der Zulassung | Land der Zulassung |

**8.** Versicherungsunternehmen (siehe Versicherungsbescheinigung)
NAME
Vertragsnummer
Nummer der Grünen Karte
Versicherungsbescheinigung oder Grüne Karte gültig vom bis
Geschäftsstelle (Büro oder Makler)
NAME
Anschrift
Land
Telefon oder E-Mail
*Sind die Sachschäden am Fahrzeug aufgrund des Vertrags versichert? nein ☐ ja ☐*

**9.** Fahrer (siehe Führerschein)
NAME
Vorname
Geburtsdatum
Anschrift
Land
Telefon oder E-Mail
Führerschein-Nr.
Klasse (A, B, ...)
Führerschein gültig bis

**10.** Markieren Sie die ursprüngl. Aufprallstelle am Fahrzeug A durch einen Pfeil ➜

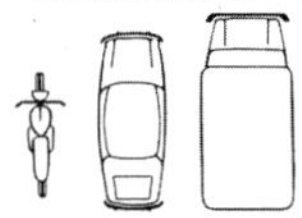

**11.** Sichtbare Schäden am Fahrzeug A

**14.** Eigene Bemerkungen

## 12. UNFALLUMSTÄNDE

**Kreuzen Sie jeweils das entsprechende Feld an, um die Skizze zu präzisieren.**
*Nichtzutreffenden Text streichen*

| A | | B |
|---|---|---|
| ☐ 1 | parkte / hielt | 1 ☐ |
| ☐ 2 | verließ einen Parkplatz / öffnete eine Wagentür | 2 ☐ |
| ☐ 3 | parkte ein | 3 ☐ |
| ☐ 4 | verließ einen Parkplatz, ein privates Grundstück, einen Weg | 4 ☐ |
| ☐ 5 | begann, in einen Parkplatz, ein privates Grundstück, einen Weg einzufahren | 5 ☐ |
| ☐ 6 | fuhr in einen Kreisverkehr ein | 6 ☐ |
| ☐ 7 | fuhr in einem Kreisverkehr | 7 ☐ |
| ☐ 8 | prallte beim Fahren in der gleichen Richtung und in der gleichen Kolonne auf das Heck auf | 8 ☐ |
| ☐ 9 | fuhr in der gleichen Richtung und in einer anderen Kolonne | 9 ☐ |
| ☐ 10 | wechselte die Kolonne | 10 ☐ |
| ☐ 11 | überholte | 11 ☐ |
| ☐ 12 | bog nach rechts ab | 12 ☐ |
| ☐ 13 | bog nach links ab | 13 ☐ |
| ☐ 14 | setzte zurück | 14 ☐ |
| ☐ 15 | wechselte auf die Gegenfahrbahn | 15 ☐ |
| ☐ 16 | kam von rechts (auf einer Kreuzung) | 16 ☐ |
| ☐ 17 | hatte ein Vorfahrtszeichen oder eine rote Ampel missachtet | 17 ☐ |
| ☐ ← | **Geben Sie die Anzahl der angekreuzten Felder an** | → ☐ |

**Unbedingt von BEIDEN Fahrern zu unterzeichnen**
*Stellt keine Anerkennung der Haftung dar, sondern eine Feststellung der Identität und der Umstände, die der Beschleunigung der Regulierung dient.*

**13.** Skizze des Unfalls zum Zeitpunkt des Aufpralls **13.**

*Bitte angeben: 1. den Verlauf der Fahrspuren 2. die Fahrtrichtung der Fahrzeuge A, B (durch Pfeile) 3. ihre Position zum Zeitpunkt des Aufpralls 4. die Verkehrszeichen · 5. die Straßennamen*

**15.** Unterschriften der Fahrer **15.**

A B

## FAHRZEUG B

**6.** Versicherungsnehmer/Versicherter (siehe Versicherungsbescheinigung)
NAME
Vorname
Anschrift
Postleitzahl Land
Telefon oder E-Mail

**7.** Fahrzeug

| KRAFTFAHRZEUG | ANHÄNGER |
|---|---|
| Marke, Typ | |
| Amtliches Kennzeichen | Amtliches Kennzeichen |
| Land der Zulassung | Land der Zulassung |

**8.** Versicherungsunternehmen (siehe Versicherungsbescheinigung)
NAME
Vertragsnummer
Nummer der Grünen Karte
Versicherungsbescheinigung oder Grüne Karte gültig vom bis
Geschäftsstelle (Büro oder Makler)
NAME
Anschrift
Land
Telefon oder E-Mail
*Sind die Sachschäden am Fahrzeug aufgrund des Vertrags versichert? nein ☐ ja ☐*

**9.** Fahrer (siehe Führerschein)
NAME
Vorname
Geburtsdatum
Anschrift
Land
Telefon oder E-Mail
Führerschein-Nr.
Klasse (A, B, ...)
Führerschein gültig bis

**10.** Markieren Sie die ursprüngl. Aufprallstelle am Fahrzeug B durch einen Pfeil ➜

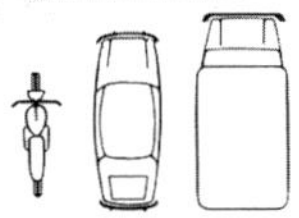

**11.** Sichtbare Schäden am Fahrzeug B

**14.** Eigene Bemerkungen

*Schutz der persönlichen Daten und EDV-Datei*

## Muster der Stadt München

**Verwarnung mit Zahlungsaufforderung**

**POLIZEIPRÄSIDIUM MÜNCHEN**

| | |
|---|---|
| PVG-Nr. | 54168521 |
| Kennzeichen | M-XJ 0000 |
| Marke Farbe | Fiat 5 |
| PVG | 54168521 |
| Fahrzeugart (Fußg. / Krad / PKW / KOM / LKW / Zugm. / s.Arb. / Anh. / Sonst. / Radf.) | X (PKW) |
| Sie haben am | 10.01.19 |
| um von | 11.25 |
| bis | 12.45 |
| in Ort | |
| Straße | Sendlinger Str. 55 |
| folgende Ordnungswidrigkeit gemäß | § 12 I StVO 2 286 |
| begangen | eing. Halteverbot |

Deswegen werden Sie zur Vermeidung eines Bußgeldbescheides unter Erhebung eines Verwarnungsgeldes von

EURO 10,–

verwarnt.

**Personalien** (Diesen Raum nicht beschreiben)

| | | | |
|---|---|---|---|
| Name | | PLZ Wohnort | |
| Vorname | | Straße / Nr. | |
| Geb.-Name | | Hauptmieter | |
| Geb.-Dat. | | Geb.-Ort | |

Hochachtungsvoll I. A.

Name PH Amann

Dienststelle: Polizeidirektion München-Nord, PI 1 — Altstadt, Hochbrückenstr. 7, 80331 München 2, Telefon 2 11 01

Erläuterung auf der Rückseite mit Quittungsvermerk für Kreditinstitut.

### Rückseite

**Sehr geehrter Verkehrsteilnehmer,**
wenn Sie mit der angebotenen Verwarnung einverstanden sind, bezahlen Sie bitte **innerhalb einer Woche** das umseitig festgesetzte Verwarnungsgeld **ohne Abzug** und **in einem Betrag.**
Mit der fristgerechten Zahlung des Verwarnungsgeldes wird die Verwarnung wirksam. Die Tat kann dann nicht mehr unter den tatsächlichen und rechtlichen Gesichtspunkten verfolgt werden, unter denen die Verwarnung erteilt worden ist. Ist das Verwarnungsgeld **verspätet** oder **nicht in voller Höhe** oder **nicht in einem Betrag** bezahlt worden, wird der bezahlte Betrag zurückerstattet. **In solchen Fällen wird ohne weitere Anhörung ein Bußgeldverfahren eingeleitet.**

**Hinweis:**
**Diese Verwarnung wird nicht in die sog. „Verkehrssünderkartei" in Flensburg eingetragen.**

**Einzahlungsmöglichkeiten**

1. **Bareinzahlung**
   Bei jeder **Bank oder Sparkasse** mit den Zahlscheinen (gelb und rot).
   **Gebührenfreie Einzahlung:**
   a) bei der Bayerischen Landesbank Girozentrale, Brienner Straße 20, 80333 München.
   b) bei der Verkehrspolizeiinspektion Verkehrsanzeigen, Moosacher Straße 77, 80809 München, an Werktagen (Mo–Fr) von 8.00–12.00 Uhr.
2. **Überweisung**
   Von **Ihrem Bankkonto** mit den Formularen „Überweisungsauftrag" und „Gutschrift".
3. **Die Zusendung der ausgefüllten Formulare „Überweisungsauftrag" und „Gutschrift" an die Verkehrspolizeiinspektion Verkehrsanzeigen gilt nicht als Bezahlung des Verwarnungsgeldes.**
4. **Bezahlung mit Scheck ist nicht zulässig.**
5. **Konto Nr. 24955** bei der Bayerischen Landesbank Girozentrale, BLZ 70050000, Brienner Straße 20, 80333 München.
6. **Konto Nr. 8290-804** beim Postscheckamt München, BLZ 70010080.

**Beleg/Quittung für den Auftraggeber**

Konto-Nr. des Auftraggebers

Empfänger
**Polizeipräsidium München**
**Verkehrspolizeiinspektion**
**Verkehrsanzeigen**
**Moosacher Str. 77 · 80809 München**

Konto-Nr. **24 955** bei **Bayerische Landesbank Girozentrale München**

Verwendungszweck

Auftraggeber/Einzahler (genaue Anschrift)

Datum

| Dienststelle | Aktenzeichen | Ort | Datum |
|---|---|---|---|
| Bielefeld-Verkehrsdienst | 5744/15 | Bielefeld, den | 2.2.2019 |

**Anhörungsbogen*)**

**Eilsache**

Herrn / Frau *)
Vornamen: Karl Wilhelm
Familienname: Weber
Geburtsname ***)
Straße: Hagenkamp 47
PLZ/Ort: 33609 Bielefeld

Geburtstag

Geburtsort

Geschlecht M = 1 W = 2 ☐ Jugendlicher = 1 Heranwachsender = 2 ☐

Sehr geehrter Verkehrsteilnehmer / Kraftfahrzeughalter *)

**Ihnen wird zur Last gelegt,**

am 2.1.2019 Uhrzeit 18.36 h

in Bielefeld, Heeper Straße/Buberstraße stadtauswärts fahrend

als Führer/Halter*)

d. (Fahrzeugart)

Fabrikat VW

Kennz. HB-K 818

als Radfahrer/Fußgänger *) /

**folgende Ordnungswidrigkeit(en) nach § 24 StVG/ begangen zu haben **)**

| | Verl. Vorschr. §§ |
|---|---|
| Nichtbeachten der Lichtzeichenanlage, die bereits 1,3 Sekunden ROT zeigte. Die Gelbphase beträgt 3 Sekunden. | 37, 41, 49 StVO |

Bemerkungen/Tatfolgen

Beweismittel: Angaben des Betroffenen ☐ Gutachten ☐ Foto ☐ Fahrtschreiber ☐ Radarmessung ☐ Zeugenaussage ☒

Anzeigeerstatter (A) / Zeugen (Z) Herr Igel POM

**II. Anhörungsbogen für die Verkehrsordnungswidrigkeiten-Anzeige**

Nach § 55 des Gesetzes über Ordnungswidrigkeiten (OWiG) wird Ihnen hiermit Gelegenheit gegeben, sich zu dem o. a. Vorwurf zu äußern; dabei steht es Ihnen frei, sich zu der Beschuldigung zu äußern oder nicht zur Sache auszusagen.

Sie sind aber in jedem Fall – auch wenn Sie die Ordnungswidrigkeit nicht begangen haben – verpflichtet, die Fragen **zur Person** unter Nr. 1.1 bis 1.6 vollständig und richtig zu beantworten und den insoweit ausgefüllten Fragebogen **innerhalb einer Woche** (ab Zugang des Schreibens) zurückzusenden; die Verletzung dieser Pflicht ist nach § 111 OWiG mit Geldbuße bedroht.

Sofern Sie sich nicht zu dem Vorwurf äußern, wird davon ausgegangen, daß Sie von Ihrem Äußerungsrecht keinen Gebrauch machen wollen. Es kann dann ohne weitere Anhörung zur Sache oder Vorladung ein Bußgeldbescheid gegen Sie erlassen werden.

Falls Sie sich zum Vorwurf äußern, wird unter Berücksichtigung Ihrer Angaben entschieden, ob das Verfahren eingestellt oder ohne weitere Äußerung der Verwaltungsbehörde ein Bußgeldbescheid erlassen wird.

Wenn Sie die Ordnungswidrigkeit nicht begangen haben, teilen Sie bitte der absendenden Dienststelle **innerhalb einer Woche** (ab Zugang des Schreibens) neben Ihren Personalien unter den Angaben zur Sache auch die Personalien des Verantwortlichen mit. Sollten Sie der Bitte um Angabe der Personalien des Verantwortlichen, zu der Sie bei dieser Anhörung nicht verpflichtet sind, nicht entsprechen, so müssen Sie damit rechnen, daß ein Verfahren gegen „Unbekannt" eingeleitet wird, in dem Sie als Zeuge darüber vernommen werden können, wer als Verantwortlicher in Betracht kommt. Als Zeuge können Sie die Aussage nach den §§ 52, 55 der Strafprozeßordnung (StPO) nur dann verweigern, wenn es sich bei dem Betroffenen um einen Angehörigen im Sinne des § 52 StPO handelt (z. B. Ehegatte, Eltern, Kinder, Verlobter) oder Sie sich selbst bzw. einen Angehörigen der Gefahr der Verfolgung aussetzen würden.

Falls nicht festgestellt werden kann, wer zur Tatzeit Ihr Fahrzeug geführt hat, kann Ihnen als Halter des Kraftfahrzeugs gemäß § 31a der Straßenverkehrs-Zulassungs-Ordnung auch die Führung eines Fahrtenbuches auferlegt werden.

Hochachtungsvoll
Im Auftrag

Unterschrift

Schriftliche Verwarnung / Anhörungsbogen (6)

*) Nichtzutreffendes streichen.
**) Kann auch für andere Ordnungswidrigkeiten verwendet werden.
***) In jedem Fall angeben, ggf. Familiennamen wiederholen.

## Schriftliche Äußerung zu umseitigem Sachverhalt

**1. Angaben zur Person des Betroffenen**

1.1 Familienname, ggf. auch Geburtsname (unbedingt angeben): Weber

1.2 Vornamen (Rufnamen unterstreichen): Karl Wilhelm

1.3 Straße und Hausnummer: Hagenkamp 47

1.4 Postleitzahl, Wohnort: 33609 Bielefeld

1.5 Geburtstag: 29.2.1980

1.6 Geburtsort: Bielefeld

1.7 Bei Personen bis zum 18. Lebensjahr genaue Angabe des Namens, Verwandtschaftsverhältnisses und der Anschrift des gesetzl. Vertreters (Eltern, Vormund)

**2. Angaben zum Führerschein**

Führerschein Klasse 3 ausgestellt am 1.6.2000 durch Bielefeld Straßenverkehrsbehörde

erweitert am ............ auf Klasse ...... durch ............ Straßenverkehrsbehörde

besonderer Führerschein zur Fahrgastbeförderung in KOM/Taxi/Mietwagen *)

ausgestellt am ............ durch ............ Straßenverkehrsbehörde

**3. Angaben zur Sache**

a) Wird der Verkehrsverstoß zugegeben? ~~ja~~ / nein *)

b) Wenn nein, aus welchen Gründen?

Die Ampel zeigt nur „Spätgelb" als ich noch durchfuhr. Im übrigen konnte ich nicht mehr bremsen, weil der Nachfolgende zu dicht auffuhr und ich Angst vor einem Auffahrunfall hatte. Ein Fahrverbot würde ich keinesfalls akzeptieren, da ich als selbständiger Jungunternehmer (Branche Verkauf von Gaststätteneinrichtungen) auf den Einsatz meines Kfz angewiesen bin.

**Für weitere Ausführungen besonderes Blatt beifügen.**

**Bitte zurücksenden an**

DER POLIZEIPRÄSIDENT
- Verkehrsdienst -
Lerchenstr. 2
33607 Bielefeld

Bielefeld, den 10.2.2019

Karl Weber
Unterschrift

*) Nichtzutreffendes streichen

**STADT BIELEFELD**
**Der Oberstadtdirektor**
**– Ordnungsamt –**

**Postanschrift:**
Stadt Bielefeld, Postfach 181, 33607 Bielefeld
**Dienstgebäude:**
Heeper Straße 45, Bielefeld

## Bußgeldbescheid

(Ausfertigung)

Bei allen Zuschriften unbedingt das Aktenzeichen angeben!

Aktenzeichen
5.3240 – 565219.8

Herrn / Frau

| | |
|---|---|
| Vornamen | Martina |
| Familienname | Strehl |
| Geburtsname | – |
| Straße | Flensburger Str. 40 |
| PLZ/Ort | 33605 Bielefeld |
| Geburtstag | 31.3.1987 |
| Geburtsort | Bielefeld |
| Geschlecht M = 1 W = 2 | 2 |
| Jugendlicher = 1 Heranwachsender = 2 | |

Name und Anschrift des **gesetzl. Vertreters/Verteidigers/Zust. Bev.**

Führerschein Kl. B ausgest. am 14.3.2019
durch Stadt Bielefeld
erweitert
KOM/Taxi/Mietwg./ -Fsch. ausgest. am
durch

**Sehr geehrter Verkehrsteilnehmer!**
**Ihnen wird zur Last gelegt,**
am Mo 5.1.2015 Uhrzeit 20.00 h
in Bielefeld, Detmolder Str./ Höhe Elpke
als Führer/Halter
d. (Fahrzeugart) Pkw
Fabrikat Renault Twingo
Kennz. BI-HS 1130
als Radfahrer/Fußgänger *)/

**folgende Ordnungswidrigkeit(en) nach § 24 StVG/** 37 StVO **begangen zu haben**

| | | Verl. Vorschr. §§ |
|---|---|---|
| | Überschreitung der zulässigen Höchstgeschwindigkeit um 31 km/h. Gemessene Geschwindigkeit 84 km/h (abzüglich 3 km/h Toleranz), erlaubte Geschwindigkeit 50 km/h. | § 3 StVO<br>§ 49 StVO<br>§ 25 StVG |

Bemerkungen/Tatfolgen
Beweismittel: Angaben des Betroffenen ☒ Gutachten ☐ Foto ☒ Fahrtschreiber ☐ Radarmessung ☐ Zeugenaussage ☐
Anzeigeerstatter (A)/Zeugen (Z) PM Scharf (A), POM Lux (Z)

„Hiermit wird nach § 25 Abs. 2 a StVG bestimmt, dass das unten angeordnete Fahrverbot nicht mit Rechtskraft der Bußgeldentscheidung, sondern erst dann wirksam wird, wenn der Führerschein bei meiner Behörde in amtliche Verwahrung gelangt, spätestens jedoch nach Ablauf von vier Monaten seit Eintritt der Rechtskraft." Innerhalb dieser Frist bestimmen Sie durch Ablieferung Ihres Führerscheins den Beginn des Fahrverbots.

**Wegen dieser Ordnungswidrigkeit(en) wird gegen Sie**

1. eine **Geldbuße** festgesetzt (§ 17 OWiG) in Höhe von 160 Euro
2. ein **Fahrverbot** angeordnet (§ 25 StVG) für ➡ 1 Monat(e)
3. Außerdem haben Sie die Kosten des Verfahrens zu tragen (§§ 105, 107 OWiG i. V. m. §§ 464 Abs. 1, 465 StPO)

| | |
|---|---|
| Gebühr | 15 Euro |
| Auslagen der Bußgeldstelle | 3 Euro |
| Auslagen der Polizei | Euro |
| **zu zahlender Gesamtbetrag** | **178 Euro** |

**Rechtsbehelfsbelehrung**

Dieser Bußgeldbescheid wird rechtskräftig und vollstreckbar, wenn Sie nicht **innerhalb von 2 Wochen** nach seiner Zustellung schriftlich oder zur Niederschrift bei der obengenannten Behörde Einspruch einlegen.

Wird der Einspruch schriftlich eingelegt, so ist die Frist nur gewahrt, wenn der Einspruch vor Ablauf der Woche bei dieser Behörde eingegangen ist.

Bei einem Einspruch entscheidet das Gericht auf Grund einer Hauptverhandlung über die Beschuldigung, ohne an den im Bußgeldbescheid enthaltenen Ausspruch gebunden zu sein. Das Gericht kann jedoch auch im schriftlichen Verfahren durch Beschluss entscheiden, wenn Sie und die Staatsanwaltschaft diesem Verfahren nicht widersprechen.

Bielefeld, den 19.3.2019
Hochachtungsvoll
Im Auftrag
Meier-Schulz

**Hinweise für den Fall des Fahrverbots und Zahlungsaufforderung siehe Rückseite!** ▷

Bußgeldbescheid (3)

18

**Hinweise bei einem Fahrverbot:**

**Bitte prüfen Sie zuerst anhand der Vorderseite, ob ihnen die „Viermonats-Frist“ gewährt wurde oder nicht! Lesen dann a) oder b).**

a) **Viermonats-Frist wird eingeräumt, da gegen Sie in den letzten zwei Jahren kein Fahrverbot verhängt wurde:**

Das Fahrverbot wird wirksam, sobald der Führerschein bei der Vollstreckungsbehörde in amtliche Verwahrung gelangt ist oder wenn Sie innerhalb der ihnen zugebilligten Frist von vier Monaten Ihren Führerschein nicht übersandt oder abgeliefert haben. Das Fahrverbot dauert bis zum Ablauf der Verbotsfrist; die Verbotsfrist beginnt, sobald ihr Führerschein in amtliche Verwahrung gelangt ist oder das Fahrverbot in einem ,ausländischen Fahrausweis vermerkt wird. Wenn Sie nach dem Wirksamwerden des Fahrverbots ein Kraftfahrzeug führen, machen Sie sich strafbar. Ich fordere Sie auf, Ihren Führerschein (auch Sonderfahrerlaubnisse nach § 14 StVZO der Bundeswehr, der Polizei oder des Bundesgrenzschutzes) innerhalb von vier Monaten nach Rechtskraft dieses Bußgeldbescheides meiner Behörde zu übersenden oder abzuliefern oder bei ausländischen Fahrausweisen das Fahrverbot eintragen zu lassen; andernfalls wird die Beschlagnahme Ihres Führerscheins angeordnet.

b) **Viermonatsfrist wird nicht eingeräumt, da gegen Sie in den letzten zwei Jahren bereits ein Fahrverbot verhängt wurde:**

Die Verbotsfrist beginnt mit Rechtskraft des Bußgeldbescheides. Die Verbotsfrist wird aber erst von dem Tag an gerechnet, an dem ihr Führerschein bei meiner Behörde in amtliche Verwahrung genommen oder das Fahrverbot in einem ausländischen Fahrausweis vermerkt wird. Wenn Sie während der Dauer des Fahrverbotes ein Kraftfahrzeug führen, machen Sie sich strafbar. Das Fahrverbot endet mit Ablauf der Verbotsfrist.

Ich fordere Sie auf, Ihren Führerschein unmittelbar nach Eintritt der Rechtskraft meiner Behörde zu übersenden oder abzuliefern; andernfalls muss er beschlagnahmt werden.

**Zahlungsaufforderung:**

Sie werden gebeten, **spätestens 2 Wochen nach Rechtskraft** dieses Bußgeldbescheides den zu zahlenden Gesamtbetrag auf eines der unten vermerkten Konten zu überweisen. Barzahlung oder Einzahlung durch Scheck ist nicht möglich.

Im Falle der Zahlungsunfähigkeit haben Sie der umseitig angegebenen Verwaltungsbehörde unter eingehender Begründung rechtzeitig vor Ablauf der Zahlungsfrist mitzuteilen, warum Ihnen die fristgemäße Zahlung nach Ihren wirtschaftlichen Verhältnissen nicht zuzumuten ist. Geeignete Nachweise über Ihre wirtschaftlichen Verhältnisse (z. B. Verdienstbescheinigung des Arbeitgebers) sind beizufügen. Falls Sie weder die Zahlungsfrist einhalten noch Ihre Zahlungsunfähigkeit rechtzeitig dartun, wird der fällige Betrag **zwangsweise beigetrieben**. Auch kann das Amtsgericht gegen Sie **Erzwingungshaft** bis zur Dauer von 6 Wochen anordnen.

**Bei allen Zahlungen, Einsprüchen und sonstigen Zuschriften ist die Angabe des umseitig vermerkten Aktenzeichens unerläßlich.**

Ohne Angabe des Aktenzeichens können Ihre Eingaben nicht bearbeitet werden.

**Zahlungen** sind **unbar** zu leisten an: **Stadtkasse Bielefeld**

# Amtsgericht

Ort und Tag
*36251 Bad Hersfeld, den 4.2.2019*

Anschrift und Telefon
*Gerichtsstraße 1, Ruf 77 77*

**Geschäfts-Nr.:** *13 Cs 72/15*

(Bitte bei allen Schreiben an das Amtsgericht – insbesondere bei Einlegung eines Rechtsmittels – angeben!)

*Herrn*
*Franz STREIT*

*Südstraße 10*
*36282 Unterhaun*

Verteidiger: *Rechtsanwalt Dr. NEU*

Nebenbeteiligter:

## Strafbefehl

Die Staatsanwaltschaft *FULDA* beschuldigt Sie,

in *Bad Hersfeld* am 30.11.2018 gegen 15.30 Uhr als Führer eines Pkw fahrlässig die Körperverletzung des Zeugen *AUA* verursacht zu haben.

Es wird Ihnen folgendes zur Last gelegt:

Sie befuhren die Promenade Süd und bogen nach links in die Haunecker Straße ein. Infolge mangelnder Aufmerksamkeit missachteten Sie die Vorfahrt des Zeugen *AUA*, der mit seinem Pkw aus Richtung Oberhaun kam. Dadurch verursachten Sie einen Zusammenstoß zwischen beiden Fahrzeugen, wobei der Pkw des Zeugen *AUA* auf die Gegenfahrbahn geschleudert wurde und dort mit dem Fahrzeug des Zeugen *WINDIG* zusammenstieß, der in Richtung Oberhaun fuhr. Beim Zusammenprall wurde Herr *AUA* leicht verletzt.

Vergehen nach §§ 230, 232 Abs. 1, S. 1, 2. Halbs. StGB. Es besteht ein besonderes öffentliches Interesse an der Strafverfolgung der fahrlässigen Körperverletzung von Amts wegen.

Als Beweismittel hat sie bezeichnet:

1. Ihre Angaben
2. Zeugen:
   a) *Dieter AUA, Zur Burg 4, 36282 Hauneck*
   b) *Leo Windig, Frankenweg 1, 97514 Unterschleichach*
3. Strafregisterauszug

Auf Antrag der Staatsanwaltschaft wird gegen Sie eine Geldstrafe von

12 Tagessätzen zu je 20 Euro festgesetzt.

Zugleich werden Ihnen die Kosten des Verfahrens auferlegt. Ihre eigenen Auslagen haben Sie selbst zu tragen.

**Bitte wenden!**

Dieser Strafbefehl wird rechtskräftig und vollstreckbar, wenn Sie nicht **binnen von 2 Wochen nach der Zustellung** bei dem umstehend bezeichneten Amtsgericht schriftlich oder zu Protokoll der Geschäftsstelle **Einspruch** erheben. Bei schriftlicher Erklärung ist die Frist nur gewahrt, wenn die Einspruchsschrift vor Ablauf einer Woche bei dem Gericht eingegangen ist. In der Einspruchsschrift können Sie auch weitere Beweismittel (Zeugen, Sachverständige, Urkunden) angeben. Ist der Einspruch rechtzeitig eingegangen, findet eine Hauptverhandlung statt. In dieser entscheidet das Gericht nach neuer Prüfung der Sach- und Rechtslage. Dabei ist es an den in dem Strafbefehl enthaltenen Ausspruch nicht gebunden.

Gegen die Entscheidung über die Verfahrenskosten und die Auslagen können Sie, wenn der Wert des Beschwerdegegenstandes 50,- Euro übersteigt, bei dem umstehend bezeichneten Amtsgericht **binnen einer Woche nach Zustellung** allein oder neben dem Einspruch schriftlich oder zu Protokoll der Geschäftsstelle das Rechtsmittel der **sofortigen Beschwerde** einlegen, die sofortige Beschwerde kann auch innerhalb der genannten Frist bei dem Landgericht *Münster* eingelegt werden.

Die Wochenfrist beginnt mit dem Tage der Zustellung, der auf dem Briefumschlag vermerkt ist, und endet mit dem Ablauf des entsprechenden Tages der folgenden Woche. Fällt das Ende der Frist auf einen Sonntag, einen allgemeinen Feiertag oder einen Sonnabend, so endet die Frist mit Ablauf des nächsten Werktages.

gez. Dr. Kraft, Richter
am Amtsgericht

Ausgefertigt

Feierabend, Justizangestellte
(Name, Amtsbezeichnung)
als Urkundsbeamter der Geschäftsstelle

---

Staatsanwaltschaft

Datum des Strafbefehls

Geschäfts-Nr.: *13 Cs 72/15*

(Bitte bei allen Schreiben an die Staatsanwaltschaft – insbesondere bei Einwendungen gegen die Vollstreckung – angeben!)

| Lfd. Nr. | Gegenstand, Nummer des Kostenverzeichnisses (Anlage 1 zu § 11 Abs. 1 des Gerichtskostengesetzes) | Es sind zu zahlen Euro |
|---|---|---|
| | Geldstrafe (Geldbuße) | *240* |
| | Gebühr nach Nr. 1601 (Nr. 1600 b) | *30* |
| | Gebühr nach Nr. 1601 (Nr. 1600 c) | |
| | Gebühr nach Nr. | |
| | Auslagen für Zustellungen nach Nr. 1902 | *3* |
| | Auslagen für | |
| | | |
| | zusammen | |
| | abzüglich | |
| | Insgesamt sind zu zahlen | *273* |

**Der Gesamtbetrag ist binnen zwei Wochen nach Eintritt der Vollstreckbarkeit zu zahlen,** und zwar entweder
1. durch Einzahlung auf das Postscheckkonto unter Benutzung der beiliegenden Zahlkarte **oder**
2. durch Überweisung auf eines der unten angegebenen Konten unter Angabe der Geschäftsnummer **oder**
3. durch Barzahlung bei der Gerichtskasse/Gerichtszahlstelle *Münster, Kleine Gasse 7, Zi. 116*

während der unten angegebenen Schalterstunden im Kassenraum an den besonders kenntlich gemachten Stellen. Legen Sie bitte bei der Einzahlung diese Zahlungsaufforderung vor.
**Wird die Zahlungsfrist nicht eingehalten, so wird die Zwangsbeitreibung eingeleitet. An die Stelle einer uneinbringlichen Geldstrafe tritt Freiheitsstrafe (Ersatzfreiheitsstrafe). Einem Tagessatz entspricht ein Tag Ersatzfreiheitsstrafe.**

gez. Kreiner, Justizhauptsekretär
(Name, Amtsbezeichnung)

Ausgefertigt

Feierabend, Justizangestellte
(Name, Amtsbezeichnung)
als Urkundsbeamter der Geschäftsstelle

Staatsanwaltschaft bei
dem Landgericht Bückeburg — Bückeburg, den 2.6.2019
- 4 Js 1343/15 -

An das
Amtsgericht - Einzelrichter -

R i n t e l n

Anklageschrift

Der Schneider Wilhelm Böck, geb. am 30.11.1949 in Minden,
wohnhaft in 32427 Minden, Fasanenstr. 9
verheiratet, Deutscher,
- Verteidiger: Rechtsanwalt Kaiser in Rinteln -

wird a n g e k l a g t,

am 22.2.2019 gegen 16.10 Uhr in Rinteln
durch zwei selbstständige Handlungen

1. als Verkehrsteilnehmer sich nicht so verhalten zu haben, dass kein anderer geschädigt wurde,
2. sich nach einem Verkehrsunfall der Feststellung seiner Person, seines Fahrzeugs und der Art seiner Beteiligung an dem Unfall vorsätzlich durch Flucht entzogen zu haben, obwohl nach den Umständen in Frage kam, dass sein Verhalten zur Verursachung des Unfalls beigetragen hatte,

indem er

zu 1.:
mit seinem KIA-Pkw GW-HS 2012 die Brennerstraße, aus Richtung Mühlenstraße kommend, in Richtung Ritterstraße befuhr und in Höhe des Hauses Nr. 16a gegen den auf der Fahrbahn haltenden Renault-Pkw RI-D 22 der Frau Bolte, die ebenfalls in Richtung Ritterstraße gefahren war und beabsichtigte, in eine Parklücke am rechten Fahrbahnrand zu steuern, prallte, wobei am hinteren Teil des Pkw Bolte Sachschaden entstand,

zu 2.:
nach dem Anstoß, den er bemerkt hatte, zu Frau Bolte sagte, er werde mit seinem Fahrzeug die Fahrbahn räumen und in die Ostertorstraße fahren und sodann wieder zurückkommen, dies jedoch nicht tat, sondern die Unfallstelle verließ, ohne sich um den angerichteten Schaden zu kümmern.

Zu 1.: Verkehrsordnungswidrigkeit nach den §§ 1 Abs. 2 und 49 Abs. 1 Nr. 1 StVO in Verbindung mit § 21, 6 StVG,

zu 2.: Vergehen, strafbar nach den §§ 142, 69, 69 a StGB

Beweismittel:
I. Angaben des Angeschuldigten.
II. Zeugen:
1. Ernestine Bolte, Wilhelm-Busch-Weg 9, 31719 Wiedensahl
2. Frau Irene Rindfleisch, Lehrer-Lämpel-Weg 1, 31719 Wiedensahl
III. Verkehrsunfallskizze (Bl. 4 d.A.).

Es wird beantragt,

das Hauptverfahren gegen den Angeschuldigten vor dem Amtsgericht - Einzelrichter - in Rinteln zu eröffnen.

(Schütte)
Staatsanwalt

(Polizeibehörde)

Az.: 4C9/14

**Der Oberkreisdirektor**
**als Kreispolizeibehörde**
**– Gütersloh –**
**Polizeistation Gütersloh**

Schloß Holte-St., den 03.11.19

[x] **Verkehrsvergehens-Anzeige**

[ ] **Vernehmungsbogen**

Geschlecht M = 1, W = 2: 1 — Jugendlicher = 1, Heranwachsender = 2: 1

Nullbock (Familienname, ggf. auch Geburtsname)* — Kevin (Vornamen, Rufnamen unterstreichen)*

1. 1. 2004 (Geburtstag) — Hannover Nds. (Geburtsort, Kreis, Land) — Kuhmichel (Geburtsname der Mutter)

33605 Bielefeld (Postleitzahl, Wohnort, ggf. letzter Aufenthaltsort) — Marktstraße 1 (Straße und Hausnummer)

deutsch (Staatsangehörigkeit)* — ledig (Familienstand)* — -- (Zahl der unterhaltsberechtigten Kinder)

Schüler (Beruf)* — -- (monatliches Nettoeinkommen)

Heinz u. Else , w. o. (Bei Jugendlichen Familienname, Vornamen und Anschrift des gesetzlichen Vertreters oder der Erziehungsberechtigten)

Prüfbescheinigung gem. § 4 StVZO ~~Führerschein Klasse~~ ausgestellt am 11.10.13 durch TÜV Paderborn (Straßenverkehrsbehörde)

~~erweitert auf Klasse~~ -- am -- durch -- (Straßenverkehrsbehörde)

Führerschein zur Fahrgastbeförderung in [ ] KOM [ ] Taxi [ ] Mietwagen [ ] Krankenkraftwagen

ausgestellt am -- durch -- (Straßenverkehrsbehörde)

Fahrlehrerschein Klasse ____ ausgestellt am -- durch -- (Straßenverkehrsbehörde)

Tatzeit 13.10.19, 16.25 Uhr — 32451 Schloß Holte-Stukenbrock, Bahndamm (Tatort – Gemeinde, Stadt-/Ortsteil, Straße)

Beteiligt als* [x] Führer [x] Halter oder als ____

149 UVG (blau), Fmh 25 (Mofa), Puch Maxi S (Amtliches Kennzeichen, Fahrzeugart, Fabrikat)

Verletzte Bestimmungen §§ 2, 21 StVG 18, 19, 69a StVZO

Zeugen (Name, Vornamen, Beruf, Anschrift), sonstige Beweismittel (A+Z) Otte, PM

(Z) Lakämper, POM beide PWa Schloß Holte-Stukenbrock, -D-

Tatbestand (eigene Wahrnehmung des Anzeigenerstatters: Ja – ~~Nein~~)

1. Führen eines Kraftfahrzeugs ohne die erforderliche Fahrerlaubnis.
   Der Beschuldigte befuhr mit dem o.g. Mofa die Straße "Bahndamm" in Schloß Holte, aus Richtung Oerlinghauser Str. kommend in Richtung Friedhofsweg. Bei einer durchgeführten Verkehrskontrolle gab der Beschuldigte an, daß sein Mofa eine Höchstgeschwindigkeit von 45 Km/h erreicht. Eine Geschwindigkeitsmessung durch Nachfahren mit dem Fustkw GT - 3087 ergab ebenfalls eine Geschwindigkeit von 45 Km/h. Der Beschuldigte ist nicht im Besitz der nun für das Mofa erforderlich gewordenen Fahrerlaubnis.
2. Gebrauch eines betriebserlaubnispflichten Fahrzeugs ohne Betriebserlaubnis.
   Der Beschuldigte hatte eine Kraftstoffdüse der Größe 58 in den Vergaser eingebaut. Diese Größe entspricht nicht der vorgeschriebenen Kraftstoffdüsengröße.
   Desweiteren hatte der Beschuldigte den orginalen Auspuffkrümmer gegen einen anderer Bauart ausgetauscht. Bei dem am Fahrzeug befindlichen Auspuffkrümmer handelt es sich um einen sogenannten "Österreichkrümmer". Außerdem hatte der Beschuldigte den Krümmer abgesägt. Mängelkarte wurde ausgehändigt, Weiterfahrt untersagt.
   Tacho des GT - 3087 justiert am 17.10.19

I.A. Grün , PM (Unterschrift)

* Zutreffendes ankreuzen bzw. ergänzen

NW Pol
VIII/1984

19b Ds 75 Js 867/15

**AMTSGERICHT BIELEFELD**

**IM NAMEN DES VOLKES**

**URTEIL**

In der Strafsache

g e g e n den Schüler Kevin Nullbock,
Marktstraße 1, 33605 Bielefeld

Deutscher, ledig,

w e g e n Verkehrsvergehens

hat das Jugendgericht in Bielefeld in der Hauptverhandlung am
1. 2. 2019 an der teilgenommen haben:

Richter am Amtsgericht Dr. Gnadenlos
als Jugendrichter

Justizassistentenanwärterin Hase - Oster
als Urkundsbeamtin der Geschäftsstelle

für R e c h t erkannt:

Der Jugendliche ist des vorsätzlichen Fahrens ohne Fahrerlaubnis schuldig.Ihm wird die Weisung erteilt, an zwei Wochenenden je 8 – acht – Stunden nach Bestimmung des Jugendamtes des Kreises Gütersloh in einer gemeinnützigen Einrichtung unentgeltlich zu arbeiten.

Es wird davon abgesehen, ihm Kosten und Auslagen des Verfahrens aufzuerlegen.

(§ 21 Abs. 1 Ziffer 1 StVG; §§ 1, 3 JGG).

## Gründe

Kevin Nullbock wurde am 1.1.2004 in Hannover geboren. Er wurde 2005 eingeschult und besuchte von 2015 an ein Gymnasium.

Während der 8. Klasse wechselte er zur Gesamtschule, wo er zur Zeit die 10. Klasse besucht. Er hofft, im nächsten Jahr die Fachoberschulreife zu erreichen. Strafrechtlich ist er bisher noch nicht in Erscheinung getreten.

Am 13. Oktober 2019 befuhr er mit einem Mofa die Straße Bahndamm in Schloss Holte-Stukenbrock. Bei einer Polizeikontrolle wurde festgestellt, dass das Fahrzeug in der Lage war, eine höhere Geschwindigkeit als 25 km/h zu erreichen. Damit war das Fahrzeug führerscheinpflichtig geworden; der Jugendliche ist jedoch nicht im Besitz einer Fahrerlaubnis.

Die Feststellung des Sachverhalts beruht auf der Einlassung des Jugendlichen. Dieser hat in der Hauptverhandlung erklärt, dass er Veränderungen an dem Fahrzeug vorgenommen hatte und dass es danach in der Lage war, eine Geschwindigkeit von etwa 45 km/h zu erreichen. Ihm sei bekannt gewesen, dass das Fahrzeug dadurch führerscheinpflichtig geworden sei. Er ist somit des vorsätzlichen Fahrens ohne Fahrerlaubnis schuldig. Er hat erklärt: „Ich wollte cool sein."

Zur Tatzeit war er 15 Jahre alt und daher unter der Anwendung des Jugendstrafrechts zur Verantwortung zu ziehen. Bei der Frage, welch jugendrichterliche Maßnahme zu verhängen war, konnte einerseits berücksichtigt werden, dass er bisher weder strafrechtlich noch verkehrsrechtlich in Erscheinung getreten ist. Das Gericht hat ihm daher die Weisung erteilt, an zwei Wochenenden unentgeltlich in einer gemeinnützigen Einrichtung zu arbeiten. Er muss lernen, dass er als Kraftfahrer ein hohes Maß an Verantwortung zu tragen hat und sich nicht leichtfertig über Verkehrsvorschriften hinwegsetzen darf.

Da er als Schüler über kein eigenes Einkommen verfügt, hat das Gericht davon abgesehen, ihm die Kosten und Auslagen des Verfahrens aufzuerlegen.

**1,5 Promille**
Risikobereitschaft wächst, Kritikfähigkeit lässt nach, Entfernungseinschätzung erschwert, Reaktionszeiten verlängert, Feinmotorik und komplexe Reaktionen beeinträchtigt

**1,1 Promille**
Beginn der absoluten Fahruntüchtigkeit, zehnfach erhöhtes Unfallrisiko, stark verlangsamte Reaktionszeit, stark beeinträchtigte räumliche Wahrnehmung

**0,8 Promille**
Räumliche Wahrnehmung und Koordination (Richtung, Entfernung, Geschwindigkeit) stark gestört, Blickfeldverengung (Tunnelblick), Beginn der Euphorie

**0,6 Promille**
Reaktionszeit wesentlich verlängert, schwerwiegende Fehler

**0,3 Promille**
Risikobereitschaft wächst, Kritikfähigkeit lässt nach, Entfernungseinschätzung erschwert, Reaktionszeiten verlängert, Feinmotorik und komplexe Reaktionen beeinträchtigt

**0,5 Promille**
Abnehmende Konzentration, Blickfeldeinschränkung Verkehrszeichen werden übersehen Geistige Verarbeitung von Sinneseindrücken beeinträchtigt

Die in der Bundesrepublik bestehenden Vorschriften über Alkohol im Straßenverkehr nehmen Bezug auf Promille-Werte. 1 Promille bedeutet 1 g reiner Alkohol auf 1.000 g Körperflüssigkeit. Grundsätzlich sollte man überhaupt keinen Alkohol trinken, wenn man ein Fahrzeug führen will.

Vor allem die relative Fahruntüchtigkeit (vgl. Kapitel 5.2) lässt sich nicht nach bestimmten Promille-Werten festlegen!

Man muss sich aber eine konkrete Vorstellung machen können, wie viele Gläser Bier z. B. 1 Promille ergeben. Das Promille-Ergebnis wird wesentlich beeinflusst durch:

- Die Menge des genossenen Alkohols (reiner Alkohol in g)
- Das Körpergewicht (Blutmenge)
- Die Zeit der Alkoholaufnahme
- Die Zeit des Abbaus

## Alkoholaufnahme (Resorption)

Der getrunkene Alkohol gelangt über den Magen und die Verdauungswege in den Blutkreislauf und verteilt sich anschließend auf die Gewebe. Die Aufnahmezeit ist verschieden und hängt in erster Linie davon ab, ob jemand auf nüchternen Magen trinkt (Schnaps fünf Minuten, Bier zehn Minuten) oder nach bzw. zu einer kräftigen Mahlzeit trinkt (30–90 Minuten).

## Bestimmung des genossenen Alkohols in Gramm

Die folgenden Werte bilden eine grobe Orientierung und gehen von einer Trinkfolge von 10–30 Minuten von einem Glas zum nächsten aus.

Zunächst muss in g die Menge des aufgenommenen Alkohols berechnet werden, die natürlich je nach Vol. % der jeweiligen Getränke unterschiedlich erfolgen muss.

## Abbau des Alkohols

Solange in regelmäßigen Abständen (15–30 Minuten) weitergetrunken wird, findet kein nennenswerter Abbau statt, nur ein geringer Teil (ca. 5 %) wird durch Atmung ausgeschieden, ein weiterer Teil durch die Nieren. Auch der Genuss von Kaffee, Tee oder „Wunderdrogen" ändert daran nichts. Insbesondere Kaffee beschleunigt die Alkohol-Aufnahme durch Erweiterung der Gefäße sogar noch. Derartige Aufputschmittel bekämpfen allenfalls die Müdigkeit und täuschen den Fahrer über die tatsächliche Fahruntüchtigkeit hinweg.

Nach Trinkende findet über die Leber ein Abbau von etwa 0,1 ‰ pro Stunde statt. Bei Frauen vollzieht sich der Abbau etwas langsamer. Schwere körperliche Arbeit beschleunigt den Alkoholabbau geringfügig.

▶ *Mit 1,7 ‰ , bei Trinkende um 1 Uhr, ergibt morgens um 7 Uhr noch 1,1 ‰ Restalkohol bei der Fahrt zur Arbeit.*

Der Restalkohol ist besonders gefährlich, da sich der Körper entspannt hat und man sich deshalb über den tatsächlich noch vorhandenen Wert täuscht.

## Wie viel Promille habe ich? Eine ungefähre Berechnung in 5 Schritten.

### 1. Was habe ich getrunken?

Menge in Standardgläsern:

| | | | |
|---|---|---|---|
| Bier | 0,2 l | ______ | Gläser |
| Wein | 0,1 l | ______ | Gläser |
| Sekt | 0,1 l | ______ | Gläser |
| klaren Schnaps | 0,02 l | ______ | Gläser |
| sonstige alkoholische Getränke | | ______ | Gläser |
| Summe | | ______ | Gläser = TE |

### 2. Wie viel Gramm Alkohol habe ich maximal im Körper?

______ TE mal 8 = ______ Gramm

### 3. Auf wie viel Kilogramm (kg) Körperflüssigkeit verteilt sich der Alkohol bei mir?

Mein Gewicht:

______ kg mal ______ (Personenfaktor) = kg Körperflüssigkeit

Personenfaktor:

| | | |
|---|---|---|
| männlich | 0,7 | 0,6 |
| weiblich | 0,6 | 0,5 |
| | Normalgewicht | Übergewicht |

### 4. Wie viel Alkohol habe ich seit Trinkbeginn abgebaut?

Stunden, die seit Trinkbeginn vergangen sind: ______ Stunden

| Körpergewicht weiblich | | Körpergewicht männlich | |
|---|---|---|---|
| 40 kg | 3 g | 50 kg | 5 g |
| 50 kg | 4 g | 60 kg | 6 g |
| 60 kg | 5 g | 70 kg | 7 g |
| 70 kg | 6 g | 80 kg | 8 g |
| 80 kg | 7 g | 90 kg | 9 g |

Abbau pro Stunde in Gramm

Wie viel Gramm Alkohol in der Stunde abgebaut werden, hängt vom Körpergewicht und vom Anteil der Körperflüssigkeit ab. Je höher der Fettgehalt am Gesamtgewicht ist, desto niedriger ist der Anteil an Körperflüssigkeit.

Wenn Sie korpulent sind, müssen Sie hier von Ihrem Normalgewicht ausgehen und diese Grammzahl notieren.

Vorausgesetzt wird auch, dass Sie gesund sind, insbesondere, dass die Leber normal funktioniert.

So viel Gramm habe ich bereits abgebaut:

______ Stunden mal ______ g = ______ g

### 5. Meine Promille

So viel Gramm Alkohol habe ich insgesamt getrunken (Nr. 2) ______ g

So viel Gramm habe ich bereits abgebaut (Nr. 4) – ______ g

So viel Gramm habe ich noch im Körper **= ______ g**

Jetzt teile ich die Gramm Alkohol in meinem Körper durch die Kilogramm meiner Körperflüssigkeit (Nr. 3):

______ g Alkohol : ______ kg Körperflüssigkeit = ______ **Promille**

## Anzahl der Teilnahmen an Fahreignungsseminaren im Jahr 2017 nach Geschlecht und Lebensalter

| Geschlecht und Lebensalter | Teilnahmen an einem Fahreignungsseminar mit Reduzierung des Punktestandes | Teilnahmen an einem Fahreignungsseminar ohne Reduzierung des Punktestandes |
|---|---|---|
| Männer bis 24 | 118 | 6 |
| Männer von 25 bis 34 | 409 | 28 |
| Männer von 35 bis 44 | 556 | 33 |
| Männer von 45 bis 54 | 953 | 54 |
| Männer von 55 bis 64 | 572 | 19 |
| Männer von 65 und mehr | 307 | 21 |
| Männer Zusammen | **2.915** | **161** |
| Frauen bis 24 | 11 | 1 |
| Frauen von 25 bis 34 | 52 | 3 |
| Frauen von 35 bis 44 | 106 | - |
| Frauen von 45 bis 54 | 270 | 6 |
| Frauen von 55 bis 64 | 62 | 4 |
| Frauen von 65 und mehr | 22 | - |
| Frauen Zusammen | **523** | **14** |
| Insgesamt | **3.523** | **182** |

## Verkehrsauffälligkeiten 2018

| ■ Registrierte Zuwiderhandlungen im Jahr 2018: | |
|---|---|
| **Straftaten** | **250.266** |
| darunter | |
| Alkoholverstöße | 77.993 |
| Drogenverstöße | 3.665 |
| Unfallflucht | 35.345 |
| Kraftfahrzeugrennen | 127 |
| **Ordnungswidrigkeiten** | **4.597.370** |
| darunter | |
| Alkoholverstöße | 34.220 |
| Drogenverstöße | 39.401 |
| Nutzung von Radarwarngeräten | 437 |
| Handyverstöße (Aufnahme und Nutzung mobiler Endgeräte) | 443.588 |
| Rotlichtverstöße | 311.540 |
| Häufigste Ordnungswidrigkeit der Männer | Geschwindigkeitsverstöße (2.431.915) |
| Häufigste Ordnungswidrigkeit der Frauen | Geschwindigkeitsverstöße (679.079) |
| **Fahrverbote** im Jahr 2018 | 464.179 |
| **Entziehungen** im Jahr 2018 | 92.667 |

**Informationsquelle: FAER-Grundstatistik**

## Ausgewählte Verkehrsverstöße 2018 nach Bundesländern

| Land der mitteilenden Instanz | Alkohol-verstöße | Drogen-verstöße | Vollrausch | Unerlaubtes Entfernen vom Unfallort | Fahren ohne Fahrerlaubnis, trotz Fahrverbots | Geschwindig-keitsverstöße | Zum Verlgeich: Insgesamt |
|---|---|---|---|---|---|---|---|
| Baden-Württemberg | 17.979 | 5.076 | 65 | 5.582 | 20.304 | 373.677 | 663.178 |
| Bayern | 20.701 | 7.006 | 49 | 5.631 | 24.510 | 370.997 | 685.183 |
| Berlin | 3.580 | 1.277 | 6 | 1.580 | 3.859 | 31.063 | 124.310 |
| Brandenburg | 3.969 | 1.348 | 25 | 750 | 3.569 | 205.591 | 242.702 |
| Bremen | 607 | 326 | 4 | 191 | 934 | 22.999 | 38.431 |
| Hamburg | 1.923 | 620 | 1 | 988 | 1.619 | 35.878 | 72.457 |
| Hessen | 7.909 | 3.009 | 40 | 3.029 | 7.693 | 285.746 | 384.590 |
| Mecklenburg-Vorpom-mern | 3.089 | 694 | 8 | 642 | 2.211 | 97.048 | 131.874 |
| Niedersachsen | 10.043 | 4.825 | 61 | 2.775 | 14.015 | 374.657 | 529.101 |
| Nordrhein-Westfalen | 18.800 | 10.551 | 69 | 7.602 | 25.409 | 654.029 | 1.046.418 |
| Rheinland-Pfalz | 5.679 | 3.314 | 13 | 1.871 | 8.264 | 297.869 | 374.631 |
| Saarland | 1.629 | 395 | 7 | 546 | 1.489 | 27.695 | 38.458 |
| Sachsen | 5.702 | 1.145 | 20 | 1.839 | 7.483 | 93.360 | 163.088 |
| Sachsen-Anhalt | 3.564 | 1.090 | 12 | 945 | 3.100 | 54.078 | 85.486 |
| Schleswig-Holstein | 3.278 | 1.106 | 26 | 625 | 2.950 | 94.554 | 134.945 |
| Thüringen | 3.761 | 1.284 | 21 | 749 | 3.218 | 104.714 | 132.784 |
| **Insgesamt** | **112.213** | **43.066** | **427** | **35.345** | **130.627** | **3.123.955** | **4.847.636** |

Quelle: Kraftfahrt-Bundesamt

**Eintragungen von Verkehrsverstößen im Jahr 2018 nach Bundesländern und Schwere der Zuwiderhandlung in Punkten**

| Land der mitteilenden Instanz | Ordnungs-widrigkeit ohne Punkte | Ordnungs-widrigkeit mit 1 Punkt | Ordnungs-widrigkeit mit 2 Punkten | Straftat ohne Punkte | Straftat mit 2 Punkten | Straftat mit 3 Punkten | Insgesamt |
|---|---|---|---|---|---|---|---|
| Baden-Württemberg | 53 | 566.594 | 57.155 | 1.990 | 19.859 | 17.526 | 663.178 |
| Bayern | 11 | 581.835 | 59.069 | 1.768 | 25.786 | 16.711 | 685.183 |
| Berlin | 143 | 99.064 | 16.455 | 575 | 3.020 | 5.053 | 124.310 |
| Brandenburg | 4 | 213.603 | 21.998 | 459 | 3.489 | 3.149 | 242.702 |
| Bremen | 2 | 33.966 | 2.857 | 103 | 393 | 1.110 | 38.431 |
| Hamburg | 2 | 61.784 | 6.511 | 229 | 1.101 | 2.830 | 72.457 |
| Hessen | 14 | 340.808 | 27.290 | 455 | 6.481 | 9.542 | 384.590 |
| Mecklenburg-Vorpommern | 6 | 114.027 | 12.926 | 169 | 2.203 | 2.543 | 131.874 |
| Niedersachsen | 21 | 460.932 | 42.713 | 1.692 | 10.622 | 13.121 | 529.101 |
| Nordrhein-Westfalen | 231 | 920.366 | 78.346 | 1.905 | 19.717 | 25.849 | 1.046.418 |
| Rheinland-Pfalz | 7 | 327.077 | 32.954 | 745 | 7.102 | 6.744 | 374.631 |
| Saarland | – | 31.184 | 3.853 | 176 | 1.242 | 2.003 | 38.458 |
| Sachsen | 4 | 132.524 | 17.142 | 767 | 5.673 | 6.978 | 163.088 |
| Sachsen-Anhalt | 1 | 68.969 | 9.736 | 559 | 3.386 | 2.835 | 85.486 |
| Schleswig-Holstein | 6 | 118.402 | 10.567 | 217 | 2.400 | 3.353 | 134.945 |
| Thüringen | 1 | 115.031 | 11.126 | 488 | 2.946 | 3.192 | 132.784 |
| **Insgesamt** | **506** | **4.186.166** | **410.698** | **12.297** | **115.420** | **122.539** | **4.847.636** |

Quelle: Kraftfahrt-Bundesamt

## Anzahl der Teilnahmen an Fahreignungsseminaren im Jahr 2017 nach Geschlecht und Lebensalter

| Geschlecht und Lebensalter | Teilnahmen an einem Fahreignungsseminar mit Reduzierung des Punktestandes | Teilnahmen an einem Fahreignungsseminar ohne Reduzierung des Punktestandes |
|---|---|---|
| **Männer bis 24** | 118 | 6 |
| **Männer von 25 bis 34** | 409 | 28 |
| **Männer von 35 bis 44** | 556 | 33 |
| **Männer von 45 bis 54** | 953 | 54 |
| **Männer von 55 bis 64** | 572 | 19 |
| **Männer von 65 und mehr** | 307 | 21 |
| **Zusammen** | 2.915 | **161** |
| **Frauen bis 24** | 11 | 1 |
| **Frauen von 25 bis 34** | 52 | 3 |
| **Frauen von 35 bis 44** | 106 | – |
| **Frauen von 45 bis 54** | 270 | 6 |
| **Frauen von 55 bis 64** | 62 | 4 |
| **Frauen von 65 und mehr** | 22 | – |
| **Zusammen** | **523** | **14** |
| **Insgesamt [1)]** | **3.523** | **182** |

[1)] Einschließlich ohne Angabe zum Geschlecht und/oder Alter.

**Quelle: Kraftfahrt-Bundesamt**

## Bußgeldkatalog – Auszug

| Zuwiderhandlungen | Regelsatz in Euro | Punkte | Fahrverbot |
|---|---|---|---|
| **Halten und Parken** | | | |
| Parken ohne Parkschein/Parkscheibe | 10 | | |
| Halteverbot missachtet | 15 | | |
| Parkverbot missachtet | 20 | | |
| in zweiter Reihe parken/halten | 20 | | |
| Höchstparkdauer überschritten | | | |
| bis zu 1 Stunde | 15 | | |
| bis zu 2 Stunden | 20 | | |
| bis zu 3 Stunden | 25 | | |
| länger als 3 Stunden | 30 | | |
| Parken | | | |
| auf Behindertenparkplätzen | 30 | | |
| auf Sperrflächen | 30 | | |
| im Fußgängerbereich | 30 | | |
| vor oder in gekennzeichneten | | | |
| Feuerwehrzufahrten | 35 | | |
| auf Autobahnen oder Kraftfahrstraßen | 70 | | |
| **Überholen** | | | |
| Mit zu geringem Seitenabstand | 30 | | |
| Beim Überholtwerden Tempo erhöhen | 30 | | |
| Außerorts rechts überholen | 100 | 1 | |
| Überholen unter Missachtung von | | | |
| Verkehrszeichen 276/277 | 70 | 1 | |
| Überholen bei unklarer Verkehrslage | | | |
| mit Gefährdung | 100 | 2 | |
| **Beleuchtung** | | | |
| Nur mit Standlicht fahren | 10 | | |
| Auf beleuchteter Fahrbahn mit Fernlicht | | | |
| fahren | 10 | | |
| Motorradfahren ohne Fahrlicht | 10 | | |
| Bei Sichtbehinderung durch Nebel, | | | |
| Schneefall, Regen am Tag nicht mit | | | |
| Abblendlicht fahren innerorts | 25 | | |
| außerorts | 40 | | |

18

| Zuwiderhandlungen | Regelsatz in Euro | Punkte | Fahrverbot |
|---|---|---|---|
| **Sicherheitsgurte, Kindersitze** | | | |
| Gurt nicht anlegen | 30 | | |
| Kindersitze nicht verwenden | 60 | 1 | |
| **Geschwindigkeitsüberschreitung** (Kfz bis 3,5 t zGM) | | | |
| Überschreitungen in km/h bis 10 | 15 | | |
| 11–15 innerorts | 25 | | |
| 16–20 innerorts | 35 | | |
| 21–25 innerorts | 80 | 1 | |
| 26–30 innerorts | 100 | 1 | |
| 31–40 innerorts | 160 | 2 | 1 Mo. |
| 41–50 innerorts | 200 | 2 | 1 Mo. |
| 51–60 innerorts | 280 | 2 | 2 Mo. |
| 61–70 innerorts | 480 | 2 | 3 Mo. |
| über 70 innerorts | 680 | 2 | 3 Mo. |
| bis 10 außerorts | 10 | | |
| 11–15 außerorts | 20 | | |
| 16–20 außerorts | 30 | | |
| 21–25 außerorts | 70 | 1 | |
| 26–30 außerorts | 80 | 1 | |
| 31–40 außerorts | 120 | 1 | |
| 41–50 außerorts | 160 | 2 | 1 Mo. |
| 51–60 außerorts | 240 | 2 | 2 Mo. |
| 61–70 außerorts | 440 | 2 | 2 Mo. |
| über 70 außerorts | 600 | 2 | 3 Mo. |
| **Dichtes Auffahren** | | | |
| wenn schneller als 80 km/h: Abstand | | | |
| weniger als 5/10 des halben Tachowertes | 75 | 1 | |
| 4/10 | 100 | 1 | |
| 3/10 | 160 | 1 | 1 Mo.* |
| 2/10 | 240 | 1 | 2 Mo.* |
| 1/10 des halben Tachowertes | 320 | 1 | 3 Mo.* |

* wenn die Geschwindigkeit mehr als 100 km/h beträgt

| Zuwiderhandlungen | Regelsatz in Euro | Punkte | Fahr-verbot |
|---|---|---|---|
| **Dichtes Auffahren** | | | |
| bei mehr als 130 km/h und Abstand weniger als | | | |
| 5/10 | 100 | 1 | |
| 4/10 | 180 | 1 | |
| 3/10 | 240 | 2 | 1 Mo. |
| 2/10 | 320 | 2 | 2 Mo. |
| 1/10 des halben Tachowertes | 400 | 2 | 3 Mo. |
| **Vorfahrt** | | | |
| Vorfahrt verletzt | 70 | 1 | |
| Missachtung des STOP-Zeichens | 70 | 1 | |
| Missachtung der Vorfahrt mit Gefährdung | 100 | 2 | |
| **Ein- und Ausfahren** | | | |
| Verbotenes Ein- oder Ausfahren auf | | | |
| Autobahnen mit Gefährdung | 75 | 1 | |
| Wenden, Rückwärtsfahren oder Fahren entgegen der Fahrtrichtung auf Autobahnen oder Kraftfahr-straßen | 200 | 2 | 1 Mo. |
| **Abbiegen** | | | |
| Entgegenkommendes Fahrzeug nicht durchlassen und gefährden | 70 | 1 | |
| Nicht voreinander abbiegen und andere gefährden | 70 | 1 | |
| Fußgänger gefährden | 70 | 1 | |
| Beim Abbiegen in ein Grundstück, beim Wenden, Rückwärtsfahren jdn. gefährden | 80 | 1 | |
| **Rotlichtverstöße** | | | |
| Einfacher Verstoß | 90 | 1 | |
| mit Gefährdung | 200 | 2 | 1 Mo. |
| Länger als 1 Sekunde rot | 200 | 2 | 1 Mo. |
| mit Gefährdung | 320 | 2 | 1 Mo. |
| **Fußgängerüberwege** | | | |
| Missachtung des Fußgänger-Vorrechts | 80 | 1 | |

| Zuwiderhandlungen | Regelsatz in Euro | Punkte | Fahrverbot |
|---|---|---|---|
| **Alkohol, Drogen** | | | |
| In der Probezeit oder als Fahrer unter 21 Jahren mit Alkohol unter 0,5 Promille gefahren | 250 | 1 | |
| Fahren mit 0,5 oder mehr Promille | 500 | 2 | 1 Mo. |
| bei Wiederholung | 1.000 | 2 | 3 Mo. |
| bei mehrfacher Wiederholung | 1.500 | 2 | 3 Mo. |
| Fahren unter Drogeneinfluss | 500 | 2 | 1 Mo. |
| bei Wiederholung | 1.000 | 2 | 3 Mo. |
| ab zweiter Wiederholung | 1.500 | 2 | 3 Mo. |
| **Sonstiges** | | | |
| **Telefonieren** im Auto ohne Freisprecheinrichtung | 100 | 1 | |
| In-die-Hand-nehmen eines elektronischen Gerätes, das der Kommunikation, Information oder Organisation dient (z. B. Tablet, Navi, E-Book Reader, iPod etc.) durch den Fahrer | 100 | 1 | |
| Keine Rettungsgasse gebildet, obwohl ein Einsatzfahrzeug anfährt | 200 | 1 | |
| Beim Abschleppen nicht nächste Autobahnausfahrt benutzen | 20 | | |
| Fußgängerzone befahren oder Verkehrsverbotsschild missachten | 20 | | |
| Seitenstreifen zum schnellen Vorwärtskommen benutzt | 75 | 1 | |
| Elefantenrennen | 80 | 1 | |
| **Bahnübergang** | | | |
| nicht gewartet, obwohl sich ein Schienenfahrzeug nähert | 80 | 1 | |
| mit Fahrzeug überquert unter Missachtung von Rotlicht | 240 | 2 | 1 Mo. |
| mit Fahrzeug trotz sich schließender oder geschlossener Schranke überquert | 700 | 2 | 3 Mo. |

**www.bmvi.de**
**unter Bußgeldkatalog**

# Führerscheinrecht – Alte Klassen (bis 1988)

| **Fahrerlaubnis** am 31.12.1998 | **Befristung der Fahrerlaubnis** | **Verlängerung der Fahrerlaubnis** | **Untersuchung** |
|---|---|---|---|
| **Klasse 3**<br>Berechtigt unbefristet zu B, BE, C1, C1E, M, L und S | | | |
| **Klasse 2**<br><br>Oder auf Antrag auch:<br>**Klasse 3 mit Erweiterung***<br>für Züge über 12 t zGM bis 18,75 t zGM<br><br>* Erweiterung setzt bei Fahrer über 50 Jahre Antrag und Eintragung im Führerschein voraus | Bis zum vollendeten 50. Lebensjahr<br><br>Danach:<br>Darf Klasse C nur nach Umschreibung fahren<br><br>Klasse 3 Fahrzeuge C1, C1E s. o. | Auf jeweils 5 Jahre<br><br>Sofern rechtzeitig vor Ablauf der Frist eine Bescheinigung über ärztliche Untersuchung vorgelegt wird | – Ärztliche Bescheinigung<br>– Bescheinigung Sehleistung |
| **Fahrerlaubnis zur Fahrgastbeförderung**<br>**§ 48 FEV** | Bis zu der eingetragenen Frist Höchstalter 65 Jahre | Vor Fristablauf den Umtausch des Führerscheins beantragen<br><br>Später: auf jeweils 5 Jahre | – Ärztliche Bescheinigung<br>– Bescheinigung Sehleistung |

**Fahren eines KOM ohne Fahrgäste:**
Befinden sich keine **Fahrgäste im Bus**, so bedurfte es nach altem Recht keiner Fahrerlaubnis zur Fahrgastbeförderung, der Bus durfte also mit Kl. 3 bzw. Kl. 2 gefahren werden. Diese Regelung bleibt trotz der Einführung der Fahrerlaubnis Kl. D erhalten, jedoch **nur für Fahrten**

- **zur Überprüfung des technischen Zustandes des KOM**
- **zur Überführung des KOM**

In diesen beiden Fällen benötigt der Fahrer lediglich die Fahrerlaubnis Kl. 3 (KOM bis 7,5 t zGM) bzw. Kl. 2 (KOM über 7,5 t zGM) und ab 1999 Kl. C1 oder Kl. C (auch Besitzstandsregelung Kl. 3/2).

## Besitzstand- und Einschlussregelungen Alt-Klassen

**Umstellung von Fahrerlaubnissen alten Rechts und Umtausch von Führerscheinen nach bisherigen Mustern**

| Fahrerlaubnis-klasse (alt) | Datum der Erteilung der Fahrerlaubnis | unbeschränkte Fahrerlaubnisklassen (neu) | Zuteilung nur auf Antrag Klasse (Schlüsselzahl gemäß Anlage 9) | weitere Berechtigungen: – Klasse und Schlüsselzahl gemäß Anlage 9 |
|---|---|---|---|---|
| 1 | vor dem 01.12.54 | A, A1, B, M, L | | L 174, 175 |
| 1 | im Saarland nach dem 30.11.54 und vor dem 01.10.60 | A, A1, B, M, L | | L 174, 175 |
| 1 | nach dem 30.11.54 und vor dem 01.01.89 | A, A1, M, L | | L 174, 175 |
| 1 | nach dem 31.12.88 | A, A1, M, L | | L 174 |
| 1 a | vor dem 01.01.89 | A, A1, M, L | | L 174, 175 |
| 1 a | nach dem 31.12.88 | $A^{x}$, A1, M, L | | L 174 |
| 1 beschränkt auf Leicht-krafträder | nach dem 31.03.80 und vor dem 01.04.86 | A1, M, L | | L 174, 175 |
| 1 b | vor dem 01.01.89 | A1, M, L | | L 174, 175 |
| 1 b | nach dem 31.12.88 | A1, M, L | | L 174 |
| 2 | vor dem 01.12.54 | A, A1, B, BE, C1, C1E, C, CE, M, L, T, S | | C 172 |
| 2 | im Saarland nach dem 30.11.54 und vor dem 01.10.60 | A, A1, B, BE, C1, C1E, C, CE, M, L, T, S | | C 172 |
| 2 | vor dem 01.04.80 | A1, B, BE, C1, C1E, C, CE, M, L, T, S | | C 172 |
| 2 | nach dem 31.03.80 | B, BE, C1, C1E, C, CE, M, L, T, S | | C 172 |
| 3 (a + b) | vor dem 01.12.54 | A, A1, B, BE, C1, C1E, M, L, S | CE 79(C1E>12000kg, L≤3) $T^{xx}$ | C1 171, L 174, 175 |
| 3 | im Saarland nach dem 30.11.54 und vor dem 01.10.60 | A, A1, B, BE, C1, C1E, M, L, S | CE 79(C1E>12000kg, L≤3) $T^{xx}$ | C1 171, L 174, 175 |

| Fahrerlaubnisklasse (alt) | Datum der Erteilung der Fahrerlaubnis | unbeschränkte Fahrerlaubnisklassen (neu) | Zuteilung nur auf Antrag Klasse (Schlüsselzahl gemäß Anlage 9) | weitere Berechtigungen: – Klasse und Schlüsselzahl gemäß Anlage 9 |
|---|---|---|---|---|
| 3 | vor dem 01.04.80 | A1, B, BE, C1, C1E, M, L, S | CE 79(C1E>12000kg, L≤3) T[xx] | C1 171, L 174, 175 |
| 3 | nach dem 31.03.80 und vor dem 01.01.89 | B, BE, C1, C1E, M, L, S | CE 79(C1E>12000kg, L≤3) T[xx] | C1 171, L 174, 175 |
| 3 | nach dem 31.12.88 | B, BE, C1, C1E, M, L, S | CE 79(C1E>12000kg, L≤3) T[xx] | C1 171, L 174 |
| 4 | vor dem 01.12.54 | A, A1, B, M, L | | L 174, 175 |
| 4 | im Saarland nach dem 30.11.54 und vor dem 01.10.60 | A, A1, B, M, L | | L 174, 175 |
| 4 | vor dem 01.04.80 | A1, M, L | | L 174, 175 |
| 4 | nach dem 31.03.80 und vor 01.01.89 | M, L | | L 174, 175 |
| 4 | nach dem 31.12.88 | M, L | | L 174 |
| 5 | vor dem 01.04.80 | M, L | | L 174, 175 |
| 5 | nach dem 31.03.80 und vor dem 01.01.1989 | L | | L 174, 175 |
| 5 | nach dem 31.12.1988 | L | | L 174 |

[x] **6 Abs. 2 Satz 1 findet Anwendung**
[xx] **nur für in der Land- oder Forstwirtschaft tätige Personen**

| Fahrerlaubnisse zur Fahrgastbeförderung (alt) | unbeschränkte Fahrerlaubnisklassen (neu) | Klasse und Schlüsselzahl gemäß Anlage 9 beschränkter Fahrerlaubnisklassen |
|---|---|---|
| Fahrerlaubnis zur Fahrgastbeförderung in Kraftomnibussen | D1, D1E, D, DE | |
| Fahrerlaubnis zur Fahrgastbeförderung in Kraftomnibussen beschränkt auf Fahrzeuge mit nicht mehr als 14 Fahrgastplätzen | D1, D1E | |
| Fahrerlaubnis zur Fahrgastbeförderung in Kraftomnibussen beschränkt auf Fahrzeuge mit nicht mehr als 24 Fahrgastplätzen oder nicht mehr als 7500 kg zulässiger Gesamtmasse | D1, D1E | D 79 (S1 ≤24/7500 kg) |

# Stichwortverzeichnis

# C



# D



# E

# F



# G

# H



# I



# J

# K



# L



# M



# N

# O



# P



# R



# S

# T



# U

# V

# W



# Z